16 Temmuz 2012'de vefat eden Stephen R. Covey, saygın bir uluslararası liderlik otoritesi, aile uzmanı, eğitmen, kurumsal danışman ve hayatını ilke merkezli yaşam ve liderliğin öğretilmesine adamış olan düşünür ve yazardı.

Dr. Covey, İş Dünyasında Yirminci Yüzyılın En Etkili Kitabı diye anılan, otuz sekiz dile çevrilerek tüm dünyada on milyonlarca satılan *Etkili İnsanların 7 Alışkanlığı*'nın yanı sıra, *Önemli İşlere Öncelik*, *İlke Merkezli Liderlik*, *Etkili Ailelerin 7 Alışkanlığı* ve *8'inci Alışkanlık: Bütünlüğe Doğru* adlı kitapların da yazarıdır.

Dr. Covey dokuz çocuk, kırk üç torun sahibi olarak, 2003 yılında Ulusal Babalık İnisiyatifi'nden Babalık Ödülü'nü almıştı. Aldığı diğer ödüller arasında, insanlığa hizmet ederek katkıda bulunduğu için Thomas More Kolej Madalya'sı, 1999'da Yılın Konuşmacısı Ödülü, Sikh'in 1998 Uluslararası Barış Adamı Ödülü, 1994 Uluslararası Yılın Girişimcisi Ödülü ve Yılın Ulusal Girişimcisi Yaşam Boyu Başarı Ödülü de vardır. Dr. Covey ayrıca *Time* dergisinin seçtiği En Etkili 25 Amerikalı'dan biri olarak tanınmıştı.

Varlık Yayınları A.Ş., Sayı: 1690
Sertifika No: 44272
73. Baskı: İstanbul, Ağustos 2022

ISBN 978-975-434-653-4

Kapak düzeni: Arek Özboyar
Ofset Hazırlık: Varlık Yayınları A.Ş.
Baskı: Asya Basım Yayın Sanayi Tic. Ltd. Şti.
15 Temmuz Mah. Gülbahar Cad. No: 62/B
Güneşli - Bağcılar - İSTANBUL
Tel: 0212 693 00 08 – Sertifika No: 52508

VARLIK YAYINLARI A.Ş.
Perpa Ticaret Merkezi, B Blok, Kat 5, No. 484 Şişli 34384 İstanbul
Tel: (0212) 221 31 71 – Faks: (0212) 320 06 46
E-posta: siparis@varlik.com.tr – varlik@varlik.com.tr
www.varlikonline.com – www.varlik.com.tr

STEPHEN R. COVEY

Etkili İnsanların 7 Alışkanlığı

Kişisel değişim konusunda güçlü dersler

Türkçesi:

Osman Deniztekin - Filiz Nayır Deniztekin

VARLIK

Güçlendirilmiş olan ve güçlendiren iş arkadaşlarıma...

İÇİNDEKİLER

Etkili İnsanların 7 Alışkanlığı'nın 25. Yıl Baskısına Önsöz

Stephen Covey ile ilk kez 2001'de, fikir alış verişi yapmak için bir toplantı istediğinde tanıştım. Sıcak bir karşılamanın ardından –el sıkışı binlerce defa takılmış rahat ve yumuşak bir deri eldiven gibi sarmalayıcıydı– iki saat süren bir sohbete daldık. Stephen pek çok soru sorarak başladı. Karşımda usta bir öğretmen, zamanın en etkili düşünürlerinden biri oturuyor ve kendinden yirmi beş yaş genç birinden bir şeyler öğrenmek istiyordu.

Sohbet sırasında kendi merakımı giderme fırsatını elde ettiğimde, "*7 Alışkanlık*'taki ilkeleri nasıl akıl ettiniz?" diye başladım.

"Etmedim," diye yanıtladı.

"Ne demek istiyorsunuz?" diye sordum. "Kitabı siz yazdınız."

"Evet, kitabı ben yazdım, ama ilkeler benden çok önce biliniyordu," dedi. "İlkeler daha çok doğal yasalar gibidir. Benim tüm yaptığım onları bir araya getirip insanlar için sentez çıkarmak oldu.".

Bu kitabın neden bu kadar etkili olduğunu işte o zaman anlamaya başladım. Covey otuz yılı aşkın bir zamanı inceleyerek, uygulayarak, öğreterek ve sonuçta bu sayfalarda damıttığı şeyleri incelterek geçirmişti. İlkelerden paye almaya çalışmıyordu; amacı, ilkeleri öğretmek, onları erişilebilir kılmaktı. *7 Alışkanlık*'ın yaratılmasını kendi başarısı için bir araç olarak değil, öncelikle bir hizmet edimi olarak görüyordu.

FranlinCovey'nin CEO'su Bob Whitman *Etkili İnsanların 7 Alışkanlığı*'nın 25. yıl baskısına bir önsöz yazmak konusunda fikrimi sormak için beni aradığında, yanıtlamadan önce bütün kitabı yeniden okudum; kitabı 1989'da ilk basımından kısa bir süre okumuştum ve mesajıyla yeniden haşır neşir olmak bir armağan oldu. Ayrıca yeniden tartmak istedim: bu kitabı kalıcı bir klasik yapan neydi? Bence az rastlanır bir saygınlığa kavuşmasına katkıda bulunan dört etmen var:

1. Covey tutarlı bir kavramsal çerçeve içinde örgütlenen, güçlü kalemiyle erişebilir kılınan bir "kullanıcı arayüzü" yaratmıştı;
2. Covey zamanı geçmeyen ilkelere odaklanmıştı, salt tekniklere ya da anlık modalara değil;
3. Covey öncelikle "başarıya ulaşmak" hakkında değil, karakter oluşturmak hakkında yazmış ve böylelikle insanların sadece daha etkili bireylere değil, daha etkili liderlere dönüşmesine yardımcı olmuştu.
4. Covey'nin kendisi 5. Kademe'de bir öğretmendi, kendi kusurları konusunda alçakgönüllü, ama öğrendiklerini geniş çapta paylaşmaya kararlıydı.

Stephen Covey usta bir sentezciydi. Onun kişisel etkililik için yaptıklarının, grafik kullanıcı arayüzünün PC'ler için yaptığına benzer olduğunu düşünüyorum. Apple ve Microsoft'tan önce, çok az kişi günlük yaşamında bilgisayardan yararlanıyordu; kolay erişilebilen bir arayüz yoktu; dokunmatik ekran şöyle dursun, ne fare imleçleri vardı, ne dostça ikonlar, ne de ekranda üst üste binen çoklu pencereler. Ama Macintosh ve sonra Windows'la birlikte, insanlar nihayet ekranın ardındaki mikroçipin gücünden yararlanabildiler. Benzer biçimde, kişisel etkililik konusunda da Benjamin Franklin'den Peter Drucker'a kadar yüzlerce yıllık birikmiş bilgelik vardı, ama bu hiçbir zaman tek bir tutarlı, kullanıcı dostu bir çerçeve içinde bir araya getirilmemişti. Covey kişisel etkililik için standart bir işletim sistemi –Windows– yarattı ve kullanımını kolaylaştırdı. İyi bir yazar, kısa öykülerde ve kavramsal kelime oyunlarında usta olduğunu kanıtladı. 1. Bölüm'deki, metroda bağıran çocuklarını kontrol edemeyen adamla ilgili öyküyü asla unutmayacağım, deniz fenerini ya da yanlış ormanı ya da altın yumurta benzetmesini de. Kavramsal ambalajının bir kısmı hem kavramı, hem uygulamasını tanımlayarak olağanüstü derecede yararlı oldu. "Kazan/Kazan ya da Anlaşma Yok."

"Önce Anlamaya Çalış, Sonra Anlaşılmaya." "Sonunu Düşünerek İşe Başla." "Önemli İşlere Öncelik Ver." Alışkanlıkları öğretmek ve onları uygulayabilecek gücü oluşturmak için kişisel yaşam mücadeleleri ve öyküleriyle –çocuk yetiştirmek, evliliği inşa etmek, arkadaşlarla geçinmek– fikirleri daha da erişilebilir kıldı.

Kavramsal çerçeveye oturtulmuş fikirlerin zamanı geçmez. Bunlar *ilkeler*dir. Bu yüzden işe yarar, bu yüzden dünyanın dört bir yanındaki tüm yaş gruplarından insanlara hitap ederler. Değişim, bozulma, kaos ve amansız belirsizliklerle dolu bir dünyada, insanlar demir atılacak bir noktaya, türbülanslarla karşılaştıklarında rehberlik edecek bir dizi yapıya özlem duyarlar. Covey, zamanı geçmeyen ilkelerin gerçekten var olduğuna ve onları aramanın aptallık değil, bilgelik olduğuna inanıyordu. Çatılardan, "Kutsal bir şey yok, dayanıklı bir şey yok, bu durmadan değişen manzarada temel alınacak kalıcı bir şey yok! Her şey yeni! Geçmişten gelen hiçbir şey geçerli değil!" diye bağıranların görüşünü reddediyordu.

Kendi araştırmalarım şu soruya odaklanmıştır: "Büyük bir şirketi harekete geçiren nedir – neden bazı şirketler iyiden mükemmele doğru sıçrama yapar (bazılarıysa yapmaz), neden bazıları kalıcı olacak şekilde kurulur (bazılarıysa batar) ve neden bazıları kaos içinde başarılı olur?" En önemli bulgularımızdan biri, "Özünü Muhafaza Et / İlerlemeyi Teşvik Et" fikridir; hiçbir girişim korunması, temel alınması, çıpa işlevi görmesi, durmadan değişen bir dünyada yol göstermesi gereken özlü bir ilkeler dizisi olmadan gerçekten büyük olamaz ve öyle kalamaz. Aynı zamanda, hiçbir şirket ilerlemeyi –değişmeyi, yenilenmeyi, gelişmeyi– teşvik etmeden ve büyük, zorlu, cesaret isteyen hedeflerin peşinde koşmadan büyük bir şirket olarak kalamaz. Bu ikisini –Özün Muhafaza VE İlerlemenin Teşvik Edilmesi– birleştirdiğinizde, bir şirketi ya da örgütü zaman içinde canlı tutan sihirli bir diyalektik elde edersiniz. Covey, kişisel etkililikte de benzer bir model görmüştür: önce sürekli değişime açık olmayan güçlü ilkeleri temel al; aynı zamanda ilerleme, sürekli kendini yenileme arayışında ısrarcı ol. Bu diyalektik, bireyin kaya kadar sağlam bir temeli korumasını ve yaşam boyu sürekli gelişmesini sağlar.

Ama bence *7 Alışkanlık*'ın en önemli –onu yalnızca pratik değil, aynı zamanda temelli kılan– yönü, "başarıya ulaşmak"tan çok, *karakter inşası* üzerinde durmasıdır. Disiplin olmadan etkililik olmaz, karakter olmadan da disiplin olmaz. Bu önsözü yazarken, West Point'teki ABD Askeri Akademisi'nde 1951 Sınıfı Liderlik Araştırmaları Kürsüsü'nde iki yıllık bir yolculuğu tamamlamak üzereyim. Kişisel kanaatime göre, West Point reçetesindeki çok önemli bir bileşen, büyük liderliğin önce karakterle başladığı –liderliğin öncelikle kim *olduğunuza* bağlı olduğu– fikridir, çünkü yaptığınız her şeyin temeli budur. Liderleri nasıl geliştirirsiniz? Önce karakter inşa edersiniz. İşte bu yüzden 7 Alışkanlığın yalnızca kişisel etkililikle değil, aynı zamanda liderliği geliştirmekle ilgili olduğunu düşünüyorum.

Araştırmamda incelediğim olağanüstü liderlerin bazılarını düşünürken, öykülerinin birçoğunda Covey'in ilkelerinin kendini göstermesi bana çarpıcı geliyor. En sevdiğim örneklerden biri olan Bill Gates'e odaklanayım. Son yıllarda Bill Gates gibi birinin ölçüsüz başarısını şansa, doğru zamanda doğru yerde bulunmaya bağlamak moda oldu. Ama üzerinde düşünürseniz, bu sav darmadağın olur. *Popular Electronics,* Altair bilgisayarını kapak konusunu yaparak ilk kişisel bilgisayarın ortaya çıkışını duyurduğunda, Bill Gates Paul Allen'la birlikte Altair için BASIC programlama dilini yazmak üzere bir yazılım şirketi kurdu. Evet, Gates tam doğru anda programlama becerisine sahipti, ama başkaları da öyleydi: Cal Tech, MIT ve Stanford gibi okullardaki bilgisayar bilimi ve elektrik mühendisliği öğrencileri; IBM, Xerox ve HP gibi teknoloji şirketlerindeki deneyimli mühendisler; devletin araştırma laboratuarlarındaki bilim insanları. *Binlerce* insan Bill Gates'in o anda yaptığını yapabilirdi, *ama yapmadı*. Gates o ânın gerektirdiği gibi *davrandı*. Harvard'dan ayrıldı, Albuquerque'e taşındı (Altair'in merkezi oradaydı) ve gece gündüz bilgisayar kodu yazdı. Bill Gates'i başkalarından ayıran, tarihin doğru bir zamanında olma şansı değil, doğru anda olmaya karşı proaktif tepkisiydi (*1. Alışkanlık: Proaktif Ol*).

Microsoft büyüyüp başarılı bir şirkete dönüştüğünde, Gates çok büyük bir fikrin rehberliğiyle hedeflerini genişletti: her masada bir bilgisayar. Daha sonra Gates ve eşi, sıtmanın kökünü yeryüzünden kazımak gibi devasa amaçlarla, Bill & Melinda Gates Vakfı'nı kurdular. 2007 Harvard diploma törenindeki konuşmasında belirttiği gibi, "Melinda ve ben aynı hedefe ulaşmaya çalışıyoruz: sahip olduğumuz kaynaklarla en çok insana en büyük iyiliği nasıl yapabiliriz?" (*2. Alışkanlık: Sonunu Düşünerek İşe Başla*).

Gerçek disiplin en iyi saatlerimizi ilk sıradaki hedeflere ayırmak demektir; bu da en iyi anlamıyla genelgeçer görüşe uymamaktır. "Herkes" Harvard'ı bitirmenin genç bir Bill Gates'in en önemli görevi olması gerektiğini söyleyebilir. O ise bunun yerine, iyi niyetli insanların onaylamayan bakışlarına rağmen, çabalarını misyonuyla uyumlu hale getirmiştir. Microsoft'u kurarken, enerjisini iki ağır basan hedefe akıttı: en iyi kişileri işe almak ve birkaç büyük yazılım girişimine yatırım yapmak; diğer her şey ikincildi. Gates bir akşam yemeğinde Warren Buffet'la ilk kez bir araya geldiğinde, ev sahibi masadaki herkese yaşam yolculuklarında neyi en önemli etken olarak gördüklerini sordu. Alice Schroeder'in *The Snowball* (Kar Topu) adlı kitabında anlattığı gibi, Gates de, Buffett da aynı tek sözcüklü yanıtı verdiler: "Odaklanma". (*3. Alışkanlık: Önemli İşlere Öncelik Ver*).

Gates'in dördüncü alışkanlıkla ilişkisi (*4. Alışkanlık: Kazan/Kazan Diye Düşün*) biraz daha karmaşıktır. İlk bakışta Gates, bir kazan/kaybet karakteri, Microsoft'un nasıl kaybedebileceğine dair senaryolarla dolu bir "karabasan" bildirisi yazacak kadar, bir şirketin kanatlardan ne kadar kolay kuşatılabileceğinden korkan acımasız bir savaşçı gibi görünür. Sektör standartları yarışında, büyük kazananlardan oluşan küçük bir topluluk ve çok sayıda kaybeden olacaktır; Gates'in de Microsoft'un büyük kazananlardan biri olmasından başka amacı yoktu. Ama daha yakından bir bakış, onun tamamlayıcı kuvvetleri bir koalisyonla bir araya getirmekte usta olduğunu gösterir. Gates, büyük hayallerine ulaşabilmek için Microsoft'un güçlü yönlerini başkalarının güçlü yönleriyle tamamlaması gerekeceğini anladı: mikroişlemcileriyle Intel ve IBM'le Dell gibi PC imalatçıları. Hisselerini de paylaştı, öyle ki Microsoft kazandığında, Microsoft çalışanları da kazanacaktı. Kendi güçlü yönlerini başkalarının, özellikle de uzun zamandır işindeki alter ego'su olan Steve Ballmer'ın güçlü yönleriyle tamamlamakta kayda değer bir beceri sergiledi; Gates ve Ballmer birlikte çalışarak tek başına yapabileceklerinden çok daha fazlasını başardılar; 1+1, 2'den çok daha büyüktür. (*6. Alışkanlık: Sinerji Yarat*).

Gates, vakıf kurarak toplumsal bir etki yaratmak için hamle yaparken öne çıkıp, "İş hayatında başarılı oldum, dolayısıyla toplumda nasıl etki yaratılacağını zaten biliyorum," demedi. Tam tersine; hiç dinmeyen bir merak, meseleleri anlama çabası sergiledi. Sorularla ilerledi, dünyanın en zorlu sorunlarını çözmek için gerekli bilim ve yöntemlerle başa çıkmaya çalışarak, bir dostla görüşmesini "Fosfatlar hakkında daha çok şey öğrenmem lazım" gibi bir yorumla sona erdirdi. (5. Alışkanlık: Önce Anlamaya Çalış, Sonra Anlaşılmaya). Son olarak da, Gates'in kendini yenileme biçimi beni çok etkiledi. Microsoft'u kurarken en yoğun yıllarında bile, düzenli aralıklarla okumak ve düşünmek için bütün bir haftayı kenara ayırırdı; Düşünme Haftası. Ayrıca biyografi okumaya meraklıydı; bir noktada, *Fortune*'dan Brent Schlender'a, "Bazı insanların yaşamları boyunca nasıl geliştiğini görmek hayranlık verici," diyecekti –Gates'in kendi hayatı için bir mantra olarak benimsediği bir ders (*7. Alışkanlık: Baltayı Bile*).

Gates müthiş bir örnek, ama başkalarını da kullanabilirdim. Binlerce üniversite mezununu en yetersiz hizmeti alan okullarımızda en az iki yıl ders vererek hizmet etmeye esinlendirme fikriyle, K-12 eğitimini kökünden iyileştirmek için yılmaz bir sosyal kuvvet yaratmak gibi nihai bir amaçla Teach For America'yı kurmuş olan Wendy Kopp'u öne çıkarabilirdim (*Proaktif Ol; Sonunu Düşünerek İşe Başla*). Ya da bir mutfak masası veya kanepe almak gibi önemsiz uğraşlara vakit ayıramayacak kadar inanılmaz görkemli ürünler yaratmakla meşgul olduğundan, mobilyasız bir evde oturan Steve Jobs'u kullanabilirdim (Önemli İşlere Öncelik Ver). Ya da 11 Eylül'den sonra şirketin otuz yıldır süren kârlılığını korurken, her bir çalışanın işte kalması için herkesin birleştiği Southwest Airlines'ta yönetim ile çalışanlar arasında bir kazan/kazan kültürü yaratmış olan Herb Kelleher'ı örnek alabilirdim (Kazan/kazan diye Düşün). Hatta II. Dünya Savaşı boyunca gün içinde kestiren, böylece her gün kendine "iki sabah" kazandıran Winston Churchill'i de alabilirdim (*Baltayı Bile*).

Amacım, 7 Alışkanlığın büyük bir şirket kurmanın bire-bir haritasını çizdiğini ima etmek değil. Örneğin *İyiden Mükemmel Şirkete* ve *Kalıcı Olmak*'taki ilkelerle *Etkili İnsanların 7 Alışkanlığı*'ndaki ilkeler birbirini tamamlar, ama farklıdırlar. Covey, büyük örgütler kurmak için değil, kişisel etkililiğe ulaşmak hakkında bir kitap yazmak üzere yola çıkmıştır. Yine de örgütler insanlardan oluşur ve o insanlar ne kadar etkiliyse, örgüt de o kadar güçlü olur. Ve bence 7 Alışkanlığı yaşayan kişilerin 5. Kademe liderler, *İyiden Mükemmel Şirkete* kitabımda haklarında çok şey yazdığım şu nadir dönüştürücü kişilikler haline gelme olasılığı belki de daha yüksektir. 5. Kademe liderler kişisel tevazu ile profesyonel iradenin paradoksal bir karışımını sergileyerek, enerjilerini, dürtülerini, yaratıcılık ve disiplinlerini kendilerinden daha büyük ve daha kalıcı bir şeye kanalize ederler. Hırslıdırlar elbette, ama kendilerinin ötesinde bir amaç için; bu ister büyük bir şirket kurmak, dünyayı değiştirmek, ister sonuçta kendileriyle ilgili olmayan büyük bir amaca ulaşmak için olsun. Bir girişimin büyüklüğünü koruyup koruyamayacağı konusundaki en önemli değişken, basit bir soruda saklıdır: İktidarı elinde tutanların iç saikleri, karakterleri ve hırslarıyla ilgili *hakikat* nedir? Hakiki, içsel saikleri; kararlarında ve eylemlerinde –hemen olmasa da zaman içinde ve zor koşullar altında– ne söylerlerse söylesinler ve kendilerini nasıl gösterirlerse göstersinler, *mutlaka* ortaya çıkacaktır. Böylece, Covey'nin kavramsal çerçevesinin merkezindeki bir ilkeye tam dönüş yapıyoruz: önce içsel karakteri inşa et – genel zaferden önce özel zafer.

Bu da beni 5. Kademe bir öğretmen olarak Stephen Covey'nin kendisine götürüyor. Mucizevi denebilecek kariyeri boyunca Covey, kendi etkisi konusunda sevimli bir tevazuyla birlikte, insanların fikirleri kavramasına yardım etmek için boyun eğmez bir irade sergiledi. İnsanlar 7 Alışkanlığı yaşarlarsa dünyanın daha iyi bir yer olacağına içtenlikle inanıyordu ve o inanç bu sayfalarda ışık saçıyor. 5. Kademe bir öğretmen olarak, Stephen Covey öğrettiklerini yaşamak konusunda elinden gelenin en iyisi yaptı. Kişisel olarak en çok 5. Alışkanlıkla mücadele ettiğini söyledi ("Önce Anlamaya Çalış, Sonra Anlaşılmaya"). Burada müthiş bir ironi var, çünkü kitabı yazmadan önce, onlarca yıllık entelektüel bir yolculuğa çıkmıştı. O her şeyden önce öğretmene dönüşen bir öğrenci, sonra yazmayı öğrenen bir öğretmen oldu ve bunu yaparken öğretilerini kalıcı kıldı. 2. Alışkanlık'ta Stephen, bizi kendi cenaze törenimizi gözümüzde canlandırmaya ve şunları düşünmeye zorluyor: "Konuşmacılardan her birinin siz ve hayatınız hakkında ne demelerini isterdiniz? Sizde hangi karakteri görmüş olmalarını isterdiniz? Hangi katkılarınızı, hangi başarılarınızı hatırlamalarını isterdiniz?" Sanırım kendisi için söylenenler çok hoşuna giderdi.

Kimse sonsuza kadar yaşamaz, ama kitaplar ve fikirler kalıcı olabilir. Bu sayfaları okurken, gücünün zirvesindeki Stephen Covey ile tanışacaksınız. Metinden dışarı uzanıp şöyle dediğini hissedebilirsiniz: "İşte, ben gerçekten buna inanıyorum, size yardım edeyim – bunu anlamanızı, bundan bir şeyler öğrenmenizi istiyorum, gelişmenizi, daha iyi olmanızı, daha çok katkı yapmanızı, hayata önem vermenizi istiyorum." Onun hayatı sona erdi, ama eseri, elinizdeki kitapta, ilk yazıldığı sıradaki gibi canlı bir biçimde devam ediyor. *Etkili İnsanların 7 Alışkanlığı*, gerçekten çok güçlü bir başlangıca açık olarak, yirmi beş yıl genç duruyor.

–Jim Collins
Boulder, Colorado
Temmuz 2013

30. YIL BASKISINA GİRİŞ

"Dünya çapında ünlü Dr. Stephen R. Covey ve onun 7 Alışkanlığı ile aynı evde yetişmiş olmak nasıl bir şeydi?" sorusunun bana kaç kez sorulduğunu saymayı bıraktım.

Ben büyürken, annemle babam sadece birer ebeveyndi. Nazik ve iyi, ama aynı zamanda utanç vericiydiler. İlk gençlik yıllarımda, yabancılar yanıma gelip bana sarılır, omzumda ağlamaya başlar ve "Bilmeni isterim ki babanın kitabı hayatımı değiştirdi," diye içlerini dökerlerdi. On yedi yaşındaydım, şöyle düşünürdüm: "Ciddi misiniz? Babamın kadife eşofman altı ile frak gömleği ve botlar giydiğinin farkında mısınız? O mu değiştirdi hayatınızı?"

İlkokuldayken babamın öğlen yemeğine gelip, benimle yemek kuyruğunda beklerken, "Ailemi Seviyorum" diye anında uydurduğu bir şarkı söyleyişini anımsıyorum. Arkadaşlarım bunu komik buldular. Bense öleceğimi düşündüm. Üstüne üstlük babam keldi! Küçük düşürücü!

Çocukken bana verilmiş olan armağanı ancak sonradan görebildim. On dokuz yaşındayken nihayet babamın kitaplarından birini alıp söylemek istediklerini okumaya başladığımda, "Vay canına, babam gerçekten akıllıymış. Amma da olgunlaşmış," diye düşündüm. Bu okuma hayatım boyunca öğrenmiş olduğum bütün dersleri geri getirdi. 7 Alışkanlık evinde büyüyen dokuz çocuktan dördüncüsü olarak, etrafım bu içerikle çevriliydi. Babam kitapta sözünü ettiği ilkeleri bize öğretmekle kalmayıp, bizi en değerli öğrencileri olarak görürdü. Bütün malzemesini üzerimizde denerdi. Ancak, denizi son keşfeden balık misali, cevherin içine öylesine gömülüydük ki varlığından habersizdik.

Kariyerime başlayıp 7 Alışkanlığın müthiş doğasının farkına gitgide daha fazla vardıkça, *Etkili Gençlerin 7 Alışkanlığı* adında, kitabın gençler için bir versiyonunu yazmaya karar verdim. Ne mutlu bana ki o sırada ergen çocuklarım yoktu. Şimdi var, söylediğim her şeyi geri alıyorum; etkili genç diye bir şey yok. Bu bir oksimoron[1]. Şaka yapıyorum. Aslına bakarsanız… bir dolu olağanüstü genç de var.

7 Alışkanlık'ın insanların yaşamları üzerindeki etkisini gördükçe, mesajını paylaşmayı sürdürmek için *Mutlu Çocukların 7 Alışkanlığı* adlı resimli bir çocuk kitabı ile *Etkili Üniversite Öğrencilerinin 7 Alışkanlığı* adlı bir üniversite ders kitabı yayımlamak için ilham aldım. FranklinCovey'de İnovasyon bölümünün başkanı olarak, aynı zamanda yirmi yıl boyunca 7 Alışkanlık üzerine atölye webinarları, videolar, iş kitapları ürettim. Kısaca, 7 Alışkanlık evinde yetiştirilmenin dışında, sanırım 7 Alışkanlık konusunda bu dünyada babam hariç belki de herkesten daha fazla çalıştım, yazdım ve düşündüm.

O yüzden *Etkili İnsanların 7 Alışkanlığı*'nın yayıncısı Simon & Schuster benden otuzuncu yıl baskısı için içgörülerimi eklememi isteyince, iki arada kaldım. İlk tepkim, "Mümkün değil! Bu bir başyapıt. Niye bir şey eklensin ki?" oldu.

Yine de üzerinde düşündükçe, 7 Alışkanlığın sadece benim değil, bütün dünya üzerindeki etkisini göstermemi sağlayacağı için bunun iyi bir fikir olabileceğini düşünmeye başladım. Babamın kendi yaşamından bazı sahne arkası açıklamaları paylaşabileceğimi, aynı zamanda 7 Alışkanlığın süregelen önemini de betimleyebileceğimi fark ettim.

Aslına bakarsanız aileler, kuruluşlar ve toplum içerisindeki daha derin sorunlar ve zorluklar daha önemli alışkanlıklara dönüşüyor. Neden mi? Çünkü bunlar evrensel, süregelen ebedi etkililik ilkelerine dayanıyor. Babam bu kavramları kendisinin bulduğunu iddia etmedi; aksine, onları evrensel çapta kabul gören ilkeler olarak gördü. Onun görevi, bir insanın uyarak yaşayabileceği alışkanlıklar olarak bunların sentezini yapmaktı.

---

1) İki zıt anlamlı sözcüğün bir arada kullanılması (ÇN).

Her bölümün ve alışkanlığın sonuna, doku katacağını ve ilkeleri daha iyi uygulamanıza yardım edeceğini umduğum içgörü ve öykülerden oluşan birkaç sayfa ekledim. Babamın tek kelimesini bile değiştirmediğimi not edin lütfen. Bu kitap Stephen R. Covey'in ürünü ve okurken, onun kitaptan fırlayıp değer ve potansiyelinizi onayladığını, işte ve evde nasıl daha etkili bir insan olacağınızı size öğrettiğini hissedeceksiniz.

7 Alışkanlık üzerinde çalıştıkça, bu alışkanlıkları sosyal-duygusal öğrenim ya da davranış bilimleri alanında büyük bir bilimsel atılım olarak görüyorum. 7 Alışkanlık bir başka yedi "şu ya da bu" dizisi değil. Aksine, Jim Collins'in bu kitabın önsözünde yazdıklarına katılıyorum:

> Stephen Covey usta bir sentezciydi. Onun kişisel etkililik için yaptıklarının, grafik kullanıcı arayüzünün PC'ler için yaptığına benzer olduğunu düşünüyorum. Apple ve Microsoft'tan önce, çok az kişi günlük yaşamında bilgisayardan yararlanıyordu; kolay erişilebilen bir arayüz yoktu; dokunmatik ekran şöyle dursun, ne fare imleçleri vardı, ne dostça ikonlar, ne de ekranda üst üste binen çoklu pencereler. Ama Macintosh ve sonra Windows'la birlikte, insanlar nihayet ekranın ardındaki mikroçipin gücünden yararlanabildiler.

7 Alışkanlık halen dünyanın dört bir yanında binlerce ilköğretim okulu ve lisede, Fortune 100 şirketlerinde, orta ölçekli ve küçük şirketlerde, cezaevlerinde, hipoterapi seanslarında, silahlı kuvvetlerde, engelli kişilerce, aileler içinde vb. kullanılıyor.

7 Alışkanlık'taki ilkeler, metaforlar ve öyküler insanın hayatını değiştirebilir. Okulda Kazan-Kazan diye düşün kavramını yeni öğrenmiş olan on altı yaşındaki bir genç kızdan bir mektup aldım. Şöyle yazıyordu:

> Sevgili Sean, yaşam yolunda benimsediğim alışkanlıkları kırmaya çalışmak gerçekten zor. En önemli şeylerden biri, okuldaki o kızla rekabet etmeye çalışmayı bırakmış olmam. Kız pek mağrur (özür dilerim, bu sözcüğü yeni öğrendim ve çok havalı olduğunu düşünüyorum! Mağrur kaba, küstah ve burnu havada demekmiş) aynı zamanda benimle aynı şeylere ilgi duyuyor, o yüzden mecburen bir araya geldik. Geçmişte, ondan hoşlanmayışımın okul piyesi ve münazaralar gibi birtakım şeylerden aldığım zevki zehirlemesine izin

vermiştim. Şimdi bu gibi konularda çok daha iyi durumdayım. Onu bağışladım ve hayatıma devam ettim. Bugün günceme, hayatın bir müsabaka olmadığını bana hatırlatacak bir not yazdım. Ve ne oldu biliyor musun? Kendimi çok daha iyi hissediyorum! Bu koca yükü sırtımdan atmış gibi hissediyorum.

Mississipi Power'ın başkanı Anthony Wilson'dan gelen şu e-postayı da hatırlıyorum:

Doksanlı yıllarda, serbestleşme tehdidi sanayimize eşi benzeri görülmemiş zorluklar çıkardığında, şirketimiz bizi ileri taşıması için 7 Alışkanlığa başvurdu. Tepeden aşağı her çalışanı Covey'in 7 Alışkanlık ve İlke Merkezli Liderlik dersleriyle eğittik ve bu alışkanlıkları kültürümüze damıttık. 2005'te, Katrina Kasırgası 23 idari bölgemizi kırıp geçirerek tüm müşterilerimizin elektriğini kesti. Kuzey Amerika'nın çeşitli yerlerinden 12.000 sorumlu personel getirmek zorunda kaldık, ama onlara yol gösterecek yeterince gözetmenimiz yoktu. Çalışanlarımıza bu acil durumda liderlik rolleri benimsemeleri için yetki verdik. Sonunu Düşünerek İşe Başlamayı ve Önce Anlamayı çalışmayı vb. bildikleri için, parlak performans gösterdiler. 12 gün içerisinde elektriği geri alabildik, *USA Today* o sırada bu başarıyı "kriz yönetiminde vaka çalışması" olarak tanımladı. Öne çıkıp önderlik edebilen, hızlı kararlar alabilen ve toptan yıkımın ortasında yenilik yapabilen güçlendirilmiş bir kültürümüz olmuştu. 7 Alışkanlık yüksek performanslı kültürümüzün kumaşına işlenmiş kalmayı sürdürüyor. Ben sadece size teşekkür etmek istedim!

İlkelerin gücü budur işte. 7 Alışkanlığın gücü budur. Umarım bu kitaba dahil ettiğim içgörüleri yararlı bulursunuz.

En iyi dileklerimle,

Sean Covey

Sean Covey, FranklinCovey Education'ın başkanı ve Bridle Up Hope vakfının eş kurucusu ve Yönetim Kurulu Başkanı. Aranan bir konuşmacı olan Sean, dünyanın dört bir yanında izleyicilere sesleniyor ve defalarca radyo ve TV programları ile basılı medyada boy gösterdi. Harvard MBA derecesine sahip olan Sean aynı zamanda New York Times*'ın çoksatanlar listesindeki yazarlardan biri ve yazdığı ya da eş yazarı olduğu kitaplar arasında,* Wall Street Journal*'da çoksatanlar listesinde 1. sıraya yükselen* Uygulamanın 4 Disiplini, Hayatında Vereceğin En Önemli 6 Karar, İçimdeki Lider *ve dünya çapında sekiz milyon satışa ulaşan* Etkili Gençlerin 7 Alışkanlığı *da bulunuyor. Sean ailesiyle birlikte Rocky Dağları'nın gölgeliklerinde yaşıyor.*

Birinci Bölüm

PARADİGMALAR VE İLKELER

İÇTEN DIŞA

Bütün bu dünyada,
doğru yaşamaktan ayrı tutulabilecek
gerçek bir mükemmellik yoktur.
DAVID STARR JORDAN

Yirmi beş yıldan uzun bir süre, iş, üniversite, evlilik ve aile çevrelerinden insanlarla birlikte çalıştım. Bu süre içinde dışarıdan bakıldığında inanılmayacak kadar başarılı görünen pek çok kişiyle karşılaştım. Ama onlar, içlerindeki bir açlıkla savaşıyorlardı. Kişisel uyuma, etkili olmaya ve diğer insanlarla giderek gelişen sağlıklı ilişkiler kurmaya büyük gereksinimleri vardı.

Benimle paylaştıkları sorunların size de tanıdık gelebileceğini sanıyorum.

Mesleğimle ilgili hedefler saptadım ve olağanüstü bir başarıya ulaştım. Ama bu, hem kişisel hem de aile yaşamıma mal oldu. Eşimi ve çocuklarımı artık tanımıyorum. Hatta kendimi tanıdığımdan, benim için gerçekten neyin önemli olduğunu bildiğimden de emin değilim. Bu nedenle kendi kendime şu soruyu sormak zorunda kaldım: "Buna değer mi?"

Yeni bir rejime başladım... bu yıl beşinci kez. Kilomun fazla olduğunu biliyor ve değişmeyi gerçekten istiyorum. Bütün yeni bilgileri okuyor, kendim için hedefler saptıyorum. Olumlu bir bakış açısı edinebilmek için psikolojik bakımdan kendimi teşvik ediyorum. Kendi kendime bu işi başarabileceğimi söylüyorum. Ama başaramıyorum. Birkaç hafta sonra pes ediyorum. Kendi kendime verdiğim bir sözü nedense tutamıyorum.

Etkili yönetim konusunda kurs üstüne kursa katıldım. Yanımda çalışan insanlardan çok şey bekliyorum. Onlara dostluk göstermek ve düzgün davranmak için bir hayli çaba harcıyorum. Ama bana sadık olduklarını hissetmiyorum. Günün birinde hastalanıp evde kalacak olsam, zamanın çoğunu çay-kahve içip gevezelik ederek geçireceklerini düşünüyorum. Neden onlara bağımsız ve sorumlu olmayı öğretemiyorum? Ya da böyle olabilecek insanları bulamıyorum?

Yetişme çağındaki oğlum çok asi ve uyuşturucu kullanıyor. Hangi yolu denersem deneyeyim, beni dinlemiyor. Ne yapabilirim?

Yapılacak çok iş var. Zaman ise hiç yeterli değil. Kendimi bütün gün baskı altında ve savaş halinde hissediyorum. Her gün! Haftanın yedi günü! Zaman yönetimi seminerlerine katıldım ve altı değişik planlama sistemini denedim. Onların biraz yardımı oldu. Ama yine de istediğim gibi mutlu, verimli ve huzurlu bir yaşantım olduğunu hissetmiyorum.

Çocuklarıma çalışmanın değerini öğretmek istiyorum. Ama onların bir şey yapmalarını sağlamak için her hareketlerini denetlemem gerekiyor... Her adımda şikâyetlerine katlanmak zorundayım. Her şeyi kendi başına yapmak daha kolay. Neden çocuklar üzerlerine düşen işleri neşeyle ve kendilerine hatırlatılmadan yapmıyorlar?

Çok işim var. Gerçekten çok. Ama bazen yaptıklarımın uzun vadede bir fark yaratacağından kuşkuya düşüyorum. Yaşamımın bir anlam taşıdığını ve bazı şeylerin benim varlığım sayesinde farklı olduğunu düşünmeyi gerçekten istiyorum.

Dostlarımın ya da akrabalarımın bir dereceye kadar başarılı olduklarını ya da itibar kazandıklarını görüyorum. Gülümsüyor ve onları heyecanla kutluyorum. Ama bu arada içimi bir kurt kemiriyor. Neden böyle hissediyorum?

Güçlü bir kişiliğim var. Hemen her karşılaşmada, sonucu kontrol edebileceğimi biliyorum. Hatta bunu çoğu zaman, istediğim çözümün bulunmasını sağlayacak biçimde başkalarını etkileyerek yapabiliyorum. Her türlü durumu inceden inceye düşünüyor ve bulgu-

larımın genellikle herkes için gerçekten de yararlı olduğuna inanıyorum. Ama kaygılıyım. Başkalarının, benim ve düşüncelerim hakkında neler düşündüklerini her zaman merak ediyorum.

Evliliğim tatsızlaştı. Kavga ettiğimiz filan yok, sadece artık birbirimizi sevmiyoruz. Evlilik danışmanlarına gittik. Başka şeyler de denedik. Ama nedense o eski duygularımızı yeniden canlandıramıyoruz.

Bunlar derin sorunlar. Acı veren sorunlar. Anlık çözümlerle düzeltilemeyecek sorunlar!

Birkaç yıl önce eşim Sandra ve ben bu tür bir dertle uğraştık. Oğullarımızdan biri okulda zorlanıyordu. Derslerinde pek başarılı değildi. Bırakın sınavlarda iyi not almayı, sınavda verilen talimatları bile uygulayamıyordu. Sosyal açıdan hiç olgun değildi. Çoğu zaman yakınlarını utandırıyordu. Beden yapısı ufak tefek ve sıska, hareketleri eşgüdümsüzdü. Örneğin, beysbol sopasını neredeyse top atılmadan sallamaya kalkıyordu. Diğer çocuklar onunla alay ediyorlardı.

Sandra'yla ben, ona yardımcı olabilmek için çırpınıp duruyorduk. "Başarı" yaşamın herhangi bir alanında önemli ise, anne-baba olarak bizim için önemlinin de ötesindeydi. Bu nedenle oğlumuza karşı tutum ve davranışlarımız üzerinde çalıştık. Aynı çalışmayı onunkiler üzerinde de yaptık. Olumlu düşünme tekniklerini kullanarak ona cesaret aşılamaya çabaladık. "Haydi, oğlum! Bunu başarabilirsin! Yapabileceğini biliyoruz! Beysbol sopasını biraz daha yukardan tut ve gözlerini toptan ayırma. Top sana yaklaşıncaya kadar sopayı sallama." Oğlumuz biraz başarılı olduğunda, onu desteklemek için elimizden geleni yapıyorduk. "İşte bu güzel, oğlum. Böyle devam et!"

Başkaları güldükleri zaman onları azarlıyorduk: "Sataşmayın. Rahat bırakın onu. Oyunu yeni öğreniyor." Oğlumuz ise ağlıyor, hiçbir zaman başarılı olamayacağını ısrarla tekrarlıyor, "Zaten beysboldan hoşlanmıyorum," diyordu.

Yaptığımız hiçbir şeyin yararı olmuyordu. Eşim ve ben gerçekten kaygılıydık. Bu olayın oğlumuzun özgüvenini nasıl etkilediğini görebiliyorduk. Olumlu davranmaya, yardımcı olarak onu yüreklendirmeye çalışıyorduk; ama süregelen başarısızlıklardan sonra geri çekilip, olaya başka bir açıdan bakmaya çalıştık.

O sırada meslek yaşamımda, ülkenin dört bir yanındaki müşterilerimle liderlik geliştirme çalışmaları yapıyordum. İletişim ve algılama konusunda, IBM'in Yönetici Geliştirme Kursu'na katılanlar için ayda iki kez program hazırlıyordum.

Bu programlar için araştırma ve hazırlık yaparken, özellikle algıların nasıl oluştuğu, görüş tarzımızı nasıl yönettiği, görüş tarzımızın da davranışlarımızı nasıl yönettiği gibi konularla ilgilenmeye başladım. Bu beni, beklenti kuramını ve kendi kendini doğrulayan kehanetleri ya da "*Pigmalyon Etkisi*"ni incelemeye sürükledi. O zaman algılarımızın ne kadar derinlerde gömülü olduklarını anladım. Bu bana, hem gördüğümüz dünyaya, hem de bu dünyayı görürken kullandığımız merceğin *kendisine* bakmamız gerektiğini ve dünyayı yorumlama tarzımızı o merceğin etkilediğini öğretti.

Sandra'yla IBM'de öğrettiğim kavramlar ve kendi durumumuz hakkında konuşurken, oğlumuza yardım etmek için yaptığımız şeylerin aslında onunla ilgili gerçek *görüş*ümüze uymadığını anlamaya başladık. En derin duygularımızı dürüstçe incelediğimizde, temelde onu yetersiz, bir şekilde "geride kalan" bir çocuk olarak gördüğümüzü anladık. Tutum ve davranışlarımız konusunda ne kadar uğraşırsak uğraşalım, çabalarımız etkili olamıyordu, çünkü yaptıklarımız ve söylediklerimize karşın ona, esas olarak "Sen becerikli değilsin, korunman gerekiyor," mesajını veriyorduk.

Durumu değiştirmek istiyorsak, önce kendimizi değiştirmemiz gerektiğini kavramaya başladık. Kendimizi etkili bir biçimde değiştirmek için de, önce algılarımızı değiştirmemiz gerekiyordu.

Kişilik ve Karakter Etiği

Algılama konusundaki araştırmalarıma ek olarak, 1776'dan bu yana ABD'de yayımlanan başarıyla ilgili yayınları da derinlemesine inceliyordum. Kendini geliştirme, popüler psikoloji ve kendi kendine yardım gibi konular hakkında kelimenin tam anlamıyla yüzlerce kitap, makale ve denemeyi okuyor, ya da tarıyordum. Özgür ve demokrat bir insanın, başarılı yaşamın anahtarı olarak gördüğü şeylerin toplamı ve özü elimin altındaydı.

Çalışmalarım beni başarı hakkında 200 yıl boyunca yazılmış metinler aracılığıyla gerilere götürürken, yayınların içeriğinde şaşırtıcı bir kalıbın ortaya çıktığını fark ettim. Kendi acımızın yanı sıra, yıllardır birlikte çalıştığım pek çok insanın yaşantısında ve ilişkilerinde gördüğüm benzer acılar nedeniyle, son elli yıl içinde yazılmış olan başarıyla ilgili kitaplardan çoğunun yüzeysel kaldığına gitgide daha çok inanmaya başladım. Bunlar toplumsal imaj bilinci, teknikler ve anlık çözümlerle; yani, toplumsal yara bantları ve aspirinlerle doluydu. Hepsi de ağır sorunlara uygulanıyor, hatta bazen onları geçici olarak giderir gibi görünüyordu. Ancak bu çareler altta yatan kronik sorunları çözmüyor, iltihaplanıp yeniden ortaya çıkmalarına neden oluyordu.

Buna karşılık, ilk 150 yıllık süreç içinde çıkan hemen hemen tüm kitaplar, başarının temeli olarak *Karakter Etiği* diye tanımlayabileceğimiz; dürüstlük, alçakgönüllülük, sadakat, ölçülülük, cesaret, adalet, sabır, çalışkanlık, yalınlık, erdem ve *Herkese İyilik Et* şeklindeki Altın Kural üzerinde duruyordu. Benjamin Franklin'in otobiyografisi bu tür edebiyata iyi bir örnek oluşturur. Temelde, bir insanın belirli ilkeleri ve alışkanlıkları kendi mizacıyla bütünleştirme çabasının öyküsüdür.

Karakter Etiği, etkili yaşamın temel ilkeleri olduğunu ve insanların, hakiki başarı ile kalıcı mutluluğu ancak bu temel ilkeleri öğrenip temel karakterleriyle bütünleştirerek yaşayabileceklerini öğretiyordu.

Fakat Birinci Dünya Savaşı'ndan hemen sonra başarıya ilişkin temel görüş, Karakter Etiği'nden *Kişilik Etiği* diye tanımlayabileceğimiz şeye doğru kaydı. Başarı daha çok, kişiliğin, toplumsal imajın, tutum ve davranışların, insanlar arası etkileşim süreçlerini kolaylaştıran beceri ve tekniklerin yarattığı bir şey olarak görülmeye başladı. Kişilik Etiği, temelde iki yoldan gelişiyordu: Bunlardan biri, insanlar ve halkla ilişkilerle ilgili teknikler; diğeri ise olumlu zihinsel tutumdu. Bu felsefenin bir bölümü, esinleyici ve bazen geçerli olan "Erişeceğiniz yüksekliği tavrınız belirler", "Gülümsemek kaş çatmaktan daha fazla dost kazandırır", "İnsan düşlediği ve inandığı her şeyi gerçekleştirebilir" gibi özdeyişlerle ifade ediliyordu.

Kişilik yaklaşımının diğer yönlerinin yönlendirici, hatta aldatıcı olduğu anlaşılıyordu. İnsanları, kendilerini başkalarına sevdirmek için bazı tekniklerden yararlanmaya, ya da istediklerini elde edebilmek için diğerlerinin uğraşlarıyla gerçekten ilgileniyormuş gibi görünmeye, ya da "güçlü görünme"yi benimsemeye, ya da yaşam boyunca başkalarını sindirmeye teşvik ediyordu.

Bu kitaplardan bazıları karakteri, başarının bir öğesi olarak gösteriyor, ama bir temel ve katalizör olduğunu kabul etmek yerine, onu bölümlere ayırıyordu. Karakter Etiği'ne yapılan atıflar çoğu zaman lafta kalıyordu. Daha çok, çabuk etkileme teknikleri, güç stratejileri, iletişim becerileri ve olumlu tutumlar üzerinde duruluyordu.

Bu Kişilik Etiği'nin, Sandra'yla benim oğlumuzda kullanmaya kalkıştığımız çözümlerin bilinçaltındaki kaynağı olduğunu kavramaya başladım. Kişilik Etiği ile Karakter Etiği arasındaki farkları daha derinlemesine düşündüğümde, Sandra'yla birlikte çocuklarımızın iyi davranışlarından toplum içinde yarar sağladığımızı anladım; bize göre bu çocuğumuz istenilen nitelikte değildi. Kendimizle ilgili *imajımız* ve iyi, sevgi dolu bir anne-baba olarak rolümüz, oğlumuzla ilgili *imajımız*dan daha köklüydü ve belki onu etkiliyordu da. Sorunu *görme* ve onu çözme *tarzı*mızın altında, oğlumuzun iyiliği için duyduğumuz kaygının ötesinde pek çok şey saklıydı.

Sandra'yla konuşurken, kendi karakterimizin, dürtülerimizin ve oğlumuzla ilgili algılarımızın güçlü etkisini üzülerek fark ettik. Onu başkalarıyla karşılaştırma dürtümüzün derin değerlerimizle uyumsuz olduğunu anladık. Bu, koşullu bir sevgiye yol açabilir ve sonunda oğlumuzun özdeğerinin azalmasına yol açabilirdi. Bu nedenle çabalarımızı tekniklerimize değil, *kendimize*, en derin dürtülerimize ve oğlumuzla ilgili algılarımıza yöneltmeye karar verdik. Çocuğumuzu değiştirmeye çalışmak yerine bir kenara çekilmeye, *kendimizi ondan* ayrı tutmaya çalıştık. Oğlumuzun kimliğini, bireyselliğini, ayrılığını ve değerini anlamak için çaba harcadık.

Derin düşünce, inanç ve dualarımız sayesinde oğlumuzu kendine özgü özellikler çerçevesinde *görmeye* başladık. Kendi temposu ve hızıyla hayata geçireceği, içindeki geniş çaplı potansiyeli *gördük*. Gevşemeye ve onun yolundan çekilip kendi kişiliğinin ortaya çıkmasına izin vermeye karar verdik. Doğal rolümüzün oğlumuzu takdir etmek, ona değer vermek ve ondan hoşlanmak olduğunu *gördük*. Ayrıca kendi dürtülerimiz üzerinde bilinçli bir biçimde çalıştık ve içimizde güvenlik kaynakları oluşturduk. Böylece kendi değer duygularımız, çocuğumuzun "kabul edilebilir" davranışlarına bağlı olmaktan kurtuldu.

Oğlumuzla ilgili eski algılarımızı bir yana bırakıp değere dayanan dürtüler geliştirirken, ortaya yeni duygular çıkmaya başladı. Oğlumuzu başkalarıyla karşılaştırmak ya da yargılamak yerine, ondan hoşlandığımızı gördük. Oğlumuzu tıpatıp kendimize benzetmekten ya da onu toplumsal beklentilere göre ölçmekten vazgeçtik. Onu kabul edilebilir bir toplumsal kalıba sokmak için nazikçe, olumlu bir biçimde yönlendirmeye çalışmıyorduk artık. Temelde yeterlikli ve yaşamla başa çıkabilecek bir insan olduğunu anladığımız için, onu başkalarının alaylarına karşı korumayı da bıraktık.

Çocuğumuz bu korumayla yetiştirilmişti. Bu nedenle başlangıçta biraz acı çekti. Bunu dile getirdiğinde, kabullendik, ama eskisi gibi de davranmadık. Dile getirilmeyen mesajımız şuydu: "*Seni korumamıza gerek yok. Temelde iyisin.*"

Haftalar ve aylar geçtikçe oğlumuz yavaş yavaş kendine güven duymaya ve kendisini kanıtlamaya başladı. Kendi tempo ve hızına göre gelişti. Standart toplumsal ölçütlere göre –akademik, sosyal ve sportif açılardan– hızla, doğal gelişim süreci olarak tanımlanan şeyin çok ötesinde bir hızla, göze çarpar hale geldi. Yıllar geçtikçe birkaç öğrenci derneğine başkan seçildi. Dört dörtlük bir sporcu oldu ve eve "Pek iyi"lerle dolu karneler getirmeye başladı. Her çeşit insanla ürkütmeden ilişki kurmasını sağlayan çekici ve samimi bir kişilik geliştirdi.

Sandra ve ben, oğlumuzun "toplumsal açıdan etkileyici" başarılarının, toplumsal ödüllere bir karşılıktan çok, kendisiyle ilgili duygularının beklenmedik bir ifadesi olduğuna inanıyoruz. Bu bizim için şaşırtıcı bir deneyim oldu. Öteki çocuklarımıza davranışlarımız ve diğer mevcut roller bakımından da eğitici bir deneyimdi. Böylece başarının "Kişilik Etiği"yle "Karakter Etiği" arasındaki yaşamsal farkı çok kişisel bir düzeyde öğrenmiş olduk. Kutsal Kitap'tan bir âyet, bu düşüncemizi çok güzel açıklıyor: "Kendi kalbini dikkatlice araştır, çünkü hayatla ilgili meseleler oradan kaynaklanır."

BİRİNCİL VE İKİNCİL BÜYÜKLÜK

Oğlumla ilgili deneyimim, algılama konusunda yaptığım incelemeler ve başarı hakkında okuduğum kitapların birleşimi, "Buldum!" diye bağırdığımız, her şeyin yerli yerine oturduğu o anlardan birini yaşamama neden oldu. Birdenbire "Kişilik Etiği"nin güçlü etkisini görmeye başladım. Doğru olduğunu bildiğim –yıllar önce, çocukluğumda bana öğretilmiş olan ve içimdeki değer duygusunun derinliklerinde bulunan– şeylerle, her gün etrafımı saran anlık çözüm felsefeleri arasındaki o ince ve çoğu zaman bilinçli olarak ayırt edilemeyen zıtlıkları açıkça anlamaya başladım. Yıllar boyunca her çeşit meslekten insanlarla çalışırken, öğrettiğim ve etkili olduğunu bildiğim şeyleri çoğunlukla bu popüler seslerden niçin farklı bulduğumu daha derin bir düzeyde kavradım.

Kişilik Etiği'ndeki öğelerin –kişilik gelişimi, iletişim becerisi ve etkileme stratejileri ile pozitif düşünme alanındaki eğitimin– başarı açısından yararlı, hatta bazen temel nitelikte olduklarını yadsıyor değilim. Aslında öyledirler. Ama bunlar birincil değil, ikincil özelliklerdir. Bizden önceki kuşakların oluşturduğu temel üzerine bazı şeyleri inşa etmek için insani yetimizden yararlanırken, istemeden bütün dikkatimizi kendi yapıtımıza vermiş ve onu ayakta tutan temeli unutmuş olabiliriz; ya da belki ekmediğimiz yeri çok uzun süre biçtiğimiz için, ekmenin gerekli olduğu aklımızdan çıkmıştır.

Başkalarına istediklerimi yaptırmak, daha iyi çalışmak, daha şevkli olmak, beni ve birbirlerini sevmelerini sağlamak için insanları etkileme strateji ve taktiklerinden yararlanıyorsam ve aslında karakterim temelde bozuksa, ikiyüzlülük ve düzenbazlığa yatkınsa, uzun vadede başarıya da erişemem. İkiyüzlülük güvensizliğe yol açar ve yaptığım her şey –şu insanlar arası iyi ilişki teknikleri denilen şeylerden yararlansam bile– bir manevra ve hile olarak algılanır. Güzel konuşmak, hatta gerçekten iyi niyetle davranmak hiç fark etmez; güven yoksa ya da pek azsa, sürekli başarı için gereken temel de yoktur. Tekniğe hayat veren tek şey temeldeki iyiliktir.

Bütün dikkati tekniğe vermek, okulda sınavlardan önce telaşla ders çalışmaya benzer. Bazen geçersiniz. Hatta bazen iyi notlar da alırsınız, ama günlerce bedelini ödemediyseniz incelediğiniz konulara gerçekten egemen olamazsınız, eğitilmiş bir zihin yapınız da olamaz.

Bir çiftlikte tüm işleri son dakikaya sıkıştırmanın, yani baharda tohum ekmeyi unutup bütün yaz eğlendikten sonra hasat alabilmek için sonbaharda telaşla çalışmanın ne kadar gülünç bir şey olacağını hiç düşündünüz mü? Çiftlik, doğal bir sistemdir. Bedelin ödenmesi ve sürecin izlenmesi gerekir. Her zaman ektiğinizi biçersiniz; bunun kestirme yolu yoktur.

Bu ilke, sonuç olarak insan davranışları ve insan ilişkilerinde de geçerlidir. Bunlar da hasat yasasına dayanan doğal sistemlerdir. Kısa dönemde, okul gibi yapay bir toplumsal sistemde insanlar tarafından konulan kuralları usulca çiğnemeyi, "oyunu oynamayı" öğrenirseniz, durumu idare edebilirsiniz. Bir defalık ya da kısa süreli insan ilişkilerinde işi idare etmek, albeni ve beceri sayesinde iyi izlenimler bırakmak ve başkalarının uğraşlarıyla ilgileniyormuş gibi yapmak için Kişilik Etiği'nden yararlanabilirsiniz. Kısa vadeli durumlarda etkili olabilecek, fazla zaman istemeyen kolay teknikleri seçebilirsiniz. Ama ikincil özelliklerin uzun süreli ilişkilerde tek başına kalıcı bir değeri yoktur. Köklü bir dürüstlük ve temelde güçlü bir karakter yoksa, yaşamın zorlu mücadeleleri er ya da geç gerçek dürtülerin yüzeye çıkmasına neden olur ve kısa süreli başarının yerini, insan ilişkilerindeki başarısızlık alır.

İkincil büyüklüğe sahip olan; yani, yetenekleriyle toplumda takdir gören birçok kişinin karakteri, birincil büyüklük ya da iyilikten yoksundur. O insanların, ister bir iş arkadaşı, eş, dost, ister kimlik bunalımı geçiren bir gençle olsun, bütün uzun süreli ilişkilerinde er ya da geç bunu görürsünüz. En güzel iletişimi karakter sağlar. Emerson'un bir zamanlar söylediği gibi, "Ne olduğun kulağımda öylesine çınlıyor ki, ne dediğini duyamıyorum."

Tabii, karakter gücüne sahip, ama iletişim becerisinden yoksun insanlar da vardır ve bu durum, hiç kuşkusuz ilişkilerin niteliğini de etkiler. Ama bu etki yine ikincildir.

Son tahlilde, ne *olduğumuz; söylediğimiz* ya da *yaptığımız* herhangi bir şeyden daha güzel bir iletişim sağlar. Hepimiz bunu biliriz. Karakterini bildiğimiz için tam anlamıyla güvendiğimiz insanlar vardır. Güzel konuşmayı bilseler de bilmeseler de, insan ilişkileri tekniklerine sahip olsalar da olmasalar da, onlara güveniriz ve onlarla başarılı bir biçimde çalışırız.

William George Jordan şöyle diyor: "Her insanın eline iyilik ya da kötülük yapması için muhteşem bir güç verilmiştir: yaşamının sessiz, bilinçsiz, gözle görülmeyen etki gücü. Bu, insanın bürünmeye çalıştığı kişiliğin değil, gerçekte olduğu kişinin devamlı yansımasıdır."

PARADİGMANIN GÜCÜ

"Etkili İnsanların Yedi Alışkanlığı", etkili olmanın temel ilkelerinden birçoğunu içeriyor. Bunlar temel alışkanlıklardır ve birincil derecede önemlidir. Kalıcı mutluluk ve başarının temelini oluşturan doğru ilkelerin içselleştirilmesini temsil ederler.

Ancak bu Yedi Alışkanlığı tam anlamıyla anlamadan önce kendi "paradigmalarımızı" anlamamız ve "paradigma değişikliğini"nin nasıl yapıldığını öğrenmemiz gerekir.

Karakter Etiği ile Kişilik Etiği toplumsal paradigmalara birer örnektir. *Paradigma* sözcüğü Yunancadan gelir. Başlangıçta bilimsel bir terimdi; günümüzde ise daha çok bir model, kuram, algı, varsayım ya da değer yargısı anlamında kullanılmaktadır. Biraz daha genelleştirirsek, dünyayı "görme" tarzımızdır – gözle görmek değil; algılamak, anlamak, yorumlamak anlamında.

Paradigmalardan kastettiğimiz şeyi anlamanın en basit yolu onları birer harita gibi görmektir. Hepimiz, "haritanın arazi olmadığını" biliriz. Harita sadece arazinin belirli özelliklerinin bir açıklamasıdır. İşte paradigma da tamı tamına budur. Bir kuram, bir açıklama ya da başka bir şeyin modelidir.

Diyelim ki Chicago'nun merkezinde belirli bir yere gitmek istiyorsunuz. Kentin yol haritası, istediğiniz yere ulaşmanıza yardımcı olacaktır. Ama diyelim ki size yanlış harita verildi. Bir baskı hatası yüzünden üzerinde "Chicago" yazılı harita aslında Detroit'in haritası. Boş yere nasıl didineceğinizi, gideceğiniz yere varabilmek için göstereceğiniz çabanın nasıl boşa çıkacağını düşünebiliyor musunuz?

Davranışınız üzerinde çalışabilirsiniz. Daha fazla çaba gösterir, daha çok çalışır, hızınızı iki katına çıkarırsınız. Ama bütün bu çabalarınız sizi yalnızca yanlış yere daha hızlı götürür.

Tutumunuz üzerinde çalışabilir, daha olumlu düşünebilirsiniz. Yine de istediğiniz yere ulaşamazsınız. Ama buna aldırış etmeyebilirsiniz. Tutumunuz öylesine olumludur ki, nereye giderseniz gidin, mutlu olursunuz.

Ne var ki, yine de yolunuzu kaybetmiş olursunuz. Temel sorunun davranış ya da tutumunuzla bir ilgisi yoktur. Bu tamamen elinizde yanlış harita bulunmasıyla ilgilidir.

Elinizde Chicago'nun doğru haritası varsa, *o zaman* çaba önem kazanır. Yolda sizi hüsrana uğratan engellerle karşılaşırsanız, *o zaman* tutum büyük bir fark yaratabilir. Ancak ilk ve en önemli koşul haritanın doğru olmasıdır.

Hepimizin kafasının içinde birçok harita vardır. Bunlar iki ana gruba ayrılabilir: *Şeyleri oldukları gibi* gösteren haritalar, yani *gerçeklikler;* ve *şeylerin nasıl olmaları gerektiğini* gösteren haritalar, yani *değerler*. Yaşadığımız her şeyi bu zihinsel haritalara göre yorumlarız. Ender olarak doğru olup olmadıklarını kendi kendimize sorarız; genellikle bunlara sahip olduğumuzun farkına bile varmayız. Yalnızca gördüğümüz şeylerin gerçekten öyle olduklarını; ya da öyle olmaları gerektiğini varsayarız.

Tutumlarımız ve davranışlarımız da bu varsayımlardan doğar. Onları görüş biçimimiz, düşünce ve davranış tarzımızın kaynağıdır.

Devam etmeden önce sizi zihinsel ve duygusal bir deneyim yaşamaya davet ediyorum. Birkaç saniyenizi ayırıp yan sayfadaki resme bakın.

Sonra da 36. sayfadaki resme bakın ve gördüklerinizi dikkatlice tanımlayın.

Bir kadın görüyor musunuz? Sizce kaç yaşında? Neye benziyor? Ne giymiş? Onu ne tür konumlarda hayal edebiliyorsunuz?

Herhalde ikinci resimdeki kadının yirmi beş yaşlarında olduğunu söyleyeceksiniz. Çok güzel olduğunu, modaya uygun biçimde giyindiğini de. Küçük burunlu ve narin olduğundan söz edeceksiniz. Bekâr bir erkek olsaydınız, belki onunla çıkmak isterdiniz. Konfeksiyoncu olsaydınız, onu manken olarak işe alabilirdiniz.

Ama ya ben size yanıldığınızı söylersem? Bunun 60-70 yaşlarında, kederli görünen, kocaman burunlu, mankenlikle hiç ilgisi olmayan biri olduğunu açıklarsam? Bu kadın, belki de yolun karşı tarafına geçmesi için yardım edeceğiniz birisi.

Kim haklı? Resme bir daha bakın. Yaşlı kadını görebiliyor musunuz? Göremiyorsanız, bir kez daha deneyin. Kocaman burnunu görebiliyor musunuz? Ya şalını?

Sizinle yüz yüze konuşuyor olsaydık, resim üzerinde tartışabilirdik. Siz gördüklerinizi bana anlatırdınız, ben de size. Bu iletişim, resimde gördüklerimizi birbirimize açıkça gösterinceye kadar devam ederdi. Ama bunu yapamayacağımız için, sizden 58. sayfayı açarak oradaki resmi incelemenizi, sonra tekrar bu resme bakmanızı isteyeceğim. Şimdi yaşlı kadını görebiliyor musunuz? Okumayı sürdürmeden önce onu görmeniz çok önemli.

Ben bu alıştırmayla ilk kez, yıllar önce Harvard İşletme Okulu'nda karşılaştım. Öğretmen bunu, iki insanın aynı şeye bakmalarına karşın anlaşmazlığa düşebileceklerini ve her ikisinin de haklı olabileceğini açıkça göstermek için kullanıyordu. Bu mantıksal değil, psikolojiktir.

Öğretmen, sınıfa bir deste büyük kart getirdi. Yarısında 35. sayfada gördüğünüz genç kadının resmi, diğer yarısında ise 58. sayfadaki yaşlı kadının resmi vardı. Bizden kartlara bakmamızı, dikkatimizi on saniye üzerinde yoğunlaştırmamızı, sonra da resimleri geri

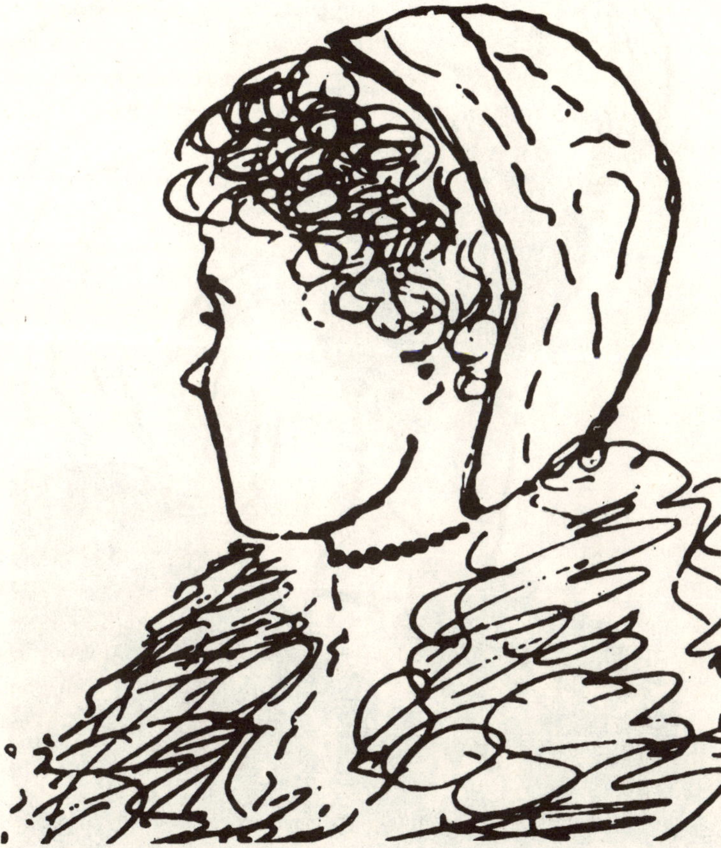

vermemizi istedi. Sonra ekrana 36. sayfada gördüğünüz, her iki resmin bileşimini yansıtarak öğrencilerden gördüklerini tanımlamalarını istedi. Kart üstünde ilk önce genç kadın resmini görenlerin neredeyse hepsi, ekrandakinin de aynı genç kadın olduğuna karar verdi. Kartta ilk önce yaşlı kadın resmini görenlerin neredeyse hepsi ise ekrandakinin yaşlı bir kadın olduğunu söyledi.

Öğretmen, daha sonra bir öğrenciden salonun diğer tarafında oturan bir arkadaşına gördüklerini anlatmasını istedi. İki genç karşılıklı konuşurlarken iletişim sorunları çıktı ortaya.

"Ne demek, 'yaşlı bir kadın?' O en fazla 20 ya da 22 yaşında!"

"Yok canım! Herhalde şaka ediyorsun. 70'inde o. Hatta belki 80'ine yakın!"

"Neyin var senin? Kör müsün? Bu hanım genç ve bakımlı. Onunla seve seve çıkardım. Çok güzel!"

"Güzel mi? İhtiyar bir cadı o!"

Tartışma sürdü gitti. Sınıftaki öğrencilerin hepsi de doğruyu bildiğinden emindi ve hiçbiri düşüncesinden vazgeçmiyordu. Üstelik bütün bu tartışmalar, öğrencilerin son derecede önemli bir avantajları olmasına karşın başlamıştı: birçoğu deneyin başlangıcında aslında başka bir bakış açısının olduğunu biliyordu; çoğumuzun hiçbir zaman itiraf etmeyeceği bir şeydir bu. Yine de, başlangıçta yalnızca birkaç öğrenci resmi gerçekten başka bir açıdan görmeye çalıştı.

Yararsız konuşmalardan sonra bir öğrenci ekrana yaklaşarak resimdeki bir çizgiyi işaret etti. "İşte bu genç kadının gerdanlığı." Diğer öğrenci, "Hayır, o yaşlı kadının ağzı," dedi. Yavaş yavaş belirli bir farklılık gösteren noktalar üzerinde sakin bir biçimde konuşmaya başladılar. Sonunda bir öğrenci, sonra da bir diğeri, her iki resimdeki görüntülerin odağa alınmasıyla birdenbire gerçeği kavradı. Sınıfta süregelen sakin, saygılı ve belirgin iletişim sayesinde sonunda herkes diğerinin bakış açısını anlayabildi. Ancak başımızı çevirip sonra tekrar döndüğümüz zaman, çoğumuz ilk on saniye içerisinde görmeye koşullandığımız resmi görürüz.

Bireyler ve kuruluşlarla çalışırken, hem kişisel hem de kişiler arası etkililiğe geniş çaplı bir açıklama getirdiği için sık sık bu algılama deneyinden yararlanırım. Bu alıştırma, öncelikle koşullanmanın algılarımızı, paradigmalarımızı ne kadar güçlü bir biçimde etkilediğini gösterir. On saniyelik bir süre nesneleri görüş biçimimizi böylesine güçlü bir biçimde etkileyebiliyorsa, yaşam boyu süren bir koşullanma nelere yol açmaz ki? Yaşantımızdaki etkiler; aile, okul, cemaat, iş çevresi, dostlar, meslektaşlar ve Kişilik Etiği gibi geçerli toplumsal paradigmalar bizi sessizce, bilinçsizce etkilemiş, değer yargılarımızın, paradigmalarımızın, zihinsel haritalarımızın biçimlenmesine yardımcı olmuşlardır.

Ayrıca bu alıştırma, paradigmaların davranış ve tutumlarımızın kaynağı olduğunu da gösterir. Onlar olmasa, kişisel bütünlük veya dürüstlüğe sahip olamayız. Gördüğümüzden farklı bir biçimde konuşur ve davranırsak, bütünlüğümüzü koruyamayız. O bileşik resimde, koşullanma sonucu belirgin biçimde genç bir kadın gören yüzde 90'lık grupta yer alsaydınız, hiç kuşkusuz sokağın karşı tarafına geçmesine yardım etmeniz gerektiğini düşünmezdiniz. O kadınla ilgili *tutumunuzun* ve ona karşı *davranışlarınızın*, onu *görüş* biçiminize uygun olması gerekirdi.

Bu, Kişilik Etiği'nin temel eksikliklerinden birini açıkça ortaya koyar. Dış davranış ve tutumları değiştirmeye çalışmamız, o davranış ve tutumların kaynağı olan temel paradigmaları incelememişsek, uzun vadede pek işe yaramayacaktır.

Bu algılama alıştırması ayrıca, paradigmalarımızın diğer insanlarla ilişkilerimizi ne kadar güçlü bir biçimde etkilediğini de gösterir. Her şeyi açıkça ve nesnel olarak gördüğümüzü düşünürken, yavaş yavaş başkalarının da onları eşit derecede açık ve nesnel olan kendi bakış açılarıyla farklı bir biçimde gördüklerini anlamaya başlarız. "Ayakta durduğumuz yer, oturduğumuz yere bağlıdır."

Hepimiz cisimleri oldukları gibi gördüğümüzü, *nesnel* olduğumuzu düşünürüz. Oysa bu doğru değildir. Biz dünyayı *olduğu* gibi değil, *olduğumuz* gibi görürüz; ya da nasıl görmeye koşullanmışsak, öyle. Gördüklerimizi tarif etmek üzere ağzımızı açtığımız anda, aslında kendimizi, algılarımızı ve paradigmalarımızı tanımlarız. Başkaları bizimle aynı fikirde olmadıkları zaman, hemen onlarda bir aksaklık olduğunu düşünürüz. Ama alıştırmanın da gösterdiği gibi, kafaları çalışan samimi insanlar her şeyi farklı görürler; hepsi de kendine özgü deneyim merceğinden bakar.

Bu, olgular yoktur anlamına gelmez. O deneyde, başlangıçta kendilerini koşullandıran farklı resimlerden etkilenmiş olan iki kişi, üçüncü resme birlikte bakarlar. Şimdi ikisi de, tıpatıp aynı olgulara –siyah çizgilere ve beyaz boşluklara– bakmaktadır ve ikisi de bunların birer olgu olduğunu kabul edecektir. Ancak her birinin bu olguları yorumlayış tarzı daha önceki deneyimleri yansıtır ve olgular, yorumlardan ayrı olarak hiçbir anlam taşımaz.

Temel paradigmalarımızın, haritalarımız ya da varsayımlarımızın ne kadar farkında olur ve kendi deneyimimizden ne derece etkilendiğimizi anlarsak, o paradigmaların sorumluluğunu o kadar fazla üstlenebiliriz. Onları inceler, gerçeklik kıstaslarına göre sınar, başkalarını dinler, onların algılarına açık hale geliriz. Böylece daha geniş bir resme ve çok daha nesnel bir görüşe sahip oluruz.

PARADİGMA DEĞİŞİMİNİN GÜCÜ

Belki de bu algılama alıştırmasından kazanılacak en önemli içgörü, paradigma değişimi alanındadır; yani birisinin sonunda bileşik resmi başka bir biçimde "görmesi" üzerine yaşanan "Buldum!" deneyimi diyebileceğimiz şeydedir. İnsan ilk algısına ne kadar bağlıysa, "Buldum!" deneyimi de o kadar güçlü olur. Ansızın içinde bir ışık yanar sanki.

Paradigma Değişimi terimini ilk kez Thomas Kuhn, son derece etkili olan ve bir tür dönüm noktası sayılan *Bilimsel Devrimlerin Yapısı* adlı yapıtında kullanmıştı. Kuhn, bilimsel alanda neredeyse her önemli atılımın, ilk önce gelenekler, eski düşünce biçimleri, eski paradigmalarla bağların koparılması anlamına geldiğini gösteriyor.

Ünlü Mısırlı astronom Batlamyus'a (Ptolemi) göre dünya, evrenin merkeziydi. Ancak Kopernik merkeze Güneş'i yerleştirerek bir "Paradigma değişimi" yarattı. Bir hayli direnç ve baskıya da neden oldu. Birdenbire her şey başka türlü yorumlanmaya başladı.

Newton'un fizik modeli düzenli bir paradigmaydı ve modern mühendisliğin hâlâ temelini oluşturuyor. Ama kısmiydi, tamamlanmamıştı. Olacakları öngörme ve açıklayıcılık açısından çok daha üstün bir değeri olan Einstein modeli paradigma, yani görecelik paradigması ise bilim dünyasında bir devrim yarattı.

Mikrop kuramı geliştirilinceye kadar pek çok kadın ve çocuk doğum sırasında ölüyor ve hiç kimse bunun nedenini anlayamıyordu. Askeri çarpışmalarda insanlar, ateş hatlarında maruz kalınan önemli travmalardan çok, önemsiz yaralar ve hastalık yüzünden ölüyordu. Ancak mikrop kuramı ortaya atılır atılmaz yepyeni ve daha iyi bir paradigma, olanları anlamak için kullanılan daha ileri bir yöntem sayesinde tıp alanında çarpıcı ve önemli gelişmeler kaydedildi.

Bugünkü Amerika Birleşik Devletleri de bir paradigma değişiminin ürünüdür. Yüzyıllar boyunca geleneksel hükümet anlayışı, bir monarşiden ibaretti; kralların tanrısal hakları vardı. Sonra farklı bir paradigma geliştirildi: Halkın halk tarafından ve halk için yönetilmesi. Böylece bir anayasal demokrasi doğdu ve müthiş bir insan enerjisi ile zekâsının önünü açarak dünya tarihinde benzeri bulunmayan bir yaşam, özgürlük ve bağımsızlık, etki ve umut standartı yaratıldı.

Bütün paradigma değişimleri olumlu yönde olmaz. Gördüğümüz gibi, Karakter Etiği'nden Kişilik Etiği'ne kayılması, gerçek başarı ile mutluluğu besleyen o köklerden bizi uzaklaştırdı.

Ancak paradigma değişimleri bizi ister olumlu, ister olumsuz yöne çeksin; ister birdenbire ister ağır ağır gelişsin, dünyaya farklı bir gözle bakmamıza yol açar. Bu kaymalar güçlü bir değişim yaratır. Paradigmalarımız doğru da olsa yanlış da, tutum ve davranışlarımızın, sonuç olarak da başkalarıyla ilişkilerimizin kaynağıdır.

Bir pazar sabahı New York metrosunda başımdan geçen küçük çaplı bir paradigma değişimini hatırlıyorum. Herkes sessizce oturuyordu. Birtakım insanlar gazete okuyordu, bazıları düşüncelere dalmış, bazıları da gözlerini kapatmış, dinleniyordu. Sakin ve huzurlu bir ortamdı.

Sonra birdenbire, bir adam çocuklarıyla birlikte vagona bindi. Çocuklar o kadar yaramaz ve gürültücüydü ki, hava birdenbire tamamen değişti.

Adam, yanıma oturup gözlerini kapattı, durumdan habersiz gibiydi. Çocuklar koşarak bağırıp çağırıyor, eşyaları fırlatıp atıyor, hatta bazı yolcuların gazetelerini kapıyorlardı. Ama yanımda oturan adam hiçbir şey yapmıyordu.

Öfkelenmemek zordu. Adamın, çocukların böyle vahşice koşuşmalarına aldırmayacak ve bu konuda hiçbir şey yapmayacak, hiçbir sorumluluk üstlenmeyecek kadar duyarsız olmasına inanamıyordum. Metroda herkesin sinirlendiği belliydi. Sonunda, bana olağanüstü gelen bir sabırla ve kendimi tutarak adama dönüp: "Beyefendi, çocuklarınız birçok kişiyi rahatsız ediyor, onlara biraz hâkim olamaz mısınız?" dedim.

Adam, durumu henüz fark ediyormuş gibi bana bakarak usulca, "Ah, çok haklısınız, bir şeyler yapsam iyi olacak. Hastaneden geliyoruz. Anneleri bir saat önce orada öldü. Ne düşüneceğimi bilemiyorum. Galiba çocuklar da bununla nasıl baş edeceklerini bilemiyorlar," diye yanıtladı.

O anda neler hissettiğimi düşünebiliyor musunuz? Paradigmam değişime uğradı. Birdenbire her şeyi başka türlü *gördüm*. Başka türlü *gördüğüm* için de başka türlü *düşünmeye*, başka türlü *hissetmeye* ve başka türlü *davranmaya* başladım. Öfkem hemen geçti. Tutumumu ya da davranışlarımı kontrol etme kaygısına kapılmama gerek kalmadı. Yüreğim adamın acısıyla doldu. Şefkat ve merhamet duyguları boşaldı içimden. "Demek karınız yeni öldü? Vah vah, çok üzüldüm. Bana anlatabilir misiniz? Size nasıl yardım edebilirim?" dedim. Her şey bir anda değişivermişti.

Pek çok insan, yaşamlarını tehdit eden bir bunalımla karşılaşıp önem verdikleri şeylere ansızın bambaşka bir açıdan bakmaya başladıklarında; ya da bir eş, anne-baba veya büyükanne, büyükbaba, yönetici ya da lider olarak yeni bir rol üstlendiklerinde, düşünce tarzlarında buna benzer köklü bir değişim olur.

Kişilik Etiği ile haftalarca, aylarca, hatta yıllarca uğraşıp tutum ve davranışlarımızı değiştirmeye çalışabilir, yine de her şeyi farklı bir biçimde gördüğümüz anda kendiliğinden oluşan o değişim olgusuna yaklaşmayı bile beceremeyebiliriz.

Artık belli olan bir şey var: Hayatımızda nispeten önemsiz değişiklikler yapmak istiyorsak, dikkatimizi uygun bir biçimde tutum ve davranışlarımıza verebiliriz. Ancak çok önemli, büyük bir değişiklik yapmak istiyorsak, o zaman temel paradigmalarımız üzerinde çalışmamız gerekir.

Thoreau'nun dediği gibi: "Kötülüğün yapraklarını kesen her bin kişiye karşılık, ancak bir kişi köküne saldırır." Biz de yaşantımızda çok önemli değişiklikler yapmak istiyorsak, o zaman tutum ve davranışımızın yapraklarını kesmekten vazgeçerek kökler üzerinde, yani, tutum ve davranışlarımızın kaynağı olan paradigmalar üzerinde çalışmalıyız.

GÖRMEK VE OLMAK

Kuşkusuz, bütün paradigma değişimleri birdenbire olmaz. Metrodaki anlık içgörümün tersine, Sandra'yla benim oğlumuzla ilgili paradigma değişimi deneyimimiz yavaş, zor ve temkinli bir süreçti. Başlangıçta ona karşı yaklaşımımız, Kişilik Etiği alanında yıllarca süren koşullanma ve deneyimlerimizin ürünüydü. Anne-baba olarak kendi başarımız konusunda inandığımız daha derin paradigmaların bir sonucuydu. Ayrıca çocuklarımızın başarılarının da bir ölçütüydü. Ancak o temel paradigmaları değiştirip her şeye başka açıdan baktığımız zaman, hem kendimizde hem de durumda önemli değişiklikler yapabileceğimizi gördük.

Oğlumuzu farklı bir biçimde *görebilmek* için, Sandra'yla farklı *olmamız* gerekiyordu. Kendi karakterimizin gelişmesi ve güçlenmesine yatırım yaparken, yeni paradigma da yaratılmış oldu.

Paradigmalar karakterlerden ayrılamaz. İnsan boyutunda, *olmak görmektir*. Kendimizi değiştirmezsek, bakış açımızı değiştirme konusunda fazla ilerleme kaydedemeyiz. Bunun tersi de geçerlidir.

O sabah metroda yaşadığım görünüşte anlık paradigma değişimi deneyiminde bile, görüşümün değişmesi temel karakterimin bir sonucuydu ve onun tarafından sınırlanmıştı.

Durumu kavrar kavramaz, o yas tutan, aklı karışmış adamın yanında sadece suçluluk ya da hafif bir üzüntü duyarak utanç dolu bir sessizlik içinde oturacak kişiler vardır kuşkusuz. Öte yandan, eminim ki başlangıçta bile daha duyarlı bir biçimde davranabilecek kimseler de vardır. Adamın derin bir sorunla baş başa olduğunu kavrayıp, durumu anlamaya çalışarak ona yardım elini hemen uzatabilecek kişilerdir bunlar.

Paradigmalar güçlüdür. Çünkü arkasından dünyayı gördüğümüz merceği onlar yaratır. Değişim ister birdenbire olsun, ister ağır, temkinli bir süreç içinde; paradigma değişimi, çok önemli bir değişikliğin temel gücüdür.

İLKE MERKEZLİ PARADİGMA

Karakter Etiği'nin temelinde şu düşünce yatar: Etkililiği yöneten *ilkeler* vardır; bunlar, tıpkı fiziksel boyuttaki yerçekimi yasası kadar gerçek, değişmez ve tartışılmaz bir biçimde "var olan" doğal yasalardır.

Bu ilkelerin gerçekliği –ve etkisi– başka bir paradigma değişimi deneyimiyle açıklanabilir. Bu olayı Denizcilik Enstitüsü'nün dergisi *Proceedings*'de Frank Koch anlatmaktadır.

> Eğitim filosuna tahsis edilmiş iki savaş gemisi birkaç gündür kötü hava koşullarında manevra yapıyordu. Ben, en öndeki savaş gemisinde görevliydim ve hava kararırken köprüde nöbetteydim. Yer yer sis vardı ve görüş alanı dardı. Bu nedenle komutan da köprüdeydi, bütün faaliyetleri denetliyordu.
>
> Karanlık bastıktan kısa bir süre sonra köprünün gözetleme yerinde iskele tarafındaki nöbetçi haber verdi: "Işık. Baş sancak tarafında."
>
> Komutan seslendi: "Sabit mi, yoksa tornistan mı yapıyor?"
>
> Nöbetçi, "Sabit, Komutanım," diye cevap verdi. Bu, o gemiyle tehlikeli bir çarpışma rotası üzerinde olduğumuz anlamına geliyordu.
>
> Komutan nöbetçiye emir verdi: "Gemiye sinyal gönder: Çarpışma rotasındayız. Rotanızı 20 derece değiştirmenizi öneriyoruz."
>
> Karşıdan şu sinyal geldi: "Rotanızı 20 derece değiştirmeniz önerilir."
>
> Komutan, "Sinyal gönder," dedi. "Ben komutanım. Rotayı 20 derece değiştirin."

Karşıdaki, "Ben deniz onbaşıyım, rotanızı 20 derece değiştirseniz iyi olur," diye yanıtladı.

Komutan bu arada iyice öfkelenmişti. Hırsla emretti. "Sinyal gönder!

Ben bir savaş gemisiyim. Rotanızı 20 derece değiştirin."

Karşıdaki ışıklarla işaret verdi: "Ben bir deniz feneriyim."

Rotayı değiştirdik.

Komutanın –ve bu olayı okurken bizim– yaşadığımız paradigma değişimi, olayı tamamen farklı bir çerçeveye oturtuyor. Burada komutanın kısıtlı algısının, gerçeğin yerini aldığını görebiliyoruz; bu, sisler içinde ilerleyen kaptan için olduğu kadar, bizler için de, günlük yaşantımızda anlaşılması zorunlu olan bir gerçekliktir.

İlkeler deniz fenerleri gibidir. Karşı konulamayacak doğal yasalardır. Yönetmen Cecil B. deMille, epik filmi *On Emir*'de yer alan ilkeler konusunda şöyle söylemişti: "Bizim yasaları çiğnememiz olanaksızdır. Biz yalnızca başımızı kaya gibi yasalara çarpıp kendimizi çiğneyebiliriz."

İnsanlar kendi yaşamlarına ve ilişkilerine, koşullanmalarının ve deneyimlerinin sonucu olan paradigmalar ya da haritalar aracılığıyla bakabilirler, ancak bu haritalar arazinin kendisi değildir. Bunlar "öznel gerçeklik"tir. Sadece araziyi tanımlama girişimidir.

"Nesnel gerçeklik" ya da arazinin kendisi, insanların gelişmesini ve mutluluğunu yöneten "deniz feneri" ilkelerinden oluşur. Bunlar doğal yasalardır. Tarih boyunca her uygar toplumun yapısına katkıları olmuştur. Süregelen ve başarıya ulaşan bütün ailelerle kurumların köklerini bunlar oluşturur. Zihinsel haritalarımız araziyi ne kadar doğru tarif ederse etsin, onun varlığını değiştirmez.

Derinlemesine düşünen ve toplumsal tarih evrelerini izleyen herkes, bu tür ilkelerin ya da doğal yasaların var olduğunu hemen anlar. Bu ilkeler sık sık yüzeye çıkar ve bir toplum içinde yaşayan insanlar, onları kabullenip uyum sağlama derecelerine göre, ya ayakta kalıp bir denge kurar, ya da parçalanıp yok olurlar.

Sözünü ettiğim ilkeler anlaşılması zor, gizli, çözümsüz ya da "dinsel" düşünceler değildir. Bu kitapta öğretilen tek bir ilke bile, kendiminki de dahil, belirli bir inanç ya da dine özgü değildir. Bu ilkeler, hem yaşayan birçok büyük dinin, hem de sağlam toplumsal felsefelerle ahlak sistemlerinin bir parçasıdır. Açık seçiktir ve herhangi bir kimse tarafından kolaylıkla onaylanabilir. Bu ilkeler ya da yasalar insan durumunun, insan bilincinin, insan vicdanının bir parçasıdır sanki. Toplumsal koşullanma ve ilkelere sadakatten bağımsız olarak, hatta bu tür koşullar ve sadakatsizlik nedeniyle uyuşturulmuş veya bastırılmış olabilseler de, her insanda mevcut gibidirler.

Örneğin, eşitlik ve adalet kavramlarımızın kaynağını oluşturan *haklılık* ilkesini düşünelim. Küçük çocuklar, tersine koşullanmalarına yol açan deneyimleri olsa bile, doğuştan gelen bir haklılık duygusuna sahip görünürler. Haklılığın birbirinden çok farklı tanımları ve erişim yöntemleri olsa da, hemen hemen herkes bu kavramın farkındadır.

Kişisel bütünlük ve *dürüstlük* ilkelerini kapsayan örnekler de vardır. Bunlar, işbirliği ve uzun süreli kişisel ve kişilerarası gelişim açısından çok önemli olan güvenin temelini oluşturur.

Diğer bir ilke ise *insanlık onuru*dur. ABD'nin Bağımsızlık Bildirisi'nde yer alan temel kavram da bu değere ya da ilkeye değinir. "Biz bu gerçeklerin açık seçik olduğunu iddia ediyoruz: İnsanlar eşit yaratılmışlardır. Yaradan onlara vazgeçilemeyecek belirli haklar lütfetmiştir. Bunların arasında yaşam, özgürlük ve mutluluk arayışı da vardır."

Bir başka ilke, *hizmet* ya da bir katkıda bulunma fikridir. Bir diğeri ise *kalite* ya da *mükemmellik*tir.

Potansiyel ilkesi de vardır; birer cenin olduğumuz, büyüyüp gelişerek gitgide daha fazla potansiyeli açığa çıkarabileceğimiz, çok daha fazla yetenek kazanacağımız fikri. Potansiyele çok bağlı bir diğer ilke ise *büyüme*dir; potansiyeli açığa çıkarma, yetenek geliştirme süreci ve buna eşlik eden *sabır, bakım* ve *teşvik* gibi ilkelere olan gereksinim.

İlkeler, *uygulamalar* değildir. Uygulama belirli bir etkinlik ya da eylemdir. Bir durumda işe yarayan bir uygulamanın bir diğerinde etkili olacağı kesin değildir. İkinci çocuklarını da tıpkı birincisi gibi büyütmeye çalışan anne-babalar bu gerçeği hemen onaylayacaktır.

Uygulamalar duruma özeldir; ilkeler ise evrensel geçerliliği olan derin ve temel doğrulardır. Bireylerde, ailelerde, evliliklerde, her türlü özel ve kamu kuruluşunda geçerlidirler. Bu doğrular benimsenerek alışkanlık haline getirildiğinde, insanlara değişik durumlarla başa çıkabilmeleri için geniş çapta farklı uygulamaları yaratma gücünü verir.

İlkeler, *değerler* değildir. Bir hırsız çetesi bazı değerleri paylaşabilir, ama sözünü ettiğimiz temel ilkelere aykırı davranır. İlkeler arazi, değerler ise haritalardır. Doğru ilkelere değer verdiğimiz zaman hakikate ulaşırız; yani, her şeyi olduğu gibi görmemizi sağlayan bilgiyi ediniriz.

İlkeler, insan davranışlarının kılavuzlarıdır; kalıcı ve sağlam bir değere sahip oldukları kanıtlanmıştır. Temeli oluştururlar. Açık seçik oldukları için de esas olarak tartışma götürmezler. İlkelerin açık seçik doğasını çabucak kavramanın bir yolu, onların karşıtı olan şeylere dayanarak etkili bir yaşam sürdürmeye çalışmanın gülünçlüğünü düşünmektir. Bir insanın haksızlık, hilebazlık, alçaklık, yararsızlık, sıradanlık ya da yozlaşmışlığı, sürekli mutluluk ve başarı için sağlam bir temel olarak benimseyebileceğini hiç sanmıyorum. İnsanlar bu ilkelerin tanımlanma, belirlenme ya da uygulanma tarzı hakkında tartışabilirler, ancak belli ki bu ilkelerin bilincinde ve farkındadırlar.

Harita ya da paradigmalarımız bu ilkelere ya da doğal yasalara ne kadar uyumlu hale getirilirse, o kadar doğru ve yararlı olurlar. Doğru haritalar, hem kişisel hem de toplumsal etkililiğimizi pekiştirirler. Bu konuda, tutum ve davranışlarımızı değiştirmek için göstereceğimiz her türlü çabadan çok daha güçlüdürler.

GELİŞİM VE DEĞİŞİM İLKELERİ

Kişilik Etiği'nin parlaklığı ve kitlelere çekici görünmesinin nedeni şudur: Kişisel açıdan etkili olmayı ve başkalarıyla derin ilişkiler kurmayı sağlayan çalışma ve gelişme gibi doğal süreçlerden geçmeden, nitelikli bir yaşam kurmayı mümkün kılacak kolay ve çabuk bir yöntem olduğu sanılır.

Bu, özü olmayan bir simgedir. "çalışmadan köşeyi dönmeyi" vaat eden, "kısa yoldan zengin olma" düzenidir. Hatta bazen işe yarıyormuş gibi de görünebilir; ama düzenbaz, düzenbaz olarak kalır.

Kişilik Etiği yanıltıcı ve kandırıcıdır. Tekniklerinden ve çabuk çözümlerinden yararlanarak yüksek nitelikli sonuçlar almaya çalışmak, ancak Detroit haritasını kullanarak Chicago'da bir yere gitmeye çalışmak kadar başarılı olur.

Kişilik Etiği'nin kökleri ve meyveleri konusunda zeki bir gözlemci olan Erich Fromm şöyle diyor:

> Günümüzde kendisini tanımayan, anlamayan, robot gibi davranan bir birey çıkar karşımıza. Bu insanın tanıdığı tek kişi, olması gereken kişidir. Anlamsız gevezelikleri iletişim sağlayacak konuşmanın, yapay gülümsemesi gerçek kahkahanın, donuk çaresizliği ise gerçek acının yerini almıştır. Bu birey hakkında iki şey söylenebilir: Birincisi, bireysellik ve aklına estiği gibi davranmak gibi giderilmesi olanaksız görünen kusurları vardır. İkincisi, yeryüzünde dolaşan bizim gibi milyonlarca insandan pek de farklı biri değildir.

Her türlü yaşamda, birbirini takip eden büyüme ve gelişme evreleri vardır. Bir çocuk dönmeyi, doğrulup oturmayı, emeklemeyi, sonra da yürüyüp koşmayı öğrenir. Her aşama önemlidir ve zaman alır. Hiçbirisi atlanamaz.

İster piyano çalmayı öğrenmek olsun, ister bir iş arkadaşıyla etkili bir iletişim kurmak; yaşamın bütün evrelerinde, bütün gelişme alanlarında geçerlidir bu. Bireyler, evlilikler, aileler ve kurumlarda da öyle.

Fiziksel şeyler söz konusu olduğunda, bu *süreç* olgusunu ya da ilkesini bilir ve kabul ederiz; ama bunun duygusal alanlarda, insan ilişkilerinde, hatta kişisel karakter konusunda anlaşılması daha az yaygın ve daha zordur. Anlasak bile, kabul edip bununla uyum içinde yaşamak, daha da ender görülen ve zor bir şeydir. Bu nedenle daha az zaman ve çaba harcamak için bu yaşamsal adımlardan bazılarını atlayabilmemizi sağlayacak kestirme yollar ararız bazen; dilediğimiz sonuca bu şekilde varmak isteriz.

Ancak, büyüme ve gelişmemizde doğal bir süreci atlayarak kestirmeden gitmeye kalktığımız zaman ne olur? Sıradan bir tenisçi olduğunuz halde daha iyi bir izlenim bırakmak için ustalarla oynamaya karar verirseniz, sonuç ne olur? Olumlu düşünce tek başına, bir profesyonelle etkili bir biçimde rekabet etmenizi sağlayabilir mi?

Piyanoya yeni başlamış olmanıza karşın, dostlarınızı konser verecek düzeyde olduğunuza inandırırsanız ne olur?

Bu soruların yanıtları çok bellidir. Gelişim sürecine karşı gelmek, aldırış etmemek ya da kestirmeden gitmeye kalkışmak olanaksızdır. Doğaya aykırıdır ve bu tür bir kestirme yol aramak, sadece düş kırıklığı ve çaresizliğe neden olur.

Herhangi bir alanda on derecelik bir ölçek üzerinde ikinci düzeydeysem ve beşe çıkmayı istiyorsam, önce üçüncü düzeye doğru ilerlemem gerekir. "Bin kilometrelik bir yolculuk ilk adımla başlar" ve sonuca adım adım ulaşılır.

Bir soru sorarak ya da bilgisizliğinizi açıklayarak öğretmeninize hangi düzeyde olduğunuzu bildirmezseniz, öğrenemez ya da gelişemezsiniz. Uzun süre rol yapamazsınız, er ya da geç foyanız ortaya çıkar. Çoğu zaman bilgisizliğin kabulü, eğitimimiz konusunda atacağımız ilk adımdır. Thoreau'nun öğrettiği gibi: "Durmadan bilgimizi kullanırken, gelişmemiz için gerekli olduğu şekilde, bilgisizliğimizi nasıl hatırlayabiliriz?"

Bir olay anımsıyorum: Bir dostumun iki kızı gözyaşları içinde bana gelerek, babalarının sertliğinden ve anlayışsızlığından yakınmışlardı. Olacaklardan korktukları için anne-babalarına açılamıyorlardı. Oysa sevgi, anlayış ve rehberliğe fazlasıyla ihtiyaçları vardı.

Babalarıyla konuştum ve olup bitenlerin farkında olduğunu anladım. Ne var ki sinirli olduğunu kabul etmesine karşın, bunun sorumluluğunu yüklenmeye yanaşmıyordu. Duygusal gelişim düzeyinin düşük olduğunu da dürüstçe kabul edemiyordu. Değişikliğe doğru ilk adımı atmak, gururunun kaldıramayacağı bir şeydi.

Bir eşle, çocuklar, dostlar ya da iş arkadaşlarıyla etkili bir iletişim kurabilmek için dinlemeyi öğrenmeliyiz. Bunun için de duygusal açıdan güçlü olmamız gerekir. Dinlemek sabır, açıklık ve anlama isteğini içerir ve bunlar karakterin çok gelişmiş nitelikleridir. Düşük bir duygusal düzeyden harekete geçip yüksek düzeyde öğütler vermek ise çok daha kolaydır.

Tenis oynamak ya da piyano çalmakta gelişim düzeyimiz bellidir. Bu konularda rol yapmak olanaksızdır. Ama karakter ve duygusal gelişim konusunda aynı şey söylenemez. Bir yabancının ya da bir iş arkadaşımızın karşısında "rol yapıp" onu "kandırabiliriz." Pozlar takınabiliriz. Bir süreliğine, en azından başkalarıyla birlikteyken bunu sürdürebiliriz. Hatta kendimizi bile kandırabiliriz. Ama bence çoğumuz, derinlerde nasıl biri olduğunu bilir; birlikte yaşadığımız, birlikte çalıştığımız kişilerin de bunu bildiğine inanıyorum.

İş dünyasında, bu doğal büyüme sürecinde kestirmeden gitmeye kalkışmanın sonuçlarına sık sık tanık oldum. Yöneticiler, güçlü konuşmalar, gülümseme dersleri ve dış müdahalelerle, ya da şirketleri birleştirme, satın alma, dostça ya da düşmanca ele geçirme gibi yöntemlerle, gelişmiş üretkenlik, kalite, moral ve müşteri hizmetinden oluşan yeni bir kültürü "satın almaya" çalışıyorlar. Ama bu arada, bu tür manevraların neden olduğu güvensizlik ortamını göz ardı ediyorlar. Bu yöntemler işe yaramadığı zaman da, etkili olacak başka Kişilik Etiği teknikleri arıyor ve tam bir güven kültürü yaratmanın temeli olan doğal ilke ve süreçleri sürekli görmezden gelip ihlal ediyorlar.

Ben de bir baba olarak yıllar önce bu ilkeyi ihlal ettiğimi hatırlıyorum. Üç yaşındaki küçük kızımın doğum günü partisine katılmak için eve döndüm. Kızım ön odada bir köşeye büzülmüştü. Bütün armağanları meydan okurcasına kucaklamış, diğer çocukların bunlarla oynamalarına izin vermiyordu. Fark ettiğim ilk şey, odadaki birkaç anne-babanın bu bencilce gösteriyi izledikleri oldu. Utandım, hem de çok utandım, çünkü o sırada üniversitede insan ilişkileri konusunda ders veriyordum. Bu anne-babaların beklentilerini biliyor ya da en azından hissediyordum.

Odanın havası gerçekten gergindi. Çocuklar ellerini uzatarak küçük kızımın etrafını sarmış, biraz önce verdikleri armağanlarla oynamak istiyorlardı. Kızım ise bu istekleri sertçe reddediyordu. Kendi kendime, "Kesinlikle kızıma paylaşmayı öğretmeliyim. Paylaşmanın değeri, inandığımız en temel şeylerden biridir," dedim.

Önce basit bir istekte bulundum: "Hayatım, arkadaşlarının sana verdikleri oyuncakları onlarla paylaşır mısın lütfen?"

Kısaca, "Olmaz," diye karşılık verdi.

İkinci yöntemim, biraz mantık yürütmek oldu: "Hayatım, onlar senin evindeyken oyuncaklarını paylaşmayı öğrenirsen, sen de onların evine gittiğinde hepsi oyuncaklarını seninle paylaşır."

Yine hemen, "Olmaz," diye yanıtladı.

Utancım artıyordu. Çünkü kızımı etkileyemediğim ortadaydı. Üçüncü yöntem olarak rüşveti denedim. Alçak bir sesle, "Hayatım, oyuncaklarını onlarla paylaşırsan, özel bir sürprizim var. Sana çiklet vereceğim," dedim.

Kızım bağırdı: "Ben çiklet istemiyorum!"

Artık öfkelenmeye başlıyordum. Dördüncü yöntem olarak korku ve tehdide başvurdum: "Oyuncaklarını paylaşmazsan, başın gerçekten derde girer!"

Kızım, "Bana ne!" diye haykırdı. "Bu oyuncaklar benim! Onları kimseyle paylaşmak zorunda değilim!"

Sonunda güç kullandım. Oyuncaklardan bazılarını alarak diğer çocuklara verdim. "Alın çocuklar, bunlarla oynayın!"

Belki de kızımın oyuncakları vermeden önce onlara sahip çıkma deneyimine gereksinimi vardı. (Aslında, bir şeye sahip değilsem, onu gerçekten verebilir miyim?) Babasının duygusal olgunluk düzeyinin ona bu deneyimi yaşatacak kadar yüksek düzeyde olması gerekiyordu.

Ancak o sırada, oradaki anne-babaların hakkımdaki düşüncelerine, kızımın ve aramızdaki ilişkinin sağlamlaşıp gelişmesinden daha fazla değer veriyordum. Önyargıyla haklı olduğuma karar vermiştim. Kızım oyuncaklarını paylaşmalıydı, bunu yapmadığı için de hatalıydı.

Belki de ondan yüksek düzeyde bir anlayış beklememin nedeni sadece, o sırada kendi ölçeğimde düşük bir düzeyde olmamdı. *Sabır* ve *anlayış* göstermek istemiyordum, ya da bunu yapacak durumda değildim. Bu nedenle kızımın bir *şeyler* vermesini istiyordum. Kusurumu dengelemek için, konumum ve otoritemden *ödünç kuvvet alarak* istediğimi yapması için kızımı zorluyordum.

Oysa ödünç kuvvet almak, zayıflığa neden olur. Ödünç alan kişide zayıflığa yol açmasının nedeni, işlerin yapılması için dış etkenlere bağımlılığı pekiştirmesidir. Boyun eğmek zorunda bırakılan kimsede de zayıflığa yol açar. Bağımsız akıl yürütme, büyüme ve iç disiplinin gelişimini durdurur. Son olarak, ilişkinin zayıflamasına yol açar. İşbirliğinin yerini korku alır ve her iki taraf da istediği gibi hareket ederek savunmaya geçer.

Ödünç alınan kuvvetin kaynağı –örneğin iri yapı ya da fiziksel güç, mevki, otorite, sicil, statü simgeleri, görünüş ya da geçmişteki başarılar– değiştiği ya da yok olduğu zaman ne olur?

Eğer daha olgun olsaydım, kendi içsel gücüme –paylaşım ve gelişim anlayışıma, sevme ve özen gösterme yeteneğime– güvenir ve kızımın oyuncaklarını paylaşmak isteyip istemediği konusunda serbest bir seçim yapmasına izin verirdim. Belki onunla mantıklı bir biçimde konuşmaya çalıştıktan sonra çocukların dikkatini ilginç bir oyuna çeker ve kızımı o duygusal baskıdan kurtarabilirdim. Çocukların gerçekten sahip olma duygusunu tattıktan sonra eşyalarını çok doğal bir biçimde, içtenlikle ve özgürce paylaştıklarını öğrendim.

Edindiğim deneyimlere göre, bazı zamanlar öğretmeye uygundur, bazıları ise değildir. İlişki gerginleştiği ve ortam duygu yüklü olduğu zaman, ders verme girişimi çoğu zaman bir çeşit yargılama ve reddetme olarak algılanır. Ama ilişki iyi olduğu sırada çocuğu usulca, tek başına bir kenara çekip, onunla öğretilen şey ya da değer üzerinde tartışmak çok daha etkilidir. Belki de o gün, bunu yapabilmek için gereken duygusal olgunluk düzeyim, sabretme ve kendimi denetleme gücümü bastıracak kadar düşüktü.

Belki de sahip olma duygusunun, içtenlikle paylaşma isteğinden önce gelmesi gerekiyor. Evliliklerinde ve ailelerinde mekanik bir biçimde veren, ya da vermek ve paylaşmak istemeyen pek çok kişi, kendine sahip olma, kendi kimlik ve değerini kavrama deneyimini hiç yaşamamış olabilir. Çocuklarımızın büyümelerine tam anlamıyla yardım etmek, sahip olmayı öğrenmelerine izin verecek kadar sabırlı olmanın yanı sıra, vermenin değerini öğretecek kadar akıllıca davranmayı ve bizzat örnek oluşturmayı da içerir.

SORUNU *GÖRÜŞ* BİÇİMİMİZ, SORUNUN *KENDİSİDİR*

İnsanlar sağlam ilkeleri temel alan birey, aile ve kurumların yaşamında güzel olayların geliştiğini gördükleri zaman meraklanırlar. Bu tür bir kişisel güç ve olgunluk, böylesi bir aile birliği ve ekip çalışması, kolay uyum sağlayabilen ve sinerjiye dayalı bir kurumsal kültür onlarda hayranlık uyandırır.

Hemen dile getirdikleri istek, temel paradigmalarını açıkça ortaya koyar: "Bunu nasıl başarıyorsunuz? Tekniğini bana da öğretin." Aslında söylemek istedikleri şudur: "İçinde bulunduğum durumda acıyı hızla giderecek bir çözüm bulun ya da öğüt verin bana."

İsteklerini karşılayacak ve bunları kendilerine öğretecek insanları bulurlar; kısa bir süre için, beceri ve teknikler işe yarıyormuş gibi de görünebilir. Bunlar toplumsal aspirin ve yara bantları aracılığıyla yüzeysel ya da ağır sorunlardan bazılarını ortadan kaldırabilir.

Ama temeldeki kronik durum aynen kalır ve er ya da geç, acil çözüm bekleyen yeni ağır belirtiler çıkar ortaya. İnsanlar anlık çözümlere başvurup acil sorunlara ve acıya odaklandıkça, bu yaklaşım tarzı temeldeki kronik durumu daha da ağırlaştırır.

Sorunu görüş biçimimiz, sorunun *kendisidir*.

Bu bölümün girişinde yer alan bazı hususlara ve Kişilik Etiği bağlamında düşünmenin yarattığı etkiye bir daha bakın.

Etkili yönetim konusunda kurs üstüne kursa katıldım. Yanımda çalışan insanlardan çok şey bekliyorum. Onlara dostluk göstermek ve düzgün davranmak için çok çaba harcıyorum. Ama bana sadık olduklarını hissetmiyorum. Günün birinde hastalanıp evde kalacak olsam, zamanın çoğunu çay-kahve içip gevezelik ederek geçirecek-lerini düşünüyorum. Neden onlara bağımsız ve sorumlu olmayı öğretemiyorum? Ya da böyle olabilecek insanları bulamıyorum?

Kişilik Etiği bana personelimi hizaya sokacak ve ellerindeki şeyi takdir etmelerini sağlayacak –her şeyi sarsmak, kafaları uçurmak gibi– dramatik şeyler yapabileceğimi; ya da onları işe bağlayacak bir motivasyon eğitimi programı bulabileceğimi; hatta daha iyi çalışacak yeni insanları işe alabileceğimi söylüyor.

Ancak görünüşte sadakatten uzak davranışlarının altında, bu personelin beni sorguluyor olması mümkün mü? Onların çıkarını gözetecek şekilde hareket ettiğimden kuşku mu duyuyorlar? Kendilerine mekanik nesneler gibi davrandığımı mı hissediyorlar? Bunda gerçek payı olabilir mi?

Kalbimin derinliklerinde onları gerçekten böyle mi görüyorum? Yanımda çalışan insanlara bakış tarzım sorunun bir parçası olabilir mi?

Yapılacak çok iş var. Üstelik zaman hiç yeterli değil. Kendimi bütün gün baskı altında ve savaşır gibi hissediyorum. Her gün! Haftanın yedi günü! Zaman yönetimi seminerlerine katıldım ve altı değişik planlama sistemini denedim. Onların biraz yardımı oldu, ama yine de istediğim gibi mutlu, verimli ve huzurlu bir yaşam sürdüğümü hissetmiyorum.

Kişilik Etiği bana bir yerlerde bir şeyler olması gerektiğini söylüyor: Bütün bu baskılarla daha verimli bir biçimde başa çıkmama yardım edecek yeni bir düzenleyici ya da bir seminer.

Ama acaba sorunun yanıtı *verimlilik* olmayabilir mi? Daha az zamanda daha çok iş yapmak durumu değiştirir mi? Yoksa bu yalnızca hayatımı kontrol ediyormuş gibi görünen insanlara ve koşullara tepki verme hızımı mı artırır?

Daha derinlemesine, daha esaslı bir biçimde görmem gereken bir şey mi var acaba? Zamanımı, yaşantımı ve kendi doğamı görüş biçimimi etkileyen, kendi içimdeki bir paradigma olabilir mi bu?

Evliliğim tatsızlaştı. Kavga ettiğimiz filan yok, sadece artık birbirimizi sevmiyoruz. Danışmanlarla görüştük. Başka şeyler de denedik. Ama nedense o eski duygularımızı bir türlü canlandıramıyoruz.

Kişilik Etiği bana, yeni bir kitap ya da insanların bütün duygularını dile getirebileceği bir seminer olması gerektiğini söylüyor. Bu, eşimin beni daha iyi anlamasına yardımcı olurdu. Ama bunun da yararı olmayabilir. Bana gereken sevgiyi belki de yalnızca yeni bir ilişki sağlayacaktır.

Yoksa gerçek sorun eşim olmayabilir mi? Eşimin zayıf yanlarını kendim körükleyip, yaşantımı bana davranış tarzının bir işlevi haline mi getiriyorum acaba?

Eşim konusunda, evlilik konusunda ve gerçek sevginin ne olduğu konusunda sorunu besleyen temel bir paradigmam mı var?

Kişilik Etiği paradigmalarının sorunları görüş biçimimiz kadar, onları çözme girişimlerimizi de ne kadar köklü bir biçimde etkilediğini görebiliyor musunuz?

Farkına varılsın ya da varılmasın, pek çok insan Kişilik Etiği'nin boş vaatleri yüzünden düş kırıklığına uğruyor. Ülke içi gezilerimde ve kuruluşlarla yaptığım çalışmalarda şunu gözlemliyorum: Uzun vadeli düşünen yöneticiler, moral yükseltici psikolojiden ve eğlenceli öykülerle yavan sözlerden başka paylaşacak şeyleri olmadan "motivasyon" konuşmaları yapan kişilerden artık bıkmışlar.

İşin özüne inmek, süreci yaşamak istiyorlar. Aspirin ve yara bandının ötesinde bir şey bekliyorlar. Temeldeki kronik sorunları çözmek ve uzun vadeli sonuçlar veren ilkelerle ilgilenmek istiyorlar.

YENİ BİR DÜŞÜNCE DÜZEYİ

Albert Einstein'ın dediği gibi, "Karşılaştığımız önemli sorunlar, onları yarattığımız sırada sahip olduğumuz düşünce düzeyiyle çözülemez."

Çevremize ve kendi içimize baktıkça ve Kişilik Etiği'yle yaşayıp etkileşimde bulunurken yaratılan sorunları gördükçe, bunların yaratılmış oldukları yüzeysel düzeyde çözülemeyecek kadar esaslı ve derin sorunlar olduklarını anlamaya başlarız.

Bu derin konuları çözmek için yeni ve daha derin bir düşünce düzeyine –etkili insan ve etkileşim alanını doğru tanımlayan ilkelere dayalı bir paradigmaya– ihtiyacımız vardır.

Etkili İnsanların Yedi Alışkanlığı da, bu yeni düşünce düzeyi üzerinedir. Kişisel ve kişiler arası etkililik konusunda ilke merkezli, karaktere dayalı, "içten dışa" diye tanımlanacak bir yaklaşımdır.

"İçten dışa", işe ilk önce kendinizle; daha da köklü bir biçimde, en *iç* kısmınızla –kendi paradigmalarınız, karakteriniz ve dürtülerinizle– başlamanız anlamına gelir.

Bu yaklaşım şöyle söyler: Mutlu bir evliliğiniz *olsun* istiyorsanız, pozitif enerji yayan, negatif enerjiyi pekiştirmek yerine onu dışlayan biri *olun.* Daha cana yakın, uyumlu bir ergen çocuğunuz *olsun* istiyorsanız, daha anlayışlı, empatik, tutarlı, sevecen bir anne ya da baba *olun.* Daha rahat ve özgür bir işiniz *olsun* istiyorsanız, daha sorumlu, daha yardımsever, daha fazla katkıda bulunan bir çalışan *olun.* Size güvenilmesini istiyorsanız, güvenilir bir insan *olun.* Yeteneklerinizin kabul görmesini, yani ikincil büyüklüğü istiyorsanız, önce birincil büyüklüğe, yani karaktere odaklanın.

"İçten dışa" yaklaşımı, genel zaferlerden önce özel zaferlerin geldiğini; kendi kendimize söz verip tutmamızın, başkalarına söz verip tutmamızdan önce geldiğini söyler. Kişiliği karakterin önüne almanın, kendimizi geliştirmeden başkalarıyla olan ilişkilerimizi geliştirmeye çalışmanın boşuna olduğunu açıklar.

"İçten dışa" bir süreçtir. İnsanın gelişmesini ve ilerlemesini denetleyen doğal yasalara dayalı bir sürekli yenilenme sürecidir. Sizi sorumlu bağımsızlığın ve etkili karşılıklı bağlılığın daha üst derecelerine götürecek, yükselen bir büyüme sarmalıdır.

Pek çok insanla çalışma fırsatını buldum; olağanüstü insanlarla, yetenekli insanlarla, mutlu olmayı ve başarıya ulaşmayı çok isteyen, arayış halinde olan, acı çeken insanlarla. İş adamları, üniversite öğrencileri, cemaatler ve sivil topluluklar, aileler ve evli çiftlerle çalıştım. Bütün bu deneyimlerim sırasında dıştan içe yaklaşımıyla sorunların kalıcı çözümlerine, kalıcı mutluluk ve başarıya ulaşıldığını hiç görmedim.

"Dıştan içe" paradigmasının sonucu olarak hareketsiz kalan ve kendilerini kurban gibi hisseden insanlar gördüm. Bütün dikkatlerini, kendi âtıl durumlarının sorumlusu olduğunu düşündükleri koşullara ve diğer insanların zayıf yönlerine veriyorlardı. Eşlerin birbirini değiştirmeye çalıştığı, her iki tarafın da diğerinin "günahlarını" itiraf ettiği, karşısındakini hizaya sokmaya çalıştığı mutsuz evlilikler gördüm. İnsanları güvene dayalı temel gerçekten varmış gibi davranmaya zorlayacak yasaların yaratılması için müthiş bir zaman ve enerjinin harcandığı iş yönetimi kavgalarına tanık oldum.

Ailemizin bazı üyeleri yeryüzünün "en sıcak" üç bölgesinde yaşadılar: Güney Afrika, İsrail ve İrlanda. Bu bölgelerin her birinde süregelen sorunların kaynağının, sosyal dıştan içe paradigmasının egemenliği olduğuna inanıyorum. Bu toplulukların hepsi de, sorunun "dışarıda bir yerde" olduğu ve "onlar" (yani ötekiler) "hizaya geldikleri" ya da birdenbire "ortadan kalktıkları" takdirde sorunun çözüleceğini düşünüyor.

İçten dışa yaklaşımının çoğu kişi için çarpıcı bir paradigma olmasının büyük orandaki nedeni, koşullanmanın güçlü etkisi ve günümüzde geçerli olan Kişilik Etiği'ne dayalı toplumsal paradigmadır.

Ancak kendi deneyimlerim –hem kişisel olanlar, hem de binlerce kişiyle çalışırken edindiklerim– ve tarihteki başarılı insanlarla toplumlar üzerinde yaptığım dikkatli incelemeler sonucunda şu kanıya vardım: Yedi Alışkanlığın içerdiği ilkelerden birçoğu zaten içimizde, vicdanımızda ve sağduyumuzda mevcuttur. Onları fark edip geliştirebilmek ve en derin kaygılarımızı gidermek amacıyla kullanabilmek için farklı düşünmemiz, paradigmalarımızı daha yeni, derin ve "içten dışa" bir düzeye kaydırmamız gerekir.

Bu ilkeleri anlayıp yaşantımızla bütünleştirmek için içtenlikle çaba harcarken, T.S. Eliot'un şu gözleminin doğruluğunu tekrar tekrar keşfedeceğimize inanıyorum:

Araştırma yapmaktan vazgeçmemeliyiz; bütün araştırmalarımızın sonucu, başladığımız yere varmak ve bu yeri ilk kez tanımak olacaktır.

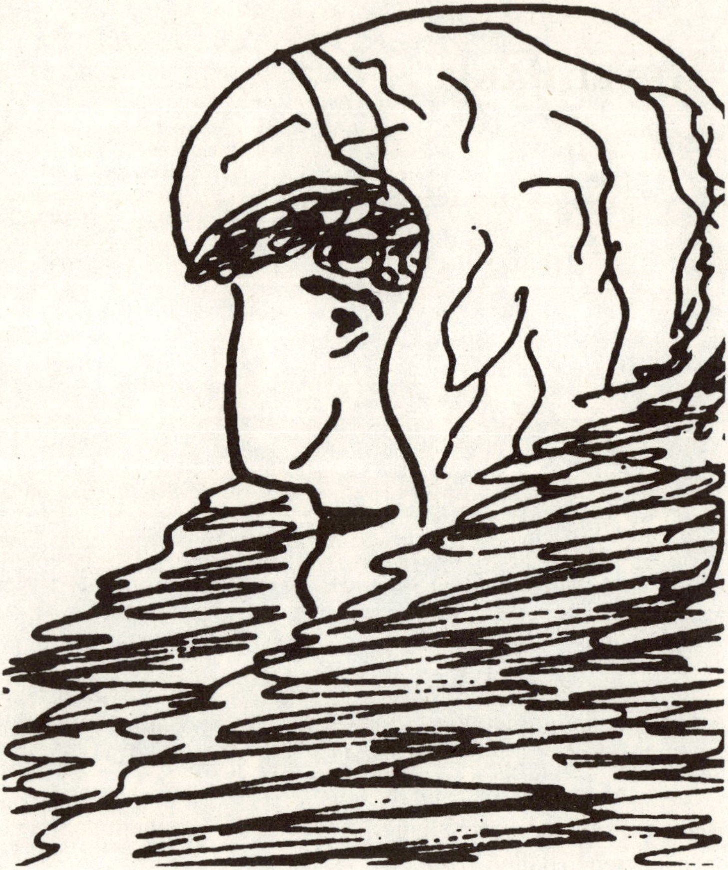

YEDİ ALIŞKANLIK–
GENEL BAKIŞ

Sürekli yaptığımız şey neyse, biz de oyuz.
O halde mükemmellik bir edim değil, bir alışkanlıktır.
ARİSTOTELES

Karakterimiz, temelde alışkanlıklarımızdan oluşur. "Düşünce ek, eylem biç; eylem ek, alışkanlık biç; alışkanlık ek, karakter biç; karakter ek, kader biç," der özdeyiş.

Alışkanlıklar yaşamımızdaki güçlü etkenlerdir. Tutarlı ve çoğunlukla bilinçdışı kalıplar oldukları için de, her gün sürekli olarak karakterimizi ortaya koyar ve etkili ya da etkisiz olmamıza yol açarlar.

Büyük eğitimci Horace Mann'ın bir zamanlar söylediği gibi, "Alışkanlıklar bir halata benzer. Her gün bir ilmik daha atarız ve çok geçmeden koparılamaz hale gelir." Ben, bu sözlerin son bölümüne katılmıyorum. Koparılabileceğini biliyorum. Alışkanlıklar öğrenilir de, unutulur da. Ayrıca kolay ve anlık bir çözüm olmadığını da biliyorum. Bir süreç ve müthiş bir bağlılık gerektirir.

Aramızdan Apollo II'nin aya yaptığı yolculuğu izlemiş olanlar, insanın ilk kez ayda yürüdüğünü, sonra da dünyaya döndüğünü görünce, hayretten donup kaldı. "Olağanüstü" ve "inanılmaz" gibi görkemli sözcükler o çok önemli günleri tarif etmekte yetersizdi. Ama o astronotlar aya erişebilmek için dünyanın muazzam yerçekiminden kopmak zorundaydılar. "Yerden kalkış"ın ilk birkaç dakikası ve yolculuğun ilk birkaç milinde, yarım milyon mili aşmakla geçen birkaç günlük süreye göre daha fazla enerji harcanmıştı.

Alışkanlıkların da müthiş –çoğu kişinin farkında olduğu, ya da kabul etmek istediğinin ötesinde– bir yerçekimi vardır. Etkili olmanın temel ilkelerini çiğneyen sürüncemede bırakmak, sabırsızlık, eleştiricilik ya da bencillik gibi derinlerde yatan alışılmış eğilimleri koparıp atmak için biraz irade gücü ve yaşantımızda yapacağımız birkaç küçük değişiklikten daha fazlası gerekir. "Yerden kalkış", müthiş bir çaba ister; ama yerçekiminin etkisinden kurtulduğumuz an, özgürlüğümüz yepyeni bir boyut kazanır.

Bütün doğal güçler gibi, yerçekimi hem bizimle birlikte, hem de bize karşı çalışır. Bazı alışkanlıklarımızın yerçekimi, şu anda gitmek istediğimiz yere erişmemizi engelliyor olabilir. Ama dünyamızı bir arada, gezegenleri yörüngelerinde tutan ve evrenin düzenini koruyan da, yine yerçekimidir. Çok büyük bir güçtür bu ve etkili bir biçimde kullanırsak, alışkanlığın yerçekimi yaşamda etkili olmak için gereken bağlılık ve düzeni yaratabilir.

"Alışkanlıklar" Tanımlanıyor

Burada, alışkanlığı *bilgi, beceri* ve *arzu*nun kesişmesi olarak tanımlayacağız.

Bilgi kuramsal paradigmadır; yani, *yapılması gereken şey* ve *nedeni.* Beceri, *nasıl yapılacağı*dır. Arzu ise, motivasyondur; yani, *yapma isteği.* Bir şeyi yaşantımızda alışkanlık haline getirmek istiyorsak, üçüne de sahip olmamız gerekir.

İş arkadaşlarım, eşim ya da çocuklarımla ilişkilerimde, onlara durmadan ne istediğimi söyler ve hiçbir zaman kendilerini tam olarak dinlemezsem, etkili olmayabilirim. İnsan ilişkilerinin doğru ilkelerini arayıp bulmadıkça, dinlemem gerektiğini bile *bilmeyebilirim.*

Başkalarıyla etkili biçimde iletişim kurmak için onları dinlemem gerektiğini bilsem bile, bu beceriye sahip olmayabilirim. Bir başka insanı derin bir dikkatle *nasıl* dinleyeceğimi bilmeyebilirim.

Ancak dinlemem gerektiğini ve nasıl dinleyeceğimi bilmem de yeterli değildir. Dinlemek *istemedikçe*, arzu duymadıkça, bu, yaşan-

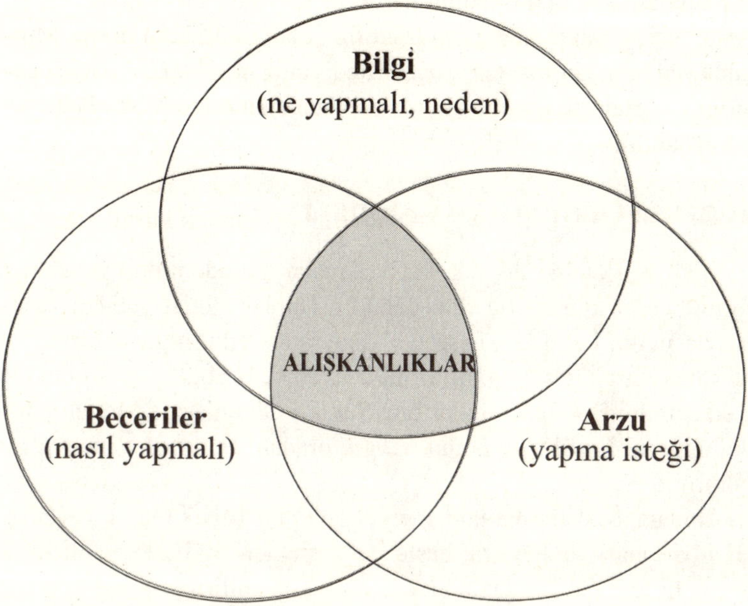

ETKİLİ ALIŞKANLIKLAR
İçselleştirilmiş ilkeler ve davranış modelleri

tımda bir alışkanlık halini alamaz. Bir alışkanlık yaratmak her üç boyutta çaba harcamayı gerektirir.

Olmak/görmek değişimi, yukarıya doğru uzanan bir süreçtir; olmak, görmeyi değiştirirken, görmek de olmayı değiştirir ve yükselen gelişme sarmalında ilerledikçe, böylece sürer gider. Bilgi, beceriler ve arzu üzerinde çalışarak, yıllar boyunca belki de yapay bir güvenlik kaynağı olan eski paradigmalarla bağlarımızı koparabiliriz. Böylece kişisel ve kişilerarası etkililik konusunda yeni düzeylere erişebiliriz.

Bu süreç bazen acı verebilir. Daha yüksek bir amacın; şimdi istediğinizi sandığınız şeyi daha sonra isteyeceklerinizin ardında ikinci plana atmaya razı olmanın harekete geçirdiği bir değişimdir bu. Ama "varlığımızın hedefi ve tasarımı" olan mutluluğu üretir. Mutluluk, en azından kısmen, *şimdi* istediğimiz şeyi *ileride* isteyeceklerimiz uğruna feda etme arzusu ve yeteneğinin meyvesi olarak tanımlanabilir.

Sürekli Olgunlaşma Modeli

Yedi Alışkanlık, tek tek ya da parçalar halinde moral yükseltici formüllerden oluşan bir dizi değildir. Bunlar, doğal gelişim yasalarıyla uyum halinde, kişisel ve kişilerarası etkililiğin gelişmesinde sürekli artış gösteren, birbirini izleyen ve bir bütün oluşturan bir yaklaşımdır. Bu alışkanlıklar bizi Sürekli Olgunlaşma Modeli içinde, önce *bağımlılıktan bağımsızlığa,* oradan da *karşılıklı bağlılığa* götürür.

Hayata, başkalarına tamamen *bağımlı* bir bebek olarak başlarız. Bizi başkaları yönlendirir, besler ve destekler. Bu besleme olmazsa ancak birkaç saat, en fazla birkaç gün yaşayabiliriz.

Sonra doğumu izleyen aylar ve yıllar boyunca, fiziksel, duygusal ve ekonomik açıdan gitgide bağımsızlık kazanırız. Sonunda, başının çaresine bakabilecek, kendine güvenen, kendi işini görebilecek biri oluruz.

Gelişmemiz ve olgunlaşmamız sürerken doğada her şeyin *karşılıklı bağlılığa* sahip olduğunu, toplum dahil, doğayı yöneten bir ekoloji sistemi bulunduğunu gitgide daha iyi anlarız. Sonradan, doğamızın en yüksek etki alanlarının başkalarıyla kurduğumuz ilişkilerle ilgili olduğunu; yani, insan yaşamının da karşılıklı bağlılığa sahip olduğunu keşfederiz.

Bebeklikten yetişkinliğe doğru gelişimimiz doğa yasalarına uygundur. Gelişmenin pek çok boyutu vardır. Örneğin, tam bir fiziksel olgunluğa erişmemiz, duygusal ya da zihinsel açıdan aynı olgunluğa eriştiğimiz anlamına gelmez. Diğer yandan bir insanın fiziksel bağımlılığı onun zihinsel ya da duygusal açıdan olgunlaşmamış olduğunu da göstermez.

Sürekli olgunlaşma modelinde, *bağımlılık, sen* paradigmasıdır. Benimle *sen* ilgilenirsin; bana *sen* yardım edersin; yardım etmeyen *sensin*; sonuçlardan *seni* sorumlu tutarım.

Bağımsızlık, ben paradigmasıdır. *Ben* bunu yapabilirim. *Ben* sorumluyum. *Ben* kendime güvenirim. *Ben* bir seçim yapabilirim.

Karşılıklı bağlılık, biz paradigmasıdır. *Biz* bunu başarabiliriz. *Biz* işbirliği yapabiliriz. *Biz* yeteneklerimizi ve becerilerimizi birleştirip birlikte daha büyük bir şey yaratabiliriz.

Bağımlı insanlar istediklerini elde edebilmek için başkalarına ihtiyaç duyarlar. Bağımsız insanlar istediklerini kendi çabalarıyla elde ederler. Karşılıklı bağlılığa sahip insanlar kendi çabalarını başkalarınınkiyle birleştirerek en büyük başarılara erişirler.

Fiziksel açıdan bağımlı olsaydım; yani felçli, sakat olsaydım ya da fiziksel bakımdan hareketlerim kısıtlı kalsaydı, o zaman bana yardım etmenize ihtiyaç duyardım. Duygusal açıdan bağımlı olsaydım, güvenliğim ve kendimle ilgili değer yargım, hakkımdaki fikirlerinize bağlı kalırdı. Benden hoşlanmadığınız takdirde yıkılabilirdim. Entelektüel açıdan bağımlı olsaydım, benim yerime sizin düşünmenizi, yaşantımdaki sorunlara başından sonuna kadar sizin kafa yormanızı beklerdim.

Fiziksel bakımdan bağımsız olsaydım, kendi başıma hareket edebilirdim. Zihinsel açıdan kendi düşüncelerimi üretir, bir soyut düzeyden diğerine geçebilirdim. Analitik ve yaratıcı bir biçimde düşünür, düşüncelerimi anlaşılır biçimde düzenleyip ifade ederdim. Duygusal açıdan, içeriden onaylanmış olurdum. Beni iç dünyam yönlendirirdi. Kendimi değerlendirirken kullandığım kıstasın, beğenilmek ya da iyi davranılmakla bir ilişkisi olmazdı.

Bağımsızlığın, bağımlılıktan çok daha olgun bir düzey olduğu kolayca görülebilir. Bağımsızlık, kendi başına önemli bir başarıdır. Ama üstün olan bağımsızlık değildir.

Ne var ki, son zamanlarda geçerli olan toplumsal paradigma, bağımsızlığı baş tacı ediyor. Pek çok kişinin ve toplumsal hareketin ulaşmaya ant içtiği bir hedef oldu bu. İnsanların kendilerini geliştirmelerini hedefleyen birçok kaynak; iletişimin, ekip çalışmasının ve işbirliğinin hiç önemi yokmuş gibi, bağımsızlığı anıtlaştırıyor.

Son zamanlarda bağımsızlığın üzerinde çok durmamız, aslında bağımlılığa karşı –başkalarının bizi denetlemesine, belirlemesine, kullanmasına, yönetmesine karşı– bir tepkidir.

Pek az anlaşılan karşılıklı bağlılık kavramı, birçok kişi için bağımlılıkla eşanlamlıdır. Bu nedenle insanların çoğu zaman bencil nedenlerle eşlerini, çocuklarını terk ettiklerini ve her türlü toplumsal sorumluluktan kaçtıklarını görüyoruz. Bütün bunları bağımsızlık adına yapıyorlar.

Sonuçta insanların "prangalarından kurtulmak", "özgür" olmak, "kendilerini kanıtlamak" ve "bildiklerini okumak" gibi tepkileri, çoğu zaman, başkalarının zayıflıklarının duygusal yaşamımızı mahvetmesine izin vermek, denetleyemediğimiz olaylar ve insanlar tarafından mağdur edildiğimizi hissetmek gibi, dışsal değil, içsel olduğu için kaçınamadığımız daha köklü bağımlılıklara yol açıyor.

Kuşkusuz, koşullarımızı değiştirmemiz gerekebilir. Ancak bağımlılık, bir kişisel olgunluk meselesidir ve koşullarla pek ilgisi yoktur. Daha iyi koşullar altında bile, hamlık ve bağımlılık genellikle devam eder.

Gerçek karakter bağımsızlığı, bize etki altında kalmadan hareket etme gücünü sağlar. Bizi koşullara ve başkalarına bağımlı olmaktan kurtarır. Değerli ve özgürleştirici bir hedeftir bu. Ancak etkili yaşamın nihai hedefi değildir.

Bağımsızca düşünmek, tek başına, karşılıklı bağlılık gerçekliğine uygun değildir. Karşılıklı bağlılığı düşünüp buna göre hareket edecek kadar olgun olmayan bağımsız insanlar, iyi bir üretici olabilirler. Ancak iyi bir lider ya da takım oyuncusu olamazlar, çünkü evlilik, aile ya da kurumsal gerçeklikte başarılı olmak için gereken karşılıklı bağlılık paradigmasına sahip değildirler.

Yaşam, doğası gereği, karşılıklı bağlılığa dayanır. Bağımsızlık yoluyla en yüksek etkililik derecesine erişmeye çalışmak, golf sopasıyla tenis oynamaya benzer; araç gerçekliğe uygun değildir.

Karşılıklı bağlılık çok daha olgun, çok daha gelişmiş bir kavramdır. Fiziksel açıdan karşılıklı bağlılığa sahipsem, kendime ve yeteneklerime güvenirim, ama şunu da fark ederim: Siz ve ben birlikte çalışırsak, en iyi koşullar altında benim tek başıma başardığım şeylerden çok daha fazlasını başarabiliriz. Duygusal açıdan karşılıklı bağlılığa sahipsem, kendi içimde büyük bir değer duygusu taşırım, ancak sevmek, vermek ve başkaları tarafından sevilmek gibi ihtiyaçları kabul ederim. Düşünsel açıdan karşılıklı bağlılığa sahipsem, kendi fikirlerimle başkalarının en iyi fikirlerinin birleşmesine ihtiyacım olduğunu bilirim.

Karşılıklı bağlılığa sahip biri olarak, özümü diğer insanlarla anlamlı bir biçimde, derinden paylaşma fırsatı bulurum. Diğer insanların birikimlerine ve geniş kaynaklarına da erişebilirim.

Karşılıklı bağlılık, ancak bağımsız insanların yapabileceği bir seçimdir. Bağımlı insanlar, karşılıklı bağlılığı seçemezler. Bunu yapacak karaktere sahip değildirler; kendilerine yeterince sahip çıkmazlar.

İşte bu nedenle bundan sonraki bölümde yer alan 1., 2. ve 3. Alışkanlıklar, kendinin efendisi olmayı ele alıyor. Bu üç alışkanlık, kişiyi bağımlılıktan bağımsızlığa götürür. Bunlar, karakter gelişiminin özü olan "Özel Zaferler"dir. *Özel zaferler, genel zaferlerden önce gelir.* Nasıl tohum ekmeden hasat yapamazsanız, bu süreci de tersine çeviremezsiniz.

Tam anlamıyla bağımsız olduğunuzda, karşılıklı bağlılığın temelini atmış olursunuz. 4., 5. ve 6. Alışkanlıklar'daki ekip çalışmaları, işbirliği ve iletişim gibi daha çok kişiliğe yönelik "Genel Zaferler" üzerinde etkili bir biçimde çalışabilmenizi sağlayacak karakter temeline sahip olursunuz.

Bu, 4., 5. ve 6. Alışkanlıklar üzerinde çalışmadan önce 1., 2. ve 3. Alışkanlıklarda kusursuz olmalısınız anlamına gelmez. Sırayı anlamanız, gelişiminizi daha etkili bir biçimde denetlemenizi sağlar; ancak 1., 2. ve 3. Alışkanlıkları tam olarak geliştirinceye kadar birkaç yıl yalnız başınıza yaşamanızı öneriyor değilim.

Karşılıklı bağlılığa sahip bir dünyanın parçası olarak, bu dünyayla her gün iletişim kurmak zorundasınız. Ancak bu dünyanın ağır sorunları, karaktere bağlı kronik nedenlerin üstünü kolayca örtebilir. Ne olduğunuzun her türlü karşılıklı bağlılık taşıyan ilişkiyi nasıl etkilediğini görmek, çabalarınızı gelişmenin doğal yasalarıyla uyum içinde, mantıklı bir düzende odaklamanıza yardımcı olur.

7. Alışkanlık, yenilenme alışkanlığıdır; yaşamın dört temel boyutunun düzenli ve dengeli bir biçimde yenilenmesidir. Bütün diğer alışkanlıkları kapsar ve somutlaştırır. Yükselen gelişme sarmalını yaratan sürekli iyileşme alışkanlığıdır. Sizi, karşınıza çıkacak her bir alışkanlığı anlayıp, ona uyarak yaşamanın yeni düzeylerine çıkaracak olan bu sarmaldır.

Yan sayfadaki diyagram, Yedi Alışkanlığın dizilimini ve karşılıklı bağlılığını gösteriyor. Bu diyagram, hem alışkanlıklar arasındaki düzen ilişkisini, hem de sinerjilerini –birbirine bağlı olarak nasıl birbirinin yepyeni biçimlerini yarattıklarını ve bunun da değerlerini ne kadar artırdığını– incelerken, kitabın bütün bölümlerinde kullanılacaktır. Her kavram ya da alışkanlık, sunulurken dişi yazıyla vurgulanacaktır.

Etkililiğin Tanımı

Yedi Alışkanlık, *etkili olma* alışkanlıklarıdır. İlkelere dayandıkları için, uzun vadede mümkün olan en yararlı sonuçları sağlarlar. Doğru haritalardan oluşan güçlü bir merkez yaratarak, karakterin temeli haline gelirler. Kişi bu haritalardan yola çıkarak, sorunları etkili bir biçimde çözebilir, fırsatları alabildiğine artırabilir ve yükselen gelişim sarmalında sürekli yeni ilkeler öğrenip onlarla bütünleşebilir.

Bunlar insanı etkili kılan alışkanlıklardır, çünkü doğal bir yasayla uyum içinde olan bir etkililik paradigmasına dayanırlar. Ben bu ilkeyi "Ü/ÜY Dengesi" diye tanımlıyorum. Pek çok kişi buna çarparak paramparça oluyor. Ezop'un altın yumurtlayan kaz masalını hatırlarsanız, bu ilkeyi kolayca anlayabilirsiniz.

Bu masal, günün birinde kendi kaz kümesinde pırıl pırıl bir altın yumurta bulan yoksul bir çiftçiyi anlatır. Adam önce bunun bir tür oyun olduğunu düşünür. Ama tam yumurtayı bir kenara atacağı sırada duraklar ve değer biçtirmeye götürür.

Yumurta, saf altındandır! Çiftçi, şansının bunca açılmış olmasına inanamaz. Ertesi gün de aynı şey olunca, iyiden iyiye şaşırır. Her

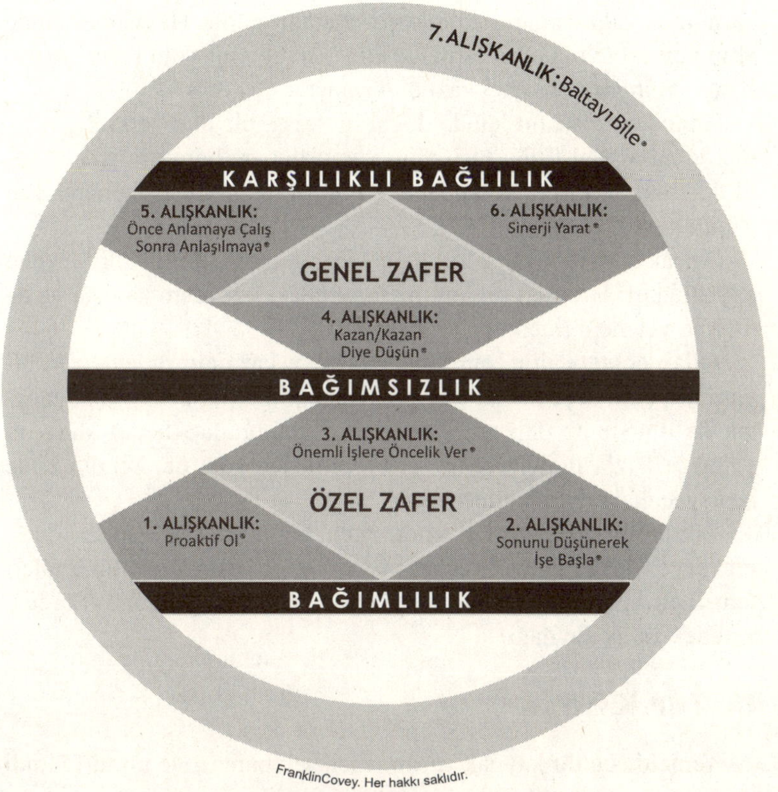

YEDİ ALIŞKANLIK PARADİGMASI

sabah kümese koşar ve her seferinde altın bir yumurta bulur. Adam dillere destan bir servet edinir. Bu, inanılmaz bir şeydir.

Ancak çiftçinin serveti artarken, açgözlülük ve sabırsızlık da baş gösterir. Adam günler boyu altın yumurta beklemekten sıkılır. Kazı öldürerek bütün yumurtaları elde etmeye karar verir. Ancak kazın karnını yardığı zaman içinin boş olduğunu görür. Hayvanın içinde altın yumurta yoktur; onları elde etmesinin hiçbir yolu kalmamıştır. Çiftçi, altın yumurtlayan kazı öldürmüştür.

Bence bu masalın içinde doğal bir yasa, bir ilke –etkililiğin temel tanımı– var. Çoğu kişi, altın yumurta paradigmasındaki etkililik kavramını görür: Ne kadar fazla üretir, ne kadar çaba harcarsan o kadar etkili olursun.

Ancak masalda da görüldüğü gibi, gerçek etkililik iki şeyden kaynaklanır: Üretilen şey (altın yumurtalar) ve üreten kaynak ya da üretme yeteneği (kaz).

Odak noktası altın yumurtalar olan ve kaza aldırış etmeyen bir yaşam biçimi seçerseniz, çok geçmeden altın yumurtlayan kaynaktan da olursunuz. Diğer taraftan altın yumurtaları hedef almadan yalnızca kazla ilgilenirseniz; çok geçmeden kazı da, kendinizi de besleyecek parayı bulamazsınız.

Etkili olmak dengeye bağlıdır, yani, benim Ü/ÜY Dengesi dediğim şeye. Ü, istenilen sonuçların *üretilmesini*, yani altın yumurtaları temsil eder; ÜY ise *üretme yeteneğini*, yani altın yumurtayı üreten yetenek ya da kaynağı.

ÜÇ TÜR KAYNAK

Temelde üç tür kaynak vardır: Fiziksel, parasal ve insani. Şimdi hepsini sırayla inceleyelim.

Birkaç yıl önce bir *fiziksel kaynak* satın aldım: Bir çim biçme makinesi. Bakımını yapmadan onu sürekli kullandım. Makine, iki mevsim boyunca gayet iyi çalıştı, ama sonrasında bozulmaya başladı. Onarılması için bakıma götürdüğümde, motorun başlangıçtaki kapasitesinin yarısını kaybetmiş olduğunu anladım. Aslında değeri kalmamıştı.

ÜY üzerinde dursaydım; yani, kaynağın bakımını yapıp onu korusaydım, bugün hâlâ onun Ü'sünün; yani, biçilmiş çimli bir alanın zevkini çıkaracaktım. Eskisinin yerine yeni bir çim biçme makinesi aldım. Eski makinenin bakımını yapsaydım o kadar para ve zaman harcamak zorunda kalmayacaktım. Etkili bir davranış olmamıştı bu.

Kısa vadeli kazançlar ya da sonuçlar uğruna, çoğu zaman değerli bir fiziksel kaynağı; bir arabayı, bilgisayarı, çamaşır yıkama ve kurutma makinesini, hatta kendi vücudumuzu ve çevremizi mahvederiz. Ü ve ÜY'nin dengede tutulması, fiziksel kaynakların etkili bir biçimde kullanılması bakımından son derecede önemlidir.

Bu denge, *parasal* kaynakların etkili kullanımı açısından da çok önemlidir. İnsanlar sık sık ana parayla faizi birbirine karıştırırlar. Yaşam standardınızı yükseltmek, yani daha fazla altın yumurta elde etmek için ana parayı harcadığınız oldu mu hiç? Azalan ana paranın faiz ya da gelir sağlama gücü de azalır ve sonunda temel ihtiyaçları bile karşılayamaz.

En önemli mali kaynağımız, yeteneğimizdir. Sürekli olarak kendi ÜY'mizi geliştirmeye çalışmazsak, seçeneklerimizi ciddi bir biçimde kısıtlamış oluruz. Şimdiki durumumuza saplanıp kalır, şirketimizin ya da patronumuzun hakkımızdaki fikirlerini düşünerek korkuya kapılırız. Ekonomik bakımdan bağımlı oluruz ve kendimizi savunmaya çalışırız. Dolayısıyla, bu da etkili bir yol değildir.

İnsani alanın temelinde de Ü/ÜY Dengesi vardır; ama fiziksel kaynakları ve parayı insanlar kontrol ettiği için daha da önemlidir.

Evli insanlar ilişkiyi korumaktan çok altın yumurtaları, yani çıkarlarını düşünürlerse, çoğunlukla duyarsız ve düşüncesiz hale gelirler. Sağlam bir ilişki için gerekli olan asgari nezaket ve saygıyı unuturlar. Birbirlerini yönlendirmek için kontrol manivelalarını kullanırlar. Dikkatlerini kendi ihtiyaçlarına verirler. Kendilerini haklı çıkarmaya çalışıp diğer kişinin hatalarını göstermek için kanıt ararlar. Sevgi, duygusal zenginlik, yumuşaklık ve içtenlik azalmaya başlar. Kaz, günden güne verimsizleşir.

Ya bir anne-babanın çocuğuyla olan ilişkisi? Çocuklar küçükken çok bağımlı, çok savunmasızdır. Bu durumda ÜY çalışmalarını;

eğitimi, iletişimi, anlayışı, dinlemeyi ihmal etmek kolaydır. Çocuğun zayıflığından yararlanmak, onu yönetmek, istediğinizi istediğiniz biçimde –hemen– elde etmek de kolaydır. Siz daha büyük, daha akıllı ve de *haklısınız*! O halde onlara ne yapmaları gerektiğini söylemeniz yeterli olmaz mı? Gerekirse bağırıp çağırır, onlara gözdağı verir, istediğinizin yapılması için ısrar edersiniz.

Ya da onları şımartabilirsiniz. Sevilmek, çocukları memnun etmek, her zaman istediklerini yapmalarına izin vermek gibi altın yumurtaları seçebilirsiniz. Çocuklar da o zaman bir iç standartları ya da beklentileri olmadan, disiplinli ya da sorumlu olmak için çaba harcamadan büyürler.

Her iki durumda da –otoriterlik ya da şımartma– altın yumurta zihniyetine sahip olursunuz. Emirlerinizin yerine getirilmesini ister, ya da sevilmeyi tercih edersiniz. Ama bu arada kaza ne olur? Çocuğun birkaç yıl sonra sorumluluk duygusu, iyi seçimler yapmak ya da önemli hedeflere erişmek konusundaki yeteneğine güveni ne olur? Ya aranızdaki ilişki? O tehlikeli ergenlik yıllarında kimlik bunalımı başladığı zamân, sizinle edindiği deneyimlerden yola çıkarak, kendisini bir yargıya varmadan dinleyeceğinize, insan olarak onu gerçekten çok sevdiğinize, ne olursa olsun size güvenebileceğine inanır mı? Bu ilişki ona erişmenizi, iletişim kurmanızı ve onu etkilemenizi sağlayacak kadar güçlü olur mu?

Diyelim ki, kızınızın odasını temiz tutmasını istiyorsunuz. Bu bir Ü'dür, üretim; yani, altın yumurta. Ve diyelim ki odayı kendisinin temizlemesini arzu ediyorsunuz. Bu da ÜY'dir, Üretme Yeteneği. Kızınız altın yumurtlayan kaz, ya da kaynaktır.

Ü ve ÜY dengeliyse, kızınız odasını keyifle, kendisine hatırlatılmadan temizler; çünkü görevine bağlıdır ve buna uyacak disiplini de vardır. O değerli bir kaynak, yani altın yumurtlayan kazdır.

Ne var ki paradigmanız üretime, yani odanın temizlenmesine odaklıysa, kızınıza bu işi yaptırmak için dırdır edersiniz. Hatta belki bağırmaya, onu tehdit etmeye başlarsınız. Altın yumurtayı alma isteği yüzünden kazın sağlığını ve iyiliğini tehlikeye atarsınız.

***

İzin verirseniz kızlarımdan biriyle yaşadığım bir ÜY deneyimini sizinle paylaşayım. Onunla özel bir gün planlıyorduk; bu, bütün çocuklarımla zevk duyarak yaptığım bir şeydir. Randevuyu beklemeyi, gerçekleşmesi kadar keyifli buluruz.

Kızıma yaklaşıp, "Hayatım, bu gece senin gecen," dedim. "Ne yapmak istersin?"

"Fark etmez, babacığım," diye cevap verdi.

"Olmaz, doğruyu söyle," dedim. "Gerçekten ne yapmak istiyorsun?"

Sonunda açıkladı: "Şey... Benim yapmak istediğim şeyi sen istemezsin."

İçtenlikle, "Hayatım, gerçekten istiyorum," dedim. "Ne olursa olsun, seçim senin!"

"*Yıldız Savaşları* filmini görmek istiyorum," diye karşılık verdi. "Ama senin *Yıldız Savaşları*'ndan hoşlanmadığını biliyorum. Daha önce filmin başından sonuna kadar uyudun. Bilim kurgu filmlerinden hoşlanmıyorsun baba, onun için önemli değil."

"Olmaz, canım. İstediğin buysa, seve seve yaparım."

"Babacığım, bunun için üzülme. Seninle her zaman dışarı çıkmamız şart değil ki." Bir an durdu, sonra da ekledi. "*Yıldız Savaşları*'ndan neden hoşlanmadığını biliyor musun? Çünkü sen bir Jedi Şövalyesinin felsefesini ve yetiştirilmesini anlayamıyorsun."

"Ne?"

"Şu öğrettiğin şeyler, baba... Onlar, bir Jedi Şövalyesi'nin yetiştirilmesinde yararlanılan şeylerin aynısı."

"Öyle mi? O halde hemen gidelim şu *Yıldız Savaşları*'na!"

Ve de gittik. Kızım yanıma oturup bana paradigmayı verdi. Ben onun öğrencisi, çırağı oldum. Bu çok ilginç bir şeydi. Bir Jedi Şövalyesi'nin eğitimindeki temel felsefenin farklı koşullar altında kendini nasıl gösterdiğini, yepyeni bir paradigmadan bakarak görebilmeye başladım.

Bu, planlı bir Ü deneyimi değildi. Aslında bir ÜY yatırımının beklenmedik bir meyvesiydi. Bağlayıcı ve çok tatmin ediciydi.

Ama kaz –yani, ilişkinin niteliği– kayda değer bir biçimde beslenirken, biz de altın yumurtaların zevkini çıkardık.

KURUMSAL ÜY

Doğru bir ilkenin son derecede değerli yanlarından biri de, çok değişik durumlara uygulanabilmesidir. Bu kitap boyunca, söz konusu ilkelerin aileler de dahil hem kurumlara, hem de bireylere uygulanma yöntemlerinden bazılarını sizinle paylaşmak istiyorum.

İnsanlar kurumlarda fiziksel kaynakları kullanırken Ü/ÜY Dengesi'ne saygı göstermezlerse, kurumun etkililiğini azaltır ve çoğu zaman başkalarını ölmek üzere olan kazla baş başa bırakırlar.

Örneğin, makine gibi fiziksel bir kaynakla ilgilenen bir kişi, şeflerinin üzerinde iyi bir izlenim bırakmayı çok istiyor olabilir. Belki de şirket hızlı bir büyüme evresine girdiğinden çalışanlar çabucak terfi ettirilmektedir. Adam da bu nedenle en fazla randımanı almaya çalışır. Makineyi ne dinlendirir, ne de bakımını yapar. Üretim müthiştir. Maliyet düşer, kazanç hızla yükselir. Adam kısa bir süre içerisinde terfi ettirilir. Altın yumurtalar!

Ama diyelim ki, onun ardından işin başına siz getirildiniz. Size pek hasta bir kaz, paslanmış ve bozulmaya başlamış bir makine miras kalmıştır. Onarım ve bakımı için fazlasıyla para harcamak zorunda kalırsınız. Maliyet çok yükselir, kazanç iyice düşer. Altın yumurtaların azalmasından kim sorumlu tutulur? Tabii ki siz. Kaynağı kurutan sizden önceki kişidir, ama muhasebe sistemi sadece birim üretimini, maliyet ve kârı bildirmiştir.

Ü/ÜY Dengesi, bir kuruluşun insan kaynakları, yani personel ve müşteriler açısından da geçerli olduğu için özellikle önemlidir.

Harika midye çorbası yapan bir lokanta biliyorum. Öğle vakti müşterilerle tıka basa dolardı. Sonra lokanta satıldı ve yeni sahibi bütün dikkatini altın yumurtalara verdi. Yani, çorbayı sulandırmaya kalkıştı. Bir ay boyunca, maliyet düşük, gelir de sürekli olduğundan kazanç çok arttı. Ama sonra yavaş yavaş müşteriler ortadan kaybolmaya başladı. Güven tükenmiş, iş de hemen hemen sıfırı tüketmişti. Lokantanın yeni sahibi telaşa kapılarak işi canlandırmaya çalıştı.

Ama müşterilerini ihmal etmiş, güvenlerini kötüye kullanmış ve o değerli kaynağı, yani müşteri güvenini kaybetmişti. Artık altın yumurtlayacak bir kaz yoktu.

Birtakım şirketler sık sık müşterilerden söz eder, ama onlarla iş yapan kişileri, yani personeli tümüyle ihmal ederler. ÜY ilkesi, *personelinize her zaman, en iyi müşterilere nasıl davranmalarını istiyorsanız öyle davranmak*tır.

Bir insanın elini satın alabilirsiniz, ama yüreğini asla. Onun yüreği, coşkularına ve sadakat duygusuna bağlıdır. Sırtını satın alabilir, ama beynini alamazsınız. Bu kişinin yaratıcılık, zekâ ve verimliliğinin kaynağı o beyindir.

ÜY'ye göre, personele gönüllü kişiler gibi davranmalısınız, tıpkı müşterilere davrandığınız gibi; çünkü onlar tam anlamıyla gönüllüdür. Size gönüllü olarak en iyi yanlarını verirler: Yürek ve zihinlerini.

Bir gün, katıldığım grup içinden bir kişi, "Tembel ve yetersiz personeli nasıl yola getirirsiniz?" diye sordu. Bir adam hemen cevap verdi: "El bombasıyla!" Bu maço yönetim tarzını, bu tepeden bakan "Ya hizaya gir, ya da defol!" yaklaşımını birkaç kişi alkışladı.

Ama başka birisi, "Peki, sonradan parçaları kim topluyor?" diye sordu.

"Parça kalmıyor ki."

Diğer adam bunun üzerine, "Öyleyse neden aynı şeyi müşterilerinize de yapmıyorsunuz? Onlara, 'Bakın, bir şey almak istemiyorsanız çıkıp gidin' dersiniz olur biter," dedi.

Beriki başını salladı. "Müşterilere böyle davranılmaz."

"O halde personele nasıl böyle davranabiliyorsunuz?"

"Çünkü onlar benim emrimde."

"Anlıyorum. Personeliniz size sadık mı? İyi çalışıyorlar mı? İşten çıkanlar var mı?"

"Alay mı ediyorsunuz? Bugünlerde doğru dürüst birisi bulunamıyor. İşi bırakanların, kaytaranların, başka şeylerle ilgilenenlerin sayısı çok kabarık. İnsanlar artık hiçbir şeyi takmıyor."

O altın yumurtaya odaklanma –o tutum, o paradigma– bir başka kişinin zihnindeki ve yüreğindeki güçlü enerjilerden yararlanmaya hiç elverişli değildir. Kısa vadeli kazanç önemlidir, ama en önemli şey değildir.

Etkililik, dengededir. Ü'ye gereğinden fazla önem vermek; bozulmuş sağlık, yıpranmış makineler, erimiş banka hesapları ve kopuk ilişkilerle sonuçlanır. ÜY'ye fazlasıyla önem vermek ise, günde üç dört saat koşan, bunun yaşamına on yıl daha kattığını söyleyerek övünen bir insanın tutumuna benzer. Bu kişi on yılını koşarak harcadığının farkında bile değildir. Ya da hep okula giden, hiçbir şey üretmeyen, başkalarının altın yumurtalarıyla geçinen birinin tutumuna benzer. Bu, ebedi öğrenci sendromudur.

Ü/ÜY Dengesini; yani altın yumurta (üretim) ile kazın sağlık ve iyiliği (Üretme Yeteneği) arasındaki dengeyi sürdürmek, çoğu zaman verilmesi zor kararlar gerektirir. Ama bence bu, etkili olmanın özüdür. Kısa vade ile uzun vadeyi dengeler. Dereceye girme isteği ile eğitimin hakkını vermeyi dengeler. Odanın temiz tutulmasını istemekle, çocuğun bunu keyifle, seve seve, dış denetim olmaksızın yapmaya kendiliğinden razı olmasını sağlamak arasındaki dengeyi kurar.

Bu, daha fazla altın yumurta elde etmek için durmadan çalıştığınız ve sonunda hasta ya da bitkin düşüp hiçbir şey üretemeyecek duruma geldiğinizde; ya da gece güzelce uyuyup bütün gün üretime hazır bir durumda uyandığınızda, kendi yaşamınızda da geçerli olduğunu göreceğiniz bir ilkedir.

Bunu, istediğinizi yaptırmak için birisini zorladığınız, sonra da ilişkide bir boşluk hissettiğiniz; ya da bir ilişkiye yatırım yapmak için gerçekten vakit ayırdığınız ve birlikte çalışma, iletişim kurma yeteneğinizin iyice arttığını anladığınız zamanlarda görürsünüz.

Ü/ÜY Dengesi etkili olmanın ruhudur. Yaşamın her alanında geçerlidir. Onunla birlikte ya da ona karşı çalışırız, ama denge hep vardır. O bir deniz feneridir. Bu kitaptaki Yedi Alışkanlığın temelini oluşturan etkililiğin tanımı ve paradigmasıdır.

BU KİTABIN KULLANIMI

"Etkili İnsanların Yedi Alışkanlığı" üzerinde çalışmaya başlamadan önce, bu malzemeden elde edeceğiniz değeri büyük ölçüde artıracak iki paradigma değişimi önermek istiyorum.

Önce size, bu malzemeyi bir kitap; yani bir kez okuyup rafa kaldırılacak bir şey olarak *görme*menizi önereceğim.

Bütünü kavramak için kitabı bir kere başından sonuna kadar okuyabilirsiniz. Ancak bu malzeme, değişim ve gelişim sürecinde size bir yoldaş olacak şekilde tasarlandı. Gitgide etkisi artacak bir biçimde düzenlendi ve her alışkanlığın sonunda uygulamayla ilgili öneriler verildi. Böylece, hazır olduğunuzda, herhangi bir alışkanlığın üzerinde durup onu inceleyebilirsiniz.

Anlama ve uygulama konusunda daha derinlere inerken, zaman zaman geriye dönüp alışkanlıkların içerdiği ilkelere bakarak bilgi, beceri ve arzunuzu artırmak için çalışabilirsiniz.

İkinci önerim şu: Bu malzemeyi kullanırken, paradigmanızı öğrencilikten öğretmenliğe kaydırın. İçten dışa bir yaklaşım benimseyin ve öğrendiklerinizi 48 saat içerisinde bir başkasıyla paylaşmak ya da tartışmak amacıyla okuyun.

Örneğin, Ü/ÜY Dengesi ilkesindeki malzemeyi 48 saat içerisinde bir başkasına öğreteceğinizi bilseydiniz, okuma deneyiminiz bundan etkilenir miydi? Bu bölümün son kısmını okurken şimdi bunu deneyin. Bu kısmı eşinize, çocuğunuza, iş arkadaşınıza ya da bir dostunuza bugün ya da yarın, her şey kafanızda henüz tazeyken öğretecekmişsiniz gibi okuyun. Zihinsel ve duygusal sürecinizdeki farklılığa dikkat edin.

Bundan sonraki bölümlerin içeriğine bu şekilde yaklaşırsanız, okuduğunuzu daha iyi hatırlamakla kalmayacaksınız; ayrıca bakış açınız genişleyecek, anlayışınız derinleşecek ve malzemeyi uygulama isteğiniz de artacak. Bu konuda size güvence veriyorum.

Öte yandan, öğrendiklerinizi başkalarıyla açık açık, dürüstçe paylaşırsanız, sizinle ilgili olumsuz yargı ya da algılarının kaybolmaya başladığını görerek şaşıracaksınız. Eğittiğiniz kişiler sizi değişen, gelişen bir insan olarak görecekler ve belki de birlikte, Yedi

Alışkanlığı yaşamınızın bir parçası haline getirmeye çalışırken, size yardım etmek ve destek olmak için daha fazla istek duyacaklar.

BEKLENTİNİZ NE OLABİLİR?

Sonuçta, Marilyn Ferguson'un dediği gibi: "Kimse bir başkasını değişmesi için ikna edemez. Hepimiz, ancak içeriden açılabilen bir değişim kapısında nöbet bekleriz. Bir başkasının kapısını, tartışarak ya da duygularına seslenerek açamayız."

Yedi Alışkanlığın içerdiği ilkeleri gerçekten anlamak ve onları yaşamak için "değişim kapınızı" açmaya karar verdiğinizde, birçok olumlu şeyin olacağı konusunda size rahatlıkla güvence verebilirim.

Önce, gelişmeniz *evrimsel* olacak, ama net etkisi bir *devrim* yaratacak. Yalnız Ü/ÜY Dengesinin bile, tam anlamıyla yaşanması durumunda, birçok kişiyi ve kurumu değiştireceği düşüncesine siz de katılmıyor musunuz?

"Değişim kapısı"nı ilk üç alışkanlığa –Özel Zafer alışkanlıklarına– açmanın net etkisi, kendinize olan güveninizin büyük ölçüde artması olacak. Kendinizi, doğanızı, en temel değerlerinizi ve o benzersiz katkıda bulunma yeteneğinizi daha derin ve anlamlı bir biçimde tanıyacaksınız. Değerleriniz doğrultusunda yaşarken, kimlik, dürüstlük, denetim ve içe yönelme duygunuz size hem huzur verecek, hem de coşku! Kendinizi, başkalarının düşünceleriyle ve başkalarıyla karşılaştırarak değil, içinizden tanımlayacaksınız. Kendinizi anlamanın "yanlış" ya da "doğru"yla pek bir ilgisi olmayacak.

İşin ilginç yanı, başkalarının sizin hakkınızda ne düşündüğünden çok, sizinle olan ilişkileri de dahil, kendileri ve dünyaları hakkındaki düşüncelerine önem vermeye başlayacaksınız. Artık duygusal yaşamınızı başkalarının zayıflıkları üzerine kurmayacaksınız. Ayrıca, içinizin derinliklerinde aslında hiç değişmeyen bir öz olduğu için, değişmeyi daha kolay ve arzu edilir bir şey olarak göreceksiniz.

Kendinizi bir sonraki üç alışkanlığa –Genel Zafer alışkanlıklarına– açarken, bozulmuş ya da kopmuş olan önemli ilişkileri iyileştirme ve yenileme isteğini duyacak, bunun için gereken kaynağı bulup açığa çıkaracaksınız. Gelişen iyi ilişkiler daha derin, daha sağlam, daha yaratıcı ve daha heyecanlı olacak.

Yedinci Alışkanlık içselleştirilirse, ilk altı alışkanlığı yenileyecek, sizi gerçekten bağımsızlaştıracak, etkili karşılıklı bağlılığa ulaşabilmenizi sağlayacaktır. Bunun yardımıyla kendi pillerinizi kendiniz doldurabilirsiniz.

Bugünkü durumunuz ne olursa olsun, inanın bana siz şu andaki alışkanlıklarınızdan ibaret değilsiniz. Kendi kendini bozguna uğratan eski modellerin yerine yeni modelleri, yeni etkililik alışkanlıklarını, mutluluğu ve güvene dayanan ilişkileri geçirebilirsiniz.

Bu alışkanlıklar üzerinde çalışırken, değişim ve gelişim kapısını açmanız için, büyük bir özenle sizi yönlendiriyorum. Kendinize karşı sabırlı olun. Kendini geliştirme süreci hassastır; kutsal bir topraktır. Bundan daha büyük bir yatırım da olamaz.

Bunun anlık bir çözüm olmadığı da apaçıktır. Ama emin olun, yararlarını hissedecek ve cesaret verici karşılıklarını göreceksiniz. Thomas Paine'in dediği gibi: "Kolayca elde ettiğimiz şeyleri küçümseriz. Bir şeyi değerli kılan, zor elde edilir olmasıdır. Nimetlerine nasıl paha biçeceğini Tanrı bilir."

Paradigmalar ve İlkeler Üzerine Yeni İçgörüler

SEAN COVEY

Oğlum Nathan, küçükken sosyal anksiyete ile boğuşurdu. O yüzden ilkokul yıllarında okulda çok şey kaçırdı. Birinci sınıftayken bir sabah onu arabadan çıkarmaya çalıştığımı hatırlıyorum. Parmaklarını birer birer araba koltuğundan söküp onu müdüre teslim etmek zorunda kalmıştım. Park yerinde benimle buluşmak için mecburen okuldan çıkan müdür, Nathan'ı omzuna atıp binaya taşırken oğlum adamın sırtını yumrukluyordu. Arabaya binip ağladım.

İkinci sınıfta, Nathan'ı beysbol oynamaya ikna ettim. İlk antrenmana geldiğimizde, öteki oyuncularla koçu görünce öylesine korktu ki ayı saldırılarını atlatmakla ilgili birlikte okuduğumuz kitaplardan esinlenerek, yere devrilip ölü taklidi yaptı. Onu kaldırmaya çalıştım, ama yerinden kıpırdamıyordu. Koç onu ikna etmeyi denedi, ama ağzından hiç ses çıkmıyordu. Antrenman boyunca ölü numarası yaptı.

Bir başka sefer, bir futbol maçı izlerken, Nathan avaz avaz bağırıp durmadan önündeki koltuğu tekmeledi. İnsanların dik dik baktığını fark ettim. Çaresizlik içinde, Nathan'ın kolunu sıktım ve sertçe, "Kes şunu!" dedim.

O anda, verdiğim tepkiden, öfkem ve ses tonumdan utandım, bu masum çocukcağızı acımasızca azarladığım için mahcup oldum. Vicdanım sanki bana, "Nathan'ı nasıl böyle yargılarsın? Sınırsız potansiyeli olan dikkat çekici bir çocuk o," diyordu. Bu aydınlanma anı öylesine beklenmedik ve öylesine yoğundu ki sonraki birkaç gün boyunca beni etkilemeye devam etti.

Sonradan eşime bu deneyimden ve Nathan konusunda tam bir paradigma değişimine uğradığımdan söz ettim. Bütün bu kaygının altında özel bir çocuk vardı. Sadece ona karşı sabırlı olmamız, ona inanmamız ve kendi temposunda gelişmesine imkân tanımamız gerekiyordu.

Yavaş yavaş, Nathan değişmeye başladı. Dördüncü sınıftayken okulda 5. Alışkanlık üzerine bir konuşma yapması istendi ve bu önemli bir dönüm noktası oldu. Eve gelip bana şöyle dedi: "Lütfen okulu arayıp onlara konuşmayacağımı söyle. Sırf sen 7 Alışkanlık adamı olduğu için benden bunu istediklerini biliyorum." Bir an için, belki aramam gerektiğini düşündüm, çünkü konuşmak için kalktığında ölü taklidi yapabilirdi. Ama sonra yeniden değerlendirdim ve "Hayır, Nathan bunu başarabilir," diye düşündüm.

Birkaç hafta sonra, Nathan iki yüz kişinin karşısında dikilip kendisinin yazdığı harika bir konuşma yaptı. Konuşma sırasında neredeyse bayılacaktı, ama üstesinden gelecek cesareti buldu. O gün özgüveni inanılmaz derecede arttı ve başka konuşma fırsatları aramaya başladı. İster inanın ister inanmayın, Nathan liseye başladığında en dışa dönük, konuşkan ve özgüvenli çocuklardan biriydi. Nathan'ın zayıflığı güçlü yanı oldu ve kendisi çocukken çok fazla zorluk yaşadığı için şimdi mücadele eden başka kişilere sevgi ve şefkatle yaklaşmak için özel çaba harcıyor. Bir zamanlar eşim ve ben Nathan'ın potansiyelini gördük, ona farklı davrandık, bu da büyük bir fark yarattı. Paradigma Değişimi'nin gücü budur işte.

GÖR-YAP-AL

Babam, "Onu elde etmetsiniz. Kimse etmez. Paradigmalar her şeydir. Onlardan yeterince söz etmiyoruz. Küçük ilerlemeler kaydetmek istiyorsanız, davranışınızı değiştirin. Ama kuantum ilerlemeler kaydetmek istiyorsanız, paradigmanızı değiştirin," derdi.

FranklinCovey'de, binlerce kuruluştaki milyonlarca kişiyi eğittikten sonra bunun ne kadar doğru olduğunu öğrendik. Gördüklerinizin yaptıklarınızı, yaptıklarınızın da elde ettiklerinizi belirlediğini gösteren aşağıdaki diyagramı sıklıkla kullanıyoruz. İnsanlar, takımlar ve kuruluşlar bir tek *yapmak* –davranış– üzerinde çalıştıklarında, asla istedikleri sonuçları alamazlar. Harika sonuçlar elde etmek için, önce *görmek* –paradigmalar– üzerinde çalışmanız gerekir. Siz farklı görmezseniz, yeni davranışlar kalıcı olmaz.

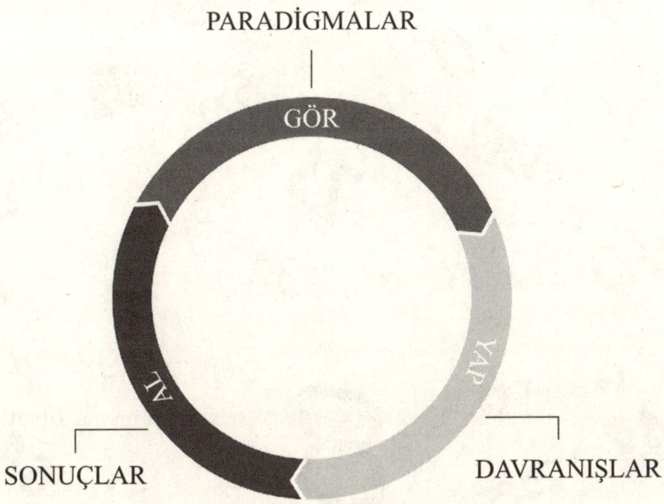

Babam paradigmaların yanı sıra ilkeler konusunda da güçlü görüşlere sahipti ve ilkelere uyarak yaşarsak, uzun vadede işlerimizin daima yolunda gideceğini vaat ederdi. 7 Alışkanlığın her biri birkaç temel ilke ve paradigmaya dayanıyor ve ben her alışkanlığın ardından bunların altını çizeceğim. Ama devam etmeden önce, bir deneyim yaşamanızı istiyorum.

Aşağıda 1'den 54'e kadar sayıların bulunduğu bir çizelge yer alıyor. Yapmanız gereken zorlu iş, 1'den başlayarak, sonra 2, sonra 3, 54'e kadar her sayıyı sırasıyla bulmak olacak. Altmış saniye ayırın ve kaç sayı bulabileceğinize bakın. Eksik sayı ya da hile yok. Yerinize geçin, hazır, başlayın.

Nereye kadar ilerleyebildiniz? Çoğu kişi 20'lere ulaşıyor. (Bu oyunu çocuklarla oynadığımda, çoğunlukla birkaçı 54'e kadar ilerleyebiliyor, bu da biz yetişkinlerin, çocuklarımızı kasıtsız olarak nasıl "yetenek-siz-leştirdiğimizi" gösteriyor.

Şimdi bunu yeniden denemenizi istiyorum, ama bu kez, sayıların yerini bulmanıza yardım edecek bir sıralama yöntemi sunacağım. 86. sayfaya gidin, her şey orada açıklanmış olacak.

Yeniden hoş geldiniz. Bu kez nereye kadar ilerlediniz? Hemen herkes 54'e ulaşmış olacak. Fark neydi? Fark, yolunuzu bulmanıza yardımcı olan bir yöntem, bir çeşit sıralama modeline sahip olmanızdı. Bu her ne kadar basit bir küçük oyun olsa da, çıkarımları büyüktür. Yaşamlarımız bir sayfa üzerindeki sayılara çok benzer. İçinde yolunu bulmak zordur. Çok fazla seçim ve meydan okuma vardır. Yolunu kaybetmek ya da etkisiz kalmak öyle kolaydır ki.

İşte burada 7 Alışkanlık devreye girer. Bu alışkanlıklar hedeflerinize ulaşmanıza ve sorunlarınızı daha iyi, daha çabuk çözmenize yardımcı olabilecek bir düzenleme modeli ya da düşünme biçimi sunar. 20'ye ulaşmakla 54'e ulaşmak arasındaki fark budur işte. Bu modeli bir kez kafanıza yerleştirdiğinizde, asla eskisi gibi olmayacaksınız. Anlam ve katkı dolu bir yaşam yaratmanız için size bir kalıp sağlayacak.

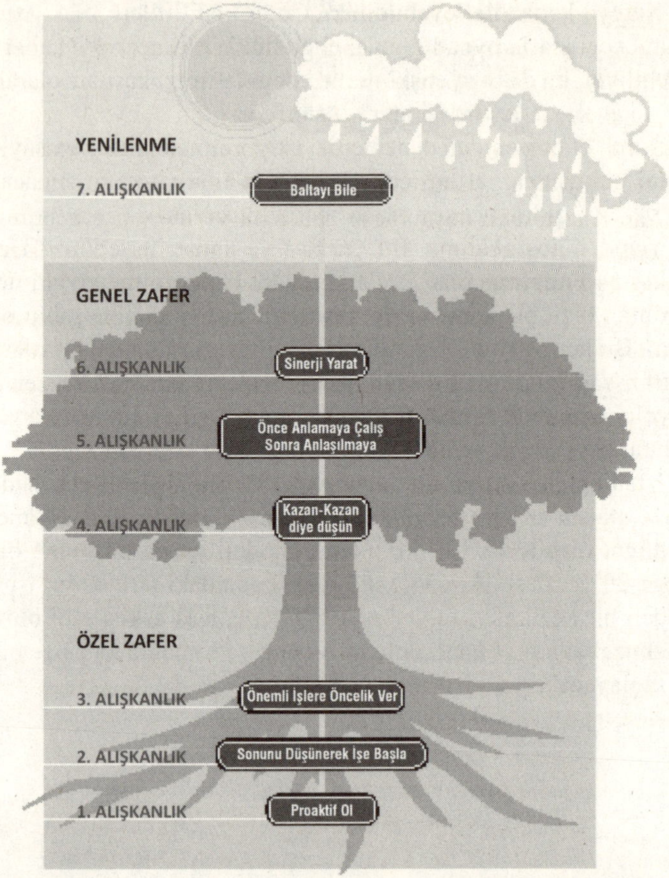

Bu sayfadaki diyagramı inceleyin. Bu, kitap boyunca kullanılan Sürekli Olgunlaşma modelinden farklıdır. Bu diyagramı seviyorum, çünkü Özel Zafer alışkanlıklarının toprağa gömülü olduklarını gösteriyor, yani kişiseldirler ve kimse onları görmez. 7. Alışkanlık, yenilenme alışkanlığı, sürekli beslenme ihtiyacımızı temsil eder, güneş ve yağmur gibidir.

7 Alışkanlık'ta, sıra önemlidir. 30 yıl önce babam bu kitabın ilk yazımına son verirken, çalışanlarına (onları ürkütecek şekilde) her

şeye yeniden başlamaları gerektiğini söyledi. Alışkanlıkların sırasının önemini hafife aldığını fark etmiş ve o paradigmadan yola çıkarak yeniden yazma ihtiyacı duymuştu. 7 Alışkanlık, gördüğünüz üzere, İçten Dışa Yaklaşımdır. Özel Zaferi (1., 2. ve 3. Alışkanlıklar), Genel Zaferden (4., 5. ve 6. Alışkanlıklar) önce kazanmamız gerekir. Örneğin, patronunuzla kötü bir ilişkiniz olduysa, onunla Kazan-Kazan diye düşünmeye çalışmak yerine, önce kendinizi incelemeniz ve neyi yanlış yapıyor olabileceğinizi saptamanız gerekir. Belki de kötü dürtüleriniz ya da gizli bir gündeminiz olmuştur. Ne zaman bir ilişki sorunu yaşasam, deneyimlerime göre, beş kerenin dördünde sorun onlarda değil, bendedir ve çözmenin anahtarı da önce kendimi düzeltmektir. İçten dışa. Özel Zaferler her zaman Genel Zaferlerden önce gelir.

Sıralamanın önemini bilmenin yanı sıra, alışkanlıkları öğrenmenin bir diğer harika yolu, ne olmadıklarını anlamaktır ya da benim deyişimle:

ETKİSİZ İNSANLARIN 7 ALIŞKANLIĞI

1. Alışkanlık: Reaktif ol

Tüm sorunlarınız için suçu berbat patronunuza, anne-babanıza, genlerinize, eşinize, ortağınıza, eski sevgilinize, ekonomiye, hükümete ya da başka bir şeye atın. Kurban olun. Hayatınız için sorumluluk almayın. Açsanız, yiyin. Kızgınsanız, bağırın. Biri size kaba bir söz söylerse, siz de kabalaşın. Tepki gösterin.

2. Alışkanlık: Önünü Düşünerek İşe Başla

İleriye yönelik plan yapma. Hedef belirleme. Eylemlerinin sonuçları için de endişelenme. Kendini akışa bırak. Anı yaşa ve eğlenmene bak, çünkü yarın ölebilirsin.

3. Alışkanlık: Önemli İşleri Sona Bırak

Ertele. Önce karşına çıkan her zil, çın-çın ya da bip sesine cevap vermek gibi, acil şeyleri yap. Önemli olanlara daha sonra bakarsın. İlişkilerini güçlendirmek konusunda endişelenme, onlar hep orada olacaklar. Ayrıca egzersiz yapmak niye? Henüz sağlığın yerinde. Sadece her gün YouTube izlemeye yeterince zaman ayırdığından emin ol.

4. Alışkanlık: Kazan-Kaybet Diye Düşün

Hayatı ahlaksız bir yarış olarak gör. Herkes seni ele geçirmek peşinde, o yüzden önce sen onları ele geçir. Başkalarının başarılı olmasına izin verme, çünkü unutma ki eğer onlar kazanırsa, sen kaybedersin. Ancak durum kaybedecekmişsin gibi görünürse, o kerizi de beraberinde sürüklediğinden emin ol.

5. Alışkanlık: Önce Konuşmaya Çalış, Sonra Dinliyormuş Gibi Yap

Bir ağızla doğdun, öyleyse onu kullan. Önce herkesin senin düşüncelerini anladığından emin ol; sonra gerekliyse, "hıı-hıı" diyerek dinliyormuş gibi yap, bir yandan da öğle yemeğinde ne istediğini hayal et. Ya da onların düşüncelerini gerçekten öğrenmek istiyorsan, kendi düşüncelerini belirt.

6. Alışkanlık: Bir Ada Ol

Kabul edelim, başkaları senden farklı oldukları için tuhaf insanlar, öyleyse ne diye onlarla geçinmeye çalışasın ki? Takım çalışması abartılıyor. İşbirliği her şeyi yavaşlatıyor, o yüzden bırak gitsin. Her zaman en iyi fikirler sende olduğundan, her şeyi kendi başına yapman en iyisi. Kendi özel adan ol.

7. Alışkanlık: Kendini Tüket

Benzin almaya vakit ayıramayacak kadar araba kullanmakla meşgul ol. Enerji toplamaya ve yenilenmeye vakit ayıramayacak kadar yaşamakla meşgul ol. Egzersiz yapmaktan veba gibi kaçın. Ve Tanrı aşkına, iyi kitaplardan, doğadan, sanattan, müzikten ya da sana ilham verebilecek her şeyden uzak dur. Yan, bebeğim, yan.

İstediğimiz alışkanlıkların bunlar olmadığı çok açık. Ancak çoğu zaman, en az dirençli rotayı temsil ettikleri için onları uyguluyoruz (ben dahil).

Özet olarak, umarım 7 Alışkanlık yolunuzu bulmanıza ve hem işte hem de evde daha etkili bir insan olmanıza yardım edecek unutulmaz bir çerçeve sunar. Umarım Özel Zaferlerin Genel Zaferlerden önce geldiğini hatırlarsınız. Ve umarım paradigmalarınızın bazılarını zorlar ve bir üst seviyeye taşırsınız.

Babama sıklıkla, "En önemli alışkanlık hangisi?" diye sorulurdu. Kardeşlerime ve bana göre, şu ya da bu zamanda, her birinin en önemli alışkanlık olduğunu söylerdi. "2. Alışkanlık," diye ahkâm keserdi, "en önemli alışkanlık, çünkü hayatınıza dair bir vizyonunuz yoksa, hiçbir şeyiniz yoktur." Ya da "6. Alışkanlık nihai alışkanlıktır, çünkü diğer alışkanlıkların tümünü uygularsanız, sinerjiye ulaşırsınız. Ya da "En önemli alışkanlık açık arayla 1. Alışkanlıktır, çünkü sorumlu olduğunuza karar verene dek, diğer alışkanlıkların hiçbirini uygulayamazsınız." Biz çocuklar her zaman bunun keyfini çıkarırdık.

Kendi bakış açımdan, en önemli alışkanlığın yaşamakta en çok zorlandığınız alışkanlık olduğunu söyleyebilirim.

Bol şans!

Bu sayfada daha önce yaptığınız çizelgenin aynısı yer alıyor: ancak bu kez kutuyu dokuz eşit kareye böldüm. Sayıları bulmak için, aşağıdaki modeli izleyin. Bir başka deyişle, ilk sayı 1. kutuda, sonraki sayı 2. kutuda, sonraki sayı 3. kutuda, sonraki sayı 4. kutuda ve 9. kutuya kadar bu şekilde devam ediyor. Ardından tekrar 1. Kutuya dönün ve aynı modeli tekrarlayın.

1	2	3
4	5	6
7	8	9

Yine kendinizi 60 saniye için zamanlayın ve bu kez nereye kadar ilerlediğinizi görün. Bitirdiğinizde, 80. sayfaya dönün. Hazır mısınız? Yerinize geçin, hazır, başlayın.

İkinci Bölüm

ÖZEL ZAFER

1. Alışkanlik
Proaktif Ol

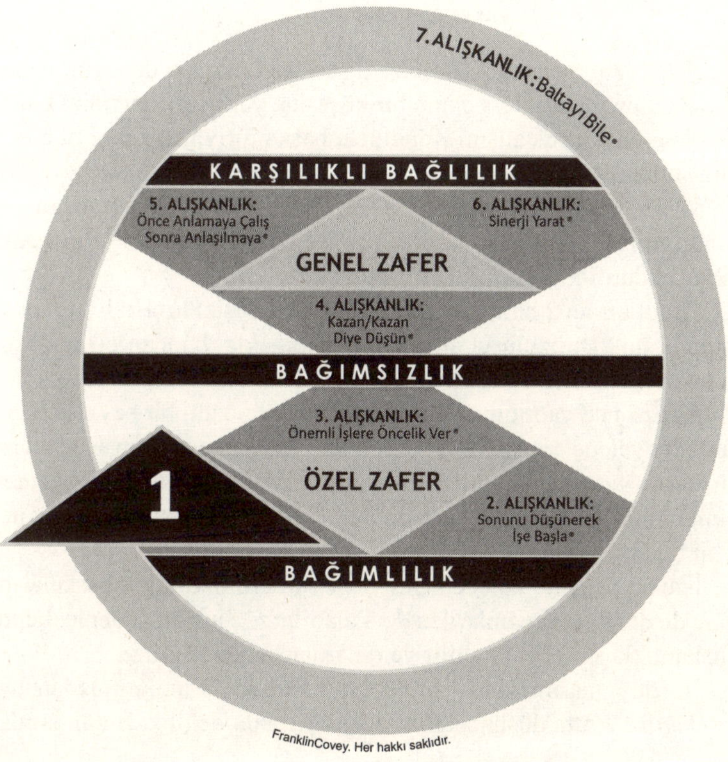

KİŞİSEL VİZYON İLKELERİ

İnsanın yaşam düzeyini bilinçli bir çabayla yükseltme konusundaki tartışma götürmez yeteneğinden daha cesaret verici bir olgu bilmiyorum.

HENRY DAVID THOREAU

Bu kitabı okurken kendinize dışarıdan bakmayı deneyin. Bilincinizi yukarıdan odanın bir köşesine yansıtıp, kendinizi kitabı okurken görmeye çalışın. Kendinize başka biriymişsiniz gibi bakabilir misiniz?

Şimdi başka bir şeyi deneyin. Şu andaki ruhsal durumunuzu düşünün. Bunu tanımlayabilir misiniz? Ne hissediyorsunuz? Şu andaki zihinsel durumunuzu nasıl tarif edersiniz?

Şimdi bir an zihninizin nasıl çalıştığını düşünün. Hızlı mı, uyarı halinde mi? Bu zihinsel alıştırmayı yapmakla, bundan çıkacak sonucu değerlendirmek arasında bocaladığınızı mı hissediyorsunuz?

Biraz önce yaptığınız, yalnızca insanlara özgü bir şey. Hayvanlarda bu yetenek yok. Buna "özbilinç", ya da kendi zihinsel sürecini düşünme yeteneği diyoruz. İnsanların dünyadaki her şeye egemen olmalarının, kuşaktan kuşağa önemli gelişmeler göstermelerinin nedeni budur.

İşte bu nedenle sadece kendi deneyimlerimize değil, başkalarınkine de değer verip, onlardan ders alabiliriz. Yine bu nedenle, kendi alışkanlıklarımızı yaratabilir ve onlardan vazgeçebiliriz.

Biz duygularımızdan ibaret değiliz. Ruhsal durumlarımızdan ibaret değiliz. Hatta düşüncelerimizden de ibaret değiliz. Bütün bunları düşünebiliyor olmamız, bizi onlardan ve hayvanlar dünyasından ayırır. Özbilincimiz, dışarıdan bakıp kendimizi nasıl "gördüğümüzü"; yani, etkililiğin en temel paradigması olan kendimizle ilgili paradigmamızı incelememizi sağlar. Özbilincimiz, yalnızca tutum ve davranışlarımızı değil, başkalarını görüş biçimimizi de etkiler. İnsanlığın temel doğasıyla ilgili haritamız halini alır.

Aslında kendimizi nasıl gördüğümüzü (ve başkalarını nasıl gördüğümüzü) hesaba katmadıkça, diğerlerinin kendilerini ve dünyalarını nasıl gördüklerini, bu konuda neler hissettiklerini anlayamayız. Farkına varmadan niyetlerimizi onların davranışlarına yükler ve nesnel olduğumuzu iddia ederiz.

Bu, kişisel potansiyelimiz kadar, başkalarıyla ilişki kurma yeteneğimizi de önemli ölçüde kısıtlar. Fakat yalnızca insanlara özgü özbilinç sayesinde, paradigmalarımızı inceleyebilir ve gerçekliğe ya da ilkelere mi dayalı, yoksa bir koşullanmanın ve koşulların işlevi mi olduklarını belirleyebiliriz.

Sosyal Ayna

Tek görüntümüzü sosyal aynadan –şu anda geçerli olan sosyal paradigmadan ve etrafımızdaki insanların görüşleri, algıları ve paradigmalarından– alıyorsak, kendimizi lunaparktaki o garip aynanın yansıttığı şekilde görürüz.

"Asla tam zamanında gelmiyorsun."

"Neden hiçbir şeyin düzenli değil?"

"Sen bir sanatçı olmalısın!"

"Domuz gibi yiyorsun!"

"Kazandığına inanamıyorum!"

"Bu çok basit. Neden anlayamıyorsun?"

Bu görüntüler birbirinden kopuk ve orantısızdır. Çoğu zaman yansımadan çok, izdüşümleridir. Bizi olduğumuz gibi yansıtmak yerine, bilgiyi veren kişilerin kaygılarıyla karakter zayıflıklarının izdüşümlerini gösterir.

Geçerli olan sosyal paradigmanın yansıması, büyük ölçüde koşullanma ve koşullar tarafından belirlendiğimizi söyler. Koşullanmanın yaşantımızdaki o müthiş gücünü kabul etsek bile, bunun bizi *belirlediğini*, bu etki üzerinde hiçbir denetimimizin bulunmadığını söylemek çok farklı bir harita yaratır.

Aslında üç sosyal harita; insan doğasını açıklayan, birbirinden bağımsız olarak ya da bir arada kabul gören üç determinizm kuramı vardır. *Genetik (kalıtsal) determinizm*, doğanızı temelde atalarınıza borçlu olduğunuzu söyler. Çabuk öfkelenmenizin nedeni budur. Atalarınız da çabuk öfkelenirdi ve bu sizin DNA'nızda var. Üstelik İrlandalısınız, İrlandalıların doğası böyledir işte.

Psişik (ruhsal) determinizm, aslında her şeye annenizle babanızın neden olduğunu söyler. Yetiştirilme tarzınız, çocukluk deneyimleriniz, temelde karakter yapınızı ve kişisel eğilimlerinizi belirler. Topluluk karşısına çıkmaktan korkmanızın nedeni budur. Annenizle babanız sizi böyle yetiştirmişlerdir. Bir hata yaptığınız zaman kendinizi alabildiğine suçlu hissedersiniz, çünkü çok savunmasız, zayıf ve bağımlı olduğunuz sırada içinizde yer eden o duygusal senaryoyu "hatırlarsınız". O duygusal cezayı, reddedilmeyi, beklendiği kadar başarılı olamadığınız zaman başkalarıyla nasıl karşılaştırıldığınızı "hatırlarsınız".

Çevresel determinizm temelde her şeye patronunuzun, ya da eşinizin, ya da o şımarık yeniyetmenin, ya da ekonomik durumunuzun, ya da milli siyasetin neden olduğunu söyler. Durumunuzdan, çevrenizdeki biri ya da bir şey sorumludur.

Bütün bu haritalar, genelde Pavlov'un köpekler üzerinde yaptığı deneylerle bağlantılı olarak düşündüğümüz etki-tepki kuramına dayanır. Ana fikir, belirli bir uyarana belirli bir tepki verecek biçimde koşullandırılmış olduğumuzdur.

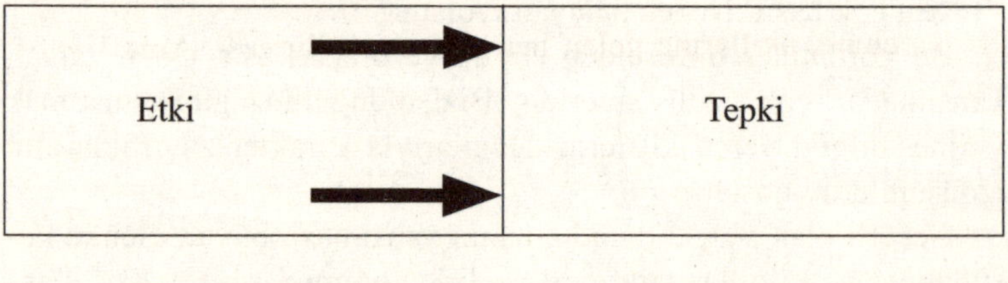

Bu determinist haritalar araziyi ne derece doğru ve işlevsel bir biçimde tarif eder? Bu aynalar insanın gerçek doğasını ne kadar açıkça yansıtır? Bunlar kendi kendini doğrulayan kehanetlere mi dönüşür? Kendi içimizde geçerli kılabileceğimiz ilkelere dayalı mıdır?

ETKİYLE TEPKİ ARASI

Bu soruları yanıtlamak için izninizle Victor Frankl'in etkileyici öyküsünü sizinle paylaşmak istiyorum.

Frankl, Freud psikolojisi geleneklerine göre yetiştirilmiş bir deterministti. Bu psikoloji, çocukken başınıza gelen her şeyin karakterinizi ve kişiliğinizi biçimlendirdiğini ve temelde bütün yaşamınızı kontrol ettiğini öne sürer. Yaşamınızın sınırları ve parametreleri belirlenmiştir ve bu konuda pek bir şey yapamazsınız.

Frankl ayrıca bir psikiyatr ve Yahudiydi. Nazi Almanyası'nın ölüm kamplarına kapatıldı, başına öyle iğrenç şeyler geldi ki, insan tekrarlarken bile sarsılıyor.

Frankl'in annesi, babası, erkek kardeşi ve karısı kamplarda öldü ya da gaz fırınlarına gönderildiler. Kız kardeşi dışında bütün ailesi yok oldu. Frankl işkenceye ve sayısız aşağılamaya maruz kaldı, bir dakika sonra başına ne geleceğini bilmiyordu. Kendisini de fırına mı yollayacaklardı, yoksa o cesetleri taşıyan ve külleri kürekle atan "kurtulmuşlar"dan biri mi olacaktı?

Bir gün, küçük bir odada çırılçıplak ve tek başına otururken, sonradan "insani özgürlüklerin sonuncusu" diye tanımlayacağı şeyin; kendisini esir eden Nazilerin yok edemeyecekleri o özgürlüğün farkına varmaya başladı. Frankl'in bütün çevresini kontrol edebilirler; bedenine, akıllarına gelen her şeyi yapabilirlerdi. Ama Victor Frankl, özbilinç sahibi, başına gelenleri bir gözlemci gibi seyredebilen birisiydi. Temel kimliği zarar görmemişti. *Kendi iç dünyasında bütün bunların onu nasıl etkileyeceğine karar verebilirdi.* Başına gelenler ya da etki ile ona gösterdiği tepki arasında, özgürlüğü ya da o tepkiyi seçme gücü vardı.

Frankl, olayları yaşarken kendisini değişik konumlarda hayal ediyordu. Örneğin, ölüm kamplarından kurtulduktan sonra öğrencilerine ders verdiğini düşlüyordu. Kendini sınıfta, öğrencilere o işkence sırasında öğrendiği dersleri anlatırken gözünün önüne getiriyordu.

Daha çok hayal gücünden ve anılarından yararlanan Frankl, bu tür zihinsel, duygusal ve ahlaksal disiplinler aracılığıyla, embriyon halindeki küçücük özgürlüğünü gitgide büyütüp geliştirdi ve sonunda kendisini tutsak eden Nazilerden daha özgür hale geldi. Onlar daha *serbestti*, çevrelerinde daha fazla seçenek vardı; kendisi ise daha *özgürdü*, seçeneklerini kullanmak için daha fazla içsel güce sahipti. Çevresindeki kişilere, hatta bazı nöbetçilere bile ilham kaynağı oldu. Acılarına anlam, tutsaklığa karşı direnme gücü bulabilmeleri için başkalarına yardım etti.

Frankl, akla gelebilecek en alçaltıcı durumlarda, insanlara özgü özbilinç yetisinden yararlanarak insan doğasına ilişkin temel bir ilkeyi keşfetti: *Etkiyle tepki arasında, insanın seçme özgürlüğü vardır.*

Bu seçme özgürlüğünün içerisinde, bizi benzersiz bir biçimde insan yapan yetiler vardır. *Özbilinç* dışında, *hayal gücü*ne; şimdiki gerçekliğimizin ötesine geçip zihnimizde bir şeyler yaratma yetisine sahibiz. *Vicdan*a; doğru ve yanlış hakkında, davranışlarımızı yöneten ilkeler konusunda içten gelen derin bir farkındalığa, düşünce ve hareketlerimizin o ilkelerle ne derece uyumlu olduğuna dair bir sezgiye sahibiz. *Özgür irade*ye; diğer tüm etkilerden bağımsız olarak, özbilincimize dayanarak hareket etme yeteneğine de sahibiz.

En zeki hayvanlarda bile bu yetilerin hiçbiri yoktur. Bilgisayarla ilgili bir benzetme yapmak gerekirse; onlar içgüdü ve/veya eğitimle programlanır. Sorumlu olacak şekilde eğitilebilir, ama o eğitimin sorumluluğunu alamazlar; bir başka deyişle, onu yönlendiremezler. Programlamayı değiştiremezler. Hatta onun farkında bile değildirler.

Ancak biz, benzersiz insani yetilerimiz sayesinde, içgüdülerimiz ve gördüğümüz eğitimden tamamen ayrı olarak kendimiz için yeni programlar yazabiliriz. İşte bu nedenle, hayvanın yeteneği görece sınırlı, insanınki ise sınırsızdır. Fakat içgüdülerimize, koşullara ve koşullanmamıza, kolektif belleğimize uyarak hayvanlar gibi yaşarsak, biz de sınırlı oluruz.

Determinist paradigmanın kaynağı, öncelikle hayvanlar –fareler, maymunlar, güvercinler ve köpekler– bir de sinirsel ve ruhsal rahatsızlıkları olan insanlar üzerinde yapılan incelemelerdir. Ölçülebilir, tahmin edilebilir gibi göründüğü için bazı araştırmacıların belirli kıstaslarına uysa da, insanlık tarihi ve özbilincimiz bu haritanın araziyi kesinlikle tanımlamadığını söyler!

İnsani yetilerimiz bizi hayvanlar dünyasından çıkarıp yükseltir. Kullanıp geliştirdiğimiz ölçüde, bu yetiler benzersiz insani potansiyeli gerçekleştirme gücünü verir bize. Etkiyle tepki arasında, en büyük gücümüz olan seçme özgürlüğü vardır.

"PROAKTİVİTE"NİN TANIMI

Frankl, insan doğasının temel ilkesini keşfetme sürecinde kendi haritasını doğru çizdi ve o haritadan yola çıkarak her türlü çevrede etkili olan bir kişinin ilk ve en temel alışkanlığı olan *proaktivite* alışkanlığını geliştirmeye başladı.

Proaktivite sözcüğüne iş yönetimi literatüründe oldukça sık rastlanır, ama çoğu sözlükte yer almaz. İnisiyatif almaktan çok daha öte bir anlamı vardır. İnsan olarak, kendi yaşamımızdan sorumlu olduğumuz anlamına gelir. Davranışlarımız, koşullarımızın değil, kararlarımızın bir işlevidir. Değerlerimizi duygularımızdan üstün tutabiliriz. Bazı şeylerin olmasını sağlamak için hem inisiyatifimiz vardır, hem de sorumluluğumuz.

Proaktif insanlar o sorumluluğu kabul ederler. Davranışlarından ötürü olayları, koşulları ya da koşullanmayı suçlamazlar. Davranışları, temelinde duygular olan koşullarının ürünü değil; temelinde değerler olan kendi bilinçli seçimlerinin ürünüdür.

Doğamız gereği hepimiz proaktifiz. Yaşamımız eğer koşullanma ve koşullara bağlıysa, bunun nedeni, bilinçli bir kararla ya da ihmal sonucu, kendi denetimimizi bu etkenlere teslim etmeyi seçmiş olmamızdır.

Bu tür bir seçim yaptığımız zaman *reaktif* (tepkisel) oluruz. Reaktif insanlar sıklıkla fiziksel çevrelerinin etkisi altında kalırlar. Hava iyiyse onlar da kendilerini iyi hissederler. Hava iyi değilse, bu durum tutumlarını ve çalışmalarını etkiler. Proaktif insanlar ise kendi hava koşullarını yanlarında taşıyabilirler. İster güneş açsın, ister yağmur yağsın, onlar için fark etmez. Değerlere göre hareket ederler ve değerleri kaliteli bir iş çıkarmaksa, bunun havanın uygun olup olmamasıyla bir ilgisi yoktur.

Reaktif insanlar sosyal çevrelerinden, "sosyal hava"dan da etkilenirler. İnsanlar iyi davrandıkları zaman kendilerini iyi hissederler; davranmadıklarında ise kendilerini savunmaya veya korumaya kalkışırlar. Reaktif insanlar duygusal yaşamlarının merkezi olarak başkalarının davranışlarını seçer, diğer insanları denetlemek için onların zayıf yanlarını pekiştirirler.

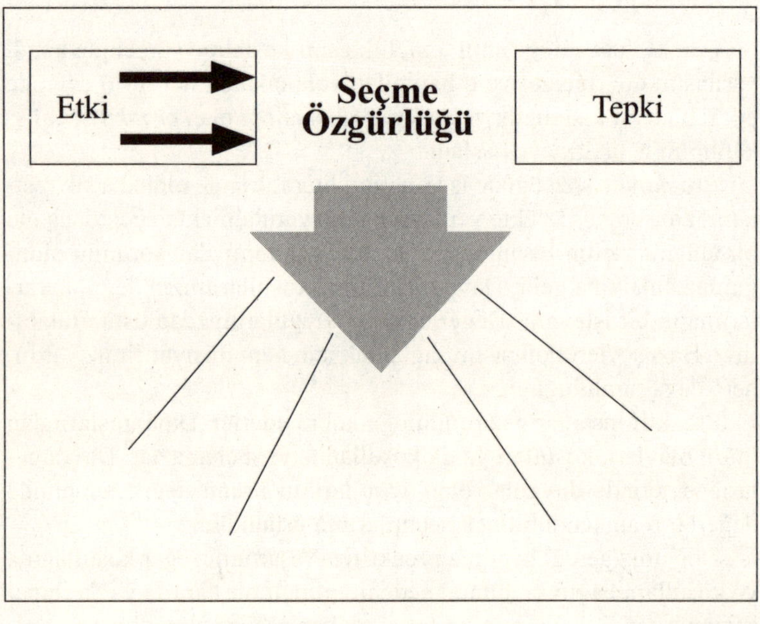

PROAKTİF MODEL

Bir değeri bir uyaranın önüne geçirme yeteneği, proaktif insanın özünü oluşturur. Reaktif insanları duygular, koşullar, olaylar ve çevreleri yönetir. Proaktif insanları ise dikkatlice düşünülmüş, seçilmiş ve içselleştirilmiş olan değerler yönetir.

Proaktif insanlar da fiziksel, toplumsal ya da psikolojik dış uyaranlardan etkilenirler. Ancak onların uyaranlara bilinçli ya da bilinçsiz bir biçimde verdikleri tepki, değere dayalı bir seçim ya da tepkidir.

Eleanor Roosevelt'in dediği gibi, "İzniniz olmadıkça kimse size zarar veremez." Ya da Gandi'nin dediği gibi, "Biz kendi elimizle teslim etmedikçe, onlar özsaygımızı alamaz." Bizi başımıza gelenlerden daha fazla inciten şey, bunların olmasına isteyerek izin vermemiz, razı olmamızdır.

Duygusal açıdan bunu kabul etmenin çok zor olduğunu biliyorum; özellikle de yıllar yılı mutsuzluğumuzu koşullara ya da başkalarının davranışlarına bağlamışsak. Ancak bir insan, içtenlikle ve dürüst bir biçimde, "Bugün böyle olmamın nedeni dün yaptığım seçimlerdir," demedikçe, "Başka yol seçiyorum," da diyemez.

Sacramento'da bir gün proaktivite konusunda bir konuşma yaparken, dinleyiciler arasından bir kadın, konferansımın tam ortasında ayağa kalkıp heyecanla konuşmaya başladı. Salon kalabalıktı. Birçok kişi dönüp kendisine bakınca, kadın birdenbire yaptığı işi fark ederek utandı ve yerine oturdu. Ancak kendini tutmakta zorlanıyor olmalıydı ki, bu kez de etrafındakilerle konuşmaya başladı. Pek mutlu görünüyordu.

Ne olduğunu öğrenebilmek için konferansa ara verilmesini sabırsızlıkla bekledim. Sonra da hemen kadının yanına giderek deneyimini paylaşmak isteyip istemeyeceğini sordum.

Kadın, "Başıma gelenleri tahmin bile edemezsiniz!" diye bağırdı. "Dünyanın en kötü, en nankör adamına gün boyu hemşirelik yapıyorum. Yaptığım hiçbir şeyi yeterli bulmuyor. Bir tek övgü çıkmıyor ağzından; zaten çoğu zaman ben yokmuşum gibi davranıyor. Durmadan dırdır ediyor ve her şeye bir kusur buluyor. Bu adam yüzünden hayat çekilmez oldu. Ben de çoğu zaman hıncımı ailemden çıkarıyorum. Diğer hemşireler de benimle aynı durumdalar. Neredeyse adamın ölmesi için dua edeceğiz.

"Ve sonra siz oraya çıkıp hiçbir şeyin, hiç kimsenin iznim olmadan beni üzemeyeceğini, duygusal yaşamda mutsuzluğu seçmiş olduğumu söylediğiniz. Bunu asla kabul edemezdim.

"Ama bu konuyu düşünüp durdum. Kendi içime dönerek, 'Tepkimi seçme gücüne sahip miyim?' diye sormaya başladım.

"Sonunda bu güce gerçekten sahip olduğumu anlayınca, bu acı ilacı içip kendi seçimimle mutsuz olduğumu kavrayınca, mutsuz olmamayı seçebileceğimi de anladım.

"İşte o anda ayağa fırladım! San Quentin Hapishanesi'nden salıveriliyordum sanki. Bütün dünyaya, 'Özgürüm, hapishaneden çıktım! Bundan sonra hiç kimse davranışlarımı kontrol edemeyecek!' diye bağırmak istedim."

Bize zarar veren, başımıza gelenler değil, onlara gösterdiğimiz tepkidir. Kuşkusuz, bazı şeyler bize fiziksel ya da ekonomik açıdan zarar verip kederlenmemize yol açar. Ancak karakterimizin, temel kimliğimizin zarar görmesine hiç gerek yoktur. Aslında en çetin deneyimlerimiz, karakterimizi biçimlendiren ve iç gücümüzü, gelecekte zor koşullarla başa çıkma ve başkalarına da bunu yapmaları için ilham verme özgürlüğümüzü geliştiren potalara dönüşür.

Frankl, başkalarının moralini yükseltmek ve onlara ilham vermek için kişisel özgürlüğünü zor koşullar altında geliştirebilmiş olan pek çok kişiden biridir. Vietnam savaş esirlerinin otobiyografileri, bu tür bir kişisel özgürlüğün değiştirme gücünü ortaya koyar. Bu özgürlüğün sorumluca kullanılmasının hem o dönemde hem de günümüzde hapishane kültürü ve tutsaklar üzerindeki etkisine dair ikna edici ek bir kanıt oluşturur.

Hepimiz, çok zor koşullarla karşılaşan, belki ölümcül bir hastalığı ya da ciddi bir sakatlığı olan, ama manevi gücünü olağanüstü bir biçimde koruyabilen kişiler tanımışızdır. Onların kişisel bütünlüğü bizim için ne kadar büyük bir ilham kaynağıdır! Bir insanı, başka birinin kendi acısını ve koşullarını aştığını, ilham veren ve yaşamı soylulaştırıp yücelten bir değeri içinde barındırıp dışavurduğunu fark etmekten daha fazla, daha kalıcı bir biçimde etkileyecek bir şey olamaz.

Sandra'yla birlikte yaşadığımız en esinleyici dönemlerden biri, ölümcül bir kanser hastalığına yakalanan Carol adlı çok sevdiğimiz bir dostumuzla birlikte geçirdiğimiz dört yıldı. Düğünümüzde Sandra'nın nedimelerinden biri olan Carol, 25 yıldır onun en iyi arkadaşıydı.

Carol hastalığının en son aşamasındayken, Sandra onun başucunda oturdu ve arkadaşının yaşam öyküsünü kaleme almasına yardım etti. Eşim o uzun ve çetin saatlerden sonra, çocuklarının yaşamlarının değişik dönemlerinde kendilerine verilmek üzere özel mesajlar bırakmak isteyen dostunun cesaretinden büyülenmiş bir halde dönerdi eve.

Carol, olabildiğince az ağrı kesici ilaç alırdı, bu nedenle zihinsel ve duygusal gücü kesinlikle yerindeydi. Sonra bir kayıt cihazına ya da Sandra'ya düşündüklerini fısıldar, eşim de not alırdı. Carol o kadar proaktif, o kadar cesur ve başkalarıyla o kadar ilgiliydi ki, etrafındaki kişiler için müthiş bir ilham kaynağı oldu.

Ölmeden bir gün önce gözlerinin derinliklerine bakarken hissettiklerimi hiç unutmayacağım. Çektiği o derin acılar arasında, içindeki müthiş değeri dışavuran bir kişi gördüm. Gözlerinde yalnızca sevgi, ilgi ve takdir değil, aynı zamanda nitelikli hizmet ve katkı dolu bir yaşam okudum.

Yıllardır topluluklara, içlerinden kaçının hayatı boyunca benzersiz hizmetlerde bulunmuş, sevgi ve şefkat dağıtmış, harika bir biçimde davranmış, ancak ölmek üzere olan birinin yanında bulunduğunu sorarım. Genellikle dinleyicilerin dörtte biri olumlu cevap verir. O zaman kaçının bu kişiyi yaşamının sonuna kadar unutmayacağını öğrenmek isterim. Kaçı, en azından geçici olarak, bu tür bir cesaret örneği yüzünden değişmiş, derinden etkilenmiş, daha soylu hizmet ve şefkat edimlerine girişme arzunu duymuştur? Neredeyse kaçınılmaz olarak, yine aynı insanlar cevap verir.

Victor Frankl, hayatta üç merkezi değer olduğunu ileri sürer: Deneyimsel olan, ya da başımıza gelenler; yaratıcı olan, ya da bizim var ettiklerimiz; tutumsal olan, ya da ölümcül bir hastalık gibi zor koşullarda gösterdiğimiz tepkiler.

İnsanlarla kendi deneyimlerim, Frankl'in işaret ettiği noktayı doğruluyor: Paradigma ya da yeniden düzenleme açısından bu üç değerin en üstünü, tutumsal olanıdır. Başka bir deyişle, en önemlisi, yaşadığımız şeylere nasıl *tepki* verdiğimizdir.

Zor durumlar çoğu zaman paradigma değişimlerine yol açar; insanların dünyayı, bu dünya içinde kendilerini ve başkalarını, yaşamın kendilerinden ne istediğini yepyeni bir bakış açısıyla görmelerine neden olur. Bu geniş bakış açısı, hepimizi yücelten ve ilham kaynağı oluşturan tutumsal değerleri yansıtır.

İNİSİYATİF ALMAK

Doğamızın temelinde yatan, edilgin değil, etkin olmaktır. Bu, hem belirli koşullarda göstereceğimiz tepkiyi seçmemizi sağlar, hem de bize koşulları yaratma gücünü verir.

İnisiyatif almak; zorlayıcı, itici, ya da saldırgan olmak anlamına gelmez. Olayların gelişimindeki sorumluluğumuzu kabullenmek demektir.

Yıllar boyunca, daha iyi bir işe girmek isteyenlere, daha fazla inisiyatif göstermelerini salık verdim. Yetenek ve ilgi sınavlarına girmelerini; sektörü, hatta ilgi duydukları kuruluşların belirli sorunlarını incelemelerini; sonra da yeteneklerinin şirket sorunlarının çözümüne nasıl yardımcı olacağını gösteren etkili raporlar hazırlamalarını önerdim. "Çözüm satmak" diye tanımlanan bu yöntem, başarı açısından anahtar niteliğinde bir paradigmadır.

Buna verilen karşılık genellikle olumludur; çoğu kişi bu tür bir yaklaşımın işe girme ya da yükselmeyle ilgili fırsatları nasıl etkileyeceğini kavrar. Ama birçoğu, bunu gerçekleştirmek için gerekli adımları atmayı, inisiyatif almayı başaramaz.

"Yetenek ve ilgi sınavlarına girmek için nereye başvurmam gerektiğini bilmiyorum ki!"

"İş kolunu ve şirket sorunlarını nasıl inceleyebilirim? Kimse bana yardım etmek istemiyor."

"Etkili bir raporun nasıl yazılacağı konusunda hiçbir fikrim yok."

Pek çok kişi bir şeyler olmasını ya da birisinin kendileriyle ilgilenmesini bekler. Ama sonuçta iyi işlere girenler, sorun yaratan değil, sorunlara çözüm getiren, gerekeni yapmak için inisiyatif alan, işini yaparken doğru ilkelere uyan kişilerdir.

Ailemizden biri sorumsuzca bir tavır takınıp başkalarının bir şeyler yapmalarını ya da bir çözüm yolu bulmalarını beklediği zaman, en küçük çocuklardan biri de olsa, ona "B ve İ'ni kullan" deriz (beceri ve inisiyatif). Aslında, biz daha ağzımızı bile açmadan, kendi şikâyetini kendisi yanıtlar. "Biliyorum. B ve İ'mi kullanmalıyım."

İnsanları sorumluluğa yöneltmek aşağılayıcı değil, onaylayıcı bir davranıştır. Proaktivite insan doğasının bir parçasıdır. Proaktif kaslar gevşemiş durumda olabilir, ama yine de var oldukları bellidir. Başkalarının proaktif doğalarına saygı gösterirsek, en azından sosyal aynada çarpıtılmamış, saydam bir yansımalarını görmelerini sağlarız.

Tabii, bireyin olgunluk düzeyi de hesaba katılmalıdır. Duygusal bakımdan alabildiğine bağımlı kişilerden yüksek derecede yaratıcı bir işbirliği bekleyemeyiz. Ama en azından temel doğalarını kabullenip, insanların kendilerine gitgide daha fazla güven duyarak sorunları çözme fırsatını yakalayabilecekleri bir atmosfer yaratabiliriz.

Etkin ya da Edilgin Olmak

İnisiyatifini kullanabilen kişilerle kullanamayanlar arasındaki fark, gerçekten de geceyle gündüz arasındaki fark gibidir. Burada, etkililik konusunda yüzde 25 ile 50 oranında bir farktan söz etmiyorum. Özellikle bu insanlar zeki, bilinçli ve başkalarına karşı duyarlı iseler, yüzde 5000'i aşan bir farktan söz ediyorum.

Yaşamınızdaki etkililiğinizin Ü/ÜY Dengesini yaratmak inisiyatif ister. Yedi Alışkanlığı geliştirmek için de inisiyatif gerekir. Diğer altı alışkanlığı incelerken, her birinin proaktif kaslarınızın gelişmesine bağlı olduğunu göreceksiniz. Her biri size etkin olma sorumluluğunu yükler. Birilerinin üzerinizde etkin olmasını beklerseniz, edilgin *olursunuz*. Bu, gelişme ve fırsatlarla ilgili sonuçlarda da geçerlidir.

Bir zamanlar ev bakım ve onarım sektöründen bir grup insanla birlikte çalışmıştım. Yirmi değişik kuruluşun temsilcileri olan bu insanlar, yılda dört kez buluşuyor ve sorunlarını açık açık birbirleriyle paylaşıyorlardı.

O dönem, ekonomide ağır bir durgunluk yaşanıyordu ve bu sektör, genel ekonomiden çok daha kötü etkilenmişti. Çalışmaya başladığımız sırada, bu insanlar cesaretlerini iyiden iyiye kaybetmişti.

İlk gün şu soruyu tartıştık: "Bize ne oluyor? Hangi etkiyle yüz yüzeyiz?" Pek çok şey oluyordu. Çevreden gelen baskılar çok güçlüydü. İşsizlik alabildiğine yaygındı. Bu insanların çoğu, şirketlerini ayakta tutabilmek için dostlarını işten çıkarıyordu. Günün sonunda herkesin cesareti büsbütün kırılmıştı.

İkinci gün şu soruyu sorduk: "Gelecekte ne olacak?" Temelinde geleceklerini o olayların yaratacağına dair reaktif bir varsayım bulunan çevresel eğilimleri inceledik. İkinci günün sonunda sıkıntımız birkaç kat artmıştı. İşler düzelmeden önce, daha da kötüye gidecekti. Hepsi de bunu biliyordu.

Üçüncü gün, şu proaktif soru üzerinde yoğunlaşmaya karar verdik. "*Bizim* yanıtımız ne? *Biz* ne yapacağız? *Biz* bu durumda inisiyatifi nasıl ele alabiliriz?" Sabah, yönetimden ve maliyetleri azaltmaktan söz ettik. Öğleden sonra ise piyasa payını artırmayı tartıştık. Her iki alanı da bir "beyin fırtınası"yla derinlemesine taradık. Ardından çok pratik, yapılması kolay olan birkaç şey üzerinde durduk. Toplantılar yeni bir heyecan, umut ve proaktif farkındalık havasıyla sona erdi.

Üçüncü günün sonunda, sonuçları "İş ne düzeyde?" sorusuna verdiğimiz üç bölümlük bir yanıtla özetledik.

Birinci bölüm: Başımıza gelenler hoş şeyler değil ve göstergelere göre, durum düzelmeden önce, daha da kötüye gidecek.

İkinci bölüm: Fakat iyi şeyler yapıyoruz. İşi iyi yönetiyor, masrafları kısıyor ve pazar payımızı artıyoruz.

Üçüncü bölüm: O halde iş, her zamankinden daha iyi.

Şimdi reaktif bir zihin bu durumda ne der? "Ah, yapmayın! Gerçeklerle yüzleşin. Olumlu düşünmeyi ve kendinize moral aşılamayı bir noktaya kadar sürdürebilirsiniz. Er ya da geç gerçeği kabul etmek zorundasınız."

Ama olumlu düşünmekle proaktivite arasındaki fark da budur. Gerçeklerle yüzleştik. O anki durumun ve gelecekteki izdüşümlerinin gerçekliğiyle yüzleştik. Ayrıca bu durumlara ve izdüşümlerine olumlu tepki verme seçeneğimiz olduğu gerçeğiyle de yüzleştik. Gerçeklikle yüzleşmemek, yolumuzu çevremizde olup bitenlerin belirleyeceği düşüncesini kabullenmek olurdu.

İşletmeler, cemaatler, aileler de dahil, her türlü kurum proaktif olabilir. Proaktif bireylerin yaratıcılığını ve becerilerini bir araya getirerek kurum içerisinde proaktif bir kültür yaratabilirler. Kurumun çevreye boyun eğmesi gerekmez; ilgili kişilerin ortak değer ve amaçlarını değerlendirmek için inisiyatifi ele alabilir.

DİLİMİZİ DİNLEMEK

Tutum ve davranışlarımız paradigmalarımızdan kaynaklandığına göre, onları incelemek için özbilincimizden yararlanırsak, içlerinde temel haritalarımızın doğasını görebiliriz. Örneğin, kullandığımız dil, kendimizi ne ölçüde proaktif bir insan olarak gördüğümüzün çok gerçek bir göstergesidir.

Reaktif insanların dili, onları sorumluluktan tümüyle kurtarır.

"Ben buyum. Böyle yaratılmışım." *Yolum belirlenmiş. Bu konuda yapabileceğim hiçbir şey yok.*

"Beni öyle kızdırıyor ki!" *Ben sorumlu değilim. Duygusal yaşamımı kontrol edemediğim bir şey yönetiyor.*

"Bunu yapamam. Hiç zamanım yok." *Kendi dışımda bir şeyin –zaman darlığının– kontrolündeyim.*

"Keşke eşim daha sabırlı olsaydı." *Bir başkasının davranışları etkililiğimi kısıtlıyor.*

"Bunu yapmak zorundayım." *Koşullar ya da diğer insanlar beni bunu yapmaya zorluyor. Kendi eylemlerimi seçme özgürlüğüm yok.*

Reaktif Dil	Proaktif Dil
Yapabileceğim hiçbir şey yok.	Seçeneklerimize bir bakalım.
İşte ben böyleyim.	Farklı bir yaklaşım seçebilirim.
Beni öyle kızdırıyor ki.	Duygularımı kontrol edebilirim.
Buna izin vermezler.	Etkili bir sunum hazırlayabilirim.
Bunu yapmak zorundayım.	Uygun bir yanıt seçeceğim.
Yapamam.	Seçerim.
Yapmalıyım.	Yeğliyorum.
Keşke.	Yapacağım.

Bu dil, determinizmin temel paradigmasından doğar. Özü ise, sorumluluğun devredilmesinden ibarettir. *Sorumlu değilim, yanıtımı seçemem.*

Bir gün öğrencilerimden biri, "Derse girmeyebilir miyim? Tenis turnuvasına katılmak için gitmek zorundayım," dedi bana.

"Gitmek *zorunda* mısın, yoksa gitmeyi mi *seçiyorsun*? diye sordum.

"Gerçekten gitmek *zorundayım!*" diye haykırdı.

"Gitmezsen ne olur?"

"Beni takımdan atarlar tabii!"

"Bu sonuç hoşuna gider mi?"

"Hiç gitmez!"

"Bir başka deyişle, gitmeyi *seçiyorsun*, çünkü bunun yol açacağı sonucu, yani takımda kalmayı istiyorsun. Dersimi kaçırırsan ne olur?"

"Bilmiyorum."

"İyice düşün. Derse gelmemenin doğal sonucu sence ne olabilir?"

"Beni sınıftan atmazsınız, değil mi?"

"Bu sosyal bir sonuç olur. Yapay olur. Tenis takımına katılmazsan, oynayamazsın. Bu doğal. Ama derse gelmezsen, doğal sonucu ne olur?"

"Bazı şeyleri öğrenemem sanırım."

"Doğru! Onun için bu sonuçla diğer sonucu karşılaştırıp bir seçim yapmalısın. Ben senin yerinde olsaydım, tenis turnuvasına katılırdım. Ama hiçbir zaman bir şeyi yapmak *zorunda* olduğunu söylememelisin."

Öğrencim uysalca, "Tenis turnuvasına katılmayı *seçiyorum,*" dedi.

"Ve dersimi kaçıracaksın, öyle mi?" diye sordum, kulaklarıma inanamıyormuş gibi yaparak.

Reaktif dille ilgili ciddi bir sorun, kendi kendini doğrulayan bir kehanete dönüşmesidir. İnsanlar yollarının belirlenmiş olduğu paradigmasına bağlanır ve bu inançlarını destekleyecek kanıtları üretirler. Gitgide kendilerini yenilmiş ve denetimden çıkmış, yaşamlarını ya da kaderlerini yönlendirmekten aciz biri gibi hissederler. Durumlarından dolayı dış güçleri –koşulları, başkalarını, hatta yıldızları– suçlarlar.

Proaktivite kavramından söz ettiğim bir seminerde adamın biri yanıma yaklaştı. "Söyledikleriniz hoşuma gitti, Stephen," dedi. "Ama durumlar birbirinden çok farklı. Evliliğime bir baksanıza. Gerçekten kaygılıyım. Eşimle birbirimize karşı o eski duygularımız hiç kalmadı. Galiba artık onu sevmiyorum. Eşim de beni sevmiyor. Ne yapabilirim?"

"O duygu öldü mü artık?" diye sordum.

"Evet, öyle," diye onayladı. "Bizi gerçekten kaygılandıran üç çocuğumuz da var. Ne önerirsiniz?"

"Sevin onu," diye yanıtladım.

"Söyledim ya, o duygu öldü artık."

"Sevin onu."

"Anlamıyorsunuz. Sevgi duygusu kalmadı artık."

"O halde sevin onu. Madem ki o duygu öldü, karınızı sevmeniz için iyi bir neden bu."

"Ama insan sevmediği birini nasıl sever?"

"Dostum; sevmek bir fiil, bir eylemdir. Sevgi –yani duygu– sevme eyleminin bir ürünüdür. Onun için karınızı sevin. Ona hizmet edin. Özveride bulunun. Ona kulak verin. Anlayış gösterin. Onu takdir edin. Onaylayın. Bunu yapmaya razı mısınız?"

Bütün ilerici toplumların büyük yazınsal yapıtlarında, sevmek bir eylemdir. Reaktif insanlar bunu bir duyguya dönüştürür. Onları duyguları yönetir. Hollywood, genel anlamda sorumlu olmadığımıza, duygularımızın bir ürünü olduğumuza bizi inandıran senaryolar üretti. Ancak Hollywood senaryosu gerçeği betimlemez. Duygularımız eylemlerimizi denetliyorsa, bunun nedeni sorumluluklarımızdan vazgeçmemiz ve duygularımıza bu yetkiyi vermemizdir.

Proaktif insanlar sevgiyi bir eyleme dönüştürürler. Sevgi, yaptığınız bir şeydir: özverileriniz, kendinizden ödün vermenizdir, tıpkı bir annenin bebeğini dünyaya getirmesi gibi. Sevgiyi araştırmak istiyorsanız, kendilerini başkaları için, hatta kırıcı olan ya da sevgilerine karşılık vermeyen insanlar için feda eden kişileri inceleyin. Uğruna özveride bulunduğunuz çocuğunuza duyduğunuz sevgiye bir bakın. Sevgi, sevme eylemleriyle harekete geçirilen bir değerdir. Proaktif insanlar değerleri duyguların önüne geçirirler. Sevgi, yani duygu, yeniden yakalanabilir.

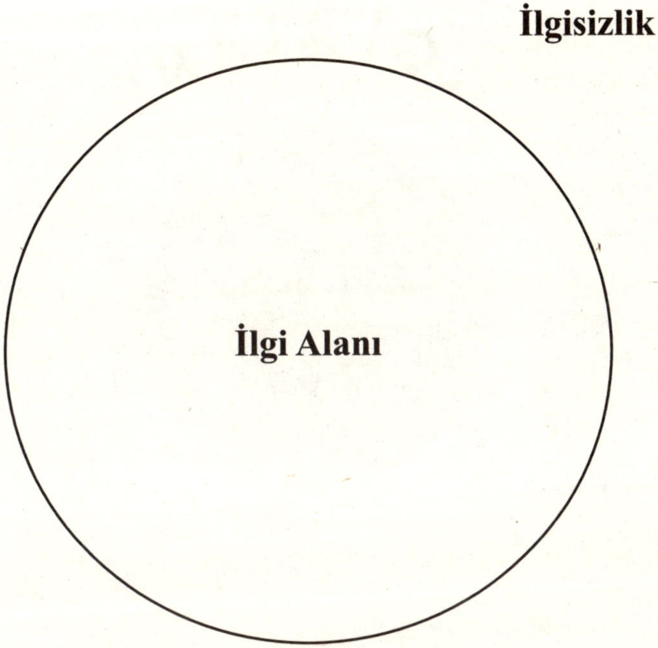

İLGİ ALANI /ETKİ ALANI

Kendi proaktivite derecemizi daha iyi anlamanın bir başka mükemmel yolu da, zamanımızı ve enerjimizi nereye odakladığımıza bakmaktır. Hepimiz bir dizi şeyle ilgileniriz: Sağlığımız, çocuklarımız, iş yerindeki sorunlarımız, ulusal borç, nükleer savaş. Bunları, zihinsel ya da duygusal açıdan bizim için önem taşımayan şeylerden, bir "İlgi Alanı" yaratarak ayırabiliriz.

İlgi Alanımızın içinde yer alan şeylere bakarken, bazılarının gerçekten kontrolümüz dışında olduğu, diğerleri içinse bir şeyler yapabileceğimiz açıklık kazanır. Bu ikincileri daha küçük bir Etki Alanı içine alarak saptayabiliriz.

Bu iki alandan hangisinin enerji ve zamanımızın büyük bir kısmının odak noktası olduğunu belirleyerek, proaktivite derecemiz konusunda çok şey keşfedebiliriz.

PROAKTİF ODAK
*(Pozitif enerji
Etki Alanını genişletir)*

Proaktif insanlar, çabalarına odak noktası olarak Etki Alanı'nı seçerler. Bir şeyler yapabilecekleri işlerin üzerinde çalışırlar. Enerjilerinin doğası pozitif, genişletici ve büyütücü olduğundan, Etki Alanları'nın da büyümesine yol açar.

Diğer yandan reaktif insanlar, çabalarına odak noktası olarak İlgi Alanı'nı seçerler. Başkalarının zayıflıklarına, çevredeki sorunlara ve denetleyemedikleri koşullara odaklanırlar. Odaklandıkları nokta suçlayıcı davranışlara, reaktif bir dile ve gitgide artan bir mağduriyet duygusuna neden olur. O odaktan yayılan negatif enerji, bir şeyler yapabilecekleri alanların ihmaliyle birleştiğinde, Etki Alanları küçülür.

REAKTİF ODAK
(Negatif enerji
Etki Alanını daraltır)

İlgi Alanımızın içinde çalıştığımız sürece, oradaki şeylerin bizi denetlemesine izin veririz. Pozitif değişikliği yapmak için gerekli olan proaktif inisiyatifi ele almayız.

Okulda ciddi sorunları olan oğlumun öyküsünü sizinle paylaşmıştım. Sandra'yla birlikte, oğlumuzun belirgin zayıflıkları ve başkalarının ona karşı davranışlarıyla derinden ilgileniyorduk.

Ama bütün bunlar İlgi Alanımızın içerisindeydi. Çabalarımızı bunlara odakladığımız sürece, hiçbir yere varamadık. Yalnızca yetersizlik ve çaresizlik duygularımız arttı, o kadar. Oğlumuzun bağımlılığını da pekiştirmiş olduk.

Ancak, Etki Alanımızın içinde çalışıp kendi paradigmalarımıza odaklandığımız zaman, bizi değiştiren ve de sonuçta oğlumuzu etkileyen pozitif bir enerji yaratmaya başladık. Koşullar yüzünden kaygıya kapılmak yerine, kendi üzerimizde çalışarak o koşulları etkileyebildik.

Konumu, serveti, işi ya da ilişkileri nedeniyle, bazı durumlarda kişinin Etki Alanı, İlgi Alanından geniş olabilir.

Bu durum, insanın kendi kendine yarattığı duygusal bir miyopluğu; İlgi Alanının içine odaklanmış bir başka bencil, reaktif yaşam tarzını yansıtır.

Proaktif insanlar güçlerini kullanmaya öncelik tanımak zorunda kalsalar bile, bunu etkili bir biçimde kullanma sorumluluğunu kabul ettikleri için, onların en az Etki Alanları kadar büyük bir İlgi Alanları vardır.

DOLAYSIZ, DOLAYLI DENETİM VE DENETİM DIŞI

Karşılaştığımız sorunlar şu üç gruptan birine girer: Dolaysız denetim (kendi davranışlarımızla ilgili sorunlar), dolaylı denetim (başkalarının davranışlarıyla ilgili sorunlar) ya da denetim dışı (hiçbir şey yapamayacağımız sorunlar, örneğin geçmişimiz ya da durumsal gerçeklikler). Proaktif yaklaşım, mevcut Etki Alanımızın içindeki üç tür sorunun çözümünde de ilk adımı atar.

Dolaysız denetim sorunları, alışkanlıklarımızın üzerinde çalışarak çözülür. Onların Etki Alanımız içinde oldukları bellidir. Bunlar 1., 2. ve 3. Alışkanlıkların "Özel Zaferleri"dir.

Dolaylı denetim sorunları, etkileme yöntemlerimizin değiştirilmesiyle çözülür. Bunlar 4., 5. ve 6. Alışkanlıklara bağlı "Genel Zaferler"dir. Ben şahsen, etkilemenin 30 ayrı yöntemini tespit ettim. Bunlar anlayış ve tartışma, ya da örnek göstermek ve ikna etmek kadar birbirinden farklıdır. Çoğu insanın dağarcığında bu yöntemlerin ancak üçü ya da dördü bulunur. Genellikle mantıklı konuşmayla başlar, işe yaramıyorsa, işi kaçmaya ya da kavgaya kadar vardırırlar. Birini "yola getirme"nin eski ve etkisiz yöntemlerini kullanıp durmaktansa, etkilemenin yeni yöntemlerini öğrenebilirim düşüncesini kabullenmek nasıl da rahatlatıcıdır!

Denetim dışı sorunlar, yüzümüzdeki ifadeyi değiştirme sorumluluğunu üstlenmeyi; yani gülümsemeyi, hoşlanmasak bile sorunları içtenlikle ve gönül rahatlığıyla kabullenip onlarla birlikte nasıl yaşanacağını öğrenmeyi gerektirir. Böylece, bu sorunların bizi denetlemesine izin vermemiş oluruz. Adsız Alkolikler'in (Alcoholics Anonymous) duasının içeriğine biz de katılıyoruz: "Tanrım, bana değişebilecek ve değiştirilmesi gereken şeyleri değiştirmek için cesaret, değiştirilemeyecek şeyleri kabullenmek için huzur, aradaki farkı anlamak için de bilgelik ver."

Bir sorun ister dolaysız olsun, ister dolaylı ya da denetim dışı, çözüme giden ilk adımı biliyoruz. Alışkanlıklarımızı, etkileme yöntemlerimizi, denetim dışı sorunlara bakış açımızı değiştirmek, tümüyle Etki Alanımızın içindedir.

Etki Alanını Genişletmek

Bir duruma vereceğimiz tepkiyi seçerken kendi durumumuzu güçlü bir biçimde etkilediğimizi anlamak, ilham kaynağıdır. Kimyasal formülün bir bölümünü değiştirdiğimiz zaman, sonuçların doğasını da değiştirmiş oluruz.

Başında son derece dinamik bir kişinin bulunduğu bir kuruluşla birkaç yıl birlikte çalıştım. Bu kişi trendleri okuyabiliyordu. Yaratıcı, yetenekli, verimli ve çok zekiydi; herkes de bunu biliyordu. Ancak çok diktatörce bir yönetim tarzı vardı. İnsanlara, karar verme yetenekleri olmayan "emirerleri" gibi davranıyordu. Kurumda çalışanlarla hep şöyle konuşuyordu: "Şuraya git... Buraya git... Şimdi şunu yap... Şimdi bunu yap – Kararları ben veririm!"

Bu nedenle çevresindeki yönetici takımının neredeyse tamamını kendisinden soğutmuştu. Bu insanlar koridorlarda dolaşıp kendi aralarında onu çekiştiriyorlardı. Konuşmaları son derece ayrıntılı ve açık seçikti; duruma çare bulmaya çalışıyorlardı sanki. Ama bu konuşmaların sonu gelmiyordu, başkanın zayıflıkları adına kendilerini sorumluluktan soyutluyorlardı.

Birisi, "Bu kez olanlar, akla hayale gelmeyecek türden," diyordu. "Geçen gün benim bölümüme geldi. Her şeyi hazırlamıştım. Ama içeri girdi ve bambaşka şeyler istedi. Aylardır yaptığım bütün iş bir anda değerini yitiriverdi. Onun yanında çalışmayı nasıl sürdürebileceğimi bilmiyorum. Emekli olmasına ne kadar var?"

Başka biri, "Henüz elli dokuz yaşında," diye cevap veriyordu. "Altı yıl daha dayanabilecek misin?"

"Bilmiyorum. Zaten o, emekliye ayıracakları bir tip değil."

Ama yöneticilerden biri proaktifti. Onu duygular değil, değerleri yönetiyordu. Bu kişi inisiyatifi ele aldı; olacakları anladı, empati gösterdi, durumu okudu. Başkanın zayıflıklarını görmüyor değildi, ama bunları eleştirmek yerine dengeliyordu. Onun zayıf kaldığı noktalarda, kendi adamlarına tampon olup bu tür zayıflıkları örtbas ediyordu. Başkanın ileri görüşlülüğü, yeteneği ve yaratıcılığı gibi güçlü yanlarından da yararlanmaya çalışıyordu.

Bu adam dikkatini kendi Etki Alanına vermişti. Başkan ona da emireri gibi davranıyordu. Ama o, beklenenden fazlasını yapıyordu. Başkanın ihtiyacını önceden seziyordu. Davranışının altında yatan kaygıları empatiyle okuyor, bu nedenle bilgi verirken yaptığı analizi de sunuyor ve bu analize dayanarak tavsiyelerde bulunuyordu.

Bir gün danışmanı olarak başkanla birlikte oturduğum sırada, "Stephen," dedi bana, "bu adamın yaptıklarına inanamıyorum. Bana istediğim bilgiyi vermekle yetinmeyip eklemeler de yaptı. Bu ek bilgiye gerçekten ihtiyacımız vardı. Hatta en derinden ilgilendiğim konular bağlamında onları analiz etti. Önerilerini ise bir liste halinde sundu.

"Önerileri analize uyuyor. Analiz de verilere. Olağanüstü biri! İşin bu bölümü için kaygılanmaktan kurtuldum. Ne kadar rahatladım bilemezsin!"

Bir sonraki toplantıda başkan yine diğer yöneticilere, "Şunu yap... Bunu yap..." diye emretti. Ama biri dışında. O adama, "Sen bu konuda ne düşünüyorsun?" diye sordu. Bu yöneticinin Etki Alanı genişlemişti.

Tabii ki bu, kuruluş içinde bir hayli çalkantıya neden oldu. Yönetim bölümündeki koridorlarda reaktif zihinler bu proaktif adama haset kurşunlarını sıkmaya başladılar.

Sorumluluğu kabul etmemek, reaktif insanların özelliğidir. "Ben sorumlu değilim" demek daha güvenlidir. "Ben sorumluyum" dersem, "Ben sorumsuzum" demek zorunda da kalabilirim. Tepkimi seçme gücüm olduğunu söylemek benim için zor olur. Seçtiğim tepkinin çevredeki insanları olumsuz, hileli davranışlara yönelttiğini itiraf etmek de öyle; özellikle yıllar boyunca birinin zayıflıklarını bahane ederek sonuçların sorumluluğunu üstümden atıp durmuşsam.

Dolayısıyla bu yöneticiler bütün güçlerini, neden sorumlu olmadıklarını göstermek için daha fazla bilgi, daha fazla donanım ve daha fazla kanıt bulmaya harcıyorlardı.

Ancak sözünü ettiğimiz yönetici onlara karşı da proaktifti. Yavaş yavaş Etki Alanı onlara doğru da genişledi. Büyümeyi sürdürdü ve sonunda kuruluş içinde, başkan dahil hiç kimse bu adamın katkısı ve onayı olmadan önemli bir adım atmamaya başladı. Ama başkan kendini tehlikede hissetmiyordu, çünkü bu adamın gücü kendi gücünü tamamlıyor ve zayıf yanlarını telafi ediyordu. Böylelikle iki kişilik bir güce sahip oluyordu. Birbirini tamamlayan bir takım oluşturmuşlardı.

Bu yöneticinin başarısı kendi koşullarına bağlı değildi. Birçok kişi onunla aynı durumdaydı. Farkı yaratan, onun o koşullara karşı seçtiği tepki, yani kendi Etki Alanı üzerinde yoğunlaşmasıydı.

Bazıları proaktif sözcüğünü saldırgan, küstah ya da duygusuz diye yorumluyor. Ama bu hiç doğru değil. Proaktif insanlar küstah değildir. Zeki ve değerlerin güdümündedirler, gerçeği görür ve neye gerek olduğunu anlarlar.

Gandi'ye bir bakın. Onu suçlayanlar tarafından yasama meclislerinde eleştiriliyordu, çünkü Hint halkını boyunduruk altına aldığı için Britanya İmparatorluğu'nu kınayan İlgi Alanı Retoriklerine katılmamıştı. Bu arada Gandi pirinç tarlalarındaydı. Tarlalarda çalışanların arasında usul usul, sessizce, göze görünmeden Etki Alanını genişletiyordu. Kırsal alanlarda bir destek, güven ve inanç dalgası onu takip ediyordu. Gandi'nin resmi ya da siyasal bir konumu yoktu, ama merhamet ve cesaret göstererek, oruç tutarak ve ahlaki ikna yoluyla sonunda İngiltere'ye diz çöktürdü. Alabildiğine genişlemiş Etki Alanının gücüyle üç yüz milyon insanı siyasal sömürgelikten kurtardı.

"OLSAYDI"LAR VE "OLABİLİRİM"LER

İlgimizin hangi dairenin içinde olduğuna karar vermenin bir yolu da, *olsaydı*'larla *olabilirim*'leri birbirlerinden ayırt etmektir. İlgi Alanı *olsaydı*'larla doludur.

"Evimin ipotek borçları ödenmiş *olsaydı*, çok mutlu olurdum."

"Despot olmayan bir patronum *olsaydı...*"

"Daha sabırlı bir kocam *olsaydı...*"

"Daha itaatli çocuklarım *olsaydı...*"

"Diplomam *olsaydı...*

"Kendime ayırabileceğim daha fazla zamanım *olsaydı...*"

Etki Alanı ise "*olabilirim*"lerle doludur. Daha sabırlı *olabilirim.* Daha bilge *olabilirim.* Daha sevecen *olabilirim.* Bu, karakter odağıdır.

Sorunun "dışarıda" olduğunu düşünüyorsak, bu düşünce sorunun ta kendisidir. Dışarıdaki şeye bize hükmetme gücünü veririz. Değişim paradigması "dıştan içe"dir. Bizim değişmemiz için önce dışarıdakinin değişmesi gerekir.

Proaktif yaklaşım, içten dışa değişmektir. Farklı *olmak* ve farklı olarak, dışarıdaki şeyi olumlu yönde değiştirmektir. Daha verimli *olabilirim.* Daha gayretli *olabilirim.* Daha yaratıcı *olabilirim.* İşbirliğine daha yatkın *olabilirim.*

En sevdiğim öykülerden biri, Yahudi-Hıristiyan geleneğinin temel dokusunun bir parçası olan Tevrat'ta yer alır. On yedi yaşındayken ağabeyleri tarafından Mısır'da köle olarak satılan Hazreti Yusuf'un öyküsüdür bu. Potifar'ın uşağı olduğu için kendi kendine acıyarak kederlenmesi, ağabeylerinin zayıflıklarına, köle tüccarlarına ve sahip olmadığı her şeye odaklanması ne kadar kolay olurdu, değil mi? Ama Yusuf proaktifti. *Olabilirim*'in üzerinde durdu. Kısa bir süre sonra da Potifar'ın evini idare etmeye başladı. Potifar'ın bütün malından mülkünden o sorumluydu, çünkü adam ona çok güveniyordu.

Sonra günün birinde Yusuf zor durumda kaldı ve kişisel bütünlüğünden ödün vermeye yanaşmadı. Bu yüzden haksız yere on üç yıl hapiste yattı. Ama yine proaktifti. İç alanı üzerinde çalıştı. *Olsaydı*'lar yerine *olabilirim*'lerin üzerinde durdu. Çok geçmeden hapishaneyi yönetmeye başladı, ondan sonra da bütün Mısır'ı. Firavundan sonra ikincil konumdaydı.

Bu düşüncenin pek çok kişi için dramatik bir paradigma değişimi olduğunu biliyorum. Kendi durağan yaşamımız nedeniyle başkalarını, koşullanmayı ya da koşulları suçlamak çok daha kolaydır. Ancak biz, yaşamlarımızı denetleme ve koşulları güçlü bir biçimde etkileme sorumluluğunu taşıyoruz; bunu da, *olabilirim* üzerinde, yani kendimiz üzerinde çalışarak başarabiliriz.

Evliliğimde bir sorun varsa, durmadan eşimin hatalarından söz etmek bana ne kazandırır? Sorumlu olmadığımı söyleyerek, kendimi güçsüz bir kurban durumuna düşürürüm; olumsuz bir konumda sıkışıp kalırım. Ayrıca eşimi etkileme yeteneğim de azalır; dırdırcılığım, suçlamalarım, eleştirilerim, yalnızca kendi zayıflığının doğrulandığını hissetmesine yol açar. Eleştirilerim, düzeltmek istediğim davranışlardan çok daha kötüdür. Durumu olumlu biçimde etkileme yeteneğim azalır ve tükenir.

Durumumu düzeltmeyi gerçekten istiyorsam, denetimim altındaki tek şey üzerinde çalışabilirim: kendim. Eşimi hizaya getirmekten vazgeçip kendi zayıflıklarımla ilgilenebilirim. Çok iyi bir eş, koşulsuz bir sevgi kaynağı olmaya ve destek vermeye odaklanabilirim. Eşimin de proaktivitenin gücünü hissedip bana aynı şekilde karşılık vereceğini umarım. Ama bunu yapsa da yapmasa da, durumumu olumlu bir biçimde etkilemenin tek yolu kendim, kendi *ben*'im üzerinde çalışmaktır.

Etki Alanı içinde çalışmanın pek çok yolu vardır: Daha iyi bir dinleyici *olmak*, daha sevecen bir eş *olmak*, daha iyi bir öğrenci *olmak*, işine daha bağlı ve çalışkan biri *olmak*. Bazen yapabileceğimiz en proaktif şey; mutlu *olmak,* içtenlikle gülümsemektir. Mutluluk, mutsuzluk gibi, proaktif bir seçimdir. Etki Alanımızın içine hiçbir zaman girmeyecek şeyler vardır; hava durumu gibi. Ama proaktif insanlar olarak kendi fiziksel ya da sosyal havamızı yanımızda taşıyabiliriz. Çabalarımızı değiştirebileceğimiz şeylere odaklarken, mutlu olabilir ve şu anda denetleyemediğimiz şeyleri kabul edebiliriz.

DEĞNEĞİN DİĞER UCU

Yaşamımızın odak noktasını tümüyle Etki Alanımıza kaydırmadan önce, İlgi Alanımızdaki iki şeyi daha derinlemesine düşünmemiz gerekiyor: *Sonuçlar* ve *hatalar!*

Hareketlerimizi seçmekte özgürüz. Ama o hareketlerin sonuçlarını seçmekte özgür değiliz. Sonuçları doğal yasalar yönetir. Onlar orada, İlgi Alanımızdadır. Hızla yaklaşan bir trenin önüne çıkmaya karar verebiliriz, ama tren bize çarptığı zaman ne olacağına karar veremeyiz.

İş ilişkilerimizde dürüst olmamaya karar verebiliriz. Bu kararın sosyal sonuçları, yaptığımız hilelerin ortaya çıkıp çıkmamasına bağlı olabilir, ancak bunun temel karakterimiz üzerindeki doğal sonuçları değişmez.

Davranışlarımızı ilkeler yönetir. Onlarla uyum içinde yaşamak olumlu sonuçlar doğurur; onları çiğnemek ise olumsuz sonuçlara neden olur. Her türlü durumda vereceğimiz yanıtı seçmekte özgürüz; ama onu seçerken, arkasından gelecek sonucu da seçeriz. "Değneği bir ucundan tutup kaldırdığımızda, öteki ucunu da kaldırırız."

Kuşkusuz, hepimizin yaşamında, sonradan yanlış değneği kaldırdığımızı düşündüğümüz anlar olmuştur. Seçimlerimiz, yaşamımızda istenmeyen bazı sonuçlara yol açmıştır. O seçimi tekrar yapma fırsatımız olsa, başka türlü davranırdık. Bu tür seçimlere hata deriz. Bunlar, üzerinde daha derinlemesine düşünmemiz gereken ikincil şeylerdir.

Pişmanlık duygusuyla dolup taşanlar için en gerekli proaktif alıştırma belki de şu gerçeği kavramaktır: Geçmişteki hatalar da, oradaki İlgi Alanının içindedir. Onları geri alamayız, olmamalarını sağlayamayız, ortaya çıkmış olan sonuçlarını de denetleyemeyiz.

Oğullarımdan biri, kolejdeki futbol takımının kaptanı olarak, kendisi ya da bir arkadaşı bir hata yaptığı zaman iki oyun arasında bilekliğini çekip bırakmayı öğrenmişti. Bu, yapılan son hatanın bir sonraki oyunun karar ve icrasını etkilememesi için bir tür zihinsel uyarıydı.

Bir hataya proaktif yaklaşım, hatayı hemen kabul etmek, düzeltmek ve ondan ders almaktır. Bu yaklaşım başarısızlığı gerçekten başarıya dönüştürür. IBM'in kurucusu T.J. Watson'un dediği gibi: "Başarı, başarısızlığın uzak yanındadır."

Ancak, bir hatayı kabul etmemek, düzeltmemek ve ondan ders almamak da, başka türlü bir hatadır. Genellikle insanın kendini aldatmasına, haklı bulmasına, çoğu zaman da kendisine ve başkalarına akılcı açıklamalarda bulunmasına (akılcı yalanlara) neden olur. Bu ikinci hata, bu örtbas etme eylemi, ilk hatayı güçlendirir, haddinden fazla önemli hale getirir. Bu ise insanın benliğinde daha derin bir yara açar.

Bizi en çok yaralayan başkalarının hataları, hatta kendi hatalarımız değil, bütün bunlara verdiğimiz tepkidir. Bizi sokan zehirli bir yılanın peşinden koşmamız, sadece zehirin bütün sistemimize yayılmasını sağlar. Zehiri vücudumuzdan atmak için hemen önlem almak çok daha iyidir.

Bir hataya gösterdiğimiz tepki, ondan sonraki anın niteliğini etkiler. Hatalarımızı hemen kabullenip düzeltmek çok önemlidir. Bunu yaparsak, o bir sonraki an üzerinde hiçbir etkileri olamaz. Biz de tekrar güçleniriz.

SÖZ VERMEK VE TUTMAK

Etki Alanımızın tam ortasında söz verme ve tutma yeteneğimiz yer alır. Kendimize ve başkalarına vaatlerde bulunup bunları dürüstçe yerine getirmemiz, proaktivitemizin özü ve en belirgin ifadesidir.

Aynı zamanda, gelişmemizin de özüdür. *Özbilinç* ve *vicdan* gibi insani yetilerimiz sayesinde zaaflarımızın, düzeltilebilecek yanlarımızın, geliştirilebilecek yeteneklerimizin, değiştirilmesi ya da yaşamımızdan atılması gereken yanlarımızın farkına varırız. Sonra, bu farkındalığa göre hareket etmek için *hayal gücümüzü* ve *özgür irademizi* kullanır –sözler vererek, hedefler belirleyerek ve onları yerine getirerek– karakter gücünü, yani hayatımızdaki diğer her türlü olumlu şeyi mümkün kılacak varlığı oluştururuz.

İşte burada, hayatımızı hemen denetim altına almamızı sağlayacak iki yol çıkar karşımıza. *Bir söz verip* tutabiliriz. Ya da *bir hedef saptayıp* buna erişmeye çalışabiliriz. Sözler verip tuttukça, bunlar önemsiz bile olsa, içsel bir bütünlük sergilemeye başlarız. Bu bize, özdenetim bilincinin yanı sıra, kendi yaşamımızın sorumluluğunu daha fazla üstlenme cesaretini ve gücünü verir. Kendimize ve başkalarına sözler verip tuttukça, yavaş yavaş, onurumuz geçici ruhsal durumumuzdan üstün hale gelir. Kendimize sözler verip yerine getirmemiz, etkililiğin temel alışkanlıklarını geliştirmenin özüdür.

Bilgi, beceri ve arzu kendi denetimimiz altındadır. Bu üçü arasındaki dengeyi geliştirmek için herhangi birinin üzerinde çalışabiliriz. Örtüşme alanı genişlerken, alışkanlıkların temelindeki ilkeleri daha derinlemesine içselleştirir ve gitgide daha etkili olma yolunda dengeli bir biçimde ilerleyebilmek için gerekli olan karakter gücünü yaratırız.

PROAKTİVİTE: OTUZ GÜNLÜK TEST

Kendi proaktivitemizi tanıyıp geliştirmek için Frankl gibi bir ölüm kampı deneyimi yaşamak zorunda değiliz. Her gün karşılaştığımız sıradan olaylar, hayatın olağanüstü baskısıyla başa çıkmak için gereken proaktif kapasiteyi geliştirmemizi sağlar. Bu kapasite, nasıl söz verip bağlı kaldığımıza, trafik sıkışıklığıyla nasıl başa çıktığımıza, öfkeli bir müşteriye ya da dik başlı bir çocuğa nasıl davrandığımıza bağlıdır. Sorunlarımıza nasıl baktığımız, enerjimizi nereye odakladığımızdır. Kullandığımız dildir.

Sizi proaktivite ilkesini otuz gün denemeye davet ediyorum. Yalnızca deneyin ve neler olacağına bakın. Otuz gün boyunca, yalnızca Etki Alanınızın içinde çalışın. Küçük vaatlerde bulunun ve bunlara bağlı kalın. Yol gösterici olun, yargıç değil. Örnek olun, eleştirmen değil. Çözümün parçası olun, sorunun değil.

Bunu evliliğinizde, ailenizde, işinizde deneyin. Başkalarının zayıflıklarını tartışmayın. Kendi zayıflıklarınızı da. Bir hata yaptığınızda bunu itiraf edip düzeltin. Bundan anında ders alın. Başkalarını suçlamaya, hatayı onlara yüklemeye kalkışmayın. Denetiminiz altında olan şeylerin üzerinde çalışın. Kendi üzerinizde çalışın. *Olabilirim*'in üzerinde.

Başkalarının zayıflıklarına merhametle bakın, onları suçlamayın. Önemli olan, onların yapmadıkları ya da yapmaları gereken şeyler değildir. Duruma kendi seçiminizle verdiğiniz tepki ve sizin ne yapmanız gerektiği önemlidir. Sorunun "dışarıda" olduğunu düşünmeye başladığınızda, buna hemen son verin. O düşünce, sorunun ta kendisidir.

Embriyon halindeki özgürlüklerini her gün kullanan kişiler, o özgürlüğü yavaş yavaş büyütürler. Bunu yapmayanlar ise, özgürlüğün küçülüp kaybolduğunu görür ve sonunda "başkalarına mahkûm" yaşamaya başlarlar. Anne-baba, iş arkadaşları ve toplum tarafından yazılmış olan senaryoya uygun davranışlarda bulunurlar.

Kendi etkililiğimizden, kendi mutluluğumuzdan, son olarak da diyebilirim ki, karşılaştığımız koşulların çoğundan biz sorumluyuz.

Samuel Johnson'ın gözlemlediği gibi: "Hoşnutluk pınarı zihnin içinden fışkırmalıdır; kendi huyu dışında her şeyi değiştirerek mutluluğa ulaşmaya çalışacak kadar insan doğasından habersiz bir kişi, verimsiz çabalarla hayatını boşa harcar ve yok etmek istediği mutsuzluğu artırır."

Sorumlu olduğumuzu bilmek, etkili olmanın ve inceleyeceğimiz diğer bütün alışkanlıkların temelidir.

Uygulama Önerileri

1. Bir gün boyunca, kullandığınız dili ve çevrenizdekilerin dilini dinleyin. "Keşke", "yapamam" ya da "yapmalıyım" gibi reaktif sözleri ne kadar sık kullanıyor ve çevrenizdekilerden ne kadar sık duyuyorsunuz?
2. Yakın gelecekte yaşayabileceğiniz deneyimlere ve eskilerine dayanarak, muhtemelen reaktif biçimde davranacağınız bir deneyim saptayın. Durumu Etki Alanınız bağlamında gözden geçirin. Nasıl proaktif bir tepki verebilirsiniz? Birkaç dakika düşünün ve deneyimi zihninizde iyice canlandırın. Kendinizi proaktif bir tepki verirken hayal edin. Kendinize etki ile tepki arasındaki boşluğu hatırlatın. Seçme özgürlüğünüzden yararlanacağınıza dair kendinize söz verin.
3. İş yaşantınızdan ya da özel yaşamınızdan, sizi engelleyen bir sorun seçin. Bu sorunun dolaysız mı, dolaylı mı, yoksa denetim dışı mı olduğunu belirleyin. Onu çözmek için Etki Alanınız içinde atacağınız ilk adımı saptayın, sonra da o adımı atın.
4. Otuz günlük proaktivite testini deneyin. Etki Alanınızda ki değişikliğin farkına varın.

1. Alışkanlık: Proaktif Ol Üzerine Yeni İçgörüler

SEAN COVEY

Bizim evde büyümek genellikle acı vericiydi, çünkü babam her şeyin sorumluğunu bize yüklerdi. Okuldan eve gelip, "Kız arkadaşım beni deli ediyor!" diyecek olsam, babam, "Sen izin vermedikçe kimse seni deli edemez, Sean. Bu senin seçimin," diye yanıtlardı. Ya da "Matematik öğretmenime katlanamıyorum. Onun yüzünden cebirden çakacağım!" diye homurdanacak olsam, babam beni bir kenara çekip nazikçe şöyle derdi: "Sean, kendi dilini dinle. Cebirden çakarsan bu öğretmeninin değil, senin suçun olur. Ve öğretmenin *hakkında konuşmak* yerine neden sınıfta durumu nasıl düzelteceğini *onunla konuşmuyorsun*?" "Sen ciddi misin baba? Anlamıyorsun," diye düşünürdüm. Sonra gidip, sorunlarım için başkalarını suçlamama izin veren annemi bulurdum. Bu iyi bir dengeydi: Babam her zaman ilkelere sadık kalırken, annem her zaman bize sadık kalırdı.

İnsan olarak eğilimimiz kurbanı oynamak yönündedir. Dikkatli olmazsanız size gizlice yaklaşır ve sorunlarınız için dış güçleri –anne-babanızı, eşinizi, patronunuzu, hava durumunu, hükümeti, şartları, her kimse "o Adam"ı – suçlamaya başlarsınız.

Aslında, bizler kurban değiliz. Failiz. Yaşamımızın yaratıcı gücüyüz ve seçmekte özgürüz. Ama bunun bize sürekli hatırlatılması gerekiyor.

Yıllar önce, babam bana işin nasıl gittiğini sormuştu. Şikâyetlerimi sıralamaya başladım: "Bu kadar hokkabazlık yapmak zor." "İşyeri politikası korkunç." "Bittim tükendim." "Evle iş arası uzun yolculuk beni öldürüyor." Falan filan. Biraz anlayış umuyordum. Bunun yerine babam hayal kırıklığına uğramışçasına yüzüme bakıp, "Yapma Sean. Bu sen değilsin. Neden böyle kurban gibi davranıyorsun? Bu kadar meşgul olmamak için zamanını düzenle. Aklını işyeri politikasına yorma. Evle iş arası uzun yolculuktan hoşlanmıyorsan, taşın," dedi. Sonra yürüyüp gitti. Afallamıştım, ama birdenbire anladım, "Kesinlikle haklı. Kurban gibi *davranıyorum*. Bu nasıl oldu? Hemen vazgeç!" Güzel bir uyan çağrısıydı bu. Evet, tutumumu, meşguliyet düzeyimi, evle iş arası yolculuğumu ve başıma gelen her şeye karşı tepkimi seçmekte özgürdüm! Hatırlatma için minnettar oldum.

VERİLERİN SÖYLEDİĞİ

Günümüzde, babamın ta 1989'da yazdığı her şeyi destekleyen epeyce ampirik veri var elimizde. Stanford profesörü Carol Dweck, ardındaki yirmi yıllık araştırmalar sayesinde, çoğu kişinin öğrenme yeteneği hakkında şu iki zihniyet ya da paradigmadan birine sahip olduğunu görmüştü: "değişmeyen" zihniyet ya da "gelişme" zihniyeti. Değişmeyen zihniyete sahip kişiler, zekâ ve yeteneklerinin sabit olduğuna ve bu konuda yapabilecekleri pek bir şey olmadığına inanırlar. Tepkisel bir dünya görüşüdür bu. "Matematikte iyi değilim" ya da "İnsanlarla aram hiçbir zaman iyi olmadı, o halde denemeye ne gerek var?"

Öte yandan, gelişme zihniyetine sahip kişiler temel yeteneklerinin geliştirilebileceğine, kendini adama ve çok çalışma sayesinde artırılabileceğine inanırlar – sürücü koltuğunda oturduklarına, dolayısıyla ilerleyebileceklerine ve gelişebileceklerine dair bir inanç. Bu proaktif dünya görüşü, proaktif düşünce ve dille sonuçlanır. "Sayılarla aramı düzeltmem lazım," ya da "Partnerime karşı daha düşünceli olabilirim."

Aynı şekilde, Pennsylvania Üniversitesi'ndeki Pozitif Psikoloji Merkezi'nin seçkin yöneticisi Dr. Martin Seligman, Etki Alanı'na odaklanmanın yararlarını araştırıyor. *Gerçek Mutluluk* adlı kitabında, mutluluğun (1) genetiğe, (2) koşullara ve (3) kontrol edebileceğiniz şeylere bağlı olduğu sonucuna varıyor. Oysa araştırmaları, genetiğin ve koşulların mutlulukla, üçüncü kategoriden –kontrol edebileceğiniz şeylerden– daha az ilgili olduğunu ortaya koydu. O yüzden Seligman, mutlu olmak için kontrol edebileceğiniz şeylere odaklanmanızı öneriyor.

Yine Pennsylvania Üniversitesi'nden psikoloji profesörü Angela Duckworth, beceriklilik ve inisiyatifin başarının en önemli habercileri olduğu fikrini destekliyor. Yıllar boyunca, West Point askeri lise öğrencileri, National Spelling Bee yarışmacıları ve farklı okullardaki çaylak öğretmenler de dahil olmak üzere, zorlu ortamlardaki çocuk ve yetişkinleri inceledi. Her çalışmada, araştırma ekibi şu soruyu sordu: "Burada kimler başarılı ve neden?" Sayısız bağlamda, tek bir özellik anlamlı bir başarı habercisi olarak öne çıkıyordu: Dayanıklılık. *Grit: The Power of Passion and Perseverance* (*Dayanıklılık: Tutku ve Sebatın Gücü*) adlı kitabında Duckworth, dayanıklılığın bireye çok çalışma ve odaklanmayı yalnızca haftalar ya da aylar boyu değil, yıllarca sürdürme olanağı sağlayan nitelik oluşunu inceliyor.

Duckworth'e tamamen katılıyorum. Yöneticilik rolümde, yüzlerce insanı işe aldım. Eskiden başvuranın not ortalamasını, gittiği okulu ve özgeçmişindeki bilgiyi dikkate alırdım. Şimdi ise iki şeye odaklanıyorum: başkalarıyla nasıl geçindiğine ve "Beceriklilik ile İnisiyatifi, yani Duckworth'un dayanıklılık dediği şeyi nasıl kullandığına. Beceriklilik ile İnisiyatiften yüksek puan alır ve dayanıklılık ile gelişme zihniyeti sergilerse, başarılı olacağına emin oluyorum. Hatta "dayanıklı" artık işe alma profili formunda resmi bir özellik oldu.

PROAKTİF EKİPLER VE KURULUŞLAR

Proaktif olmak yalnızca bireyler için değil, ekipler ve kuruluşlar için de geçerlidir. Her türden kuruluş –işletme, hükümet, eğitim ya da kâr amacı gütmeyen sektör– aksilikler, piyasa değişimleri, rekabet, devirler ve aksamalarla karşı karşıya kalır. Proaktif olmadıkça ve engellere uyum sağlayıp üstesinden gelmeyi öğrenmedikçe de ayakta kalamaz. Kuzeydoğu Asya'daki müşterilerimizden biri olan dünya çapında bir yüksek teknoloji imalatçısı, buna harika bir örnek oluşturuyor. CEO'dan saha çalışanlarına kadar herkesi eğiterek 7 Alışkanlığı benimsediler. İlkelere derinden inandılar, ama sonra sınandılar.

O dönemde, fabrika ana merkezleri elli yılın en ağır yağmurlu mevsimini yaşıyordu. Muazzam su baskınları 13 milyon kişiyi evlerinden etti ve 800'den fazla kişi öldü. Olay dünya tarihine dördüncü en masraflı doğal afet olarak geçti. Sıfır tozlu bir ortam gerektiren bir faaliyeti mahveden, suyun yaklaşık iki metre altındaki uçsuz bucaksız imalat tesisiyle, müşterimiz özellikle ağır bir darbe almıştı. Uzmanlar fabrikanın bir kısmının bile çalışır hale gelmesini sağlayacak şekilde temizlenmesinin bir milyar dolar ve en az yedi ay gerektireceğini, yüksek kaliteli ekipmanın yerine konmasının ise yıllar alacağını hesapladılar. Hatta bazı piyasa haberleri, şirketin sonunun geldiğini ve bunun yaklaşık 35.000 çalışanı işsiz bırakacağını öngördü. Bu ana bileşenlerden bazıları olmadan yüksek teknoloji imalatı her yerde durma noktasına geldiğinden, bunun etkileri doğrudan ve küreseldi.

Müşterimizin liderleri işe tekrar başlamanın yıllar alacağı düşüncesini reddetti, kurtarılmayı da beklemeyeceklerdi. Liderlik ekipleri 7 Alışkanlık eğitimi almış ve ilkeleri "ana işletim sistemleri" haline getirmeye çalışmışlardı. Böylece pratikle geçen yıllardan yararlanarak, 1. Alışkanlık: Proaktif Ol'u nihai teste tabi tuttular.

Hemen kimsenin işten çıkarılmayacağı haberini yaydılar – çalışanları aile gibiydi ve hep birlikte ayakları üzerinde duracaklardı. İnsanlarının güvenliği ilk öncelikleriydi: elemanlar su basmış evlerinde en sıkıntılı çalışanlara yardım etmek için örgütlendiler. Daha sonra, yeri doldurulamaz ekipmanı kurtarmak ve yeniden döşenmek üzere kuru bir yere taşımak için yerel deniz kuvvetleri tayfasını işe aldılar.

Sanayi parkındaki diğer büyük şirketlerin fabrikaları çamur içinde çürürken ve işçileri işten çıkarılırken, müşterimizin işi aralıksız devam etti. Herkesi bordroda tutmak kesinlikle bir fark yarattı, ama ekip olarak işi yeniden kurmak da bu dikkat çekici işçilere doğal geldi. Hâlâ evdeki krizlerle baş etmeye çalışan binlercesi, fabrikalarını hayata döndürmek için ortaya çıktı. Kimileri yardım etmeye azmetmiş olarak, çoğunlukla küçük teknelerle ya da manda arabalarında, her gün saatler boyu kilometrelerce yol kat etti.

Birçoğu kendini daha önce hiç yapmadığı işleri yaparken buldu – zorlu işçilik. Şirket liderleri de kolları sıvayıp saha işçilerinin yanında ırgat gibi çalıştı. Daha önce hiç tanışmamış olan bazıları ekipler oluşturup sorunları hemen orada çözdü.

Sonuç olarak, sular çekildikten yalnızca on beş gün sonra fabrika yeniden açıldı. Bir yıl içerisinde, piyasadaki bir numaralı yerini yeniden kazandı. Gözlemciler toparlanmasının binlerce dolara mal olup birkaç yıl sürmemesine şaşakaldılar. Tek gereken, birbirleri için çamur içinde ilerlemeye istekli olan müthiş bir ekipti. Proaktif kültürün gücü budur işte.

GEÇİŞİN KENDİSİ OLUN

Hepimiz güçlüklerin içinden geçtik ve siz henüz aksilik yaşamadıysanız, inanın bana, yaşayacaksınız. Geçmişi arkamızda bırakma, ondan ders alma ve ilerleme yeteneğimiz proaktif olmanın harika yollarından biridir. Proaktif olmanın özü, Geçiş İnsanı –kendi kuşağındaki olumsuz eğilimleri, alışkanlıkları ve geçmişteki kalıpları (istismar, zararlı bağımlılıklar ve ihmal gibi) durdurup, ailelerine, arkadaşlarına ve ortaklarına daha olumlu alışkanlıklar, kalıplar ve eğilimler aktaran biri– olma fikriyle anlaşılabilir. Bu kuşaklararası yıkıcı kalıpların aktarılmasını doğuştan gelen dört insani yeteneğimizi kullanarak durdurabiliriz: öz-bilinç (kendimizden uzak durup hoşlandığımız ya da hoşlanmadığımız şeyleri gözlemleme yeteneğimiz), vicdan (doğruyu yanlıştan ayırt etme yeteneğimiz), hayal gücü (yeni olasılıkları gözümüzde canlandırma yeteneğimiz) ve özgür irade (diğer tüm etkilerin dışında hareket etme yeteneğimiz).

Geçenlerde, her hafta sonu oğlunun futbol maçını görmek için Arizona'dan Pennsylvania'ya uçan bir arkadaşımla sohbet ediyordum. "Her hafta sonu çıkıp oğlunun maçına gittiğine inanamıyorum. Bu muazzam bir çaba. Sen gerçekten iyi bir babasın!" dedim.

Bana teşekkür etti ve şöyle açıkladı: "Küçükken, üvey babamın eve gelirken çıkardığı seslerden korkardım, çünkü her seferinde beni döverdi."

"Çok üzüldüm. Nasıl üstesinden gelebildin?"

"Ne zaman olduğunu tam olarak bilmiyorum, ama gençken, *Ben onun gibi olmayacağım. Çocuğuma sevgi göstereceğim*, diye düşündüğümü anımsıyorum. O zamandan beri de iyi bir baba olmaya çalıştım."

Daha da inanılmaz olanı, arkadaşım üvey babasına karşı hiçbir olumsuz duygu beslemiyor. "Nasıl bilmiyorum, ama onu bağışlayıp hayatıma devam etmeyi başarabildim. Yalnızca bir kez, o da bir saatliğine gördüğüm gerçek babamı da bağışlayabildim. Dönüp çocukluğuma baktığımda, geri çekilip köşedeki o kara noktayı saptayabiliyorum ve beni artık etkilemiyor.

Arkadaşımı ve ailesinde bir Geçiş İnsanı olmak için hayatını nasıl yeniden keşfettiğini düşündükçe hayretler içinde kalıyorum. Kendi kuşağındaki istismarı durdurmuş ve şimdi eşine ve çocuklarına bir sevgi ve destek geleneği aktarıyor. Burada doğuştan gelen dört insani yetenek tespit edilebilir. Arkadaşım küçükken, istismarın yanlış olduğunu anlamış ve kendisini farklı bir baba olarak gözünde canlandırmış. Uzak durmayı ve bilinçli bir seçimle hem üvey hem de öz babasını bağışlayıp çocukluğunun acısından kurtulmayı başarmış.

Öz-bilinç doğuştan gelen diğer üç yeteneğin katalizörüdür. Kendi zihninizden uzaklaşıp düşünceleriniz, duygularınız ve ruh halleriniz üzerinde düşünmek için onu inceleyebildiğiniz zaman, hayal gücünüzü, vicdanınızı ve özgür iradenizi yepyeni biçimlerde kullanmak için gereken temele sahip olursunuz. Tam anlamıyla yücelirsiniz. Arka planınızın, geçmişinizin ve ruhsal bagajınızın ötesine geçersiniz, tıpkı arkadaşımın da yaptığı gibi.

Benzer bir geçmişi olan bir başka arkadaşım da büyürken uğradığı istismarı tersine çevirip kendi çocuklarına sağlıklı modeller aktarmayı başarmış. Ancak kişisel bir düzeyde, yetiştirilişinin ruhsal bagajından kurtulamamış. "Babam beni cidden altüst etti," diyor. "Annemi ve kız kardeşlerimi de altüst etti. Hepsi birer enkaz. Ta derinlerde, ben de öyleyim. Beni baş başa bıraktığı şeyi üzerimden atmayı asla başaramadım."

Onu yargılayacak durumda değilim, çünkü neler yaşadığını hiçbir zaman tam olarak anlayamam. Bununla birlikte, eğer doğuştan gelen dört yeteneğini tümüyle kullanırsa, onun da mümkün olduğunu düşündüğünden daha fazla iç huzuru bulacağına inanıyorum. Evet, genlerimiz, yetiştirilişimiz ve yaşadığımız güçlükler bizi etkiler, ama bizi onların *belirlediğini* sanmıyorum.

Unutmayın ki proaktif olmanın ilk alışkanlık olmasının bir nedeni var. Önce sorumlu olduğunuza karar vermedikçe diğer alışkanlıkların hiçbirini uygulayamazsınız.

Her gün, siz ve ben reaktif mi yoksa proaktif mi olacağımıza ilişkin yüzlerce karar veririz. Belli bir günde, hava kötüdür, elinize aşağılık bir metin geçer, patronunuz sizi küçük düşürür, park cezası alırsınız, arkadaşınız arkanızdan konuşur, terfi için göz ardı edilirsiniz, varlık verginiz artar. Peki bu durumda ne yaparsınız?

Reaktif insanlar dürtüye dayanan seçimler yaparlar. Gazlı içecek kutusu gibidirler, hayat onları çalkaladığında, basınç oluşur ve birden patlayıverirler. Proaktif insanlarsa değerlere dayanan seçimler yaparlar. Hareket etmeden önce düşünürler. Başlarına gelen her şeyi kontrol edemeyeceklerini, ama o konuda yaptıkları şeyi kontrol edebileceklerini kabul ederler. Karbon gazıyla dolu reaktif insanların aksine, proaktif insanlar su gibidirler. Onları istediğiniz kadar çalkalayın, sakin, serinkanlı ve kendine hâkim kalırlar.

Bütün söylenen ve yazılanlardan sonra, proaktif olmak iki şeye indirgenir. Birincisi, hayatının sorumluluğunu al; ikincisiyse, inisiyatif al. Bu kadar basit. Kurban değil, fail ol. Hayatın seni şekillendirmesini bekleme, sen onu şekillendir. Hayatının sürücüsü ol, sadece bir yolcu değil. Hayal gücünden beslenerek yaşa, geçmişinden değil.

2. Alışkanlık
Sonunu Düşünerek İşe Başla

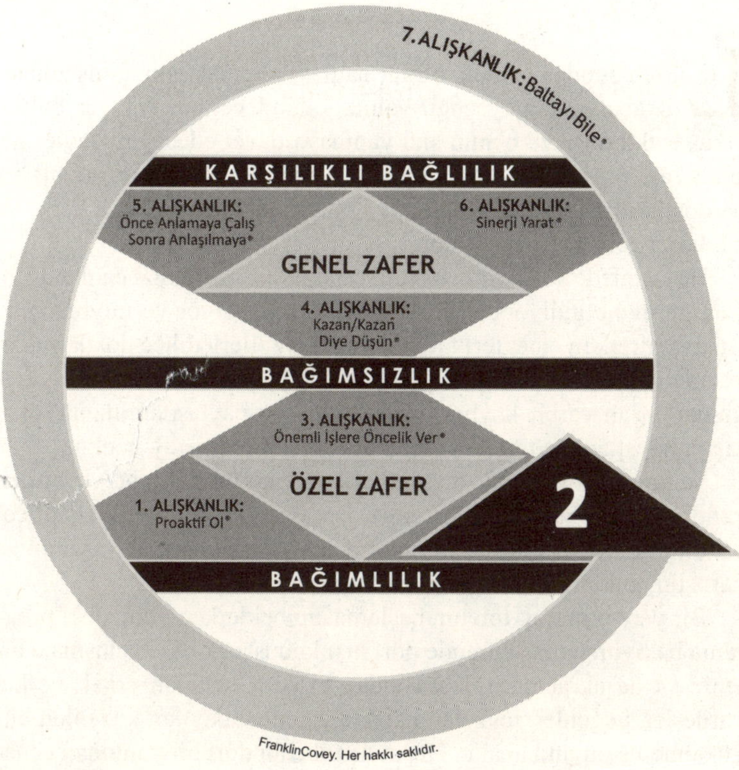

KİŞİSEL LİDERLİK İLKELERİ

Geride yatanlar ve ileride yatanlar,
içimizde yatanlarla karşılaştırıldığında
önemsiz kalır.

OLIVER WENDELL HOLMES

Lütfen bundan sonraki birkaç sayfayı okumak için, kimsenin sizi rahatsız etmeyeceği, yalnız kalabileceğiniz bir yer bulun. Okuyacaklarınız ve benim sizi yapmaya davet edeceğim şeyler dışında, aklınızdan her şeyi silip atın. Programınız, işiniz, aileniz ya da dostlarınız için kaygılanmayın. Bütün dikkatinizi bana verin ve zihninizi gerçekten açık tutun.

Hayalinizde sevdiğiniz birinin cenazesine gittiğinizi canlandırın. Cenaze evine gidiyorsunuz. Arabanızı park ediyor ve iniyorsunuz. Binaya girerken çiçekleri fark ediyorsunuz. İlerledikçe dostlarınızın ve aile üyelerinin yüzlerini görüyorsunuz. Oradaki insanların yüreğinden taşan ve bir kaybın neden olduğu o paylaşılan hüznü, ölen kişiyi hayattayken tanımış olmanın sevincini hissediyorsunuz.

Salonun ön tarafına doğru ilerliyor, tabuta bakıyor ve birden kendinizle yüz yüze geliyorsunuz. Bu, tam üç yıl sonraki kendi cenaze töreniniz. Bütün bu insanlar sizi onurlandırmaya, yaşamınıza karşı duydukları takdir ve sevgiyi açıklamaya gelmişler.

Bir yere oturarak törenin başlamasını beklerken elinizdeki programa bakıyorsunuz. Törende dört kişi konuşacak. İlk konuşmacı aileniz ya da akrabalarınız arasından birisi. Çocuklar, erkek ve kız kardeşler, yeğenler, teyzeler, halalar, amcalar, dayılar, kuzenler, büyükanne ve büyükbabalar. Hepsi de ülkenin dört bir yanından cenaze törenine katılmaya gelmişler. İkinci konuşmacı, kişiliğiniz hakkında bilgi verebilecek dostlarınızdan biri. Üçüncü konuşmacı, iş yerinizden ya da sizin mesleğinizden biri. Dördüncüsü ise, hizmet verdiğiniz toplumsal bir kurumdan.

Şimdi iyice düşünün: Bu konuşmacıların her birinin sizinle ve yaşamınızla ilgili neler söylemesini isterdiniz? Sizi nasıl bir eş, baba ya da anne olarak yansıtmalarını arzu ederdiniz? Nasıl bir oğul, ya da kız, ya da kuzen? Nasıl bir dost? Nasıl bir iş arkadaşı?

Sizde ne tür bir karakter görmüş olmalarını tercih ederdiniz? Ne tür katkılarınızı, ne tür başarılarınızı hatırlamalarını isterdiniz? Onların yaşamlarında ne tür bir değişiklik yapmış olmayı arzu ederdiniz?

Okumayı sürdürmeden önce birkaç dakika durun ve izlenimlerinizi not edin. Bu, 2. Alışkanlıkla ilgili kişisel anlayışınızı büyük ölçüde artıracaktır.

"Sonunu Düşünerek İşe Başlama"nın Anlamı

Bu göz önünde canlandırma deneyimine ciddi bir biçimde katıldıysanız, bir an için derinlerde yatan temel değerlerinizle temasa geçip, Etki Alanınızın merkezindeki iç rehberlik sistemiyle kısa bir bağlantı kurdunuz demektir.

Joseph Addison'un şu sözleri üzerinde düşünün:

> Yüce insanların mezarlarına baktığım zaman, içimdeki her türlü kıskançlık duygusu ölüyor. Güzel insanların mezar taşlarını okuduğumda, her türlü aşırı arzu sönüyor. Bir mezar taşında anne-babanın yasıyla karşılaştığımda, merhametten içim eziliyor. Aynı anne-babanın mezar taşını gördüğümde, kısa bir süre sonra izleyeceğimiz kişiler için yas tutmanın yararsızlığını düşünüyorum. Kralların, kendilerini tahttan indirenlerle birlikte yattığını gördüğümde, yan yana gömülmüş, birbirinin rakibi olan dehaları, ya da yarışmaları ve tartışmalarıyla dünyayı bölen kutsal adamları düşündüğümde, insan türünün küçük rekabetleri, bölücülükleri ve tartışmaları bende hem hüzün hem de hayret uyandırıyor. Kimi dün, kimi de altı yüz yıl önce ölmüş insanların mezar taşlarındaki tarihleri okuduğumda, hepimizin Çağdaş olacağı ve hep birlikte ortaya çıkacağımız o büyük Gün'ü düşünüyorum.

2. Alışkanlık çok farklı koşullar ve yaşam düzeylerinde geçerli olsa da, "Sonunu düşünerek işe başlama"nın en temel uygulaması, bugüne yaşamınızın sonuna dair bir imge, resim ya da paradigma ile başlamaktır. Geride kalan her şey, bu değer yargınız ya da kıstasınıza göre incelenecektir. Yaşantınızın her parçası –bugünkü davranışlar, yarınki davranışlar, gelecek haftaki davranışlar, gelecek ayki davranışlar– bütünün, yani sizin için gerçekten önemli şeylerin bağlamında incelenebilir. O sonu açıkça aklınızda tutarsanız, belirli bir gün içinde ne yaparsanız yapın, bunların son derece önem verdiğiniz kıstaslara aykırı olmamasını sağlarsınız. Böylece her gününüz, bir bütün olarak yaşamınızla ilgili vizyonunuza anlamlı bir katkıda bulunur.

Sonunu düşünerek işe başlamak, varacağınız yeri iyice belirleyerek başlamak demektir. Şu anda nerede bulunduğunuzu daha iyi anlamak ve attığınız adımların her zaman doğru yönde olmasını sağlamak için, nereye gittiğinizi bilmektir.

Etkinlik tuzağına düşmek, yaşamın hareketliliğine kapılmak, başarı merdivenini tırmanmak için çaba üstüne çaba harcayıp sonunda merdivenin yanlış duvara dayalı olduğunu anlamak inanılmayacak kadar kolaydır. İnsan çok çalışabilir, didinip durabilir, ama pek etkili olmayabilir.

İnsanlar çoğu zaman boş zaferler kazandıklarını fark ederler. Elde ettikleri başarılara karşın, birdenbire kendileri için çok daha değerli olan şeyleri kaybettiklerini anlarlar. Her türlü meslek sahibi kişiler –doktorlar, akademisyenler, oyuncular, politikacılar, iş insanları, sporcular, tesisatçılar– çoğu zaman daha fazla para, daha fazla itibar kazanmak, ya da belirli bir profesyonel yeterlilik düzeyine erişmek için mücadele ederler. Sonuçta ise hedefe ulaşma arzularının, gerçekten önemli olan ama artık kaybedilmiş şeylere karşı gözlerini kör ettiğini fark ederler.

Bizim için neyin çok önemli olduğunu gerçekten bildiğimizde, yaşamımız çok farklı olur. Her gün gerçekten en önemli şeyleri yapmayı ve olmayı, o resmi aklımızda tutarak başarırız. Eğer merdiven doğru duvara dayanmamışsa, attığımız her adım bizi hızla yanlış yere götürür. İşimiz başımızdan aşkın olabilir, çok *verimli* de olabiliriz. Ancak bunların yanı sıra, gerçekten *etkili* olmamız, sonunu düşünerek işe başlamamıza bağlıdır.

Cenaze töreni deneyiminde hakkınızda neler söylenmesini istediğinizi dikkatlice düşünürseniz, *kendi* başarı tanımınızı bulursunuz. Bu, aklınızda tuttuğunuzu düşündüğünüz tanımdan çok farklı olabilir. Belki de uğrunda çabaladığımız itibar, başarı, para ya da başka bir şey, aslında doğru duvarın bir parçası bile değildir.

Sonunu düşünerek işe başladığınız zaman farklı bir bakış açısı edinirsiniz. Bir adam, ortak bir dostlarının ölümü üzerine arkadaşına sormuş: "Ne kadar bıraktı?" Beriki karşılık vermiş: "Hepsini!"

HER ŞEY İKİ KEZ YARATILMIŞTIR

"Sonunu düşünerek işe başla", *her şey iki kez yaratılmıştır* ilkesine dayanır. Her şeyin bir zihinsel, yani ilk yaratımı; bir de fiziksel, yani ikinci yaratımı vardır.

Örneğin bir evin inşasını ele alalım. Daha ilk çiviyi çakmadan önce, onu en ufak ayrıntısına kadar yaratırsınız. Ne tür bir ev istediğinizi iyice anlamaya çalışırsınız. Aile merkezli bir ev istiyorsanız, ailenin toplanacağı bir oturma odası planlarsınız. Çocukların dışarıda oynamaları için sürgülü kapılar ve bir oyun alanı tasarlarsınız. Fikirler üzerinde çalışırsınız. Yapmak istediğiniz evi gözünüzün önünde açık seçik canlandırıncaya kadar aklınızı çalıştırırsınız.

Sonra bunun ozalitini çıkarıp mimari planları oluşturursunuz. Bütün bunlar arsaya el sürülmeden önce yapılır. Aksi takdirde, ikinci yaratım, yani fiziksel yaratım sırasında, evinizin maliyetini iki katına çıkaracak pahalı değişiklikler yapmak zorunda kalırsınız.

Marangozun kuralı şudur: "İki kez ölç, bir kez biç." Ozalitin, yani o ilk yaratımınızın gerçekten istediğiniz gibi olduğundan, her şeyi doğru düşündüğünüzden emin olmalısınız. Sonra da, harç ve tuğla devreye girer. Her gün şantiyeye gidip o gün yapılacak işleri belirlemek için ozalite bakarsınız. Sonunu düşünerek işe başlarsınız.

Bir başka örnek olarak iş hayatını ele alalım. Başarılı bir şirket sahibi olmak istiyorsanız, neyi başarmak istediğinizi iyice belirlersiniz. Piyasadaki hedefinize göre üretmek istediğiniz ürün ya da hizmeti enine boyuna düşünürsünüz. Sonra da bu hedefe ulaşmak için bütün öğeleri düzenlersiniz: Para, araştırma ve geliştirme, operasyon, pazarlama, personel, binalar vb. Ne ölçüde sonunu düşünerek işe başladığınız, başarılı bir işletme yaratıp yaratamayacağınızı belirler. İş yaşamındaki başarısızlıkların çoğu ilk yaratımda; sermaye yetersizliği, pazarı yanlış tanıma ya da iş planı eksikliği gibi sorunlar yüzünden başlar.

Annelik ve babalık konusunda da aynı şeyler söylenebilir. Kendi kendini disipline sokan sorumlu çocuklar yetiştirmek istiyorsanız, onlarla günlük ilişkilerinizde bu hedefi aklınızdan hiç çıkarmamalısınız. Çocuklara, özdisiplin ya da özsaygılarını zayıflatacak davranışlarda bulunamazsınız.

İnsanlar bu ilkeyi, yaşamın çeşitli alanlarında değişik derecelerde uygular. Bir yolculuğa çıkmadan önce gideceğiniz yeri belirler ve en iyi ulaşım yolunu tasarlarsınız. Bahçenizi düzenlemeden önce onu kafanızda ya da kâğıt üzerinde biçimlendirirsiniz. Konferans vermeden önce düşüncelerinizi kâğıda dökersiniz. İpliği iğneye geçirmeden önce dikeceğiniz giysilerin kalıbını çıkarırsınız.

Bu iki yaratım ilkesini anlayıp, her ikisinin sorumluluğunu da üstlenirsek, Etki Alanı içinde hareket eder ve bu alanın sınırlarını genişletiriz. Bu ilkeye uymayıp ilk yaratımla ilgilenmezsek, alanı küçültürüz.

Bilinçli Olarak ya da İhmal Sonucu

Her şeyin iki kez yaratılıyor olması bir ilkedir. Ama bütün ilk yaratımlar bilinçli bir tasarımın sonucu değildir. Kişisel yaşamımızda özbilincimizi geliştirmez ve ilk yaratımların sorumluluğunu üstlenmezsek, bu ihmalimiz yüzünden Etki Alanımızın dışındaki diğer insanlara ve koşullara, yaşantımızın önemli bir bölümünü biçimlendirme yetkisini vermiş oluruz. Reaktif bir biçimde ailemizin, iş arkadaşlarımızın, başkalarının programlarının, koşullarının ve baskısının yarattığı senaryoları yaşarız. Bunlar çocukluğumuzun, eğitim ve koşullanma tarzımızın senaryolarıdır.

Bu senaryolar insanlardan doğar, ilkelerden değil. Bunların kaynakları o derindeki savunmasız yanlarımız, başkalarına olan güçlü bağımlılığımız, kabul edilip sevilme, ait olma, değer ve saygı görme, önemli olduğumuzu hissetme ihtiyacımızdır.

Farkında olsak da olmasak da, kontrol edebilsek de edemesek de, yaşamımızın her bölümünde bir ilk yaratım vardır. Bizler, ya kendi proaktif tasarımımızın ikinci yaratımı, ya da başka kişilerin gündemlerinin, koşulların ya da eski alışkanlıkların ikinci yaratımı oluruz.

Yalnızca insanlara özgü olan özbilinç, hayal gücü ve vicdan, ilk yaratımları incelememizi sağlar ve kendi ilk yaratımımızı denetim altına almamızı, kendi senaryomuzu yazmamızı mümkün kılar. Başka bir deyişle, 1. Alışkanlık, "Yaratıcı sensin," der. 2. Alışkanlık ise ilk yaratımdır.

LİDERLİK VE YÖNETİM – İKİ YARATIM

2. Alışkanlığın temelinde kişisel liderlik ilkeleri vardır. Bu, liderliğin ilk yaratım olduğu anlamına gelir. Liderlik, yöneticilik değildir. Yöneticilik ikinci yaratımdır. Bunu 3. Alışkanlıkla ilgili bölümde inceleyeceğiz. Ama önce liderliğin gelmesi gerekir.

Yöneticilik, taban çizgisinde bir odak noktasıdır: Bazı şeyleri en iyi nasıl başarabilirim? Liderlik ise tavan çizgisiyle ilgilenir: Başarmak istediğim şeyler nedir? Peter Drucker ve Warren Bennis'in deyişiyle: "Yöneticilik, işleri doğru yapmaktır. Liderlik ise, doğru olanı yapmaktır." Yöneticilik, başarı merdivenini tırmanma becerisidir; liderlik ise merdivenin doğru duvara dayalı olup olmadığını belirler.

İkisi arasındaki bu önemli ayrımı çabucak kavramak istiyorsanız, bir grup üreticinin vahşi bir ormanda baltalarla kendilerine yol açtıklarını hayal edin. Onlar üreticidir, sorun çözücüdür. Çalıları keser, ormanın zeminini temizlerler.

Yöneticiler onların gerisindedir. Baltaları biler, yönerge ve usuller hakkında kitapçıklar yazar, kas geliştirme programları uygular, kurslar düzenler, geliştirilmiş teknolojiyi işe katıp çalışma programları ve balta sallayanlar için ücretlendirme programları hazırlarlar.

Burada lider, en yüksek ağaca tırmanarak etrafı inceleyen ve sonra da, "Yanlış ormandayız!" diye bağıran kişidir.

Ancak işleri başından aşkın olan verimli üreticiler ve yöneticiler genellikle ne cevap verir? "Kes sesini! İlerliyoruz!"

Bireyler, topluluklar ve işletmeler olarak çoğu zaman çalıları ortadan kaldırmaya öylesine dalarız ki, yanlış ormana girdiğimizin farkında bile olmayız. Yaşadığımız çevrenin çok çabuk değişmesi de, etkili liderliği her zamankinden önemli kılmaktadır. Bu, bağımsız ve karşılıklı bağlılık yaşamın her alanında geçerlidir.

Bize gereken, daha çok bir vizyon ya da hedef ve pusuladır (bir dizi ilke ya da talimat); bir yol haritası o kadar gerekli değildir. Çoğu zaman, önümüzdeki arazinin neye benzediğini ve oradan geçmek için neye ihtiyacımız olduğunu bilmeyiz. Bu durumda pek çok şey, zamanında alacağımız karara bağlıdır. Ama içimizdeki bir pusula, bize her zaman doğru yönü gösterir.

Etkili olmak –hatta çoğu zaman ayakta kalmak– yalnızca ne kadar çaba harcadığımıza değil, çabalarımızı doğru ormanda harcayıp harcamadığımıza bağlıdır. Hemen her sektör ve meslekte dönüşüm, önce liderliği, sonra da yöneticiliği gerektirir.

İş dünyasında pazar o kadar çabuk değişiyor ki, birkaç yıl önce tüketicinin zevkine ve gereksinimlerine tamamen uyan pek çok ürün ve hizmet, bugün artık modası geçmiş sayılıyor. Güçlü bir proaktif liderlik, çevre değişikliklerini, özellikle de müşterilerin satın alma alışkanlıklarıyla dürtülerini izlemek ve kaynakları doğru yönlendirmek için gereken gücü sürekli sağlamak zorundadır.

Havayolları sektörünün özelleştirilmesi, sağlık hizmetlerinin hızla pahalılaşması, otomobil ithalatının nitelik ve nicelik açısından sürekli büyümesi, çevreyi önemli bir biçimde etkilemekte. Endüstriler, kendi işçi toplulukları da dahil, çevreyi izlemez ve doğru yöne gitmek için yaratıcı liderlikten yararlanmazlarsa, çok sayıda uzman yönetici bile onları başarısızlığa uğramaktan kurtaramaz.

Etkili liderlik olmaksızın verimli yöneticilik, bir kişinin tabiriyle, "*Titanic* gemisinin güvertesindeki şezlongları düzeltmeye benzer." Hiçbir yöneticilik başarısı, liderlikteki başarısızlığı dengeleyemez. Ancak liderlik zordur, çünkü çoğu zaman, bir yöneticilik paradigmasına takılıp kalırız.

Seattle'da bir yıl süren yönetici geliştirme programının son gününde, bir petrol şirketinin başkanı yanıma gelerek "Stephen," dedi, "ikinci ay, liderlikle yöneticilik arasındaki farkı gösterdiğiniz sırada, bu şirketin başkanı olarak kendi görevimi gözden geçirip hiçbir zaman liderlik yapmadığımı anladım. Yönetim işine gömülmüş, acil sorunlara ve günlük lojistik ayrıntılara saplanıp kalmıştım. İşte bu nedenle yöneticilikten vazgeçmeye karar verdim. Bunu başkalarına yaptırabilirdim. Şirketimin lideri olmayı gerçekten istiyordum.

"Çok zor oldu. Geri çekilmenin acılarını yaşadım, çünkü hemen önümde duran bir sürü acil ve önemli sorunla uğraşmaktan vazgeçmiştim. Oysa bunlar bende bir başarı duygusu uyandırıyordu. Yön verme, kültür oluşturma meseleleri, olayların derinlemesine analizi ve yeni fırsatları yakalama gibi şeylerle boğuşmaktan çok da memnun kalmadım. Diğer insanlar da çalışma tarzlarındaki rahatlıktan uzaklaştıkları için acı çektiler. Kendilerine tanımış olduğum, istedikleri an bana ulaşabilme olanağını yitirmişlerdi. Yine yanlarında olmamı, gündelik sorunların çözümü için yardım etmemi, isteklerine karşılık vermemi bekliyorlardı.

"Ama ben direndim. Liderlik yapmam gerektiğinden kesinlikle emindim. Ve de yaptım. Bugün, işimiz tamamen farklı. Çevremizle daha fazla uyum içindeyiz. Gelirlerimizi iki, kârımızı ise dört katına çıkardık. Artık liderliğe soyunmuş durumdayım."

Bence anne-babalar da çoğu zaman yöneticilik paradigmasına takılıp kalıyorlar. Yön, amaç ve aile duygusu yerine denetim, verimlilik ve kuralları düşünüyorlar.

Kişisel yaşamımız ise liderlikten daha da yoksun. Henüz değerlerimizi bile belirginleştirmeden, verimli yönetimle, hedefleri belirleyip ulaşmakla uğraşıyoruz.

YENİ SENARYO: KENDİ İLK YARATICINIZ OLMAK

Daha önce de açıkladığımız gibi, proaktivite, benzersiz bir insani yeti olan özbilince dayanır. Bunun dışında proaktivitemizi genişletmemizi ve yaşamımızda liderlik yapmamızı sağlayan iki eşsiz yeti de, *hayal gücü* ve *vicdandır*.

Hayal gücünün yardımıyla, içimizde yatan potansiyelin yaratılmamış dünyalarını gözümüzün önünde canlandırabiliriz. Vicdanımız sayesinde, evrensel yasalar ya da ilkelerle, kendi basit yeteneklerimiz, katkı yollarımız ve bunları etkili bir biçimde geliştirmemizi sağlayacak kişisel rehberlik çerçevesinde bağlantıya geçebiliriz. Bu iki yeti özbilincimizle birleştiğinde, bize kendi senaryomuzu yazma gücünü verir.

Bize benimsetilen bir sürü senaryoyla yaşadığımız için, kendi senaryomuzu yazma süreci aslında daha çok bir "yeniden yazma" ya da paradigma değişimi sürecidir. Bu, sahip olduğumuz temel paradigmalardan bazılarının değiştirilmesi anlamına gelir. Etkisiz senaryoları, içimizdeki yanlış ya da tamamlanmamış paradigmaları belirlerken, yeni senaryomuzu proaktif bir biçimde yazmaya başlayabiliriz.

Bence senaryoyu yeniden yazma sürecinin en esinleyici anlatılarından biri, Mısır'ın eski Başkanı Enver Sedat'ın otobiyografisinde bulunabilir. Sedat, İsrail'e karşı nefret duygusuyla yetiştirilip eğitilmişti. Kendisine benimsetilen senaryo buydu. Devlet televizyonunda, "İsrailliler Arap topraklarının bir karışını işgal ettikleri sürece asla bir İsraillinin elini sıkmam," diyordu. "Asla, asla, asla!" Ülkedeki geniş kitleler de aynı nakaratı tekrarlıyordu: "Asla, asla, asla!" Sedat, tüm ülkenin enerji ve iradesini o senaryoda toplayıp birleştirmişti.

Senaryo çok bağımsız ve milliyetçiydi. Bu da halkta derin duygular uyandırıyordu. Ama çok da mantıksızdı ve Sedat bunu biliyordu. Senaryo, durumun tehlikeli, karşılıklı bağlılık gerçekliğini göz ardı ediyordu.

Dolayısıyla senaryosunu yeniden yazdı. Bu, gençliğinde Kral Faruk'a karşı düzenlenen bir komploya karıştığı için atıldığı, Kahire Merkez Hapishanesi'nin 54 numaralı tek kişilik hücresinde tutsakken öğrendiği bir süreçti. Sedat orada, kendi zihninin dışına çıkıp, senaryoların koşullara uygun ve akıllıca olup olmadıklarına bakmayı öğrenmişti. Derin bir tefekkür sürecinden geçerken zihnini boşaltmayı, kendi kutsal yazıları, kendi dualarıyla kendi senaryosunu yenilemeyi öğrenmişti.

Sedat, otobiyografisinde, hücresinden çıkmayı neredeyse hiç istemediğini yazıyor, çünkü gerçek başarının insanın kendisine karşı kazandığı başarı olduğunu orada anlamış. İşin sırrının bir şeylere sahip olmak değil, kendine hâkim olmak, kendine karşı zafer kazanmak olduğunu da.

Nasır'ın yönetimi sırasında Sedat'a oldukça önemsiz bir görev verildi. Herkes onun cesaretini yitirdiğini sanıyordu, ama bu doğru değildi. Kendi filmlerini ona yansıtıyorlardı. Sedat'ı anlamıyorlardı. O ise zamanını bekliyordu.

Zamanı geldiğinde, yani devlet başkanı olup siyasal gerçeklerle yüzleştiğinde, İsrail'le ilişkiler konusunda yeni bir senaryo oluşturdu. Kudüs'te Knesset'i ziyaret etti ve dünya tarihinde teamülleri yıkan en önemli barış harekâtlarından birini başlattı. Bu cesur girişim, sonunda Camp David Antlaşması'nın yolunu açtı.

Sedat, kişisel liderlik aracılığıyla temel paradigmasını, durumu görüş biçimini değiştirmek için özbilincini, hayal gücünü ve vicdanını kullanma yeteneğine sahipti. Etki Alanının merkezinde çalıştı. Bu yeni senaryo ile bu paradigma değişiminden doğan davranış ve tutum değişiklikleri de, daha geniş İlgi Alanındaki milyonlarca yaşamı etkiledi.

Birçoğumuz kendi özbilincimizi geliştirirken etkisiz senaryolar keşfederiz. İyice derinlere yerleşmiş olan bu alışkanlıklar bize hiç de layık değildir ve değer verdiğimiz şeylerle hiç uyuşmaz. 2. Alışkanlık bu senaryolarla yaşamak zorunda olmadığımızı söyler. Hayal gücümüzü ve yaratıcılığımızı kullanarak en derin değerlerimize ve bu değerlere anlam kazandıran doğru ilkelere uyan daha etkili yeni senaryolar üretmek, bize düşen bir sorumluluktur.

Örneğin, diyelim ki çocuklarıma çok fazla tepki gösteriyorum. Uygunsuz olduğunu düşündüğüm bir şey yapmaya başladıkları zaman mide kaslarım büzülüveriyor. Savunma duvarlarının yükseldiğini hissedip, savaşmaya hazırlanıyorum. Odak noktam, uzun vadeli gelişme ve anlayış değil, kısa vadeli davranışlar oluyor. Yalnızca çarpışmayı kazanmaya çalışıyorum, savaşı değil.

Donanımımı –kocaman cüssem, otoriter konumum– kuşanıp bağırıp çağırıyor, sindiriyor, tehdit ediyor veya cezalandırıyorum. Kazanan ben oluyorum. Orada, parçalanmış bir ilişkinin kalıntılarının ortasında zafer kazanmış gibi dikiliyorum. Çocuklarım ise görünüşte itaatkâr, ama içten içe isyan halinde, sonradan daha çirkin bir biçimde ortaya çıkacak olan duygularını baskı altında tutuyorlar.

Şimdi ben, daha önce hayalimizde canlandırdığımız o cenaze töreninde bulunsaydım ve çocuklarımdan biri konuşmaya hazırlanıyor olsaydı, onun hayatının yıllar boyu sürdürülen öğretim, eğitim ve sevgiyle verilen disiplinin zaferini yansıtmasını isterdim; her şeyi çabucak çözmek için girişilen çarpışmaların yaralarını değil. Yüreğinin ve aklının, birlikte geçirilen anlamlı, güzel zamanların anılarıyla dolu olmasını isterdim. Beni, büyümenin getirdiği neşe ve acıyı paylaşan, sevecen bir baba olarak anımsamasını isterdim. Sorunları ve kaygılarıyla birlikte bana geldiği günleri hatırlamasını isterdim. Dinlemiş, sevmiş ve yardım etmiş olmak isterdim. Kusursuz olmadığımı, ama elimden gelen her şeyi denediğimi bilmesini isterdim. Onu belki bu dünyada herkesten çok, benim sevdiğimi de bilsin isterdim.

Bütün bunları istememin nedeni, içimin derinliklerinde çocuklarıma değer vermemdir. Onları seviyor, yardımcı olmak istiyorum. Babalık görevime değer veriyorum.

Ama bu değerleri her zaman göremiyorum. Olayların akışına kapılıyorum. En önemli şeyler acil sorunların, beklenmedik durumlar ve dış davranışlardan oluşan tabakaların altında gömülü kalıyor. Reaktif oluyorum. Çocuklarımla gündelik etkileşim tarzım, çoğu zaman onlara karşı duyduğum derin duyguları pek yansıtmıyor.

Özbilincin yanı sıra, hayal gücü ve vicdan sahibi olduğum için, en önemli değerlerimi inceleyebilirim. Uyguladığım senaryonun o değerlere uyum sağlamadığını; yaşamımın kendi proaktif tasarımın değil, koşullara ve başkalarının eline bıraktığım ilk yaratımın bir ürünü olduğunu anlayabilirim. Ve değişebilirim. Anılarıma değil, hayal gücüme dayanarak yaşayabilirim. Beni kısıtlayan geçmişime değil, sonsuz birikimime bağlanabilirim. Kendi ilk yaratıcım olabilirim.

Sonunu düşünerek işe başlamak, hem babalık rolüme hem de yaşam boyu üstlendiğim diğer rollere, değerlerimi ve yönümü netleştirerek yaklaşmak demektir. Kendi ilk yaratımımdan sorumlu olmak, davranış ve tutumumun kaynağı olan paradigmaların en derin değerlerimle örtüştüğü ve doğru ilkelerle uyum halinde olduğu yeni bir senaryo hazırlamak anlamına gelir.

Ayrıca, güne başlarken o değerleri sıkı sıkıya aklımda tutmak anlamına da gelir. Böylece değişiklikler ve zorluklar baş gösterdiğinde, kararlarımı o değerlere dayanarak verebilirim. Dürüstçe davranabilirim. Duygulara, koşullara tepki göstermem gerekmez. Gerçekten değerlerin yönettiği, proaktif biri olabilirim, çünkü değerlerim bellidir.

KİŞİSEL MİSYON BİLDİRGESİ

Sonunu düşünerek işe başlamanın bildiğim en etkili yolu, bir *kişisel misyon bildirgesi*, felsefesi ya da inancı geliştirmektir. Burada odak noktası, ne olmak istediğiniz (karakter), ne yapmak istediğiniz (katkılar ve başarılar) ve olmanın, yapmanın temelindeki değerler ya da ilkelerdir.

Her birey eşsiz olduğu için, kişisel bir misyon bildirgesi hem içerik ve hem de şekil bakımından bu eşsizliği yansıtır. Dostum Rolfe Kerr, kişisel inancını şöyle açıklıyor:

> Önce kendi evinde başarılı ol.
> Tanrı'nın yardımını iste ve buna layık ol.
> Dürüstlüğünden hiçbir zaman ödün verme.
> İlgili kişileri unutma.

Bir yargıya varmadan önce her iki tarafı da dinle.
Başkalarına akıl danış.
Orada bulunmayan kimseleri savun.
İçten, ama kararlı ol.
Her yıl yeni bir konuda yeterlilik kazan.
Yarının işini bugünden tasarla.
Beklerken elini çabuk tut.
Her zaman olumlu bir tavır takın.
Mizah ve hoşgörü anlayışını kaybetme.
Kişi olarak da, iş yerinde de düzenli ol.
Hatalardan korkma; sadece o hatalara yaratıcı, yapıcı ve düzeltici tepkiler gösterememekten kork.
Yanında çalışanların başarıya ulaşmalarını kolaylaştır.
Konuştuğunun iki katı dinle.
Bütün yeteneklerini ve çabalarını elindeki işe yönelt, bir sonraki işini ya da yükselmeyi dert etme.

Aile ve iş değerlerini dengelemeye çalışan bir kadın, kişisel misyon anlayışını farklı biçimde ifade ediyor:

> Mesleğimle ailemi elimden geldiğince dengelemeye çalışacağım, çünkü her ikisi de benim için önemli.
>
> Evim; benim, ailemin, dostlarımın ve konuklarımın neşe, rahatlık, huzur ve mutluluk bulacakları bir yer olacak. Yine de temiz ve düzenli, ama yaşanabilir ve rahat bir ortam yaratmaya çalışacağım. Evde yiyeceğimiz, okuyacağımız, izleyeceğimiz ve yapacağımız şeyleri akıllıca seçeceğim. Çocuklarıma özellikle sevmeyi, öğrenmeyi ve gülmeyi; ayrıca çalışıp kendilerine özgü yeteneklerini geliştirmeyi öğretmek istiyorum.
>
> Demokratik toplumumuzun özgürlüklerine, haklarına ve sorumluluklarına değer veriyorum. İlgili ve bilgili bir yurttaş olacak, sesimi duyurmak, oyumu saydırmak için politik sürece katılacağım.
>
> Hedeflerine ulaşmak için kendiliğinden harekete geçen, inisiyatifi ele alan bir insan olacağım. Edilgin kalmayıp, durumlar ve fırsatlar üzerinde etkin olacağım.
>
> Bağımlılığa yol açan zararlı alışkanlıklardan uzak durmaya çalışacağım. Beni eskimiş kalıplardan ve sınırlardan kurtaran, yeteneklerimi ve seçeneklerimi genişleten alışkanlıklar geliştireceğim.

> Param, efendim değil, uşağım olacak. Zaman içinde, parasal bakımdan bağımsız olmaya çalışacağım. İsteklerim, ihtiyaçlarıma ve kaynaklarıma bağlı olacak. Uzun vadeli ev ve araba kredileri dışında, tüketici borçlarına girmeyeceğim. Kazandığımdan daha azını harcayacağım. Gelirimin bir kısmını düzenli bir biçimde biriktirecek ya da yatırım yapacağım.
>
> Ayrıca elimdeki parayı ve yeteneklerimi, hizmet ve bağışlar yoluyla başkalarının yaşamını daha zevkli hale getirmek için kullanacağım.

Kişisel misyon bildirgesini, kişisel anayasa olarak da adlandırabilirsiniz. ABD Anayasası gibi, bu da temelde değişmez. İki yüzyıl boyunca, anayasada yalnızca yirmi altı değişiklik yapıldı. Bunlardan onu, ilk İnsan Hakları Bildirisi'nde de vardı.

ABD Anayasası, ülkedeki bütün yasalar için bir standart oluşturur. Bu, Başkan'ın Bağlılık Yemini ederken korumaya ve desteklemeye söz verdiği belgedir. İnsanların vatandaşlığa kabulünde kullanılan ölçüttür. Halkın İç Savaş, Vietnam ya da Watergate gibi krizleri atlatmasını sağlayan temel ve merkezdir. Geride kalan her şeyin değerlendirilmesinde ve yönlendirilmesinde kullanılan yazılı standart, ana kıstastır.

Anayasa süregelmiştir; bugün hayati işlevini yerine getirmesinin nedeni, doğru ilkelere ve ABD Bağımsızlık Bildirisi'nin içerdiği o çok açık gerçeklere dayalı olmasıdır. Bu ilkeler Anayasa'ya toplumsal belirsizlik ve değişim ortamında bile, zamanla kaybolmayacak bir güç veriyor. Thomas Jefferson, "Özel güvenlik kaynağımız, yazılı bir Anayasamızın olmasıdır," demişti.

Doğru ilkelere dayanan kişisel misyon bildirgesi de, birey için aynı türden bir standart halini alır. Kişisel bir anayasa olur. Hem yaşantımızı yönlendiren önemli kararlar, hem de hayatı etkileyen koşullar ve duygular arasında alınan gündelik kararlar için bir temel oluşturur. Değişim ortamında, zamanla aşınmayan bir güç verir insanlara.

İçlerinde değişmeyen bir öz yoksa, insanlar değişime ayak uyduramaz. Değişme yeteneğinin anahtarı, kim olduğunuzu, ne yaptığınızı ve nelere değer verdiğinizi belirleyen, o değişmeyen anlayıştır.

Misyon bildirgesiyle, değişikliklere ayak uydururuz. Önyargılara ya da haksız hükümlere ihtiyacımız yoktur. Geride kalan her şeyi hesaplamamıza, gerçeğe yer açmak için her şeyi ve herkesi kalıplara ve sınıflara sokmamıza gerek yoktur.

Kişisel çevremiz de gitgide artan bir hızla değişiyor. Bu kadar hızlı değişim, buna katlanamayacağını, yaşamla başa çıkmanın zor olduğunu düşünen çok sayıda insanı yıpratıyor. Bu insanlar reaktif hale geliyor ve esas olarak çabalamaktan vazgeçip, başlarına gelecek şeylerin iyi olacağını umuyorlar.

Ama böyle olması gerekmez. Victor Frankl, Nazi ölüm kamplarında sadece proaktivite ilkelerini değil, hayatta bir amaç ve anlam duygusuna sahip olmanın önemini de öğrendi. Frankl'in sonradan geliştirerek öğrettiği "logoterapi" felsefesinin özü şudur: Zihinsel ya da duygusal diye tanımlanan hastalıkların çoğu, aslında bastırılmış bir anlamsızlık ya da boşluğun belirtisidir. Logoterapi, kişinin kendi benzersiz anlamını, hayattaki misyonunu öğrenmesini sağlayarak bu boşluğu ortadan kaldırır.

O misyon duygusuna sahip olur olmaz, kendi proaktivitenizin özünü de kavrarsınız. Artık yaşamınızı yönlendirecek bir bakış açınız ve değerlerinizin yanı sıra, uzun ve kısa vadeli hedeflerinizi belirleyecek temel bir yönünüz de vardır. Doğru ilkelere dayanan yazılı bir anayasa size güç verir. Zamanınızı, yeteneklerinizi ve enerjinizi en etkili biçimde kullanmanızla ilgili her karar, bu ilkelere göre ölçülebilir.

MERKEZDE

Kişisel bir misyon bildirgesi yazmak için, en temel paradigmalarımızı kapsayan Etki Alanımızın merkez noktasından, dünyayı görmek için kullandığımız o mercekten başlamamız gerekir.

Vizyonumuzla değerlerimizi burada değerlendiririz. Haritalarımızı incelemek ve doğru ilkelere değer veriyorsak, haritalarımızın araziyi doğru tanımladığından, paradigmalarımızın ilkelere ve gerçeğe dayandığından kesinlikle emin olmak için, bize bahşedilen özbilinçten burada yararlanırız. Eşsiz yeteneklerimizi ve katkı alanlarımızı anlamamıza yardım etmesi için vicdanımızı bir pusula gibi burada kullanırız. İstediğimiz sonucu gözümüzün önünde canlandırabilmek için hayal gücümüzden burada yararlanır, başladığımız şeylere bir yön ve amaç atayıp yazılı bir kişisel anayasanın özünü burada oluştururuz.

Odağa yönelik çabalarımız en önemli sonuçları yine burada alır. Etki Alanımızın tam merkez noktasında çalışırken, bir yandan da bu alanı genişletiriz. Bu, en yüksek verimli ÜY (Üretme Yeteneği) çalışmasıdır ve yaşamımızın her yönünde etkililiğimize anlamlı bir güç katar.

Yaşantımızın merkezinde ne varsa, güvenlik, rehberlik, bilgelik ve gücümüzün kaynağını o oluşturur.

Güvenlik, değer anlayışınızı, kimliğinizi, duygusal bağlılığınızı, özsaygınızı, temel kişisel gücünüzü ya da bunun eksikliğini temsil eder.

Rehberlik, yaşamınıza yön veren kaynak demektir. Dışarıda olanları sizin için yorumlayan kendi değer yargılarınızın, yani haritanızın kapsadığı, karar alımını ve yapılanları dakikası dakikasına yöneten standartlar, ilkeler ya da üstü örtülü kıstaslardır.

Bilgelik, yaşama bakış açınız, denge duygunuz, farklı parçalarla ilkeler arasındaki uyum ve bağlantıya ilişkin anlayışınızdır. Yargı, ayırt etme yetisi ve kavrayışı içerir. Bir *gestalt* ya da birlik, kaynaşmış bir bütünlüktür.

Güç; hareket etme becerisi ya da yeteneği, bir şeyi başarma kuvveti ve kudretidir. Seçim yapmak ve karar vermek için gerekli olan yaşamsal enerjidir. Ayrıca, derinlere gömülü alışkanlıkları yenip daha üstün, daha etkili olanlarını geliştirme yeteneğini de kapsar.

Bu dört etken –güvenlik, rehberlik, bilgelik ve güç– karşılıklı bağlılık taşır. Güvenlik ve açık seçik rehberlik, gerçek bilgeliği sağlar; bilgelik ise gücü ortaya çıkarıp yönlendirecek bir kıvılcım ya da katalizör işlevini görür. Bu dört etken bir arada bulunduğu, birbirini canlandırdığı ve birbirine uyum sağladığı zaman, soylu bir kişiliğin, dengeli bir karakterin, mükemmel bir şekilde bütünleşmiş bir insanın müthiş gücünü yaratır.

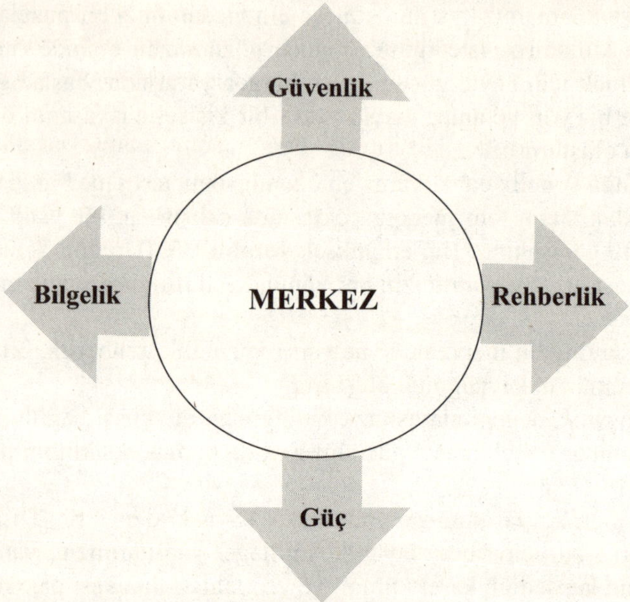

Yaşamın dayanağı olan bu etkenler, diğer tüm boyutlarına da destek verir. Hiçbiri 'ya hep-ya hiç' konumunda değildir. Her birini geliştirme dereceniz, daha önce tanımlanan sürekli olgunlaşma modeli gibi bir ölçek üzerinde belirlenebilir. Ölçeğin en alt noktasında, dört etken zayıftır. Temelde, koşullara ya da başka kimselere, doğrudan denetleyemediğiniz şeylere bağımlı olursunuz. En üst noktasındaysa denetim sizdedir. Bağımsız bir gücünüz ve karşılıklı bağlılığa sahip, doyurucu ilişkiler kuracak bir dayanağınız vardır.

Güvenliğiniz; ölçeğin bütün o kaypak güçler yüzünden hayatınızı altüst eden aşırı güvensizlik ucu ile, derin bir iç değer duygusu ve kişisel güvenlik ucu arasında herhangi bir ara düzeydedir. *Rehberliğiniz*; bu ölçek üzerinde, sosyal aynaya ya da diğer belirsiz, dengesiz kaynaklara bağımlılıktan, güçlü bir iç yönsemeye kadar uzanabilir. *Bilgeliğiniz*; her şeyin çarpıtıldığı ve hiçbir şeyin uyuşmadığı tamamen yanlış bir haritayla, bütün parçaların ve ilkelerin birbirine gereğince uyduğu tam ve doğru harita arasında bir yerdedir. *Gü-*

cünüz ise hareketsizlik ya da başkalarının iplerini çektiği bir kukla olmakla; yüksek proaktivite, yani başkalarının ve koşulların etkisi altında kalmak yerine kendi değerlerinize göre davranma gücü arasındaki bir noktadadır.

Bu etkenlerin ölçek üzerindeki yerleri, sonuç olarak birbirleriyle bütünleşme, uyum sağlama, denge kurma dereceleri ve yaşamınızın her yönü üzerindeki olumlu etkileri; merkezinizin, yani kendi özünüzdeki temel paradigmaların işlevidir.

ALTERNATİF MERKEZLER

Hepimizin bir merkezi vardır, ama genelde bunu o şekilde görmeyiz. Ayrıca bu merkezin, yaşamımızın her yönü üzerindeki kapsayıcı etkilerini de fark etmeyiz.

Şimdi insanların genelde sahip oldukları birkaç merkez ya da ana paradigmayı kısaca inceleyelim. Böylece yukarıdaki dört temel boyutu ve sonuçta onlardan kaynaklanan yaşamın özünü nasıl etkilediklerini daha iyi anlamış oluruz.

EŞ MERKEZLİLİK: Evlilik, insan ilişkilerinin en samimi, en doyurucu, en dayanıklı ve geliştirici ilişkisi olabilir. İnsanın merkez olarak karısını ya da kocasını seçmesi çok doğal ve uygun görünebilir.

Ancak deneyim ve gözlemler, başka bir şey söylüyor. Yıllar boyunca birçok sorunlu evlilikle ilgilendim ve karşılaştığım eş merkezli ilişkilerin neredeyse tümünde belirli bir dokunun işlendiğini gözlemledim. O doku, güçlü bir duygusal bağımlılıktır.

Duygusal değer anlayışımızın kaynağı öncelikle evliliğimizse, bu ilişkiye fazlasıyla bağımlı oluruz. Eşimizin ruh haline ve duygularına, davranış ve tutumlarına ya da bu ilişkiyi etkileyebilecek herhangi bir dış olaya –yeni bir bebek, akrabalar, ekonomik gerilemeler, toplumsal başarılar vb.– karşı savunmasız kalırız.

Evlilikte sorumluluklar artıp da gerginlikler başladığında, yetişme çağımızda bize benimsetilmiş olan senaryolara döneriz. Ama eşimiz de bunu yapar ve senaryolar genellikle farklıdır. Para işleri, çocuğun terbiyesi ya da akraba sorunlarını ele almanın değişik yöntemleri su yüzüne çıkar. Bu derine yerleşmiş eğilimler evlilikteki duygusal bağımlılıkla birleştiğinde, eş merkezli ilişkinin bütün savunmasızlığı ortaya çıkar.

Çatışma yaşadığımız birine bağımlı olduğumuzda, hem ihtiyaç hem de anlaşmazlık şiddetlenir. Genellikle şu sonuçlar görülür: Abartılı sevgi-nefret tepkileri, savaş ya da kaç eğilimleri, kabuğuna çekilme, saldırganlık, acı duygular, serzenişler ve soğuk rekabet. Bunlar ortaya çıktığında, kendi davranışlarımızı haklı çıkarmak ve savunmak için arka plandaki eğilimlere sarılır ve eşimizinkilere saldırırız.

Çok savunmasız olduğumuz zamanlarda, yeni darbelerden korunmak için kaçınılmaz bir biçimde kendimizi koruma ihtiyacı duyarız. Bu nedenle alaycılığa, iğneleyici şakalara, eleştirilere başvururuz. İçimizdeki yumuşaklığın ortaya çıkmaması için elimizden geleni yaparız. Eşler, sevgi konusunda ilk adımı diğerinin atması beklentisi içinde olduklarından düş kırıklığına uğrarlar, ancak öte yandan, suçlamaların haklılığı da kendi açılarından kanıtlanmış olur.

Her şeyin yolundaymış gibi göründüğü bu tür ilişkilerde, yalnızca hayali bir güvenlik vardır. Rehberlik, anlık duyguya dayalıdır. Bilgelik ve güç, karşı-bağlılığın neden olduğu olumsuz etkileşimlerde kaybolup gider.

AİLE MERKEZLİLİK: Sık görülen bir başka merkez de ailedir. Bu da çok doğal ve uygun görünebilir. Bir odak ve köklü yatırım alanı olarak, derin ilişkiler, sevmek, paylaşmak gibi yaşamı değerli kılan pek çok şey için büyük fırsatlar sağlar. Ama ne gariptir ki, bir merkez olarak, ailenin başarısı açısından asıl gerekli unsurları ortadan kaldırır.

Aile merkezli insanlar, kişisel değer ya da güvenlik duygusunu aile geleneği ve kültüründen, ya da ailenin itibarından alırlar. Dolayısıyla da o gelenek ve kültürdeki her türlü değişikliğe ve o itibarı lekeleyecek her türlü etkiye karşı aşırı hassas olurlar.

Aile merkezli anne-babalar, çocuklarını, nihai iyiliklerini gerçekten düşünerek yetiştirmek için gereken duygusal özgürlükten ve güçten yoksundurlar. Güven duygusunu aileden aldıkları için, çocuklarına kendilerini sevdirme gereksinimleri ağır basar ve bu, çocukların büyüme ve gelişmelerine yapılacak uzun vadeli yatırımların önemini azaltabilir. Ya da o andaki uygun ve doğru davranışlara odaklanırlar. Uygunsuz buldukları herhangi bir hareket, güvenliklerini tehdit eder. Altüst olurlar; anlık duyguların rehberliğinde, çocuğun uzun vadeli büyüme ve gelişmesiyle ilgilenmek yerine o an ortaya çıkan soruna birdenbire tepki gösterirler. Bağırıp çağırabilirler. Aşırı tepki gösterip öfkeleri yüzünden çocuğu cezalandırabilirler. Çocuklarını koşullu olarak sevmeye eğilimlidirler. Onları duygusal açıdan bağımlı ya da karşı-bağlılığa sahip ve asi yaparlar.

PARA MERKEZLİLİK: İnsan yaşamının bir diğer mantıklı ve son derecede yaygın merkezi de para kazanmaktır. Kişinin herhangi bir başka boyutta bir şeyler yapma fırsatını bulması ekonomik güvenliğe bağlıdır. İhtiyaçlar dizisi ya da hiyerarşisinde, ayakta kalmak ve mali güvenlik en önde gelir. Diğer ihtiyaçlar, bu temel ihtiyaç hiç olmazsa asgari düzeyde giderilinceye kadar hissedilmez bile.

Çoğumuzun ekonomik kaygıları vardır. Daha geniş kültürde birçok güç, ekonomik durumumuzu etkileyebilir ve etkiler de. Bu, öylesine bir aksaklık nedeni ya da tehdidi oluşturur ki, her zaman bilinç üstüne çıkmasa bile, genelde üzülüp tasalanmamıza yol açar.

Bazen para kazanmanın görünüşte soylu gerekçeleri vardır, insanın ailesine bakma isteği gibi. Bunlar gerçekten de önemlidir. Ancak, merkez olarak para kazanmayı seçmek, felaketi de birlikte getirir.

Yaşamı destekleyen dört etkeni tekrar düşünün; güvenlik, rehberlik, bilgelik ve güç. Diyelim ki, güvenliğimin en büyük kaynağı işim, ya da gelirim, ya da net maddi varlığım. Bu ekonomik temelleri birçok faktör etkilediği için rahatım kaçar, kaygılanırım, onları korumaya ve savunmaya çalışırım. Kişisel değerimle ilgili düşüncelerimin kaynağı net varlığıma bağlıysa, onu etkileyecek her şeye karşı aşırı duyarlı olurum. Ancak iş ve para, kendi başına ne bilgelik, ne de rehberlik sağlayabilir; bunlar ancak kısıtlı bir güç ve güvenlik verebilir. Para merkezliliğin sınırlarını göstermek için, kendimin ya da sevdiğim birinin hayatında bir kriz olması yeterlidir.

Para merkezli insanlar çoğu zaman aileyi ya da diğer öncelikleri bir yana bırakırlar. Ekonomik taleplerin her şeyden önce geldiğini herkesin anlayacağını sanırlar. Bir baba tanıyorum. Söz verdiği için çocuklarını sirke götürmek üzereyken telefonu çalmış ve hemen iş yerine gelmesi istenmişti. Ama o buna razı olmamış, karısı işe gitmesinin gerekli olabileceğini söyleyince de şöyle karşılık vermişti: "İş yeniden gelir, ama çocukluk geri gelmez." Çocukları, önceliklerin oluşturulmasıyla ilgili bu davranışı yalnızca zihinlerine kazınan bir ders olarak değil, aynı zamanda yüreklerindeki bir sevgi ifadesi olarak ömür boyu hatırladılar.

İŞ MERKEZLİLİK: İş merkezli insanlar "işkolik" hale gelebilirler. Sağlıklarını, ilişkilerini ve yaşamlarının diğer önemli alanlarını feda ederek, kendilerini üretmeye güdüleyebilirler. Temel kimlikleri işlerine bağlıdır: "Ben bir doktorum", "Ben bir yazarım", "Ben bir oyuncuyum."

Kimlikleri ve özdeğer anlayışları işlerine bağlı olduğu için, güvenlikleri bunu sürdürmelerini engelleyecek her şeye karşı savunmasızdır. Rehberlikleri, işin gereklerinin bir işlevidir. Bilgelik ve güçleri işlerinin kısıtlı alanlarında ortaya çıktığı için, yaşamın diğer alanlarında etkisiz kalır.

MÜLKİYET MERKEZLİLİK: Pek çok kişi, sahip olduğu şeylerin güdümündedir; yalnızca modaya uygun giysiler, ev, araba, tekne ve mücevher gibi elle tutulur maddi varlıklar değil, elle tutulamayan şan, şöhret ya da toplumda önemli biri olmak gibi şeyler de buna dahildir. Çoğumuz, deneyimlerimiz sonucu, bu tür bir merkezin ne kadar hatalı olduğunu öğrenmişizdir. Çünkü bu, çabucak kaybolabilir ve birçok gücün etkisi altındadır.

Güvenliğim itibarıma ya da sahip olduğum şeylere bağlıysa, yaşantım sürekli bir tehdit ve tehlike altındadır; çünkü sahip olduğum şeyler kaybolabilir, çalınabilir ya da değer yitirebilir. Net varlığı, itibarı ya da konumu benden üstün birinin yanındayken, aşağılık duygusuna kapılırım. Net varlığı, itibarı ya da konumu benden aşağı olan birinin yanında ise üstünlük duygusuna kapılırım. Özdeğer duygumda sürekli bir dalgalanma olur. Devamlılık, bir yere bağlılık, dirençli kişilik kavramlarım yoktur. Durmadan malımı, mülkümü, paramı, konumumu ya da itibarımı korumaya çalışırım. Borsadaki kriz yüzünden servetini yitirdiği, ya da siyaset alanında gözden düştüğü için intihar eden insanlarla ilgili hikâyeleri hepimiz duymuşuzdur.

ZEVK MERKEZLİLİK: Sık rastlanan ve mülkiyetle yakından bağlantılı olan bir diğer merkez de, eğlence ve zevkle ilgilidir. Anlık hazların elde edilebildiği ve teşvik gördüğü bir dünyada yaşıyoruz. Televizyon ve sinema, insanların beklentilerinin artmasını sağlayan en büyük etkenler arasında yer alıyor. Başkalarının nelere sahip olduğunu, rahat ve "eğlenceli" bir yaşam sürerken neler yapabildiklerini canlı bir biçimde yansıtıyor.

Ancak, zevk merkezli yaşam tarzlarının ışıltısı canlı bir biçimde yansıtılırken, bu tür yaşam tarzlarının doğal sonucu –insanın benliği, üretkenliği ve ilişkileri üzerindeki etkisi– nadiren doğru bir biçimde görülüyor.

Aşırıya kaçmadan yaşanan masum zevkler hem bedeni hem de zihni dinlendirir. Aile bağlarını ve diğer ilişkileri besler. Ama zevk, kendi başına, derin ve kalıcı bir doyum ya da amacına erişmiş olma duygusu sağlamaz. Zevk merkezli kişi, bir önceki "eğlence" düzeyinden pek çabuk bıkar ve sürekli fazlasını, daha fazlasını ister. Dolayısıyla, ondan sonraki zevklerin daha büyük ve üstün, daha heyecan verici, daha müthiş bir "doruk" olması gerekir. Bu durumdaki bir kişi, neredeyse tamamen kendine tutkun olur. Bütün yaşamını, o anda ve orada sağladığı zevke göre yorumlar.

Çok uzun süren çok fazla tatil, çok fazla film, çok fazla televizyon, çok fazla video oyunu, kişinin asgari direnç göstermeyi seçtiği çok uzun, disiplinsiz boş vakitler, bir yaşamı yavaş yavaş mahveder. Kişinin yeteneklerinin atıl kalmasına, becerilerinin gelişememesine, zihninin ve ruhunun uyuşmasına, yüreğinin ise mutluluğu bulamamasına neden olur. Güvenlik, rehberlik, bilgelik ve güç neresdedir? Bunlar, ölçeğin en alt noktasında, geçici bir anın zevkindedir.

Malcolm Muggeridge, "Bir Yirminci Yüzyıl Tanıklığı" yazmış:

> Son günlerde, arada bir yaptığım gibi geriye dönüp yaşantıma baktığımda beni en çok sarsan, bir zamanlar bana çok önemli ve cazip gelen şeylerin şimdi boş ve saçma görünmesi oluyor. Örneğin, her türlü aldatıcı kisvesi içinde başarılar; tanınmak ve övülmek; para kazanmak, ya da kadınları baştan çıkarmak, ya da yolculuğa çıkmak, dünyanın bir orasına, bir burasına, Şeytan gibi bir aşağı bir yukarı gidip gelmek, Gösteriş Dünyası'nın sunduğu şeyleri açıklamak ve yaşamak gibi apaçık zevkler.
>
> Geriye baktığımda, bütün bu kendini tatmin denemeleri, Pascal'in "toprağı yalamak" dediği türden, salt fantezi gibi görünüyor.

DOST/DÜŞMAN MERKEZLİLİK: Gençler dost merkezli olmaya özellikle yatkındır. Ancak bu, salt onlara özgü bir şey değildir kuşkusuz. Yaşıtlardan oluşan bir gruba girip kabul görmek, neredeyse aşırı önemli hale gelebilir. Durmadan değişen çarpıtılmış sosyal ayna, yaşamı destekleyen dört etkenin kaynağı haline gelerek başkalarının değişken ruh hallerine, duygularına, tutumlarına ve davranışlarına çok büyük bir bağımlılık yaratabilir.

Dost merkezlilik ayrıca yalnız bir kişiye odaklanarak, evliliğin bazı boyutlarını da üstlenebilir. Tek bir kişiye duygusal bağımlılık, gitgide yükselen bir ihtiyaç/çatışma sarmalı ve bunların getireceği olumsuz etkileşimler, dost merkezlilikten kaynaklanabilir.

Ya kişinin bir *düşmanını* yaşamının merkezine yerleştirmesine ne demeli? Çoğunluk bunu düşünmez bile, herhalde kimse bunu bilinçli olarak yapmaz. Yine de, düşmanın merkeze yerleştirilmesi çok sık görülen bir durumdur; özellikle de gerçekten anlaşmazlık halindeki insanlar arasında sık sık etkileşim olduğu zaman. Duygusal ya da sosyal açıdan önemli bir kişinin kendisine haksızlık ettiğini düşünen birisi, yapılan haksızlığı alabildiğine büyütüp diğer insanı kolaylıkla yaşamının merkezi haline getirebilir. Düşman merkezli kişi, kendi yaşamını proaktif bir biçimde sürdürmek yerine, karşıbağlılık göstererek düşman olarak algıladığı insanın tutum ve davranışlarına tepki verir.

Bir üniversitede ders veren bir dostum, olumsuz ilişki içinde olduğu bir yöneticinin zayıflıkları yüzünden çok üzülüyordu. Düşüncelerinin hep ona kaymasına izin veriyordu; sonunda bu, saplantıya dönüştü. Bu durum ailesi, mensubu olduğu cemaat ve iş arkadaşlarıyla olan ilişkilerinin niteliğini de etkiledi. Arkadaşım sonunda üniversiteden ayrılması gerektiğine karar vererek başka bir yerden gelen öneriyi kabul etti.

"Adam orada olmasaydı, bu üniversitede ders vermeyi tercih etmez miydin?" diye sordum ona.

"Evet, ederdim. Ama o burada olduğu sürece, üniversitede kalışım bütün yaşamımı altüst ediyor. Gitmek zorundayım," diye yanıtladı.

"Neden bu yöneticiyi yaşamının merkezi haline getirdin?" dedim.

Bu soru onu çok sarsmıştı. İnkâra yeltendi. Ama ona, bir kişinin ve onun zayıflıklarının bütün yaşam haritasını çarpıtmasına, inançlarını ve sevdikleriyle olan ilişkilerinin niteliğini zedelemesine izin verdiğini anımsattım.

Sonunda, o kişinin kendisini gerçekten fazlasıyla etkilediğini kabul etti, ama bütün bu seçimleri kendisinin yaptığını kabule yanaşmadı. Bu mutsuz durumdan yöneticiyi sorumlu tutuyordu. Kendisinin sorumlu olmadığını söylüyordu.

Konuşma sürerken, yavaş yavaş, gerçekten de sorumlu olduğunu; ama bu sorumluluğu iyi taşıyamadığı için sorumsuzca davrandığını anlamaya başladı.

Boşanmış olan birçok kişi de benzer eğilimler gösterir. Eski eşlerine karşı hâlâ müthiş bir öfke ve kinle doludurlar ve kendilerini haklı bulurlar. Olumsuz anlamda, psikolojik açıdan hâlâ evlidirler. Suçlamalarını haklı çıkarmak için, eski eşlerinin zayıflıklarına ihtiyaçları vardır.

Birçok "yaşlı" çocuk, yaşamını annesiyle babasından gizlice ya da açıkça nefret ederek geçirir. Onları geçmişteki kötü davranışları, ihmalleri ya da çocuklar arasında ayrım yaptıkları için suçlarlar. Yetişkinlik dönemlerinin merkezi bu nefrettir. Ona eşlik eden doğrulayıcı, reaktif senaryoyu yaşarlar.

Dost ya da düşman merkezli kişi içsel güvenlikten yoksundur. Özgüven duyguları değişkendir, başkalarının davranışlarına ya da duygusal durumlarına bağlıdır. Rehberliğinin kaynağı, diğer insanların verecekleri tepkiye ilişkin kendi görüşüdür. Bilgeliği ise sosyal mercek ya da düşman merkezli bir paranoya ile sınırlıdır. Bireyin hiçbir gücü yoktur. İplerini başkaları çekmektedir.

CEMAAT MERKEZLİLİK: Bence bir cemaatle ciddi biçimde ilgisi olan herkes, ibadet yerine gitmenin kişisel maneviyatla eş anlamlı olmadığını kabul edecektir. Bazı kimseler kendilerini ibadete ve cemaat projelerine öylesine kaptırırlar ki, etraflarındaki önemli insani ihtiyaçlara karşı duyarsızlaşırlar. Böylece çok inandıklarını iddia ettikleri ahlak kurallarına aykırı davranmış olurlar. Bazıları ibadet yerine daha az gider ya da hiç gitmez, ama tutum ve davranışları, dinin temel ahlak ilkelerini merkez edindiklerini gösterir.

Yaşam boyu dini ve sosyal hizmetler veren gruplara katılmış biri olarak, kiliseye gitmenin her zaman o toplantılarda öğretilen ilkelere uyarak yaşamak anlamına gelmediğini öğrendim. Bir cemaatte etkin olup, öğretisini etkin biçimde uygulamayabilirsiniz.

Cemaat merkezli bir yaşamda imaj ya da görünüş kişi için çok önemli hale gelebilir. Bu ise kişisel güvenliği ve doğuştan var olan değer duygusunu azaltan bir ikiyüzlülüğe yol açar. Rehberliğin kaynağı toplumsal vicdandır, cemaat merkezli bir kişi ise başkalarına "etkin", "etkin değil", "liberal", "katı", ya da "tutucu" gibi yapay etiketler yapıştırma eğilimi gösterir.

Cemaat; siyasetler, programlar, uygulamalar ve insanlardan oluşan formel bir topluluk olduğu için, kişiye kendi başına derin ve sürekli bir güvenlik ya da içindeki değer hakkında bir fikir veremez. Bunu, dinin öğrettiği ilkelere uyarak yaşamak sağlar; ama topluluk tek başına sağlayamaz.

Cemaat, insana devamlı rehberlik de edemez. Cemaat merkezli insanlar birtakım bölmelerde yaşamaya eğilimlidir. Haftanın bir günü belli bir biçimde davranır, düşünür ve hissederler, diğer günlerinde ise başka türlü. Bu tür bir bütünlük, birlik ya da dürüstlük eksikliği, güvenlik açısından daha da tehlikelidir. Kişinin başkalarına etiket yapıştırma ve kendini haklı görme ihtiyacını da artırır.

Cemaati amaca yönelik bir araç değil de, bir amaç gibi görmek, kişinin bilgeliğini ve denge duygusunu zayıflatır. Cemaat, insanlara güç kaynağını öğretme iddiasını taşısa da, hiçbir zaman bu gücün kendisi olduğunu öne sürmez. Örneğin kilise, ilahi gücün insan doğasına akıtıldığı kanallardan biri olduğunu öne sürer.

BEN MERKEZLİLİK: Belki de günümüzde en yaygın merkez, ben'dir. En belirgin biçimi de, çoğu kişinin değerlerini çiğneyen *bencillik*tir. Gelişim ve kendi arzularını gerçekleştirmeye yönelik popüler yaklaşımlara yakından bakarsak, özünde ben merkezliliği görürüz.

O kısıtlı "ben" merkezinde pek az güvenlik, rehberlik, bilgelik ve güç vardır. İsrail'deki Ölü Deniz gibi her şeyi içine alır, ama karşılığında hiçbir şey vermez. Durağanlaşır.

Öte yandan, hizmet etme, üretme, anlamlı katkılarda bulunma yeteneğini iyileştirmek açısından kendini geliştirmeye dikkat göstermek, yaşamı destekleyen dört etkenin çarpıcı biçimde büyümesi için gereken bağlamı oluşturur.

Bunlar, sık rastlanan hayata yaklaşım merkezlerinden bazılarıdır. İnsanın kendi yaşam merkezini değil de, bir başkasınınkini görmesi çoğu zaman daha kolaydır. Para kazanmaya her şeyden fazla önem veren, ya da bütün enerjisini olumsuz bir ilişkiyi sürdürmeye harcayan biriyle herhalde tanışmışsınızdır. Dikkatle bakarsanız, bazen davranışlarının gerisinde bunları yaratan merkezi görebilirsiniz.

KENDİ MERKEZİNİZİ SAPTAMAK

Peki siz ne durumdasınız? Kendi yaşamınızın merkezinde ne var? Bazen bunu görmek kolay değildir.

Belki de kendi merkezinizi tanımanızın en iyi yolu yaşamı destekleyen etkenlere yakından bakmaktır. Aşağıdaki bir ya da birkaç tanıma uyuyorsanız, onları izleyerek çıktıkları merkezi bulabilirsiniz. Bu merkez kişisel etkililiğinizi kısıtlıyor olabilir.

Merkez	Güvenlik	Rehberlik	Bilgelik	Güç
Eş Merkezliyseniz...	• Güvenlik duygunuz eşinizin size nasıl davrandığına bağlıdır. • Eşinizin ruh hali ve duygularına karşı son derecede savunmasız olursunuz. • Eşiniz sizinle aynı fikirde olmadığı ya da beklentilerinizi karşılamadığı zaman hayal kırıklığınız uzaklaşma ya da çatışmaya yol açar. • Bu ilişkiyi etkileyecek her şeyi bir tehdit olarak görürsünüz.	• Sizi, kendinizin ve eşinizin gereksinim ve istekleri yönlendirir. • Karar verme kıstasınız evliliğiniz ya da eşiniz için neyin iyi olduğuyla ya da eşinizin fikirleri ve tercihleri ile sınırlıdır.	• Yaşam perspektifiniz sizi ya da eşinizi olumlu veya olumsuz biçimde etkileyecek şeyleri çember içine alır.	• Hareket gücünüz eşinizin ya da kendinizin zayıf yanlarıyla kısıtlanır.
Aile Merkezliyseniz...	• Güvenliğinizin temeli ailenin sizi kabul etmesi ve onların beklentilerini yerine getirmenizdir. • Kişisel güvenlik duygunuz aile kadar inişli çıkışlıdır. • Kendinize biçtiğiniz değerin temelinde aile itibarı vardır.	• Doğru tutum ve davranışlarınızın kaynağı ailenin senaryosudur. • Karar alma kıstasınız aile için neyin iyi olduğu, ya da aile üyelerinin ne istediğidir.	• Tüm yaşamınızı ailenize göre yorumlayarak, kısmi bir anlayış ve aile narsisizmi yaratırsınız.	• Hareketleriniz aile örnekleri ve gelenekleriyle kısıtlanır.

Merkez	Güvenlik	Rehberlik	Bilgelik	Güç
Para Merkezliyseniz...	• Kişisel değerinizi maddi varlığınız belirler. • Ekonomik güvenliğinizi tehdit eden her şeyin karşısında savunmasız olursunuz.	• Karar alma kıstasınız kazançtır.	• Yaşamı para kazanma merceğinden görür ve algılarsınız; bu, dengesiz yargılara yol açar.	• Paranızla başarabileceğiniz şeyler ve sınırlı vizyonunuzla kısıtlı olursunuz.
İş Merkezliyseniz...	• Genelde kendinizi mesleki görevinize göre tanımlarsınız. • Ancak çalışırken rahat edersiniz.	• Kararlarınızı işinizin ihtiyaç ve beklentilerine göre verirsiniz.	• İşteki rolünüzle sınırlı kalma eğilimi gösterirsiniz. • İşinizi, hayatınız gibi görürsünüz.	• Hareketleriniz, görev modelleri, mesleki fırsatlar, kurumsal kısıtlamalar, patronunuzun algıları ve bir noktada o belirli işi yapamama olasılığıyla sınırlanır.
Mülkiyet Merkezliyseniz...	• Güvenliğinizin dayanağı itibarınız, toplumdaki yeriniz ya da sahip olduğunuz, elle tutulur şeylerdir. • Sizde olan şeylerle başkalarınınkileri karşılaştırma eğilimi gösterirsiniz.	• Kararlarınızın temelinde sahip olduğunuz şeyleri neyin koruyacağı, artıracağı ya da daha iyi sergileyeceği düşüncesi yatar.	• Dünyayı karşılaştırmalı ekonomik ve toplumsal ilişkiler açısından görürsünüz.	• Satın alabileceğiniz şeylerin veya toplumdaki ününüzün sınırları içinde hareket edersiniz.
Zevk Merkezliyseniz...	• Kendinizi sadece yoğun zevk duyarken güvende hissedersiniz. • Güvenliğiniz kısa ömürlü, uyuşturucu ve çevrenize bağlıdır.	• Kararlarınızın temelini size en fazla neyin zevk vereceği fikri oluşturur.	• Dünyayı size kazandıracağı şeyler açısından görürsünüz.	• Gücünüz pek azdır.

Merkez	Güvenlik	Rehberlik	Bilgelik	Güç
Dost Merkezliyseniz...	• Güvenliğiniz sosyal aynanın bir işlevidir. • Başkalarının görüşlerine çok bağlı olursunuz.	• Karar alma kıstasınız "Onlar ne düşünür?" sorusudur. • Çok çabuk mahcup olursunuz.	• Dünyayı toplumsal bir mercekten görürsünüz.	• İçinde rahat ettiğiniz sosyal bölgenizle sınırlı olursunuz. • Hareketleriniz görüşler kadar kararsızdır.
Düşman Merkezliyseniz...	• Güvenliğiniz değişkendir ve düşmanınızın davranışlarına dayanır. • Hep düşmanın ne yapmaya hazırlandığını merak edersiniz. • Sizin gibi düşünenlerin onayını ve sizi haklı çıkarmalarını istersiniz.	• Karşı-bağımlı olarak düşmanınızın davranışları tarafından yönlendirilirsiniz. • Kararlarınızın temelinde düşmanınızı engelleme isteği vardır.	• Yargınız dar ve çarpıktır.	• Az olan gücünüzün kaynağı öfke, haset, hiddet ve intikamdır; yani başka hiçbir şeye enerji bırakmayacak şekilde her şeyi bozup mahveden negatif enerjidir.
Cemaat Merkezliyseniz...	• Güvenliğiniz cemaat faaliyetlerine ve cemaatte otorite ya da nüfuzu olanların size verdikleri değere bağlıdır. • Kimlik ve güvenliğinizi dinsel etiketler ve kıyaslamalar sağlar.	• Rehberiniz, başkalarının davranışlarınızı cemaatin öğretileri ve beklentileri bağlamında nasıl değerlendirdiğidir.	• Dünyayı "inananlar" ve "inanmayanlar", "ait olanlar" ve "olmayanlar" açısından görürsünüz.	• Size göre gücünüzün kaynağı cemaat içindeki konumunuz ya da rolünüzdür.
Ben Merkezliyseniz...	• Güvenliğiniz sürekli değişkendir ve oradan oraya kayar.	• Yargı kıstaslarınız şunlardır: "Hoşuma giderse..." "Benim istediğim...", "Benim ihtiyacım..." "Bu bana ne sağlar?"	• Dünyayı, kararların, olayların ya da koşulların sizi nasıl etkileyeceği açısından görürsünüz.	• Hareket yeteneğiniz kendi kaynaklarınızla kısıtlıdır. Karşılıklı bağlılıktan yararlanamazsınız.

Bir insanın merkezi çoğu zaman bunların ve/veya diğer merkezlerin bir karışımıdır. Çoğu kişi, yaşamında büyük rolü olan çeşitli etkilere maruz kalır. İç ya da dış etkenlere bağlı olarak, belirli bir merkez, temelindeki ihtiyaçlar karşılanıncaya kadar harekete geçirilebilir. Sonra da bir başka merkez itici güç olur.

Kişi bir merkezden diğerine geçtikçe ortaya çıkan görecelik, yaşam boyu yükselip alçalan bir lunapark treni gibidir. Bir zayıflığı dengelemek için bir başka zayıflıktan güç alır. Ne tutarlı bir yön duygusu vardır, ne sürekli bir bilgelik, ne de sabit bir güç kaynağı veya kişisel, doğuştan gelen bir değer ve kimlik duygusu.

İdeal olan, kuşkusuz, size sürekli olarak yüksek derecede güvenlik, rehberlik, bilgelik ve güç aktaracak tek bir belirgin merkez yaratmaktır. Bu, proaktivitenizi güçlendirir ve yaşamınızın her açıdan uyumlu ve tutarlı olmasını sağlar.

Bir İlke Merkezi

Hayatımızın merkezini doğru ilkeler üzerine oturtursak, yaşamı destekleyen dört etkenin gelişmesi için sağlam bir temel yaratmış oluruz.

Güvenliğimizi şu bilgi sağlar: İnsanlar ya da nesnelere dayanan ve sık sık, çabucak değişen diğer merkezlerin tersine, doğru ilkeler hiç değişmez. Onlara güvenebiliriz.

İlkeler hiçbir şeye tepki vermezler. Öfkelenip bize farklı bir biçimde davranmazlar. Bizi boşamaz ya da en yakın dostumuzla kaçmazlar. Amaçları bizi ele geçirmek değildir. Yolumuzu kestirme çözümler ve anlık çarelerle döşeyemezler. Geçerlilikleri, başkalarının davranışlarına, çevreye ya da geçici güncel heveslere bağlı değildir. İlkeler ölmez. Bugün buradayken yarın yitip gitmezler. Yangın, deprem ya da hırsızlıkla yok edilemezler.

İlkeler derin, temel gerçeklerdir. Klasik gerçeklerdir. İnsanlığın ortak paydasıdır. Yaşamı kusursuz, tutarlı, güzel ve güçlü bir biçimde sımsıkı dokuyan ipliklerdir.

İlkelere aldırmıyormuş gibi görünen insanlar ya da koşullar ortasında bulunsak bile, ilkelerin insanlardan ya da koşullardan büyük olduğunu; tekrar tekrar kazandıkları zaferlere binlerce yıllık tarihin tanıklık ettiğini bilmek bize güven verir. Daha da önemlisi, ilkeleri kendi yaşamımızda, kendi deneyimlerimizle geçerli kılabileceğimizi bilmek içimizi rahatlatır.

Kuşkusuz, her şeyi bilemeyiz. Gerçek doğamızın ve etrafımızdaki dünyanın yeterince farkında olmayışımız kadar, doğru ilkelerle uyum içinde olmayan modaya uygun felsefe ve kuramlar seli de, doğru ilkelere ilişkin bilgi ve anlayışımızı kısıtlar. Bu fikirler bir süreliğine kabul görür, ama kendilerinden öncekiler gibi sahte temeller üzerine kuruldukları için dayanıklı değildirler.

Her şeyimiz sınırlıdır, ama sınırlarımızı genişletebiliriz. Kendi gelişmemizle ilgili ilkeyi anlamamız, ne kadar çok şey öğrenirsek dünyaya bakış açımızı oluşturan merceğin odak noktasını o kadar net bir biçimde ayarlayabileceğimize güvenerek, doğru ilkeleri araştırmamızı sağlar. İlkeler değişmez; onları kavrayışımız değişir.

İlke merkezli yaşama eşlik eden *bilgelik* ve *rehberlik*, her şeyin dün ve bugün nasıl olduğunu, ileride nasıl olacağını gösteren doğru haritalardan gelir. Doğru haritalar nereye gitmek istediğimizi ve oraya nasıl ulaşacağımızı açıkça görmemizi sağlar. Kararlarımızı, uygulanmalarını mümkün ve anlamlı kılacak doğru verileri kullanarak verebiliriz.

İlke merkezli yaşamın sağladığı kişisel *güç*, kendini tanıyan, bilgili, proaktif bireyin gücüdür. Onu başkalarının tutumları, davranışları ve hareketleri ya da başkalarını kısıtlayan koşullar ve çevresel etkiler sınırlayamaz.

Gücün tek gerçek sınırı, ilkelerin kendi doğal sonuçlarıdır. Doğru ilkelere ilişkin bilgimize dayalı olarak, eylemlerimizi seçmekte özgürüz; ama o eylemlerin sonuçlarını seçme özgürlüğüne sahip değiliz. Unutmayın ki, "Değneği bir ucundan tutup kaldırırsanız, diğer ucunu da kaldırırsınız."

İlkelerin her zaman kendilerine bağlı doğal sonuçları vardır. İlkelerle uyum içinde yaşarsak, sonuç olumlu olur. Onları gözardı edersek, olumsuz olur. Ancak söz konusu ilkeler herkes için geçerli olduğundan, farkında olunsa da olunmasa da, bu sınırlama evrenseldir. Doğru ilkeleri ne kadar iyi öğrenirsek, akıllıca hareket etme konusundaki kişisel özgürlüğümüz de o kadar geniş olur.

Merkez	Güvenlik	Rehberlik	Bilgelik	Güç
İlke Merkezliyseniz...	• Dış koşullar ve olaylar ne olursa olsun, güvenliğinizin temelinde değişmeyen doğru ilkeler vardır. • Doğru ilkelerin, kendi yaşamınızdaki deneyimleriniz aracılığıyla tekrar tekrar onaylanacağını bilirsiniz. • Doğru ilkeler, kendini geliştirmenin ölçüsü olarak, işlevlerini dakiklik,uyum, güzellik ve güçle yerine getirir. • Doğru ilkeler kendi gelişmenizi anlamanızı sağlayarak daha fazla öğrenmeniz için size güven verip bilgi ve anlayış düzeyinizi yükseltir. • Güvenlik kaynağınız, değişikliği heyecanlı bir serüven ve anlamlı katkılarda bulunma fırsatı olarak görmenizi sağlayarak size sabit, değişmez, güvenilir bir öz kazandırır.	• Size, nereye gitmek istediğinizi ve oraya nasıl erişeceğinizi gösteren bir pusula rehberlik eder. • Kararlarınızı uygulanabilir ve anlamlı kılan sağlam verilerden yararlanırsınız. • Olaylar, durumlar, duygular ve koşulların uzağında durup, dengeli bütüne bakarsınız. Kararlarınız ve hareketleriniz hem uzun hem de kısa vadeli düşünceleri ve onlara bağlı olan şeyleri yansıtır. • Her türlü durumda, kararlarınızı ilkeler tarafından eğitilmiş vicdanınıza dayandırarak en iyi seçeneği bilinçli, proaktif bir biçimde belirlersiniz.	• Yargınız uzun vadeli sonuçların geniş bir tayfını kapsar ve akıllıca bir dengeyle sakin güvenceyi yansıtır. • Her şeyi başka türlü görür, böylece fazlasıyla reaktif olan dünyadan farklı biçimde düşünür ve davranırsınız. • Dünyaya, etkili ve tedbirli yaşamak için gerekli olan temel bir paradigma aracılığıyla bakarsınız. • Dünya ve insanlar için neler yapabileceğinizi göz önünde bulundurursunuz. • Proaktif bir yaşam tarzını benimser, başkalarına hizmet etmeye ve onları güçlendirmeye çalışırsınız. • Yaşamın bütün deneyimlerini, öğrenmek ve katkıda bulunmak için birer fırsat olarak yorumlarsınız.	• Gücünüzü sınırlayan, sadece doğal yasalarla doğru ilkelere ilişkin anlayış ve gözlemleriniz, bir de ilkelerin kendi doğal sonuçlarıdır. • Özbilinçli, bilgili, proaktif bir birey olursunuz. Başkalarının tutumları, davranışları ve hareketleri sizi fazla kısıtlamaz. • Hareket yeteneğiniz, kendi olanaklarınızı kat kat aşar ve çok gelişmiş karşılıklı bağlılık düzeylerini teşvik eder. • Kararlarınızı ve hareketlerinizi şu andaki mali durumunuz ya da koşullarınıza bağlı kısıtlamalar etkilemez. Karşılıklı bağlılığa sahip bir özgürlük yaşarsınız.

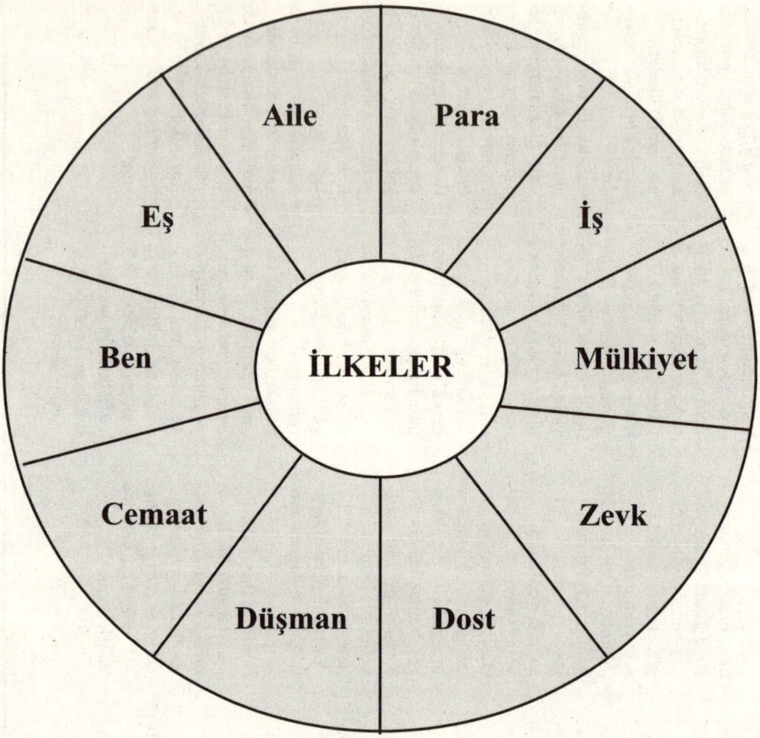

Yaşantımızın merkezine, zaman aşımına uğramayan, değişmeyen ilkeleri yerleştirirsek, etkili hayatın temel paradigmasını yaratmış oluruz. Bu, diğer merkezlerin tümünü perspektife oturtan merkezdir.

Unutmayın, paradigmanız, tutum ve davranışlarınızın kaynağıdır. Paradigma, gözlüğe benzer. Hayatınızdaki her şeyi görme biçiminizi etkiler. Olaylara doğru ilkeler paradigması aracılığıyla bakarsanız, hayatta gördüğünüz şeyler, değişik merkezli herhangi bir paradigmanın merceğinden gördüklerinizden hayli farklı olur.

Bu kitabın Ek bölümüne ayrıntılı bir cetvel ekledim. Bu, incelediğimiz her merkezin başka şeyleri nasıl etkileyebileceğini gösteriyor[1]. Ancak merkezin yarattığı değişikliği çabucak anlamanız için, belirli bir sorunun farklı paradigmalardan nasıl görüldüğüne ilişkin tek bir örneğe bakalım. Okurken, her gözlüğü takmaya, farklı merkezlerden kaynaklanan tepkiyi hissetmeye çalışın.

Diyelim ki bu akşam eşinizi bir konsere davet ettiniz. Biletleri de aldınız. Eşiniz konsere gideceği için çok sevinçli. Öğleden sonra saat dört.

Ansızın patronunuz sizi odasına çağırıyor ve yarın saat 9.00'da yapılacak önemli bir toplantıya hazırlanmak için bütün gece kendisine yardım etmeniz gerektiğini söylüyor.

Eğer *eş merkezli* ya da *aile merkezli* bir gözlükle bakıyorsanız, aklınız eşinizde olacaktır. Patronunuza kalamayacağınızı söyleyip eşinizi hoşnut etmek için onu konsere götürebilirsiniz. İşinizden olmamak için orada kalmanız gerektiğini düşünebilirsiniz, ama bunu istemeyerek, eşinizin göstereceği tepkiden kaygılanarak, kararınızı haklı göstermeye ve kendinizi onun öfkesine ya da düş kırıklığına karşı korumaya çalışarak yaparsınız.

Eğer *para merkezli* bir mercekten bakıyorsanız; ilk önce alacağınız fazla mesai ücretini ya da geç vakitlere kadar çalışmanın işyerinde yükselmenizi nasıl etkileyeceğini düşünürsünüz. Eşinizi arayıp, ekonomik gereksinimlerin önceliğini anlayacağını varsayarak ona sadece büroda kalmanız gerektiğini söyleyebilirsiniz.

Eğer *iş merkezli*yseniz; fırsatları düşünürsünüz. İş konusunda daha fazla bilgi edinebilirsiniz. Patronun gözüne girip kariyerinizde ilerleyebilirsiniz. İstenilenden çok daha fazla çalıştığınız için kendi kendinizi kutlayabilirsiniz. Bunun ne kadar çalışkan olduğunuzu kanıtlayacağına inanırsınız. Karınız sizinle gurur duymalıdır!

Eğer *mülkiyet merkezli*yseniz; fazla mesai ücretiyle alabileceklerinizi düşünürsünüz. Ya da kaldığınız takdirde bunun bürodaki itibarınız açısından ne büyük bir kaynak olacağını dikkate alabilirsiniz. Ertesi sabah herkes sizin ne kadar soylu, özverili ve işine bağlı bir insan olduğunuzu öğrenecektir.

---

1) Bkz. A Eki.

Eğer *zevk merkezli*yseniz; geç saatlere kadar çalışmanız karınızı mutlu edecek olsa bile, muhtemelen işi kenara itip konsere gidersiniz. Geceyi dışarıda geçirmek en doğal hakkınızdır!

Eğer *dost merkezli*yseniz; kararınız herhalde arkadaşlarınızı da konsere davet edip etmediğinize, ya da işteki arkadaşlarınızın da geç vakitlere kadar çalışıp çalışmayacaklarına bağlı olacaktır.

Eğer *düşman merkezli*yseniz; büroda kendisini şirketin en değerli elemanı sayan birine karşı büyük bir avantaj sağlayacağınızı bilerek geç saatlere kadar kalabilirsiniz. O dışarıda keyfine bakarken, siz köle gibi çalışıp hem kendi işinizi hem de onunkini yaparak, onun umursamadığı şirket çıkarları uğruna kendi zevkinizi feda edersiniz.

Eğer *cemaat merkezli*yseniz; cemaatin diğer üyelerinin konsere gidip gitmeyecekleri, bazılarının iş yerinizde çalışıp çalışmadıkları, ya da bunun nasıl bir konser olduğu kararınızı etkileyebilir. Händel'in *Mesih*'i bir rock konserinden daha öncelikli olabilir. Kararınızı, "iyi bir cemaat üyesi"nin yapacağını düşündüğünüz şeyler, ya da fazla mesaiye "hizmet" veya "maddi zenginlik peşinde olmak" gözüyle bakıp bakmadığınız da etkileyebilir.

Eğer *ben merkezli*yseniz; dikkatinizi size en fazla çıkar sağlayacak şeye verirsiniz. Bu akşamı dışarıda geçirmek mi daha iyi olur? Yoksa patronun gözüne girmek mi? Değişik seçeneklerin *sizi* nasıl etkileyeceğiyle ilgilenirsiniz.

Tek bir olaya bakmanın farklı yollarını incelerken, birbirimizle etkileşimlerimizde "genç hanım/yaşlı hanım" benzeri algılama sorunlarıyla karşılaşmamıza şaşmamak gerekir. Merkezlerimizin bizi temelde nasıl etkilediklerini görebiliyor musunuz? Motivasyonlarımızın, günlük kararlarımızın, eylemlerimizin (hatta çoğu kez *tepkilerimizin*), olaylar hakkındaki yorumlarımızın bunlara bağlı olduğunu görebiliyor musunuz? Kendi merkezinizi anlamanız işte bu yüzden çok önemlidir. Ve bu merkez size proaktif bir kişi olarak güç katmıyorsa, bunu yapacak bir merkez yaratmak için gerekli paradigma değişikliğini yapmanız, etkililiğinizin temeli olacaktır.

İlke merkezli bir kişi olarak, durumun yarattığı duygulardan ve sizi etkileyecek diğer faktörlerden uzak durmaya çalışırsınız. Seçenekleri değerlendirirsiniz. Dengeli bütüne –iş ihtiyaçları, aile ihtiyaçları, işin içine girebilecek diğer tüm ihtiyaçlar ve değişik kararların olası sonuçları– bakarak ve tüm etkenleri hesaba katarak, en iyi çözümü bulmaya çalışırsınız.

Konsere gitmeniz ya da iş yerinde kalıp çalışmanız, etkili bir kararın küçük bir parçasıdır aslında. Aynı seçimi diğer merkezlerden birkaçıyla da yapabilirsiniz. Ancak ilke merkezli paradigmadan hareket ediyorsanız, arada çok önemli bazı farklar vardır.

Birincisi, başka insanların ya da koşulların etkisi altında kalmazsınız. En iyi seçenek olduğuna karar verdiğiniz şeyi proaktif bir biçimde seçersiniz. Kararınızı bilinçli olarak ve bilginize dayanarak verirsiniz.

İkincisi, kararınızın en etkili seçenek olduğunu bilirsiniz; çünkü uzun vadede tahmin edilebilir sonuçları olan ilkelere dayalıdır.

Üçüncüsü, yapmayı seçtiğiniz şey hayattaki nihai değerlerinize katkıda bulunur. İşyerinde birini geçebilmek amacıyla geç saatlere kadar çalışmakla, patronunuzun etkililiğine değer verdiğiniz ve şirketin geleceğine gerçekten katkıda bulunmak istediğiniz için fazla mesai yapmak, birbirinden tümüyle farklıdır. Kararlarınızı uygularken edindiğiniz deneyimler, bir bütün olarak yaşamınıza nitelik ve anlam kazanır.

Dördüncüsü, karşılıklı bağlılık taşıyan ilişkilerinizde yarattığınız güçlü ağ içinde eşiniz ve patronunuzla iletişim kurabilirsiniz. Bağımsız olduğunuz için, etkili bir biçimde karşılıklı bağlılığa sahip olabilirsiniz. Başkalarına devredilebilecek görevleri bırakmaya karar verip, geride kalanları yapmak üzere ertesi sabah erkenden işyerine gelebilirsiniz.

Son olarak da, kararınız sizi rahatsız etmez. Yapmayı seçtiğiniz şey her ne ise, ona odaklanıp tadını çıkarabilirsiniz.

İlke merkezli bir kişi olarak her şeyi farklı bir biçimde görürsünüz. Her şeyi farklı biçimde gördüğünüz için de farklı düşünür, farklı davranırsınız. Değişmeyen, sağlam bir özden kaynaklanan yüksek düzeyde güvenlik, rehberlik, bilgelik ve gücünüz sayesinde çok proaktif ve etkili bir yaşamın temeline sahip olursunuz.

Kişisel Misyon Bildirgesinin Yazım ve Kullanımı

İçimizin derinliklerine inerek temel paradigmalarımızı anlayıp, onları doğru ilkelerle uyum sağlayacak biçimde yeniden hizaya getirirken, hem etkili, güç verici bir merkez, hem de dünyayı görebileceğimiz berrak bir mercek yaratırız. Daha sonra bu mercek aracılığıyla, benzersiz bireyler olarak dünyayla nasıl iletişim kurduğumuza bakabiliriz.

Frankl, hayattaki misyonlarımızı *icat etmek*ten çok, *keşfettiğimizi* söyler. Seçtiği bu sözler hoşuma gidiyor. Bence hepimizin içinde bir monitör ya da duyu, bir *vicdan* var. Bu, kendi benzersizliğimizin ve yapabileceğimiz eşsiz katkıların farkına varmamızı sağlıyor. Frankl'in ifadesiyle, "Herkesin hayatta kendine özgü bir görevi ya da misyonu vardır. (...) Bu nedenle, kişinin ne yeri doldurulabilir, ne de yaşamı tekrarlanabilir. Kısacası herkesin görevi, onu yerine getirmek için eline geçen özgül fırsatlar kadar benzersizdir."

Bu benzersizliği sözle ifade etmeye çalışırken, bize yine proaktivitenin ve Etki Alanımız içinde çalışmanın temel önemi hatırlatılıyor. Hayatımızın soyut anlamını İlgi Alanımızın dışında aramak, proaktif sorumluluğumuzdan vazgeçmek, ilk yaratımımızı koşulların ve başka insanların eline teslim etmek demektir.

Anlamımız içimizden gelir. Yine Frankl'in ifadesiyle, "Sonuç olarak insan, hayatının ne anlama geldiğini sormak yerine, o sorunun kendisine sorulduğunu anlamalıdır. Kısacası, her insan hayat tarafından sorgulanır ve hayata yanıtını ancak kendi hayatı adına verebilir; hayata ancak sorumluluğunu kabul ederek karşılık verebilir."

Kişisel sorumluluk ya da proaktivite, ilk yaratımın temelini oluşturur. Yine bilgisayar benzetmesine dönecek olursak, 1. Alışkanlık, "*Sen programlayıcısın,*" der. Bunun üzerine 2. Alışkanlık şöyle söyler: "*Programı yaz.*" Sorumlu ya da programcı olduğunuz fikrini kabul edinceye kadar, programın yazılmasına gerçek anlamda yatırım yapmazsınız.

Proaktif insanlar olarak, hayatımızda ne olmak ve ne yapmak istediğimizi ifade etmeye başlayabiliriz. Kişisel bir misyon bildirgesi, kişisel bir anayasa yazabiliriz.

Misyon bildirgesi, bir gecede yazacağınız bir şey değildir. İçinize derinlemesine bir bakış, dikkatli bir analiz ve düşünceli bir ifade ister. Çoğu zaman, bildirge son şeklini alıncaya kadar tekrar tekrar yazılması gerekir. Tam istediğiniz gibi oluncaya kadar, yani en derin değer ve yönelimlerinizin eksiksiz ve kesin bir ifadesi olduğunu hissedinceye kadar birkaç hafta, hatta aylar geçebilir. Yine de, yıllar içinde değişik koşullar ortaya çıktıkça ve yeni içgörüler edindikçe, onu düzenli bir biçimde gözden geçirmek ve ufak tefek değişiklikler yapmak isteyeceksiniz.

Ama temelde, misyon bildirgeniz kendi anayasanız, vizyon ve değerlerinizin sağlam bir ifadesi olur. Yaşamınızdaki her şeyi ölçmek için başvurduğunuz kıstas haline gelir.

Geçenlerde kendi misyon bildirgemi yeniden gözden geçirdim. Bunu sık sık yaparım. Bisikletle gittiğim bir kıyıda yalnız başıma otururken anayasamı çıkardım ve çekidüzen verdim. Bu iş birkaç saatimi aldı, ama bir açıklık, düzen ve bağlılık duygusu, bir coşku ve özgürlük hissettim.

Bence bu süreç, ürün kadar önemlidir. Bir misyon bildirgesi yazmak ya da onu gözden geçirmek sizi değiştirir; çünkü sizi önceliklerinizi derinlemesine ve dikkatlice düşünmeye ve davranışlarınızı inançlarınızla uyumlu hale getirmeye zorlar. Siz bunu yaparken, başkaları da, yaşadığınız şeyler tarafından yönlendirilmediğinizi sezmeye başlar. Yapmaya çalıştığınız iş hakkında bir misyon duygunuz olur ve bu da size heyecan verir.

Beyninizin Tamamını Kullanmak

Özbilincimiz, kendi düşüncelerimizi incelememiz için bize güç verir. Kişisel bir misyon bildirgesinin yaratılmasına özellikle yardımcı olur, çünkü 2. Alışkanlığı uygulamamızı sağlayan, insanlara özgü o iki eşsiz yeti –hayal gücü ve vicdan– gerçekte beynin sağ yanının işlevleridir. Bu sağ beyin kapasitesinden nasıl yaralanacağımızı anlamak, ilk yaratım yeteneğimizi büyük ölçüde artırır.

"Beyin egemenliği" kuramı diye bilinen konu üzerinde onyıllarca araştırma yapıldı. Bulgular, esas olarak beynin her bir yarıküresinin –sol ve sağ– farklı işlevlerde uzmanlaşma ve o işlevlere gözcülük etme eğilimi gösterdiğini, farklı türden bilgileri işlemden geçirdiğini ve farklı türden sorunlarla ilgilendiğini gösteriyor.

Temelde, sol yarıküre daha mantıksal/sözel; sağ yarıküre ise daha sezgisel, yaratıcı olandır. Sol yarıküre sözcüklerle ilgilenir, sağ ise resimlerle. Sol, parçalar ve özelliklerle uğraşır; sağ, bütünler ve parçalar arasındaki ilişkilerle. Sol, analizle, yani parçalara ayırmakla ilgilenir; sağ, sentezle, yani parçaları bir araya getirmekle. Sol, ardışık düşünmeyle ilgilenir; sağ, eşzamanlı ve bütüncül düşünmeyle. Sol zamana bağlıdır; sağ zamandan bağımsızdır.

İnsanlar beynin her iki yanını da kullanırlar. Ancak genellikle her bireyde sağ ya da sol yan ağır basar. Kuşkusuz ideal olan, her iki yan arasında sağlam bir köprü kurma yeteneğini beslemek ve geliştirmektir. Böylece önce durumun neyi gerektirdiği sezilir, sonra da onunla başa çıkmak için uygun araç kullanılır. Ancak insanlar baskın yarıkürenin "rahatlık bölgesi"nde kalıp her durumu sağ ya da sol beyin tercihine göre işlemden geçirme eğilimi gösterirler.

Abraham Maslow'un dediği gibi: "Çekiç kullanmayı iyi bilen biri, her şeyin bir çivi olduğunu düşünme eğilimindedir." Bu da "Genç hanım/yaşlı hanım" algısındaki farkı belirleyen bir diğer etkendir. Sağ beynini kullanan insanlarla sol beynini kullananlar, her şeye farklı bir biçimde bakma eğilimi gösterirler.

Biz, aslında sol beynin egemen olduğu bir dünyada yaşıyoruz. Burada sözcüklere, ölçülere ve mantığa büyük değer veriliyor. Doğamızın daha yaratıcı, sezgisel ve sanatsal yanı ise çoğu zaman ikinci plana itiliyor. Birçoğumuz, sağ beynin kapasitesinden yararlanmakta daha fazla zorlanıyor.

Kabul etmek gerekir ki bu, fazlasıyla basitleştirilmiş bir tanımlamadır ve yeni çalışmalar kuşkusuz beynin işleyişini daha iyi aydınlatacaktır. Ancak burada önemli olan, çok farklı türden düşünce işlemlerini yapma yeteneğine sahip olduğumuz halde potansiyelimizi neredeyse hiç kullanmamamızdır. Değişik kapasitelerinin farkına varırken, zihnimizi bilinçli olarak belirli gereksinimleri daha etkili biçimde karşılamak için kullanabiliriz.

SAĞ BEYİNDEN YARARLANMANIN İKİ YOLU

Beyin egemenliği kuramını bir model olarak kullanırsak, ilk yaratımızın niteliğinin sağ beynimizin yaratıcılığını kullanma yeteneğimizden büyük ölçüde etkileneceği açıklık kazanır. Sağ beyin kapasitemizden ne kadar yararlanırsak; hayal etme, sentez yapma, zamanı ve mevcut koşulları aşma, ne olmak ve ne yapmak istediğimizle ilgili bütüncül bir resim yaratma gücümüz de o kadar artacaktır.

Bakış Açısını Genişletmek

Bazen beklenmedik bir deneyim yüzünden sol beyin çevremizden ve düşünce kalıplarından fırlayıp sağ beyne geçeriz. Sevilen birinin ölümü, ciddi bir hastalık, mali bir sıkıntı ya da aşırı bir rekabet, geriye çekilerek yaşantımıza bakıp kendimize "Aslında önemli olan nedir? Yapmakta olduğum işi neden yapıyorum?" türünden çetin sorular sormamıza neden olabilir.

Ama proaktifseniz, bakış açınızı genişletecek deneyimleri yaratmak için koşulları ya da başkalarını beklemenize gerek kalmaz. Onları bilinçli bir biçimde kendiniz yaratabilirsiniz.

Bunu yapmanın birkaç yolu vardır. Hayal gücünüzün yardımıyla, bu bölümün başında yaptığımız gibi kendi cenaze töreninizi gözünüzün önünde canlandırabilirsiniz. "Merhumu nasıl tanırdınız?" sorusunun yanıtını yazabilirsiniz. Gerçekten oturup yazın. Hem de ayrıntılı olarak.

Yirmi beşinci, sonra da ellinci evlilik yıldönümünüzü gözünüzün önüne getirebilirsiniz. Eşinizin bunu sizinle birlikte yapmasını sağlayın. Bu kadar yıl boyunca günbegün yaptığınız yatırımlar yoluyla yaratmak istediğiniz aile ilişkilerinin özünü yakalamaya çalışın.

Şimdiki işinizden emekliye ayrılışınızı da gözünüzün önüne getirebilirsiniz. Kendi alanınızda ne tür başarılara erişmek, ne tür katkılarda bulunmak isterdiniz? Emeklilik sonrası için planlarınız neler olacak? İkinci bir meslek mi edineceksiniz?

Düşüncenizi genişletin. Bütün ayrıntıları gözünüzün önüne getirin. Onlara olabildiğince duygu ve heyecan katın. Duyularınızdan da olabildiğince yararlanın.

Üniversitede ders verirken, bazı sınıflarda buna benzer göz önünde canlandırma alıştırmaları yapardım. "Yaşam sürenizin bu yarı yılla kısıtlı olduğunu varsayın," derdim öğrencilerime, "ve bu yarı yıl boyunca iyi bir öğrenci olarak okulda kalacaksınız. Şimdi bu süreyi nasıl geçireceğinizi hayal edin!"

Bu durumda her şeye bakış açısı birdenbire değişir. Daha önce fark edilemeyen bazı değerler yüzeye çıkar.

Öğrencilerimden ayrıca, bir hafta boyunca bu genişlemiş bakış açısıyla yaşamalarını ve bir günlük tutarak deneyimlerini yazmalarını da isterdim.

Sonuçlar çok şeyi açığa çıkarır. Öğrenciler anne-babalarına mektup yazmaya ve onları ne kadar sevdiklerini ve takdir ettiklerini açıklamaya başlarlar. Aralarının bozuk olduğu bir erkek ya da kız kardeşle, bir arkadaşla barışırlar.

Faaliyetlerine egemen olan ana unsur, temeldeki ilke, sevgidir. Yaşanacak pek az bir süreleri kaldığını düşündüklerinde, dedikodunun, kötü düşüncelerin, aşağılamaların ve suçlamaların yararsızlığı ortaya çıkar. İlkeler ve değerler herkesin gözünde daha fazla açıklık kazanır.

Değerlerinizle bağlantı kurmak için hayal gücünüzü kullanmanın bazı teknikleri vardır. Ancak kullandığımız her tekniğin net etkisi aynıdır. İnsanlar hayatlarında kendileri için en önemli şeyin ne olduğunu, ne yapmayı ve nasıl olmayı istediklerini ciddi bir biçimde belirlemeye karar verdikleri zaman çok saygılı olurlar. Bugün ve yarını aşacak çapta düşünmeye başlarlar.

Göz Önünde Canlandırma ve Onaylama

Kişisel liderlik tekil bir deneyim değildir. Kişisel bir misyon bildirgesi yazmakla başlayıp bitmez. Aslında bu, vizyonunuzu ve değerlerinizi göz önüne alıp hayatınızı bu en önemli şeylerle uyumlu olacak şekilde düzenleme sürecidir. Kişisel misyon bildirgenizi yaşantınıza katmaya çalışırken harcadığınız çabada, güçlü sağ beyin kapasiteniz size her gün büyük ölçüde yardımcı olabilir. Bu, "sonunu düşünerek işe başlama"nın bir başka uygulamasıdır.

Daha önce sözünü ettiğimiz örneğe geri dönelim: Diyelim ki ben, çocuklarını gerçekten çok seven bir babayım. Yine diyelim ki, kişisel misyon bildirgemde bunu temel değerlerimden biri olarak belirtiyorum. Ancak günlük yaşantımda aşırı tepki gösterdiğim için başım dertte.

Bu durumda sağ beynimin göz önünde canlandırma yeteneğinden yararlanarak, günlük yaşantımda daha derin değerlerimle daha uyumlu olmama yardım edecek bir "onaylama" yazabilirim.

İyi bir onaylamanın beş temel özelliği vardır. *Kişisel*dir, *pozitif*tir, *şimdiki zamanlı*dır, *görsel*dir ve *duygusal*dır. Bu nedenle şöyle bir şey yazabilirim: "Çocuklarım yaramazlık yaptıklarında onlara bilgece, sevgiyle, kararlı bir biçimde ve özdenetimle (olumlu) tepki veriyorum (şimdiki zaman), bu beni (kişisel) çok tatmin ediyor (duygusal)."

Sonra bunu hayalimde canlandırabilirim. Her gün birkaç dakika harcayarak, zihnimi ve bedenimi tam anlamıyla gevşetebilirim. Çocuklarımın yaramazlık edebilecekleri durumları düşünebilirim. Bütün bunları en ince ayrıntılarına kadar hayal ederim. Üzerinde oturduğum koltuğun dokusunu, ayaklarımın altındaki zemini, sırtımdaki kazağı hissederim. Kızımın üzerindeki giysiyi ve yüzündeki ifadeyi görebilirim. Ayrıntıları ne kadar aydınlık ve canlı olarak hayal edersem, olayı da o kadar derinden hissederim. Böylece ona bir seyirci gibi bakmaktan kurtulurum.

Sonra kızımın, genelde kalbimin hızla çarpmasına ve tepemin atmasına yol açan belirli bir şeyi yaptığını görebilirim. Ama normal tepkimi görmek yerine, duruma, onaylayıcı ifademde yakaladığım bütün o sevgi, güç ve özdenetimle karşılık verdiğimi görebilirim. Programı, senaryoyu, değerlerimle, kişisel misyonumla uyum sağlayacak bir biçimde yazabilirim.

Ve bunu yaparsam, davranışlarım günden güne değişir. Annemle babam, toplum, soyaçekim ya da çevrem tarafından bana aktarılan senaryo yerine, seçimi bana ait olan değerler sistemine göre yazmış olduğum senaryoyu yaşarım.

Oğlum Sean'a, bu onaylama sürecini futbol yaşamında kapsamlı olarak kullanması için yardım edip ona cesaret verdim. Buna lise takımında oyun kurucusu olduğu sırada başladık ve sonunda, bu işi kendi kendine nasıl yapacağını öğrettim.

İçten içe sakinleşmesi için, derin nefes alıp verme ve kas gevşetme tekniğiyle zihninin iyice rahatlamasını sağlamaya çalışıyorduk. Sonra da aklına gelebilecek en berbat durumlarla baş başa kaldığını gözünde canlandırmasına yardımcı oluyordum.

Sean, hayalinde hızla üzerine doğru gelen bir saldırı canlandırıyordu. Bu yıldırım gibi saldırıyı yorumlayıp karşılık vermesi gerekiyordu. Savunma taktiğini oluşturduktan sonra yanındakilere talimat verdiğini hayal ediyordu. Pas atacağı birinci, ikinci, üçüncü oyuncularla çabucak anlaştığını getiriyordu aklına. Normalde göz önüne getirmeyeceği seçenekleri hayalinde canlandırıyordu.

Futbol yaşamının bir noktasında, sürekli gerginleştiğini söyledi bana. Aramızda konuşurken, onun gerginliği hayal ettiğini fark ettim. Bu nedenle aşırı baskı altında olduğu bir anda gevşemeyi hayalinde canlandırması üzerinde çalıştık. Göz önünde canlandırmanın doğasının çok önemli olduğunu keşfettik. Gözünüzde yanlış şeyi canlandırırsanız yanlış sonuca yol açarsınız.

Dr. Charles Garfield hem spor ve hem de iş alanında yüksek performans gösteren insanlar üzerinde kapsamlı araştırmalar yaptı. NASA programındaki çalışmalarında doruk performans çok ilgisini çekmiş, astronotların uzaya çıkmadan önce her şeyi bir simulasyon ortamında tekrar tekrar prova etmelerini seyretmişti. Matematik dalında bir doktora sahibi olmasına karşın, okula dönüp psikoloji alanında da doktora yapmaya ve doruk performans gösteren kişilerin niteliklerini incelemeye karar verdi.

Dr. Garfield'in araştırmalarının ortaya çıkardığı temel olgulardan biri de şuydu: Dünya çapındaki atletler ve doruk performans gösteren diğer kişiler, olayları gözlerinin önünde canlandırabiliyorlardı. Olayı önce görüyor, hissediyor, yaşıyor, sonra da gerçekleştiriyorlardı. Sonunu düşünerek işe başlıyorlardı.

Bunu yaşamınızın her alanında yapabilirsiniz. Bir performans, bir ürün tanıtımı, zor bir karşılaşma ya da günlük bir hedefe varma mücadelesinden önce olayı açıkça, canlı bir biçimde, amansızca, tekrar tekrar görün. İçinizde bir "rahatlık bölgesi" yaratın. Bunun ardından içine girdiğiniz durum size yabancı gelmeyecek, sizi korkutmayacaktır.

Yaratıcı ve görsel olan sağ beyniniz, hem kişisel misyon bildirgenizi oluşturmanız, hem de onu yaşamınızla bütünleştirmeniz açısından, en önemli kaynaklarınızdan biridir.

Göz önünde canlandırma ve onaylama süreciyle ilgili pek çok kitap, kaset ve video bandı var. Bu alandaki daha yakın tarihli gelişmeler arasında, bilinçdışı algılama programlaması, nörolinguistik programlama (NLP), gevşeme ve kendi kendine konuşma süreçlerinin yeni biçimleri yer alıyor. Bütün bunlar ilk yaratımın temel ilkelerinin açıklanmasını, inceden inceye işlenmesini ve farklı bir biçimde bir araya getirilmesini içeriyor.

Başarı edebiyatını gözden geçirirken bu konuda yüzlerce kitap taradım. Bunlardan bazıları abartılı iddialarda bulunuyor ve bilimsel kanıtlardan çok, yaşanmış olaylara dayanıyordu. Ama bence malzemenin büyük bir kısmı temelde sağlamdı. Çoğunluğun ilk kaynağının ise, pek çok kişi tarafından incelenen Kutsal Kitap olduğu anlaşılıyor.

Etkili liderlikte, göz önünde canlandırma ve onaylama teknikleri, kişinin yaşam merkezi halini alan, inceden inceye düşünülmüş amaç ve ilkeler temelinden doğal bir biçimde ortaya çıkar. Bunlar yeniden senaryo yazımı ve yeniden programlamada, derinden bağlanılan amaç ve ilkelerin insanın zihnine ve yüreğine yazılmasında çok etkilidir. Bence toplumda kalıcı olan tüm dinlerin merkezinde, farklı bir dille anlatılan aynı ilkeler ve uygulamalar bulunuyor: Meditasyon, dua, ahitler, kurallar, kutsal kitapların incelenmesi, anlayış, merhamet ve hem vicdanın hem de hayal gücünün çok değişik biçimlerde kullanılması.

Ancak bu teknikler Kişilik Etiği'nin bir parçası halini alıp karakter ve ilkelerden oluşan bir temelden koparılırsa, başka merkezlere, öncelikle de ben merkezine hizmet edecek şekilde yanlış ve kötü kullanılabilir.

Onaylama ve göz önünde canlandırma, programlama şekilleridir. Biz de temel merkezimizle uyum içinde olmayan ya da para kazanma, kendi çıkarını düşünme veya doğru ilkeler dışındaki bir merkezden kaynaklanan herhangi bir programlamaya teslim olmamaya dikkat etmeliyiz.

Hayal gücü, maddi kazanca ya da "bundan benim çıkarım ne" gibi sorulara odaklanıldığında ortaya çıkan geçici başarıya ulaşmak için de kullanılabilir. Ama bence hayal gücünün daha üstün kullanımı, kendini aşıp biricik amaca ve karşılıklı bağlılık taşıyan gerçekliğe hükmeden ilkelere dayalı, katkı dolu bir yaşam yaratmak için vicdanın kullanılmasıyla uyumludur.

Rollerİ ve Hedeflerİ Tanımlamak

Kuşkusuz, sağ beyninizdeki imgeleri, duyguları ve resimleri bir misyon bildirgesindeki sözcüklerde yakalamaya çalıştığınız sırada, mantıksal/sözel sol beyin de önem kazanır. Tıpkı soluma alıştırmalarının bedenle zihnin bütünleşmesine yardımcı olması gibi, yazmak da bilinçle bilinçaltının birleşip bütünleşmesine yardımcı olan bir tür ruhsal-sinirsel kas etkinliğidir. Yazmak düşünceyi damıtır, berraklaştırır ve netleştirir. Bütünün parçalara ayrılmasını sağlar.

Hepimiz yaşamımızda bir sürü rol üstleniriz; değişik alanların ve yeteneklerin sorumluluğunu alırız. Örneğin, birey, koca, baba, öğretmen, dini cemaat üyesi ve iş adamı rollerini üstelenebilirim ve bu rollerin her biri benim için önemlidir.

İnsanlar hayatta daha etkili olmaya çalışırken ortaya çıkan en büyük sorunlardan biri, yeterince geniş kapsamlı düşünmemeleridir. Etkili bir yaşam sürmek için gerekli olan orantı, denge ve doğal ekoloji kavramlarını kaybederler. İşe dalıp kendi sağlıklarını ihmal edebilirler. Mesleki başarı uğruna yaşamlarındaki en değerli ilişkiyi ihmal edebilirler.

Misyon bildirgenizi yaşamınızdaki belirli rol alanlarına ve her alanda erişmek istediğiniz hedeflere ayırırsanız, daha dengeli ve daha kolay uygulanır hale geldiğini görebilirsiniz. Meslek yaşamınızdaki rolünüze bakın. Satışta, yönetimde ya da ürün geliştirme bölümünde görevli olabilirsiniz. O alanda ne yapıyorsunuz? Size rehberlik etmesi gereken değerler hangileri? Eş, baba, anne, komşu, dost olarak kişisel rollerinizi düşünün. Bu rollerde ne yapıyorsunuz? Sizin için önemli olan nedir? Siyaset alanı, kamu hizmeti, gönüllü olarak çalıştığınız kurumlar gibi, toplum içindeki rollerinizi düşünün.

Bir yönetici, roller ve hedefler fikrini kullanarak aşağıdaki misyon bildirgesini yaratmıştı:

Benim misyonum, dürüstçe yaşamak ve başkalarının yaşamında bir fark yaratmaktır.

Bu misyonu yerine getirmek için:

Merhametliyim: Bir insanı –her insanı– konumuna aldırış etmeksizin arar ve severim.

Özveriliyim: Zamanımı, yeteneklerimi ve kaynaklarımı misyonuma adarım.

İlham veririm: Hepimizin bizi seven Tanrı'nın çocukları olduğumuzu ve her devin yenilebileceğini örnek oluşturarak öğretirim.

Etkinim: Yaptıklarım başkalarının yaşamlarında bir fark yaratır.

Misyonumu yerine getirirken şu rollere öncelik tanırım:

Koca: Eşim yaşamımdaki en önemli insandır. Yaşamımıza uyum, çalışkanlık,merhamet ve tutumluluğun meyvelerini birlikte katarız.

Baba: Çocuklarıma, yaşamdan gitgide daha fazla zevk almaları için yardım ederim.

Oğul/Kardeş: Destek ve sevgimle her zaman "burada"yım.

Dindar: Tanrı, sözlerime sadık kalacağımı ve diğer çocuklarına yardım edeceğimi bilir.

Komşu: Tanrı sevgisi, başkalarına karşı davranışlarımda belirgindir.

Değişim Aracı: Büyük kurumlarda yüksek performansın geliştirilmesi için katalizörlük yaparım.

Öğrenci: Her gün yeni önemli şeyler öğrenirim.

Misyonunuzu yaşamınızdaki önemli rolleri göz önünde bulundurarak yazmanız, dengeli ve uyumlu olmanızı sağlar. Rollerinizi teker teker belirginleştirir. Bunları sık sık gözden geçirebilirsiniz. Böylece kendinizi bir role kaptırıp yaşamınızda aynı derecede, hatta daha da önemli olanları unutmazsınız.

Çeşitli rollerinizi tanımladıktan sonra, her bir rolle erişmek istediğiniz uzun vadeli hedefleri düşünebilirsiniz. Yine sağ beyindeyiz; hayal gücü, yaratıcılık, vicdan ve ilhamdan yararlanıyoruz. Bu hedefler doğru ilkelere dayanan bir misyon bildirgesinin uzantısıysa, insanların normalde belirledikleri hedeflerden alabildiğine farklı olacaklardır. Doğru ilkelerle, doğal yasalarla uyumlu olmaları, onlara ulaşma gücünüzü artıracaktır. Bunlar, tarafınızca benimsenen başkalarına ait hedefler değildir. Kendi hedeflerinizdir. En derin değerlerinizi, benzersiz yeteneğinizi, misyon anlayışınızı yansıtırlar. Yaşamınız için seçmiş olduğunuz rollerden doğarlar.

Etkili bir hedefin odak noktası faaliyet değil, öncelikle sonuçlardır. Nerede olmak istediğinizi tanımlar ve süreç içinde bulunduğunuz yeri belirlemenize yardım eder. Oraya nasıl varacağınız konusunda size önemli bilgiler verir ve vardığınızda, bunu size bildirir. Çabalarınızla enerjinizi birleştirir. Bütün yaptıklarınıza amaç ve anlam kazandırır. Sonuçta da kendini günlük etkinliklere aktarabilir. Böylece proaktif olursunuz. Yaşamınızın sorumluluğunu üstlenirsiniz. Her gün, kişisel misyon bildirgenize uymanızı sağlayacak şeylerin gerçekleşmesini sağlarsınız.

Roller ve hedefler, kişisel misyonunuzu yapılandırıp düzenli bir biçimde yönlendirir. Henüz kişisel bir misyon bildirgeniz yoksa, burası başlamak için iyi bir noktadır. Yalnızca yaşamınızın çeşitli alanlarını ve ilerlemek için her alanda ulaşmayı gerekli gördüğünüz iki ya da üç önemli sonucu tanımlamanız bile, yaşantınızla ilgili genel bir bakış açısı ve bir yön duygusu edinmenizi sağlar.

3. Alışkanlığa geçerken, kısa vadeli hedefler alanını daha derinlemesine inceleyeceğiz. Bu noktada önemli olan uygulama, rolleri ve uzun vadeli hedefleri kişisel misyon bildirgeniz açısından tanımlamaktır. Bu rollerle hedefler, 3. Alışkanlığa, yani yaşam ve zamanın günü gününe yönetimi konusuna geldiğimizde, etkili bir biçimde hedef saptayıp ulaşmanın temelini oluşturacaklardır.

AİLENİN MİSYON BİLDİRGESİ

2. Alışkanlık ilkeye dayandığı için, uygulama alanı geniştir. Bireylerin yanı sıra aileler, her türlü hizmet grupları ve kurumlar, sonunu düşünerek işe başladıklarında çok daha etkili olurlar.

Pek çok aile sağlam ilkelerle değil; krizler, değişken ruh halleri, çabuk çözümler ve anlık doyumlarla yönetilir. Stres ve baskı arttığı zaman belirtiler yüzeye çıkar: İnsanlar kuşkulu, eleştirel olur; ya sessizleşir ya da bağırarak aşırı tepki gösterirler. Bu tür davranışları gören çocuklar da, sorunları çözmenin tek yolunun savaşmak ya da kaçmak olduğunu düşünerek büyürler.

Her ailenin çekirdeği, her zaman var olan, paylaşılan vizyon ve değerlerdir. Ailenin misyon bildirgesini yazmakla, gerçek dayanağını açıklamış olursunuz.

Bu misyon bildirgesi ailenizin anayasası, standartı, değerlendirme ve karar verme kıstası olur. Aileye hem yön verir, hem de birlik ve süreklilik sağlar. Bireysel değerler ailenin değerleriyle uyumlu olduğu zaman, üyeler derinden hissedilen ortak amaçlar için birlikte çalışırlar.

Burada da süreç ürün kadar önemlidir. Bir misyon bildirgesini yazma ve arıtma süreci, aileyi geliştirmenin başlıca yollarından biri haline gelir. Bir misyon bildirgesi yaratmak için birlikte çalışmak, onu yaşamak için gerekli olan ÜY'yi (üretme yeteneğini) oluşturur.

Ailenin bütün üyelerinden teker teker bilgi alarak, bildirgenin taslağını hazırlayarak, geribildirim alarak, yazılanları gözden geçirerek ve değişik aile üyelerinin ifadelerini kullanarak, gerçekten önemli konularda ailenin konuşup iletişim kurmasını sağlarsınız. En iyi misyon bildirgeleri, aile üyelerinin karşılıklı saygıyla bir araya gelerek farklı görüşlerini dile getirmelerinin ve herhangi bir bireyin tek başına yapabileceğinden daha büyük bir şey yaratmak için birlikte çalışmalarının sonucunda ortaya çıkanlardır. Bakış açısını genişletmek, vurgusunu ya da yönünü değiştirmek, eklemeler yapmak ya da zamanın aşındırdığı sözcüklere yeni anlamlar katmak için bildirgenin arada bir gözden geçirilmesi, ailenin ortak değer ve amaçlarda birleşmesini sağlar.

Misyon bildirgesi, düşünmek, aileyi yönetmek için bir iskelet oluşturur. Sorunlar ve krizler baş gösterdiğinde, aile üyelerine en önemli şeyleri hatırlatacak ve doğru ilkelere dayalı kararlar verilip sorunların çözülmesi için yön gösterecek anayasa hazırdır artık.

Bizim evde, misyon bildirgesi oturma odasının duvarında asılıdır; böylece ona her gün bakıp kendimize çekidüzen veririz.

Evimizde düzen, sorumlu bağımsızlık, işbirliği, yardımseverlik, gereksinimleri karşılama, yetenekleri geliştirme, birbirimizin yetenekleriyle ilgilenme ve başkalarına hizmet etmenin vurgulandığı, sevgiyi yansıtan cümleleri okuduğumuz zaman, bir aile olarak bizim için en önemli konulardaki başarı düzeyimizi ölçeceğimiz bir kıstasımız olur.

Ailemizin hedef ve etkinliklerini planlarken, "Bu ilkelerin ışığında hangi hedeflerin üzerinde çalışacağız? Hedeflerimize ulaşmak ve bu değerleri hayata geçirmek için hangi eylem planlarını benimseyeceğiz?" deriz.

Bildirgeyi sık sık gözden geçiririz. Yılda iki kez, eylül ve haziranda –okullar açılırken ve kapanırken– durumu olduğu gibi yansıtmak, geliştirmek ve güçlendirmek için, hedeflerin ve yapılacak işlerin üzerinde çalışırız. Bu bizi yeniler, inandığımız, savunduğumuz şeylere yeniden bağlar.

KURUMSAL MİSYON BİLDİRGELERİ

Misyon bildirgeleri başarılı kurumlar açısından da yaşamsal önem taşır. Kurumlarla yaptığım çalışmaların en önemli hamlelerinden biri, etkili misyon bildirgeleri geliştirmelerine yardım etmektir; bildirgenin etkili olması için de, kurumun iç organlarından çıkması gerekir. Herkesin anlamlı bir katkısı olmalıdır; sadece en tepedeki stratejiyi planlayan kişilerin değil, herkesin. Burada da katılım süreci, yazılı ürün kadar önemlidir. Kullanımının da anahtarıdır.

IBM'e her gidişimde oradaki eğitim sürecini izlemek beni çok heyecanlandırır. Her seferinde, kurum lideri bir gruba katılır ve IBM'in üç şeyi savunduğunu söyler: Bireyin onuru, mükemmellik ve hizmet.

Bunlar IBM'in inanç sistemini temsil eder. Başka her şey değişir, ama bu üç şey asla. Bu inanç sistemi kurumun bütün hücrelerine yayılmıştır ve orada çalışanların tümü için ortak değerler ve kişisel güvenlik konusunda inanılmaz bir dayanak oluşturur.

Bir aralar, New York'ta IBM adına bir gruba eğitim veriyordum. Yirmi kişilik küçük bir gruptu. İçlerinden biri hastalandı ve California'daki karısını aradı. Eşinin hastalığı özel bir tedavi gerektirdiği için kadın endişeliydi. Eğitim kursunu düzenleyen IBM görevlileri, adamın bu hastalık konusunda deneyimli uzmanların bulunduğu çok iyi bir hastaneye kaldırılması için gereken hazırlıkları yaptılar. Ancak eşinin kararsız olduğunu ve sorunla aile doktorlarının ilgilenebilmesi için kocasının eve dönmesini istediğini sezmişlerdi.

Sonunda onu evine göndermeye karar verdiler. Hastayı arabayla alana götürüp tarifeli uçağın kalkış saatini beklerken geçecek zaman görevlileri endişelendiriyordu. Bu nedenle bir helikopter getirtip hastayı havaalanına taşıdılar, oradan da California'ya uçurmak üzere özel bir uçak kiraladılar.

Bütün bunlar kaça mal oldu bilmiyorum; herhalde binlerce dolar harcanmıştır. Fakat IBM, bireyin onuruna inanır. Şirketin savunduğu şey budur. Oradakiler için bu deneyim, kurumun inanç sistemini temsil ediyordu ve kimseyi şaşırtmadı. Bense çok etkilendim.

Bir seferinde de, alışveriş merkezi yöneticisi 175 kişiye belirli bir otelde eğitim vermem gerekiyordu. Oteldeki servisin mükemmelliği beni çok şaşırtmıştı. Bu, gösteriş için yapılan bir şey değildi. Her düzeyde görülebiliyordu. Kendiliğinden, yukarıdan bir denetim olmaksızın hizmet veriliyordu.

Otele oldukça geç bir saatte ulaştım. Kaydımı yaptırdım ve odama servis yapılıp yapılamayacağını sordum. Resepsiyon memuru, "Hayır, Bay Covey," dedi. "Ama isterseniz mutfağa giderek sizin için bir sandviç, salata ya da sevdiğiniz başka bir şeyi getirebilirim." Kendimi iyi ve rahat hissetmemle ne kadar ilgilendiğini belli eden bir davranıştı bu. "Çalışacağınız toplantı salonunu görmek ister misiniz?" diye devam etti. "Sizin için başka ne yapabilirim? Size hizmet etmek için buradayım."

Onu kontrol eden bir amiri yoktu etrafta. Bu adam gerçekten içtenlikle davranıyordu.

Ertesi gün, konferans sırasında yanımda gerektiği kadar renkli kalem olmadığını fark ettim. Kısa bir mola sırasında koridora çıkarak, başka bir toplantı salonuna koşan bir komiyi buldum. Ona, "Bir sorunum var," dedim. "Burada bir yönetici grubuna eğitim veriyorum ve toplantıya çok kısa bir süre için ara verdik. Birkaç renkli kalem gerekiyor bana."

Hızla döndü. Neredeyse "hazırol" vaziyetine geçti. Göğsümdeki kimlik kartına bir göz atıp, "Bay Covey, sorununuzu halledeceğim," dedi.

Bana, "Nereye başvurmam gerektiğini bilmiyorum," ya da "Öyleyse resepsiyondaki görevliyle konuşun," demedi. Sadece sorunla ilgilendi ve bunu yapmanın kendisi için bir ayrıcalık olduğunu hissetmemi sağladı.

Bir süre sonra, yan lobide bazı sanat eserlerine bakıyordum. Bir otel görevlisi yanıma gelerek, "Bay Covey, bu oteldeki sanat eserlerini tanıtan bir kitaba bakmak ister misiniz?" dedi. Ne isteyeceğimi nasıl da sezmişti! Ne kadar hizmete yönelikti!

Derken, duvara dayalı bir merdivenin tepesinde lobinin camlarını silen bir görevli çarptı gözüme. Adam o yüksek yerden, bir kadının bahçede tekerlekli yürüme aracıyla hareket ederken biraz zorlandığını gördü. Kadın yere düşmüş değildi ve yanında başka insanlar vardı. Ama görevli merdivenden indi, dışarı çıktı, kadının lobiye girmesine yardım etti ve onunla ilgilenilmesini sağladı. Sonra da işine dönerek camların silinmesini tamamladı.

Bu kurumun müşteri hizmetine böylesine değer verilmesini sağlayan bir kültürü nasıl yarattığını öğrenmek istedim. Oteldeki kat görevlileri, kadın garsonlar ve komilerle konuştum. Bu tutumun oradaki bütün personelin zihnine, yüreğine ve tavırlarına işlenmiş olduğunu fark ettim.

Arka kapıdan mutfağa girdim ve orada merkezi değeri gördüm: "Ödün verilmeyen kişiselleştirilmiş hizmet." Sonunda müdüre giderek, "Benim işim, kurumlara güçlü bir takım karakteri, bir ekip kültürü geliştirmeleri için yardım etmek. Burada gördüklerim beni çok şaşırttı," dedim.

Müdür, "İşin sırrını öğrenmek ister misiniz?" diye sordu ve oteller zincirinin misyon bildirgesini ortaya çıkardı.

Onu okuduktan sonra: "Bu etkileyici bir bildirge," diye itiraf ettim. "Ama ben etkileyici misyon bildirgeleri olan pek çok kuruluş biliyorum."

Müdür, "Bu otel için hazırlanmış olan bildirgeyi görmek ister misiniz?" diye sordu.

"Yani, siz yalnızca bu otel için ayrı bir bildirge mi hazırladınız?"

"Evet!"

"Oteller zinciri için olandan farklı mı bu?"

"Evet. O bildirgeyle uyumlu, ama bizimki kendi durumumuza, çevremize, zamanımıza özgü," diyerek bir başka kâğıt verdi elime.

"Bu misyon bildirgesini kim geliştirdi?" diye sordum.

"Herkes," diye yanıtladı.

"Herkes mi? Gerçekten, herkes mi?"

"Evet."

"Kat görevlileri de mi?"

"Evet."

"Kadın garsonlar da mı?"

"Evet."

"Resepsiyondaki görevliler de mi?"

"Evet! Dün gece sizi karşılayan görevlilerin yazdığı misyon bildirgesini görmek ister misiniz?" Müdür, diğer bütün misyon bildigeleriyle kaynaşmış olan, bizzat onlar tarafından yazılmış bir misyon bildirgesini ortaya çıkardı. Her düzeyden personel buna katkıda bulunmuştu.

Otelin misyon bildirgesi büyük bir çarkın merkeziydi. Bundan, belirli bir görevli grubunun daha özelleştirilmiş, düşünce yüklü misyon bildirgeleri doğmuştu. Bunlar verilen her karar için bir kıstas olarak kullanılıyordu. O insanların temsil ettikleri şeyleri, müşterilerle ve birbirleriyle olan ilişkilerini belirginleştiriyordu. Müdürlerin ve liderlerin yönetim tarzlarını da, ücret sistemini de etkiliyordu. Otelin işe ne tipte insanlar alacağını, onların nasıl eğitilip geliştirileceklerini de belirtiyordu. Aslında kuruluşun bütün bölümleri bu çark merkezinin, bu misyon bildirgesinin bir işleviydi.

Daha sonra aynı zincirden başka bir otele gittim. Oda ayırttıktan sonra ilk iş olarak, misyon bildirgelerini görmek istediğimi söyledim. Bildirge bana hemen verdiler. Bu otelde, "Ödün verilmeyen kişiselleştirilmiş hizmet," ifadesini biraz daha iyi anladım.

Üç gün boyunca, akla gelebilecek her türlü hizmet gerektiren olayı gözlemledim. Her seferinde hizmetin çok etkileyici ve mükemmel bir biçimde verildiğine tanık oldum. Üstelik bu hizmet her zaman kişiseldi. Örneğin, yüzme havuzunda bir görevliye nereden su içebileceğimi sordum. Beni oraya kadar götürdü.

Ama beni en çok etkileyen, bir görevlinin kendi iradesiyle patronuna bir hatasını itiraf etmesi oldu. Oda servisini arayıp sipariş verdik ve bize servisin ne zaman gönderileceğini söylediler. Ama görevli odamıza doğru gelirken sıcak kakaoyu dökmüş, geri dönüp tepsideki örtüyü değiştirmesi ve yeniden kakao alması işi biraz uzatmıştı. Dolayısıyla siparişimizi odaya on beş dakika geç getirdi. Aslında bu bizim için *hiç* de önemli değildi.

Yine de servis müdürü ertesi sabah bize telefon ederek özür diledi. Bu durumu telafi etmek için otelin bize odamızda veya açık büfede bir kahvaltı ikram edeceğini söyledi.

Bir görevlinin, hiç kimse tarafından bilinmeyen bir hatasını sırf müşteri ya da konukla daha iyi ilgilenilmesi için müdüre itiraf etmesi, o kurumun kültürü hakkında ne çok ipucu veriyor!

Gittiğim ilk otelin müdürüne de söylediğim gibi, etkileyici misyon bildirgeleri olan pek çok kuruluş biliyorum. Ama kuruluşla ilgisi olan herkesin yarattığı bir misyon bildirgesinin etkisiyle, yüksek konumdaki birkaç yöneticinin maun kaplamalı duvarlar ardında yazdıklarının etkisi arasında dünyalar kadar fark vardır.

Aileler de dahil olmak üzere, kurumların temel sorunlardan biri, kişilerin başkalarının yaşamlarını ilgilendiren kararlara bağlı kalmamalarıdır. Bunları bir türlü benimsemezler.

Kurumlarla çalışırken pek çok kez, hedefleri işletmenin hedeflerinden tamamen farklı olan kişiler görüyorum. Sıklıkla ödül sistemlerinin, açıklanan değer sistemlerine hiç uymadığını keşfediyorum.

Bir misyon bildirgesi geliştirmiş şirketlerle çalışmaya başladığım zaman, onlara şu soruları soruyorum: "Burada çalışanların kaçı bir misyon bildirgeniz olduğunu biliyor? Bunun yaratılmasına kaç kişi katkıda bulundu? Kaçı bunu gerçekten kabulleniyor ve karar verirken bir kıstas olarak *kullanıyor*?"

Katılım olmadıkça, bağılılık da olmaz. Bunu yazın, üstüne bir yıldız işareti koyun, daire içine alın, altına bir çizgi çekin. *Katılım yoksa bağlılık da olmaz.*

İlk evrelerde –bir kuruluşta henüz yeniyken ya da ailedeki çocuklardan biri henüz küçükken– onlara bir hedef gösterebilirsiniz. Özellikle de ilişki, yönlendirme ve eğitim iyiyse, bunu benimserler.

Ancak insanlar olgunlaştıklarında ve yaşamları ayrı bir anlam kazandığında, bir şeylere katılmak, önemli bir katkıda bulunmak isterler. Ve bu katkıyı veremiyorlarsa, yaratılan şeyi kabul etmezler. Bu durumda önemli bir motivasyon sorunuyla karşı karşıya kalırsınız. Bu sorun da, onu yaratan düşünce düzeyinde çözülemez.

İşte bu nedenle kurumsal bir misyon bildirgesinin yaratılması zaman, sabır, katılım, beceri ve empati gerektirir. Yine bu, anlık bir çözüm değildir. Zaman, içtenlik ve doğru ilkelerin yanı sıra sistemleri, yapıyı, yönetim tarzını ortak vizyon ve değerlerle uyumlu kılmak için cesaret ve dürüstlük de gereklidir. Ancak doğru ilkelere dayalıdır ve işe yarar.

Kurumsal bir misyon bildirgesi –herkes tarafından paylaşılan vizyon ve değerleri gerçekten yansıtan bir bildirge– güçlü bir birlik ve inanılmaz bağlılık yaratır. İnsanların yürek ve zihinlerinde, kendilerini yönetmelerini sağlayacak bir dizi kıstas, ya da kılavuz oluşturur. O insanlar bir başkasının yönetimine, denetimine, eleştirisine ya da ucuz çarelerine ihtiyaç duymazlar. Kurumun temsil ettiği şeyin değişmeyen özünü benimsemişlerdir.

UYGULAMA ÖNERİLERİ

1. Biraz zaman harcayarak bu bölümün başında cenaze törenini hayalinizde canlandırırken edindiğiniz izlenimleri kaydedin. Düşüncelerinizi düzene sokmak için aşağıdaki cetveli kullanabilirsiniz.
2. Birkaç dakikanızı ayırarak şimdiki görüşünüze göre rollerinizi yazın. Yaşamınıza tutulan aynadaki bu görüntü sizce yeterli mi?
3. Kendinizi günlük faaliyetlerden tümüyle ayırmak için bir zaman belirleyin ve kişisel misyon bildirgeniz üzerinde çalışın.

Etkinlik alanı	Karakter	Katkılar	Başarılar
Aile			
Arkadaşlar			
İş			
Cemaat/Sosyal Hizmet, vb.			

4. A Ekindeki değişik merkezleri gösteren diyagramı inceleyin ve sizinkilerle özdeşleşenlerin altını çizin. Bunlar, yaşamınızda bir davranış kalıbı oluşturuyor mu? Analizinizin sonuçlarından hoşnut musunuz?
5. Kişisel misyon bildirgenizi yazarken kaynak malzeme olarak kullanabileceğiniz notları, sözleri ve fikirleri toplamaya başlayın.

6. Yakın gelecekte karşılaşacağınız bir proje belirleyin ve buna zihinsel yaratım ilkesini uygulayın. İstediğiniz sonuçları ve bunlara ulaşmanızı sağlayacak adımları yazın.
7. Aileniz ya da birlikte çalıştığınız grupla 2.Alışkanlık ilkelerini paylaşın ve onlara, bir aile ya da grup olarak misyon bildirgesi geliştirme işlemine başlamayı önerin.

2. Alışkanlık: Sonunu Düşünerek İşe Başla Üzerine Yeni İçgörüler

SEAN COVEY

On ikinci Harvard İşletme Fakültesi anma toplantısına katıldığımda, açılış konuşmasını zamanımızın en büyük yöneticilik düşünürlerinden biri olan Clayton Christensen yaptı. HBS (Harvard Business School) öğrencilerden binlerce izleyiciye, hayatlarını nasıl ölçecekleri konusunda içtenlikle konuştu. Mesajı esas itibarıyla şuydu: "İşi mahvetmeyin."

Christensen'ın sınıf arkadaşlarından birçoğu ailelerinden uzaklaşmıştı, kimileri hapisteydi, kimileri de mutsuz bir yaşam sürüyordu. Hiçbiri, "Çocuklarımın benimle konuşmayacağı türden bir hayat yaşamak istiyorum," ya da "Sahtekârlık yapmak istiyorum," ya da "Tamamen tatminsiz ve mutsuz olmak istiyorum," diye düşünerek yola koyulmamıştı. Ancak en önemli şeyin ne olduğunu dikkatlice düşünmedikleri ve uzun süre boyunca tekrar tekrar küçük uzlaşmacı kararlar verdikleri için, kendilerini olmak istediklerinden tümüyle farklı bir yerde bulmuşlardı.

Clayton mezun olur olmaz prestijli bir danışmanlık firmasındaki ilk işine dair bir hikâye anlattı. Genç bir danışman olarak, Pazartesinden Cumaya kadar uzun saatler boyunca çok çalışmış ve kendini meslektaşlarıyla müşterilerine adamış. Ancak iş ve yaşam gereksinimlerini dengelemek zorlayıcı olmuş. Bir gün yöneticilerden biri, ekibin Pazartesi günü önemli bir toplantıya hazırlanabilmesi için ondan Pazar gününü boş bırakmasını istemiş. Clayton duraklamış ve yöneticisine toplantıya gelemeyeceğini söylemiş. "Özür dilerım," demiş, "Ben Pazar günleri çalışmıyorum. O günü ibadetime ayırıyorum." Yönetici homurdanarak yürüyüp gitmiş, ama kısa bir süre sonra geri gelmiş. "Tamam, peki. Her şeyi Cumartesiye aktarabildim. Hazırlık toplantısını o gün yapacağız. Clayton yanıtlamadan önce duraklamış, sonra yine "Özür dilerim," demiş, "Ben Cumartesileri çalışmıyorum. Eşim ve ben uzun süre önce Cumartesi günlerinde ailemize öncelik verme kararı aldık. Cumartesileri ailemle geçiriyorum." Çalışma arkadaşı üçüncü kez öfkeyle uzaklaşmış, sonra geri gelerek, "Cumaları çalışıyor musun bari?" diye sormuş.

Clayton, hayatını iyi yönde biçimlendiren birçok karardan birincisi olan, kariyerini ilerleten ve onu ailesi ile inancına yakın tutan o kararı nasıl kabul ettirdiğini açıkladı. Geç saatlere kadar kalarak ya da "sadece bir kez" hafta sonu çalışarak ödün verirse, bunun kaygan bir eğime dönüşeceğini sezmişti. Yıllar içerisinde ilkelere %100 bağlı kalmanın %98 bağlı kalmaktan daha kolay olduğunu öğrenmişti. Onun ifadesiyle, "Neyin arkasında duracağınıza karar verin. Ve her zaman arkasında durun."

Clayton'ın konuşmasından sonra, konferans salonu daha önce hiç deneyimlemediğim bir ayakta alkışla çınladı. Kelimenin tam anlamıyla, kimse yerine oturmuyor, herkes sadece alkışlıyordu. Clayton kendince, iş kurmayı ve dünyayı değiştirmeyi planlayan bu A tipi kişiliklere, başarıyı ve Sonunu Düşünerek İşe Başlamayı aslında neyin belirlediği konusunda daha önce hiç yapmadıkları kadar derin düşünmeleri için meydan okumuştu.

Bu öykünün güzelce gösterdiği gibi, başarı merdivenini tırmanıp, son basamağa varınca merdivenin yanlış duvara dayalı olduğunu fark etmek istemezsiniz.

Umarım babamın amaç ve misyonun gücü hakkında ne kadar kuvvetli görüşlere sahip olduğunu anlamışsınızdır. Gençken, büyükbabası Stephen Mack Covey koyun yetiştirirmiş ve bir keresinde kış fırtınasında Wyoming ovalarında mahsur kalmış. Hava sıcaklığı sıfırın altında 30 dereceymiş, öleceğini düşünerek dua etmiş: "Tanrım, bu gece beni kurtarırsan, bir gün tam buraya diğer bitkin yolcuları korumak için bir sığınak yaptıracağıma söz veriyorum." Geceyi atlatmış ve yıllar sonra Wyoming ovalarında tam oraya bir otel inşa edip, adını Covey's Little America (Covey'nin Küçük Amerikası) koymuş. Sonraları Salt Lake City'de ikinci bir otel inşa ederek başarıyla genişlemiş. O işi oğlu devralmış ve babam genç yaşta bir sonraki otel işletmecisi olacak şekilde eğitilmiş.

Ancak babam işletme fakültesindeyken, öğretme tutkusunu keşfetmiş ve sonuç olarak otel işletmek istemediğine karar vermiş. Babasına anlatmaktan çok korkuyormuş, ama nihayet cesaret bulup, "Baba, ben aile işini yürütmek istemiyorum," demiş. Çok şaşıran büyükbabam da, "Biliyor musun, o işi ben de hiçbir zaman çok sevmedim. Devam et ve öğretmen ol," demiş. Babam da tam olarak öyle yapmış.

Babam gençliğinde bile misyon güdümlüymüş. Kısa bir misyon bildirgesi yazmış ve yaşamı boyunca onu geliştirmişti. Onu kelimesi kelimesine paylaşmamı isteyeceğini sanmıyorum, ama ana fikri, insan potansiyelini ortaya çıkarmak için dünyayı ilke merkezli liderlikle donatmaktı. Kendini bir kılavuz, bir öncü, paradigmaları bozan biri olarak görüyordu. Gözünde canlandırdığı rol buydu: ilke merkezli liderliği dünyaya getirmek ve insan potansiyelini serbest bırakmak.

Aynı zamanda herkesin belirgin bir misyonu ya da yapılacak eşsiz bir katkısı olduğunu düşünüyordu. İnsanlara da hep bunu iletirdi. Sıklıkla şuna benzer şeyler söylediğini duyardım: "Senin olağanüstü bir yönetici olacağını düşünüyorum." Ya da "Ailende arabulucu olarak ne büyük bir fark yaratıyorsun." Ya da "Bir gün mükemmel bir ebeveyn olacaksın." Bir keresinde babama liderliği nasıl tanımladığını sordum. Bir saniye düşündü ve şöyle dedi: "Liderlik, bir başkasına değerini ve potansiyelini kendi içinde göreceği kadar açıkça anlatmaktır." Bunu söylerken öylesine içtendi ki gözlerim yaşardı. Her zaman, hatta kendim görmediğim zamanlarda bile, bana değerimi ve potansiyelimi anlatırdı.

MİSYON BİLDİRGESİ NASIL YAZILIR

Sonunu Düşünerek İşe Başlamanın en iyi yolu kişisel bir misyon bildirgesi, felsefe, ya da amentü yazmaktır. Bu bölümü okuduktan sonra, birçok kişi bir misyon bildirgesi yazma heyecanına kapılıyor, ama sonra işine dalıyor, bir şey bir başkasına yol açıyor ve o heyecan sönüp gidiyor. Gerçek şu ki bunu yapmama lüksünüz olamaz. Çok şey değişime açıktır. Yazılı bir misyon bildirgesine –deyim yerindeyse kişisel bir anayasaya– sahip olmanın, yaşamınıza rehberlik edecek ve günlük kararlarınızı yönlendirecek inanılmaz güçlü bir yanı vardır. Bunu yapmanın anahtarı, üzerinde çok fazla düşünmemektir. Mükemmel olması gerekmediğini anımsayın; sadece başlayın ve zaman içinde geliştirin. İşte kişisel bir misyon bildirgesi oluşturmak için birkaç fikir:

- **Serbest yazarlık.** Oturun, on beş dakika boyunca kalem oynatın. En başarılı olduğunuz şeyler (öz-bilinç), yapmanız gerektiğini hissettikleriniz (vicdan) ve hiçbir sınırınız olmasaydı yapmak isteyecekleriniz (hayal gücü) hakkında aklınıza gelen her şeyi yazın. İşin anahtarı, zaman dolana kadar yazmaya devam etmektir. Bitirdiğinizde, misyon bildirgenizden bir kaba taslak oluşturmak için biraz düzeltme yapın.
- **Bir inziva planlayın.** Size ilham veren bir yere kaçabileceğiniz bir gün programlayın, bu yer ister plaj olsun, ister dağ, ya da bir park. Sizin için en önemli şeyleri düşünün. Birkaç fikri körüklemek için, kendinize aşağıdaki gibi sorular yöneltin ve yanıtlarınızı not edin. Sonra bir taslağa sahip olana dek sentez yapın ve düzeltin.
  - Hayatınızda olumlu bir fark yaratmış olan bir kişiyi düşünün. O kişi sizin de geliştirmek isteyeceğiniz ne gibi niteliklere sahip?
  - Derinlemesine esinlendiğiniz bir zamanı betimleyin.
  - Büyük Kanyon'un karşısına bir I profil kirişi yerleştirseydiniz, ne ya da kim için geçmeye istekli olurdunuz?
  - Bir gününüzü büyük bir kitaplıktan istediğiniz herhangi bir şeyi inceleyerek geçirebilseydiniz, o şey ne olurdu?
  - Mutlak surette, olumlu anlamda yapmayı sevdiğiniz on şey hangileri?

- Sizi temsil eden bir şeyi düşünün: bir hayvan, bir şarkı, bir araba, bir yer. Bu sizi nasıl benzersiz bir biçimde temsil ediyor?

- **Dallanıp budaklanın.** En sevdiğiniz alıntıyı kullanın: bir sözcük, bir müzik parçası, bir şiir. Tek bir doğru yol yok. Gençlerin misyon bildirgelerine sürekli yardımcı oluyorum. Gençler çoğu zaman sözlü ifadelerle ilişki kurmazlar, ama misyonunuzu kavramanın görsel bir biçimi olan bir kolaj ya da vizyon tahtası yaratma fikrine bayılırlar.
- **Bir şablon kullanın.** Daha fazla rehberliğe ihtiyacınız olursa, https://misb.franklincovey.com'da bir Misyon Bildirgesi Oluşturucusu bulacaksınız (FranklinCovey web sitesinin en çok ziyaret edilen sayfası bu oldu). Misyon bildirgenizi oluştururken bu size eşlik edecek. Bazı soruları yanıtlayın, "print"e basın ve işte bu. Elinizde bir misyon bildirgesi olacak.

Ben ilk misyon bildirgemi üniversitedeyken yazmıştım ve hayatımın bu noktasında, muhtemelen on ikinci taslaktayım. Misyon bildirgem aşamalı olarak kısaldı. Şimdi bir cümleye indirgendi, ama bana göre anlamla dolu.

Misyon bildirgesi aracılığıyla hayatınızın amacını açıklığa kavuşturmanız, yaşantınızı çarpıcı biçimde etkileyebilir. Elizabeth Marks çocukken orduda hizmet etmeyi düşlemiş ve on yedi yaşındayken askere yazılmış. Irak'ta bir konuşlanma sırasında ciddi biçimde yaralanmış ve en büyük korkusu ordudan malulen emeklilik olmuş. Çavuş Marks bir kâğıda kişisel misyonu olarak, "Göreve Uygun Ol" yazmış ve sıkıntılı iyileşme süreci boyunca onu yanında taşımış. En sonunda rekor kıran bir engelli yüzücü olmuş, Amerikan Ordusu Birinci Sınıf Atlet Programı'na alınmış ve Temmuz 2012'de göreve uygun olduğu ilan edilmiş.[1]

---

1) Crossman, M. (24 Mayıs 2016). "Taşıdığı şeyler: Engelli yüzücü ve Amerikan Ordusu Çavuşu Elizebeth Marks'ın öyküsü." Kaynak: https://www.espn.com/espnw/culture/feature/story/_/id/15702442/the-things-carries-story-paraswimmer-us-army-sergeant-elizabeth-marks.

Ergenlik çağımdayken, babamın bir aile toplantısı düzenlediğini anımsıyorum. "Hadi bakalım, çocuklar!" dedi. "Aile misyon bildirgemizi yazacağız!" Bunu bir dolu sızlanma ve homurdanma izledi. Babam yılmadan devam etti: "Amaç kendi aile anayasamızı yaratmak. Herkesin düşüncelerini belirtmesini istiyorum."

Sıra bana geldiğinde, alaycı bir tavırla, "Bana göre, biz süper bir aileyiz ve herkesin canına okuruz olmalı," dedim. Son hali öyle olmadı. Ancak ailece birkaç kez daha bir araya gelerek şöyle bir misyon bildirgesi geliştirdik: "Bizim evimiz, kendimizi dünyaya katkı yapabilecek türde insanlara dönüştürmemiz için eğlence, rahatlama, öğrenme, arkadaşlar, gelişim ve düzen dolu bir yerdir."

Kaygısız bir genç olmama rağmen, bir aile misyon bildirgesi yazıp geliştirme sürecinin bana nasıl bir his verdiğini anımsıyorum. Ailemin yaşamsal bir parçasıydım ve bizim gerçekten bir amacımız vardı. Bir şey yapıyorduk. Ve her aile gibi bir dolu sorun ve kavgamız olmasına karşın bu, birlikte olmaktan keyif aldığımız ve herkesin özür dileyip yeniden denemeye istekli olduğu, dayanıklı ve eğlenceli bir aile kültürü yaratmamıza yardımcı oldu.

O zamandan beri, birçok harika aile misyon bildirgesi gördüm. Dört çocuklu bir yakın arkadaşım var, onun aile misyon bildirgesi duvarında asılı, yaklaşık iki bin sözcükten oluşan koca bir yapıyı andırıyor! Öte yandan, halamla eniştemin misyon bildirgesi üç sözcükten oluşuyor: Boş Koltuk Yok. Danimarkalı bir arkadaşımın ailesinin ise aile kamaralarının adı olan tek kelimelik bir misyonları var: Helsifor. Onlar için bu, her şey demek.

KURUMSAL MİSYON BİLDİRGELERİ – SADECE BİR DUVARDAKİ SÖZCÜKLER DEĞİL

Kurumsal misyon bildirgeleri kimi zaman sert eleştiriler alıyor, çünkü bunlar çoğunlukla kimsenin uymadığı basmakalıp sözlerden ibaret ya da şirketteki bir avuç insan tarafından oluşturulup kuruma dayatılıyor. Ancak ekip olarak bir misyon yaratıp hemen konuya girmenin gücünü hafife alamazsınız. Kimi kurumsal misyon bildirgeleri öylesine özgündür ki çalışanlarından, ürün ve hizmetlerinden misyonlarının yayıldığını hissedebilirsiniz. Bunlardan gözüme çarpan ikisi, IKEA ve American Girl. IKEA'dan çok sayıda mobilya ve American Girl'den de oyuncak bebekler aldım, misyon bildirgeleri onlarla deneyimimi çok iyi yansıtıyor.

> **IKEA:** Birçok kişi için daha iyi bir gündelik yaşam yaratmak. İş anlayışımız geniş kapsamlı, iyi tasarlanmış, işlevsel ev döşeme ürünlerini olabildiğince çok kişinin karşılayabileceği ücretten sunarak bu vizyonu destekliyor.
>
> **American Girl:** Oyun keyfi ve müthiş bir kitabın yarattığı harikalar sayesinde, kız çocuklarının zamanı geçmeyen öyküler ve dürüstlük, cesaret, nezaket, şefkat gibi önemli değerler aşılayan hatırlanmaya değer karakterlerle benlik duygularını keşfetmelerine yardımcı oluyoruz.

Kurumsal bir misyon bildirgesini uygulamaktan kaynaklanan bugüne kadar gördüğüm belki de en dikkate değer dönüşüm, öğrencilerin yaklaşık yarısının yoksulluk içinde ya da yoksulluğa yakın durumlarda yaşadığı, Kuzey Carolina'nın Raleigh kentindeki bir devlet okulu olan A.B. Combs Elementary'den geliyor.

2000 yılında, geniş bir bölgeden öğrenci çeken bu parasız okul gerçekten mücadele ediyordu ve Muriel Summers müdür olarak yeni atanmıştı. Devam oranı son derece düşüktü: okul 800 öğrenci alabiliyordu, ama yalnızca 300 öğrenci kayıtlıydı. Bina berbat haldeydi. Anne babalar ilgi göstermiyordu. Öğretmenler orada çalışmaktan hoşlanmıyor, çocuklar da bunu hissedebiliyordu. En sonunda, baş müfettiş şöyle dedi: Muriel, okulunuzu kapatacağız, çünkü yeteri kadar öğrenci çekmiyorsunuz." Muriel çaresizdi ve ne yapacağını bilmiyordu. Baş müfettişe, "Bir yıl daha devam edebilir miyim?" diye sordu. Adam, "Yeni bir fikir bulman için sana bir hafta daha veriyorum," dedi.

Muriel okul personeline meydan okudu: Okulun çocuklarına ne öğretmesini istediklerini anlamak için neden gidip toplulukla konuşmuyoruz?" Ekibiyle birlikte anne babalar ve işverenlerle görüştü. "Çocuklarımızın kendi ayaklarının üzerinde durmalarını istiyoruz.

Başkalarıyla iyi geçinmelerini –hedef belirlemeyi, sorun çözmeyi, yaşamlarını dengelemeyi, vaktinde gelmeyi, anlaşmazlıkları halletmeyi ve parkta oynamayı öğrenmelerini– istiyoruz," dediler. Liderlik becerileri, ya da yirmi birinci yüzyıl yaşam becerileri diyebileceğimiz şeylerden bahsettiler. Kimse daha yüksek sınav notlarına ilişkin bir şey söylemedi.

Bu sıkıntılı durumun öncesinde Muriel, babamın Washington D.C.'de eğitim verdiği bir 7 Alışkanlık atölye çalışmasına katılmıştı. Babam eğitim verirken o, durmadan "Niye biz yetişkinler bu güçlü fikirleri öğrenene kadar beklemek zorundayız? Niye çocuklar bunları öğrenemiyor?" diye düşünüyordu.

Mola sırasında, cesaretini toplamış, babamın yanına gidip, "Dr. Covey, sizce bu alışkanlıklar küçük çocuklara öğretilebilir mi?" diye sormuştu.

"Ne kadar küçük?"

"Beş yaşında kadar."

Babam düşünüp taşınmış, sonra gülümseyerek, "Neden olmasın, bilmiyorum. Günün birinde bunu yaparsanız beni haberdar edin," demişti.

Bütün bu deneyimlerin sentezini yaptıktan sonra, Muriel Summers ve kadrosu okullarının en çok ihtiyaç duyduğu şeyin "liderlik" olduğunu hissetmeye başladılar. Baş müfettişleri bundan hoşlandı. Ve yeni misyon bildirgeleri okulun tam ortasına yerleştirildi: Misyonumuz çocuklardan birer birer liderler geliştirmektir. Misyonları, öğrencileri geleceğin CEO'ları yapmak değil, kendi yaşamlarının ve okullarının liderleri olmalarına yardım etmekti.

Öğretmenler 7 Alışkanlığı mevcut dersleriyle bütünleştirmeye başladılar. Kısa süre sonra öğrencilerin özgüveninde kayda değer bir artış, disiplin sorunlarında ise bir düşüş olduğunu fark ettiler. Anne babalar da çocuklarının evdeki davranışları değiştikçe bunun farkına vardılar.

Koridorlara liderlikle ilgili ilham verici alıntılar yapıştırıldı. Kongreler ve diğer okul etkinliklerinde liderlik teması işlendi. Okul bahçesinde 7 Alışkanlık dili duyuluyordu. Her bir öğrenci, sınav notlarını izlediği ve hedeflerini belirleyip takip ettiği bir veri defterini yanında taşıyordu. Her öğrencinin okulda oynayacağı bir liderlik rolü vardı. Öğrenci herkesi sınıfta karşılarken, sabah duyurularını yayınlarken, ziyaretçilere ev sahipliği yaparken, okul bahçesini izlerken "lider" olabiliyordu – kısaca, herkes bir çeşit liderdi. Liderlik artık yalnızca birkaç çocuğun etki alanı değildi; tüm öğrenciler içindi.

Birkaç yıl içinde, akademik puanlar ortalama %84'ten %97'ye yükseldi. Moraller tavan yaptı. Anne babalar da işe dahil oldular. Başvurular 300'den 800 öğrenciye yükseldi ve kocaman bir bekleme listesi oluştu. Okul bölgesinde ev fiyatları arttı. 2005'te ve sonra tekrar 2014'te, yarısı yoksulluk içinde ya da neredeyse yoksul durumlarda yaşayan, yirmi sekiz dil konuşan öğrencileriyle bir devlet okulu olan A.B. Combs, ABD'deki bir numaralı öğrenci çeken yenilikçi okul seçildi!

Bugün elliyi aşkın ülkedeki beş binden fazla okul, iki milyondan fazla öğrencinin ve ailelerinin yaşamlarına dokunan, "İçimdeki Lider" adlı liderlik modelini benimsemiş durumda. Dünyanın dört bir yanından binlerce eğitimci, yarattıkları şeyi deneyimlemek için A.B. Combs'u ziyarete geldi.

Muriel Summers, öğrencileri, elemanlar, anne babalar ve cemaat liderleri güçlü bir "sonunu düşünerek işe başlama"nın etrafında, uyumlu bir okul misyon bildirgesiyle bir araya geldiklerinde, dünyayı ne denli etkileyeceklerine ilişkin en ufak bir fikirleri yoktu.

İşte size zorlu sınavım: Kişisel bir misyon bildirgesi hazırlamadan bu bölümü okumayın. Bazıları uzun, bazıları kısadır. Bazıları şarkı, bazıları vizyon tahtasıdır. Fark etmez. Sizin işinize yarayan her neyse odur. Kişisel misyon bildirgesi, içindeki en üstün ve en iyiyi temsil eder. Bir aileniz varsa, toplanın ve ne yapacağınızı belirleyin. İşyerinde etkili bir konumdaysanız, bir misyon bildirgesi yazmak ya da daha önce yazmış olduğunuzu geliştirmek için elinizden geleni yapın. Sonra oturup bunun neler yapabileceğini izleyin.

3. ALIŞKANLIK
ÖNEMLİ İŞLERE ÖNCELİK VER

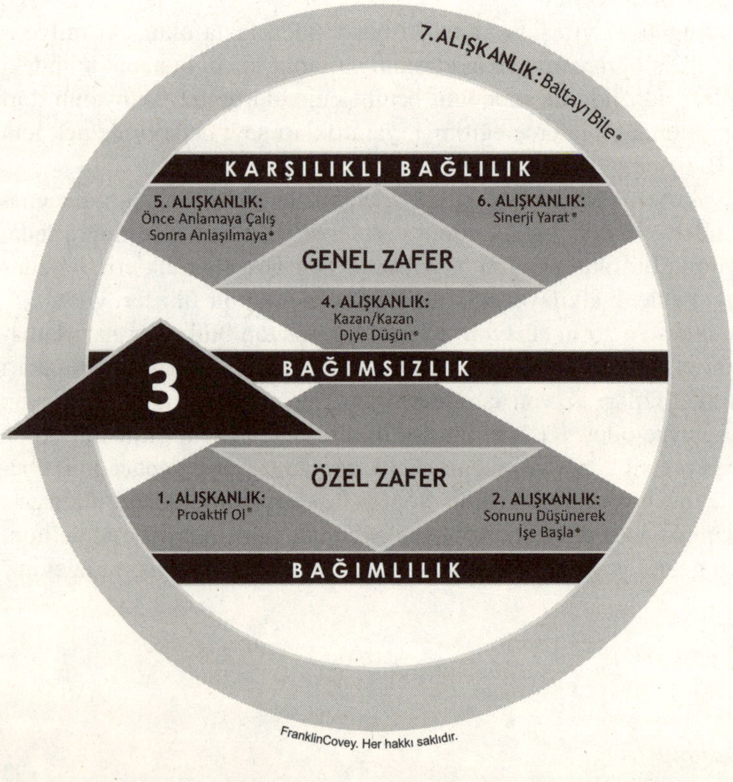

KİŞİSEL YÖNETİM İLKELERİ

En önemli şeyler,
asla en önemsizlerin insafına bırakılmamalı.
GOETHE

Bir dakikanızı ayırıp aşağıdaki iki soruyu yazılı olarak yanıtlar mısınız? 3. Alışkanlık üzerinde çalışırken, yanıtlarınız sizin için önemli olacak.

Soru 1: Yapabileceğiniz (şu anda yapmadığınız) ve düzenli bir biçimde yaparsanız kişisel yaşantınızda son derece olumlu bir fark yaratabilecek tek şey nedir?

Soru 2: İşinizde ya da meslek yaşamınızda benzer sonuçlar doğurabilecek tek şey nedir?

Yanıtlara daha sonra geleceğiz. Ama önce 3. Alışkanlığı perspektife oturtalım.

3. Alışkanlık, 1. ve 2. Alışkanlıkların özel meyvesi, pratikte hayata geçirilmesidir.

1. Alışkanlık, "Yaratıcı sensin. Yönetim sende," der. Temelinde, dört benzersiz insani yeti vardır: *Hayal gücü, vicdan, özgür irade* ve özellikle de *özbilinç*. Size, "Bu, çocukluğumdan itibaren bana verilen, kendi toplumsal aynamdan yansıyan sağlıksız bir program. Bu etkisiz senaryoyu beğenmiyorum. Değişebilirim," deme gücünü verir.

2. Alışkanlık, ilk ya da zihinsel yaratımdır. Temelinde ise *hayal gücü,* yani göz önünde canlandırma, potansiyeli görme, şu an-

da gözlerimizle görmediğimiz şeyi beynimizde yaratma yetisi; ve *vicdan*, yani kendi benzersizliğimizi fark etme ve bunu keyifle gerçekleştirebilmemizi sağlayacak kişisel, ahlaksal ve etik rehberlikleri ayırt etme yetisi bulunur. Bu, temel paradigmalarımız, değerlerimiz ve gelecekte ne olabileceğimize dair vizyonumuzla aramızdaki derin bağlantıdır.

O halde 3. Alışkanlık, ikinci; yani fiziksel yaratımdır. 1. ve 2. Alışkanlıkların edinilmesi, hayata geçirilmesi ve doğal olarak sergilenmesidir. *Özgür iradenin*, ilke merkezli olmak için kullanılmasıdır. Bunu gece gündüz, her an yapmaktır.

1. ve 2. Alışkanlıklar, 3. Alışkanlık için zorunlu ve kaçınılmazdır. Kendi proaktif doğanızı fark edip geliştirmedikçe ilke merkezli olamazsınız. Önce paradigmalarınızı fark etmedikçe ve onları nasıl değiştirip ilkelerle uyumlu hale getireceğinizi öğrenmedikçe, ilke merkezli olamazsınız. Yalnızca sizin yapabileceğiniz benzersiz katkıya dair bir vizyonunuz olmadıkça ve onu odak noktasına yerleştirmedikçe, ilke merkezli olamazsınız.

Ancak bu temelden yola çıkarak, gece gündüz ve her an 3. Alışkanlığı yaşayarak, yani etkili özyönetim yoluyla ilke merkezli *olabilirsiniz.*

Unutmayın ki yönetim, liderlikten tümüyle farklıdır. Liderlik, her şeyden önce, son derecede güçlü bir sağ beyin etkinliğidir. Daha çok bir sanattır; temelinde bir felsefe vardır. Kişisel liderlik sorunlarıyla uğraşırken yaşama ilişkin nihai soruları sormanız gerekir.

Ancak bu sorunlarla ilgilenip onları çözdüğünüzde, yanıtlarınızla tutarlı bir yaşam yaratabilmek için kendi kendinizi etkili bir biçimde yönetmeniz gerekir. İyi yönetme yeteneği, eğer "doğru ormanda" bile değilseniz pek bir işe yaramaz. Ama doğru ormandaysanız, o zaman her şey değişir. İyi yönetebilmek, ikinci yaratımın niteliğini, hatta varlığını belirler. Yöneticilik; etkili özyönetimin irdelenmesi, analizi, düzenlenmesi, özgül uygulaması, zamanla sınırlı sol beyin özelliğidir. Benim kişisel etkililikle ilgili özdeyişim şudur: "*Soldan yönet, sağdan liderlik et!*"

Özgür İradenin Gücü

Özbilinç, hayal gücü ve vicdana ek olarak, dördüncü doğal yetimiz olan *özgür irade*yi, etkili özyönetimi tam anlamıyla mümkün kılar. Karar verme, seçim yapma ve bunlara uygun olarak davranma yeteneğidir bu. Edilgin değil, etkin olabilmektir. Diğer üç doğal yetimizin yardımıyla geliştirdiğimiz programı proaktif bir biçimde uygulayabilmektir.

İnsan iradesi şaşırtıcı bir şeydir. İnanılmaz engeller karşısında defalarca zafer kazanmıştır. Bu dünyanın Helen Keller'leri özgür iradenin değer ve gücünün çarpıcı kanıtlarıdır.

Ancak bu özelliği etkili özyönetim bağlamında incelediğimizde, genelde kalıcı başarıyı sağlayan şeyin dramatik, gözle görülür, hayatta bir kez harcanan, işe sıfırdan başlama çabası olmadığını anlarız. Yetkinlik, günlük kararlarımızda bu büyük lütfun nasıl kullanılacağını öğrenmekten gelir.

Günlük yaşantımızda özgür irademizi ne dereceye kadar geliştirdiğimiz kişisel bütünlüğümüzle ölçülür. Bütünlük, temelde kendimize biçtiğimiz değerdir. Kendimize verdiğimiz sözlere bağlı kalma, "özü sözü bir olma" yeteneğimizdir. Kendine saygı duymaktır. Proaktif gelişmenin özü, Karakter Etiği'nin temel bir parçasıdır.

Etkili yöneticilik, *önemli işlere öncelik vermek*tir. Önemli işlerin neler olduğuna liderler karar verirken, bunlara günü gününe, anı anına öncelik veren yöneticilerdir. Yöneticilik disiplindir, kararları uygulamaktır.

Disiplin, mürit, havari ya da öğrenci anlamına gelen, *disciple* sözcüğünden türetilmiştir. Bir felsefenin öğrencisi, bir değerler dizisinin havarisi, çok önemli bir amacın, olağanüstü bir hedefin ya da o hedefi temsil eden bir kişinin müridi gibi.

Bir başka deyişle, kendinizi etkili bir biçimde yönetebiliyorsanız, disiplin içinizden gelir. Bu, özgür iradenizin bir işlevidir. Kendi derin değerlerinizin ve bunların kaynağının havarisi, müridi sizsiniz ve duygularınızı, uyaranlarınızı, ruhsal durumlarınızı bu değerlere boyun eğdirecek iradeye, kişisel bütünlüğe sahipsiniz.

En sevdiğim denemelerden biri, E. M. Gray'in yazmış olduğu "Başarının Ortak Paydası"dır. Gray, yaşamı boyunca bütün başarılı insanların paylaştığı ortak paydayı aradı. Bunun çalışkanlık, şans ya da dirayetli insan ilişkileri olmadığını anladı. Tabii bunlar da önemliydi ama, diğerlerinden üstün olan tek etken, 3. Alışkanlık, yani önemli işlere öncelik vermekti.

Gray'in gözlemine göre, "Başarılı insanların, başarısızların hoşlanmadığı şeyleri yapmak gibi bir alışkanlıkları vardır. Onlar da bu işlerden hoşlanmıyor olabilirler. Ancak hedefe varma arzularının gücü, hoşnutsuzluklarını yener."

Bu yengi için bir amaç, bir misyon, 2. Alışkanlığa bağlı kesin bir yön ve değer duygusu, başka şeylere "hayır" demeyi mümkün kılacak içten gelen ateşli bir "evet!" gereklidir. Ayrıca özgür irade, istemediğiniz bir şeyi yapabilme gücü ve bir etki ya da arzunun değil, kendi değerlerinin bir işlevi olmak da gereklidir. İlk proaktif yaratınıza karşı kişisel bütünlükle hareket etme gücüdür bu.

Dört Kuşak Boyunca Zaman Yönetimi

3. Alışkanlık'ta, yaşam ve zaman yönetimi alanında sorulan pek çok soruyla ilgileniyoruz. Bu ilginç alanı uzun süredir inceleyen biri olarak, zaman yönetimi konusundaki en iyi düşünme tarzını, şu tek cümleyle açıklayabilirim: *Önceliklere göre örgütlenip uygulamaya geçin.* Bu cümle, zaman yönetimi kuramının üç kuşak boyunca geçirdiği evrimi temsil eder. Bunun en iyi nasıl yapılacağı konusu da, çok değişik yaklaşım ve malzemelerin odak noktasıdır.

Kişisel yönetim, diğer insani çabaların çoğuna benzer bir biçimde gelişmiştir. En büyük gelişim hamleleri ya da Alvin Toffler'ın deyimiyle "dalgalar", sırayla birbirini izler ve her biri yaşamsal bir yeni boyut ekler. Örneğin, toplumsal gelişme alanında tarım devrimini sanayi devrimi izledi. Bunu da iletişimdeki devrim izledi. Birbirini izleyen her dalga büyük bir toplumsal ve kişisel ilerlemeye yol açtı.

Zaman yönetimi alanında da her kuşak kendisinden öncekinin üzerine eklenir; her biri yaşamlarımızı daha iyi kontrol etmemizi sağlayan birer adımdır. İlk dalganın ya da kuşağın belirleyici özellikleri, notlar ve kontrol listeleri, zaman ve enerjimizi gerektiren pek çok şeye bir tür onay verme, kapsamlılık kazandırma çabası olabilir.

İkinci kuşak, takvimler ve randevu defterleriyle tanımlanabilir. Bu dalga, ileriye bakma, gelecekteki olaylar ve etkinlikleri programlama girişimini yansıtır.

Üçüncü kuşak ise bugün geçerli olan zaman yönetimi alanını yansıtır. Daha önceki kuşaklara, öncelikleri sıraya dizme, değerleri belirleme ve etkinliklerin görece kıymetini o değerlerle olan ilişkilerine göre kıyaslama gibi önemli kavramları katar. Ayrıca zaman ve enerjinin değerlerle uyumlu olarak yönlendirileceği uzun, orta ve kısa vadeli belirli hedefler belirlemeye odaklanır. Günlük planlama, yani büyük önem verilen o hedef ve etkinlikleri gerçekleştirmek için belirli bir plan yapma kavramını da içerir.

Üçüncü kuşak önemli bir katkıda bulunmuş olsa da, insanlar zamanın "verimli" bir biçimde programlanıp denetlenmesinin çoğu zaman ters sonuçlar verdiğini kavramaya başlamışlardır. Verimliliğe odaklanmak; zengin ilişkiler geliştirme, insani ihtiyaçları karşılama ve her gün kendiliğinden karşımıza çıkıveren anların tadını çıkarma fırsatlarıyla çatışan beklentiler yaratır.

Bunun sonucu olarak birçok kişi, kendini fazlasıyla programlanmış, fazlasıyla kısıtlanmış hissetmesine neden olan zaman yönetimi programlarından ve planlayıcılardan soğuyarak, "kurunun yanında yaşı da yakmış" ve ilişkilerini, doğallığı, yaşam kalitesini korumak için birinci ya da ikinci kuşağın tekniklerine dönmüştür.

Ama şimdi çok farklı bir dördüncü kuşak çıkıyor ortaya. Bu kuşak "zaman yönetimi" deyiminin aslında yanlış olduğu görüşünde. Önemli olan, zamanı değil, kendimizi yönetmektir. Doyum, gerçekleştirmenin yanı sıra beklentinin de bir işlevidir. Beklenti (ve doyum) ise Etki Alanımızın içindedir.

Dördüncü kuşak beklentilerinin odak noktası, *şeyler* ve *zaman* değil, *ilişkileri* koruyup geliştirmek ve *sonuçlara* ulaşmak, kısacası Ü/ÜY Dengesini korumaktır.

II. KARE

Dördüncü yönetim kuşağının esas odağı, aşağıdaki zaman yönetimi matrisinde yakalanabilir. Temelde, zamanımızı dört kareden birinde geçiririz.

Gördüğünüz gibi, bir etkinliği tanımlayan iki etken *acillik* ve *önem*dir. *Acil*, bir şeyle hemen ilgilenilmesi gerektiği anlamına gelir. "Şimdi!" demektir. Acil işler bizi etkisi altına alır. Çalan bir telefon acildir. Çoğu kimse, telefonu çalar durumda bırakmayı düşünemez bile.

Saatlerce çalışarak gerekli malzemeyi hazırlayabilir, giyinip kuşandıktan sonra belirli bir konuyu konuşmak üzerine birinin bürosuna gidebilirsiniz. Ama siz oradayken telefon çalacak olursa, genellikle ziyaretinizden daha öncelikli sayılacaktır.

ZAMAN YÖNETİMİ MATRİSİ

	Acil	**Acil değil**
Önemli	**I** ETKİNLİKLER: Krizler Çözüm bekleyen sorunlar Belli bir sürede tamamlanması gereken projeler	**II** ETKİNLİKLER: Önlem alma, ÜY etkinlikleri İlişki kurma Yeni fırsatları görme Planlama, dinlence
Önemli değil	**III** ETKİNLİKLER: Müdahaleler, bazı görüşmeler Bazı mektuplar, bazı raporlar Bazı toplantılar Hemen yapılması gereken bazı işler Popüler etkinlikler	**IV** ETKİNLİKLER: Ivır zıvır işler Bazı mektuplar Bazı telefon görüşmeleri Zamanı boşa harcayan işler Oyalayıcı etkinlikler

Birine telefon ettiğinizde, size "Seninle 15 dakika sonra konuşacağım, bekler misin?" diyebilecek kişilerin sayısı çok fazla değildir. Ama aynı insanlar, başka biriyle yaptıkları telefon görüşmesini tamamlamak için sizi büroda en aşağı bu kadar süre bekletebilirler.

Acil konular genelde gözle görülür. Üstümüzde baskı oluştururlar. Bizi hemen harekete geçmeye zorlarlar. Çoğu kez başkalarının istedikleri şeylerdir, tam karşımızda dururlar. Hatta çoğu hoş, kolay ve zevkle yapılacak şeylerdir. Ama çoğunlukla önemsizdirler!

Önem ise sonuçlarla ilgilidir. Bir şey önemliyse, görevinize, değerlerinize, öncelikli hedeflerinize katkıda bulunur.

Acil konulara *tepki* gösteririz. Acil olmayan önemli işler ise daha fazla inisiyatif, daha fazla proaktivite gerektirir. Fırsatı yakalamak, bazı şeylerin olmasını sağlamak için *harekete* geçmemiz gerekir. 2. Alışkanlığı uygulamıyorsak, neyin önemli olduğunu, yaşamımızda hangi sonuçları istediğimizi iyi bilmiyorsak, kolayca yoldan çıkıp yalnızca acil şeylere tepki vermeye yöneliriz.

Zaman yönetimi matrisindeki dört kareye şöyle bir bakın. I. Kare hem önemli, hem de acildir. Hemen dikkat isteyen önemli sonuçlarla ilgilidir. I. Kare'deki etkinlikleri genelde "krizler" ya da "sorunlar" olarak tanımlarız. Hepimizin yaşamında, birtakım I. Kare etkinlikleri bulunur. Ancak I. Kare pek çok kişiyi tüketir. Bunlar kriz yöneticileri, sorunlarla uğraşanlar, bir şeyi verilen tarihte tamamlamaları gereken üreticilerdir.

Dikkatinizi I. Kare'ye verdiğiniz sürece, giderek büyür ve sonunda size egemen olur. Tıpkı üstünüze gelen dev dalgalar gibidir. Dev bir sorun ortaya çıkıp size pes ettirir, yıkılırsınız. Tam doğrulmaya çalışırken, yeni biri daha çıkıp sizi yerle bir eder.

Bazı insanlar her gün sabahtan akşama kadar sorunların altında tam anlamıyla ezilirler. Rahatlamak için ancak IV. Kare'nin önemli ve acil olmayan etkinliklerine sığınabilirler. Bu nedenle onların toplam matrisine baktığınızda, zamanlarının yüzde 90'ını I. Kare'de, geri kalan yüzde 10'un çoğunu ise IV. Kare'de geçirdiklerini görürsünüz. II. ve III. Karelere pek az dikkat ederler. Yaşamlarını krizlere göre ayarlayan insanlar böyle yaşar.

<table>
<tr><td rowspan="2">I SONUÇLAR

• Stres
• Yanıp tükenme
• Kriz yönetimi
• Sürekli yangın söndürme</td><td>II</td></tr>
<tr><td>IV</td></tr>
<tr><td colspan="2">III</td></tr>
</table>

Bazı insanlar da “acil, ama önemsiz” olan III. Kare’de uzun zaman geçirirken, aslında I. Kare’de olduklarını sanırlar. Zamanlarının çoğunu, önemli olduğunu varsaydıkları acil şeylere tepki vererek geçirirler. Gerçekteyse bu konuların acilliği genelde başkalarının beklenti ve önceliklerine dayalıdır.

<table>
<tr><td>I</td><td>II</td></tr>
<tr><td>III SONUÇLAR

• Kısa vadeli odak
• Kriz yönetimi
• Şöhret-bukalemun karakteri
• Hedef ve planları değersizmiş gibi görmek
• Denetimden çıkmış, kurban gibi hissetmek
• Yüzeysel ya da kopuk ilişkiler</td><td>IV</td></tr>
</table>

Zamanlarının hemen hemen tümünü II. ve IV. Kare’de geçirenler temelde sorumsuz bir yaşam sürerler.

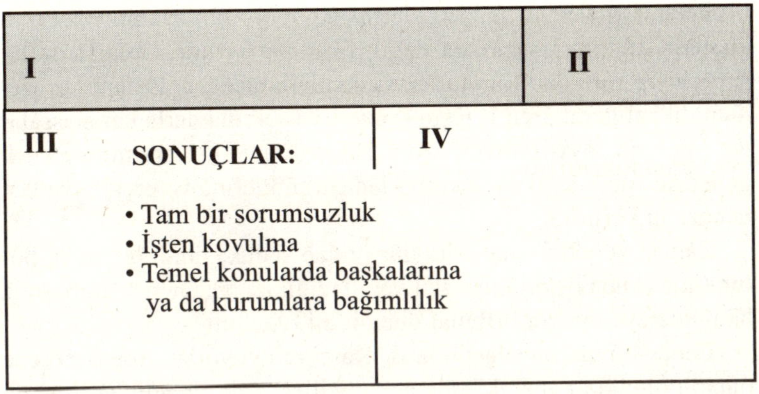

Etkili insanlar III. ve IV. Karelerden uzak durur, çünkü bunlar acil olsun ya da olmasın, önemli değildir. Ayrıca II. Kare'de daha fazla zaman geçirerek I. Kareyi olması gereken boyutlara indirirler.

II. Kare etkili kişisel yönetimin kalbidir. Acil değil de, önemli olan şeylerle ilgilenir. İlişkiler kurmak, kişisel bir misyon bildirgesi yazmak, uzun vadeli planlama, alıştırmalar, önleyici bakım, hazırlık gibi yapılması gerektiğini bildiğimiz, ama acil olmadıkları için bir şekilde sürüncemede bıraktığımız konuları ele alır.

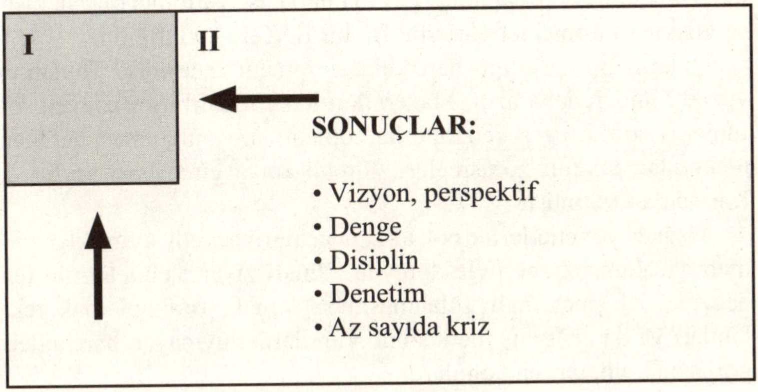

Peter Drucker'ın söylediklerini şöyle yorumlayabiliriz: Etkili kişilerin zihinleri sorunlara değil, fırsatlara açıktır. Onlar fırsatları besleyip sorunları kuruturlar. Önlemleri önceden düşünürler. Hemen dikkat gerektiren I. Kare krizleri ve acil olaylarla karşılaşsalar da, bunların sayısı görece azdır. Dikkatlerini II. Kare'nin yetenek geliştirici, acil değil de önemli olan etkinliklerine vererek Ü ve ÜY dengesini korurlar.

Zaman yönetimi matrisini göz önüne alarak, şimdi bir an bu bölümün başındaki soruları nasıl yanıtladığınızı düşünün. Yanıtlarınız hangi kareye uyuyor? Bunlar önemli mi? Acil mi?

Bence büyük bir olasılıkla II. Kare'ye uyuyorlar. Son derecede önemli oldukları apaçık, ama acil değiller. Acil olmadıkları için de yapmıyorsunuz.

Şimdi o soruların niteliğine bir daha bakın: Kişisel ve meslek yaşantınızda yapabileceğiniz ve düzenli bir biçimde yaparsanız *yaşamınızda son derece olumlu bir fark yaratabilecek* tek şey nedir? II. Kare faaliyetlerinin etkisi işte bu türdendir. Bunları yaptığımız zaman etkililiğimiz kat kat artar.

Alışveriş merkezi yöneticilerinden oluşan bir gruba da buna benzer bir soru sordum: "Meslek yaşamınızda, sonuçları son derece olumlu bir biçimde etkileyeceğini bildiğiniz bir şey yapmanız gerekseydi, bu ne olurdu?" Hepsi aynı yanıtı verdi; alışveriş merkezinin içindeki dükkân sahipleri ve kiracılarla, işe yardımcı olacak kişisel ilişkiler kurmak istiyorlardı. Bu bir II. Kare etkinliğidir.

Onların bu etkinliğe harcadıkları zamanı inceledik. Toplamın yüzde 5'inden daha azdı. Mazeretleri hazırdı: Birbirini izleyen sorunlar. Yazılması gereken raporlar, toplantılar, yanıtlanması gereken mektuplar, telefon görüşmeleri, sürekli araya giren bazı şeyler. I. Kare onları yutmuştu.

Mağaza yöneticilerine çok az zaman ayırıyorlardı, ayırdıkları zaman da olumsuz enerjiyle doluydu. Onları ziyaret etmelerinin tek nedeni, sözleşmelerin uygulanmasını sağlamak, para toplamak, reklamları ya da alışveriş merkezinin kurallarına uymayan hareketleri görüşmek, vb. türden konulardı.

Mağaza sahipleri, zengin olmak bir yana, ayakta kalabilmek için savaşıyorlardı. Personel, maliyet, envanter ve daha bir sürü sorunları vardı. Çoğu hiç yöneticilik eğitimi görmemişti. Bazıları oldukça iyi tüccardı, ama yardıma gereksinimleri vardı. Kiracılar, alışveriş merkezinin sahiplerini görmek bile istemiyordu. Mal sahipleri onlar için çözülmesi gereken ek bir sorundu.

Bu nedenle, mal sahipleri proaktif olmaya karar verdiler. Amaçlarını, değerlerini ve önceliklerini belirlediler. Bu önceliklere uygun olarak, zamanlarının üçte birini kiracılarla ilişkilerin geliştirilmesine ayırmaya karar verdiler.

Yaklaşık bir buçuk yıl boyunca o kuruluşla çalışırken, II. Kare etkinliklerine ayırdıkları zamanın yüzde 20'lere çıktığını gördüm. Bu, dört katın üzerinde bir artıştı. Buna ek olarak rollerini de değiştirdiler. Kiracıları dinleyen, eğiten ve fikir veren kişilere dönüştüler. İlişkileri olumlu enerjiyle doluydu.

Bunun etkisi, çarpıcı ve derindi. Odak noktası olarak zaman ve yöntemler yerine, ilişkiler ve sonuçlar seçilmişti. Cirolar yükseldi. Kiracılar yeni fikir ve becerilerin yarattığı sonuçları heyecanla karşıladılar. Alışveriş merkezinin yöneticileri daha etkili ve hoşnuttu, yer kiralamak isteyenlerin sayısı artmış ve kiracıların satışındaki artışa paralel olarak kira gelirleri de yükselmişti. Yöneticiler artık bir polis ya da kiracıların peşini bırakmayan denetçi gibi davranmıyorlardı. Onlar sorunları çözen, yardım eden kişilerdi.

İster bir üniversite öğrencisi, ister bir fabrika işçisi veya ev kadını veya moda tasarımcısı ya da bir şirketin yönetim kurulu başkanı olun, II. Kare'de ne bulunduğunu sorar ve onu yakalamak için gerekli proaktiviteyi oluşturursanız, aynı sonuçlara varırsınız. Çok daha etkili olursunuz. Krizlerle sorunlar küçülür ve başa çıkılacak duruma gelir. Çünkü ileriyi düşünmüş, kökler üzerinde çalışmış ve olayların krize dönüşmesini engelleyecek önlemleri almış olursunuz. Zaman yönetimi dilinde bu, "Pareto İlkesi" diye bilinir: Sonuçların yüzde 80'i, etkinliklerin yüzde 20'sinden doğar.

"Hayır" Demek İçin Ne Gerekir?

Başlangıçta II. Kare için ayrılacak zamanın tek kaynağı, III. ve IV. Karelerdedir. I. Kare'nin acil ve önemli etkinliklerini görmezden gelemezsiniz. Bu arada, II. Kare'deki önlem alma ve hazırlanma işlerine daha fazla zaman harcarken, o da küçülecektir. Ancak, II. Kare için gereken zaman ilk olarak III. ve IV. Karelerden alınmalıdır.

II. Kare'de çalışabilmek için proaktif olmanız gerekir. Çünkü I. ve III. Kare sizin üzerinizde çalışır. II. Kare'deki önemli önceliklere "evet," diyebilmek için diğer etkinliklere ve bazen de acil görünen şeylere "hayır" demeyi öğrenmeniz gerekir.

Bir süre önce eşime, toplum yararına çalışmalar yapan bir derneğin başkanı olması için çağrıda bulunuldu. Eşim gerçekten önemli olan pek çok konu üzerinde çalışıyor ve başkan olmak istemiyordu. Ancak kendisine baskı yapılınca sonunda razı oldu.

Sonra, komitede görev alıp almayacağını öğrenmek için en yakın arkadaşlarından birini aradı. Arkadaşı uzun süre onu dinledi. Sonra şöyle dedi: "Sandra, bu harika bir projeye benziyor. Gerçekten üzerinde çalışmaya değecek bir şey. Beni katılmaya çağırman çok hoşuma gitti. Bana onur verdin. Bazı nedenlerle bu projeye katılamayacağım, ama davetine ne kadar değer verdiğimi bilmeni isterim."

Sandra, nazik bir "hayır" dışında her şeye hazırdı. Bana dönerek içini çekti. "Keşke bunu ben söylemiş olsaydım."

Burada, önemli hizmet projelerine katılmamalısınız demek istemiyorum. Bunlar önemli şeyler. Ancak sizin için nelerin daha önemli olduğuna karar vermeli ve sonra da diğer şeyler konusunda nazikçe, gülümseyerek, özür diliyormuş gibi davranmadan "hayır" deme cesaretini göstermelisiniz. Bunu da içinizde alev alev yanan daha büyük bir "evet" olduğu takdirde başarabilirsiniz. Çoğu zaman "iyi", "en iyi"nin düşmanıdır.

Şunu aklınızdan çıkarmayın: Her zaman bir şeylere "hayır" diyorsunuz. Bunu yaşamınızdaki belirgin, acil şeylere değilse de, muhtemelen daha esaslı, son derecede önemli konularda söylüyor olmalısınız. Acil konu iyi olduğunda bile, bu "iyi" sizi "en iyi"den uzaklaştırabilir. Buna izin verdiğiniz takdirde yalnız sizin yapabileceğiniz o benzersiz katkıya engel olabilir.

Büyük bir üniversitede "Üniversite İlişkileri Direktörü" olduğum günlerde çok yetenekli, proaktif, yaratıcı bir yazarı işe almıştım. Çalışmaya başladıktan birkaç hafta sonra, bir gün onun bürosuna gittim ve beni baskı altına alan birtakım acil konularla ilgilenmesini istedim.

"Stephen," dedi, "ne istiyorsan yaparım. Şimdi izin verirsen durumumu sana açıklamak istiyorum."

Beni duvardaki ilan tahtasına götürdü. Oraya, üzerinde çalıştığı yirmi dört projelik bir listenin yanı sıra, performans kıstaslarını ve daha önce görüşüldüğü belli olan işlerin teslim tarihlerini asmıştı. Son derecede disiplinli bir adamdı. Onu görmeye gitmemin nedeni de buydu zaten. "Bir işin yapılmasını istiyorsanız, meşgul birine verin."

Şöyle devam etti: "Stephen, istediğin işlerin doğru dürüst yapılması birkaç gün gerektirir. Şimdi; isteğini yerine getirebilmek için, sence bu projelerden hangilerini geciktirmeli ya da listeden çıkarmalıyım?"

Bu tür bir sorumluluk almaya kalkışmadım. Yanımda çalışan çok üretken insanlardan birini, o sırada bir krizle karşı karşıya olduğum için engellemek istemedim. Yapılmasını istediğim işler acildi, ama önemli değildi. Bu nedenle gidip başka bir kriz yöneticisi buldum ve işi ona verdim.

Her gün, bir şeylere "evet" ya da "hayır" deriz, hem de birçok kez. Doğru ilkelerden oluşan bir merkeze sahip olmak ve kişisel misyonumuz üzerinde yoğunlaşmak, bize bu kararları vermek için gerekli olan bilgeliği sağlar.

Değişik gruplarla çalışırken, etkili bir zaman ve yaşam yönetiminin özünün, dengeli önceliklerin etrafında örgütlenip uygulamaya geçmek olduğunu söylerim. Sonra şu soruyu sorarım: "Kendinizde bir kusur arasaydınız, şu üç alandan hangisinde bulurdunuz: (1) *Öncelikleri oluşturma* beceriksizliği; (2) O önceliklere göre *örgütlen-*

me beceriksizliği ya da isteksizliği; (3) Bunların rehberliğinde uygulamaya geçmek, önceliklerinizi ve kurduğunuz düzeni korumak için gerekli olan *disiplin* eksikliği.

Çoğu kişi başlıca kusurunun disiplinsizlik olduğunu söyler. Derinlemesine düşündükçe, bunun doğru olmadığına inanıyorum. Temel sorun, önceliklerin zihinlerine ve yüreklerine tam olarak yerleşmemiş oluşudur; 2. Alışkanlığı tam anlamıyla içselleştirmemişlerdir.

II. Kare etkinliklerinin yaşamlarındaki değerini, bunu böyle adlandırmasalar bile kabul eden pek çok kişi vardır. Bu etkinliklere öncelik verir ve sadece kendilerini disipline sokarak onları yaşamlarının bir parçası haline getirirler. Ne var ki bir ilke merkezi ve kişisel bir misyon bildirgesi olmadıkça, çabalarını sürdürmeleri için gereken temelden yoksun kalırlar. Yaprakların, yani disiplinle ilgili davranış ve tutumların üzerinde dururlar. Ama kökleri, yani doğal tutum ve davranışlarının kaynağı olan temel paradigmaları incelemeyi düşünmezler bile.

II. Kare'nin odağı, bir ilke merkezinden doğan paradigmadır. Merkeziniz; eşiniz, paranız, dostlarınız, zevkiniz ya da herhangi bir geçici etkense, durmadan I. ve III. Karelere geri atılır, yaşamınızın merkezini oluşturan dış güçlere tepki gösterirsiniz. Ben merkezli bile olsanız, sonunda soluğu I. ve III. Karelerde alır ve anlık etkilere tepki verirsiniz. Özgür iradeniz tek başına sizi merkezinize karşı disipline sokmaya yetmez.

Mimarlıkla ilgili bir özdeyişe göre, *biçim işlevden sonra gelir.* Aynı şekilde, yönetim de liderlikten sonra gelir. Zamanınızı harcama biçiminiz, zamanınızı ve önceliklerinizi görme biçiminizin bir sonucudur. Öncelikleriniz bir ilke merkezinden ve kişisel bir misyondan kaynaklanıyorsa, zihninizde ve yüreğinizde iyice yer etmişse, II. Kare'yi zamanınızı harcamak için doğal ve heyecan verici bir yer olarak görürsünüz.

İçinizde alev alev yanan daha büyük bir "evet" yoksa, III. Kare'nin popülerliğine ya da IV. Kare'ye kaçmanın vereceği zevke "hayır" demeniz neredeyse imkânsızdır. Programınızı incelemeniz için gereken özbilince –ve "evet" diyebileceğiniz yeni, eşsiz, ilke merkezli bir program yaratacak hayal gücü ile vicdana– sahipseniz, ancak o zaman önemsiz şeylere içten bir gülümsemeyle "hayır" demeye yetecek kadar irade gücünüz olabilir.

II. KARE'YE GEÇMEK

II. Kare etkinlikleri –öncelik vermemiz gereken "önemli işler"– açık bir biçimde etkili kişisel yönetimin can damarıdır. O halde onların etrafında örgütlenip uygulamaya nasıl geçebiliriz?

Zaman yönetiminin birinci kuşağı öncelik kavramını kabul bile etmez. Bize notlar ve "yapılacak şeyler" listeleri verir. Bu listelerde yazılı olan şeylerin sırayla üstünü çizer, her seferinde geçici bir başarı duygusuna kapılırız. Ancak listedeki şeyler hiçbir zaman öncelik sırasına göre dizilmemiştir. Ayrıca listedekilerle yaşamımızın en önemli değerleri ve amaçları arasında hiçbir ilişki yoktur. Yalnızca farkına vardığımız ve yapılması görünüşte gerekli olan şeylere karşılık veririz.

Pek çok kişinin yönetimi bu ilk kuşak paradigmasına dayalıdır. En kolay yol da budur. Ne acı duyulur, ne de zorluk çekilir. "Akıntıyla sürüklenmek" eğlencelidir. Dışarıdan dayatılan disiplin ve programlar, insanların sonuçlardan sorumlu olmadıkları duygusuna kapılmalarına yol açar.

Ne var ki ilk kuşak yöneticiler, tanımı gereği, etkili değildir. Çok az üretim yaparlar, yaşam tarzları da üretim yeteneklerini oluşturmaz. Dış güçlerin etkisi altında sarsılan bu kişilerin çoğu zaman güvenilmez, sorumsuz insanlar oldukları anlaşılır. Kontrol ve özsaygı duyguları pek az gelişmiştir.

İkinci kuşak yöneticiler biraz daha kontrollüdür. Önceden plan ve program yaparlar. Genelde daha sorumlu oldukları düşünülür, çünkü kendilerine gerek duyulduğunda "ortaya çıkarlar".

Ama yine de etkinlikleri öncelik sırasına göre ve derin değerler ve amaçlarla bağlantılı olarak sıraya dizmezler. Önemli başarıları çok azdır ve programa yönelik olma eğilimi gösterirler.

Üçüncü kuşak yöneticiler, ileriye doğru önemli bir adım atarlar. Değerlerini netleştirir ve hedef saptarlar. Her günün planlamasını yapar ve etkinliklerini önceliklerine göre sıraya dizerler.

Daha önce de söylediğim gibi, zaman yönetimi alanının büyük bölümünün bugün bulunduğu nokta budur. Ancak bu üçüncü kuşağın da bazı ciddi kısıtlamaları vardır. İlk olarak, vizyonu kısıtlar. Günlük planlama, ancak daha geniş perspektiften görülebilecek önemli şeyleri çoğu zaman gözden kaçırır. "Günlük planlama" deyiminin odağı acil durumlar, yani "şimdi"dir. Üçüncü kuşağın olayları önceliklerine göre sıralaması, etkinliği düzene soksa da, daha en başından önemini sorgulamaz. Etkinliği ilkeler, kişisel misyon, roller ve hedefler bağlamına yerleştirmez. Üçüncü kuşağın değer güdümlü, günlük planlama yaklaşımı, temelde I. ve III. Kare sorunlarına ve o gün ortaya çıkan krizlere öncelik verir.

Buna ek olarak üçüncü kuşak, rolleri dengeli bir biçimde yönetme konusunda hiçbir önlem almaz. Gerçekçi değildir. Günü haddinden fazla programlama eğilimi yaratarak hüsrana ve zaman zaman planı bir yana fırlatıp IV. Kare'ye kaçma isteklerine neden olur. Odak noktası olan zaman yönetimi ise, genelde ilişkileri sağlamlaştırmak yerine zorlar.

Bu kuşakların üçü de bir tür yönetim aracının değerini kabul etmiş olmakla birlikte, hiçbiri ilke merkezli, II. Kare yaşam tarzını sürdürme gücünü verecek bir araç geliştirmemiştir. İlk kuşağın not defterleri ve "yapılması gereken işler" listesi, bize sadece farkına vardığımız şeyleri unutmamamız için bir ortam sağlar. İkinci kuşağın randevu defterleri ve takvimleri ise sadece, uygun zamanda söz verdiğimiz yerde bulunabilmemiz için geleceğe yönelik yükümlülüklerimizi kaydedeceğimiz bir ortam sağlar.

Üçüncü kuşak bile, çok sayıda planlayıcısı ve malzemesiyle, esas olarak insanların I. ve III. Kare etkinliklerini önceliklerine göre sıralayıp planlamalarına yardımcı olmaya odaklanır. Pek çok eğitici ve danışman II. Kare etkinliklerinin değerini kabul etse de, üçüncü kuşağın planlama araçları, onların etrafında örgütlenme ve uygulamaya geçme çabalarını kolaylaştırmaz.

Her kuşak, kendisinden öncekinin temelleri üzerine kurulduğu için, ilk üç kuşağın güçlü yanları ve bazı araçları, dördüncüsü için temel malzemeyi sağlar. Ancak II. Kare'ye geçmemiz, ilke merkezli olmamız ve gerçekten önemli olan işleri yapacak şekilde kendimizi yönetmemiz için bize güç verecek yeni bir boyuta, paradigmaya ve uygulamaya da ihtiyacımız vardır.

II. KARE GEREÇLERİ

II. Kare yöneticiliğinin amacı, yaşamımızı etkili bir biçimde –sağlam ilkelerden oluşan bir merkezden, kişisel misyonumuza dair bir bilgiden yola çıkarak, acil işlerin yanı sıra önemli olanların da üstünde durarak– yönetmektir. Üretimimizi artırmakla, üretme yeteneğimizi artırmak arasındaki dengenin (Ü/ÜY) sürdürülmesini de öngörür.

Açıkçası bu, III. ve IV. Karelerdeki sığ şeylerin içine batmış olanlar için fazlasıyla iddialı bir amaçtır. Ama bunu başarmaya çalışmak, kişisel etkililiği alabildiğine geliştirecektir.

II. Kare'de işleri örgütleyen birinin, altı önemli kıstasa uyması gerekir.

TUTARLILIK. Tutarlılık; vizyonunuzla misyonunuz, rollerinizle hedefleriniz, önceliklerinizle planlarınız, isteklerinizle disiplininiz arasında uyum, birlik ve bütünlük olduğunu gösterir. Ajandanızda, sık sık başvurabilmeniz için kişisel misyon bildirgenize bir yer olmalıdır. Ayrıca rolleriniz ve hem kısa hem de uzun vadeli hedefleriniz için de bir yer bulunmalıdır.

DENGE. Gereciniz dengeli bir yaşam sürdürmenize, çeşitli rollerinizi tanımlamanıza ve onları göz önünden ayırmamanıza yardımcı olmalıdır. Böylece sağlığınız, aileniz, profesyonel hazırlıklarınız ya da kişisel gelişiminiz gibi önemli alanları ihmal etmezsiniz.

Pek çok insan bir alandaki başarının, yaşamın diğer alanlarındaki başarısızlığı telafi edeceğini düşünür. Ama bunu gerçekten yapabilir mi? Belki bazı alanlarda kısıtlı bir süre için yapabilir. Ancak mesleğinizdeki başarınız sona eren bir evliliği, bozulmuş bir sağlığı ya da karakter zayıflığını giderebilir mi? Gerçekten etkili olmak için denge gereklidir, gereciniz de bunu yaratmanıza ve sürdürmenize yardım etmelidir.

II. KARE ODAĞI. Sizi yüreklendirecek, size şevk verecek, II. Kare'de gerektiği kadar zaman harcamanıza yardım edecek bir araca gereksiniminiz var. Böylece krizleri önceliklerine göre sıralamak yerine, onları önlemeye çalışacaksınız. Bence bunu yapmanın en iyi yolu, yaşamınıza *haftalık* bir çekidüzen vermektir. Bu arada günlük planları uygulayıp öncelikleri sıraya dizebilirsiniz, ama asıl hamle, haftayı düzenlemektir.

Haftalık düzenleme günlük planlamaya oranla daha iyi bir denge ve daha geniş bir bağlam sağlar. Haftanın tek ve tam bir zaman birimi olarak kültürel anlamda üstü örtülü bir kabul gördüğü anlaşılıyor. İş dünyasında, eğitimde ve diğer birçok toplumsal alanda, haftalık bir çerçeve içinde faaliyet gösterilir; bazı günler odaklı yatırımlara, diğerleri ise dinlenmeye ya da esinlenmeye ayrılır. Yahudi-Hıristiyan etiği bunun için Sebt (Yahudiler için cumartesi, Hıristiyanlar için pazar) gününü, (İslam ise cuma gününü) manevi amaçlara ayırmıştır.

Çoğu kişi hafta bağlamında düşünür. Üçüncü kuşak planlama araçları ise günlük planlamaya odaklanır. Bunlar etkinliklerinizi önceliklerine göre sıralamanıza yardım edebilir. Ancak temelde, krizleri ve ıvır zıvır işleri örgütlemenize yardımcı olur. *İşin anahtarı, programınızdaki işleri önceliklerine göre sıralamak değil, öncelikli işlerinizi programlamaktır*. Bu ise en iyi şekilde, haftalık bağlamda yapılabilir.

"İNSAN" BOYUTU. Size yalnızca programlarla değil, insanlarla da ilgilenen bir gereç gereklidir. Zaman konusuna *verimlilik* açısından bakabilirsiniz. İlke merkezli bir kişi ise insanlarla ilişkilerinde *etkililik* bağlamında düşünür. Bazen, ilke merkezli II. Kare'de yaşamak, programların insanlara tabi kılınmasını gerektirir. Kullandığınız gereç o değeri yansıtmalı, programa uyulmadığı zaman suçluluk duygusu yaratmak yerine yürütmeyi kolaylaştırmalıdır.

ESNEKLİK. Planlama gereciniz size hizmet etmelidir. Asla efendiniz olmamalıdır. Sizin için çalışması gerektiğine göre kendi tarzınıza, gereksinimlerinize ve belirli yöntemlerinize göre biçilmiş olmalıdır.

TAŞINABİLİRLİK. Kullandığınız gereç, çoğu zaman yanınızda götürebilmeniz için ayrıca taşınabilir olmalıdır. Örneğin, otobüste giderken kişisel misyon bildirgenizi gözden geçirmek isteyebilirsiniz. Yeni bir fırsatın değerini daha önce planladığınız bir şeyle karşılaştırmayı arzu edebilirsiniz. Planlayıcınız taşınabilir türdense, onu yanınıza alabilir ve böylece önemli verilere her an erişebilirsiniz.

II. Kare etkili özyönetimin can damarı olduğu için, sizi II. Kare'ye taşıyacak bir gereç gereklidir. Dördüncü kuşak kavramıyla ilgili çalışmalarım, özel olarak yukarıda sayılan kıstaslara göre tasarlanmış bir gerecin yaratılmasına yol açtı. Ama üçüncü kuşak gereçlerinden birçoğu kolayca uyarlanabilir. İlkeler sağlam olduğu için, özgül uygulamalar kişiden kişiye değişebilir.

KENDİNİ II. KARE'DE YÖNETEN BİRİ OLMAK

Ben burada etkililiğin ilkelerini öğretmeye çalışıyorum, nasıl uygulanacaklarını değil. Yine de ilke merkezli II. Kare temelinden hareket ederek haftalık bir düzenleme yaparsanız, dördüncü kuşağın ilkelerini ve güç verici niteliklerini daha iyi anlayacağınıza inanıyorum.

II. Kare düzenlemesi dört ana etkinlik içerir.

ROLLERİ TANIMLAMA. İlk göreviniz ana rollerinizi bir yere yazmaktır. Yaşamınızda üstlenmekte olduğunuz rolleri ciddi bir biçimde düşünmediyseniz, hemen aklınıza gelen şeyleri not edebilirsiniz. Birey olarak bir rolünüz var. Çekirdek ailenin –karı ya da koca, anne ya da baba, oğul ya da kız– yanı sıra, büyük annelerle babalar, amcalar, dayılar, teyzeler, halalar, yeğenler ve diğerlerinden oluşan geniş ailenin de bir üyesi olarak bir ya da birkaç rolü sıralamak isteyebilirsiniz. Zaman ve enerjinizi düzenli olarak harcamak istediğiniz alanları belirleyerek işinizde üstlendiğiniz birkaç rolü sıralamak isteyebilirsiniz. Dinsel ya da toplumsal etkinliklerde de rolünüz olabilir.

Yaşamınızın sonuna kadar üstleneceğiniz rolleri belirlemeyi düşünerek kaygılanmanıza gerek yok. Yalnızca haftayı göz önüne alın ve önünüzdeki yedi gün boyunca zaman ayıracağınız alanları yazın.

Aşağıda, insanların çeşitli rollerini nasıl görebileceklerini gösteren iki örnek yer alıyor:

1. Birey
2. Eş/Ebeveyn
3. Yeni Ürünler Müdürü
4. Araştırma Müdürü
5. Personel Müdürü
6. İdari İşler Müdürü
7. Yönetim Kurulu Başkanı

1. Kişisel gelişim
2. Eş
3. Ebeveyn
4. Emlakçı
5. Sosyal hizmet
6. Senfoni Orkestrası Kurul Üyesi

HEDEF SEÇME. Bir sonraki adım, önünüzdeki yedi gün içinde her bir rolünüzde elde etmeniz gereken iki ya da üç önemli sonucu düşünmektir. Bunlar hedef olarak kaydedilmelidir. (Bir sonraki sayfaya bakın.)

Bu hedeflerden hiç olmazsa birkaçı II. Kare etkinliklerini yansıtmalıdır. İdeal olan, bu kısa vadeli hedeflerin kişisel misyon bildirgenizde belirlediğiniz uzun vadeli hedeflerle bağlantılı olmasıdır. Ama kişisel misyon bildirgenizi yazmadıysanız bile, her bir rolünüzü ve bu roller için seçtiğiniz iki-üç hedefi ele alırken neyin önemli olduğunu hissedip anlayabilirsiniz.

PROGRAMLAMA. Şimdi önünüzdeki haftaya hedeflerinizi aklınızda tutarak bakıp, bunlara ulaşmak için zamanınızı programlayabilirsiniz. Örneğin, hedefiniz kişisel misyon bildirgenizin ilk taslağını hazırlamaksa, üzerinde çalışmak için pazar gününün iki saatini ayırmayı düşünebilirsiniz. Pazar günü (ya da size, inancınıza ya da koşullarınıza uygun düşen bir başka gün), genelde moralinizi yükseltecek etkinliklerinizi planlamak ve haftalık düzenleme yapmak için ideal zamandır. Geriye çekilmek, ilham kaynağı aramak, yaşamınıza ilkeler ve değerler açısından bakmak için de uygundur.

Bireysel-Kişisel Gelişim	Misyon bildiriminin kaba taslağı Seminere kayıt Frank'i hastanede ziyaret
Eş/Ebeveyn	Ev yönetimi/Karla'nın kursu Tim'in fen projesi Sarah'nın bisikleti
Yeni Ürünler Müdürü	Piyasa parametrelerini test et Asistan adaylarıyla görüş Tüketici anketini incele
Araştırma Müdürü	Son test sonuçlarını incele Bağlaşım sorunları üzerinde çalış Ken ve Peter'le ağ bağlantısı kur
Personel Müdürü	Janie'yle performansları gözden geçir Samuel'leri ziyaret et
İdari İşler Müdürü	Ay sonu raporları Ücret inceleme raporu
Yönetim Kurulu Başkanı	Gündem hazırla Conklin'le Halkla İlişkiler görüşmesi Gelecek yılın planına başla

Egzersiz yaparak fiziksel açıdan formda olmayı hedefliyorsanız, o hedefe ulaşmak için hafta içinde üç-dört gün, ya da mümkünse her gün bir saatinizi buna ayırmak isteyebilirsiniz. Bazı hedeflere ancak çalışma saatlerinde, bazılarına ise yalnızca cumartesi günleri çocuklarınız evdeyken ulaşabilirsiniz. Bir gün yerine bütün bir haftayı düzenlemenin bazı üstün yönlerini anlamaya başlıyor musunuz?

Rollerinizi tanımlayıp hedeflerinizi belirledikten sonra, her hedefi öncelikli bir konu olarak, ya da daha iyisi, özel bir randevu şeklinde haftanın belirli bir gününe atayabilirsiniz. Ayrıca daha önce vermiş olabileceğiniz randevular için yıllık ya da aylık takviminize bakabilir, bunların önemini hedefleriniz bağlamında değerlendirebilir, bazılarını programınıza alıp bazılarını erteleyebilir ya da iptal edebilirsiniz.

217-218. sayfalardaki haftalık çalışma programını incelerken, genelde II. Kare'ye ait en önemli on dokuz hedefin nasıl programlandığını ya da belirli bir hareket planı haline dönüştürüldüğünü gözlemleyin. Buna ek olarak, 7. Alışkanlık'ta açıklanacak olan dört insani boyutun her birinde büyük önem taşıyan yenileyici II. Kare etkinliklerinin planlanmasına yer ayıran "Baltayı Bile" yazılı kutuya dikkat edin.

Hafta içinde 19 önemli hedefe erişmek için ayrılmış zamanın yanı sıra, çalışma listesindeki programlanmamış alana bir bakın! II. Kare'de yapacağınız haftalık düzenleme size önemli işlere öncelik verme gücünü kazandırırken, bir yandan da beklenmedik olaylarla başa çıkmak, gerekirse randevuları kaydırmak, başkalarıyla ilişki ve etkileşimlerin tadına varmak, doğal deneyimlerden keyif almak için gerekli olan özgürlük ve esnekliği de sağlar. Böylece, yaşamınızın her alanında önemli hedeflere ulaşabilmek için haftanızı proaktif bir biçimde düzenlediğinizi bilirsiniz.

GÜNLÜK UYUM. II. Kare'nin haftalık düzenlemesiyle, günlük planlama, daha çok güne uyum sağlama, etkinlikleri önceliklerine göre sıralama ve beklenmedik olaylara, ilişkilere ve deneyimlere anlamlı bir biçimde karşılık verme işlevine dönüşür.

HAFTALIK ÇALIŞMA PROGRAMI™		Hafta:	Pazar	Pazartesi
Roller	**Hedefler**	**Haftalık Öncelikler**	**Bugünün Öncelikleri**	
Birey-Kişisel Gelişim	Misyon Bildiriminin kaba taslağı (1) Seminere kayıt (2) Hastanede Frank'i ziyaret (3)			ücret inceleme/ rapor (16)
Koca/Baba	Ev yönetimi/Karla'nın kursu (4) Tim'in fen projesi (5) Sarah'nın bisikleti (6)			
Yeni Ürünler Müdürü	Piyasa parametrelerini test et (7) Asistan adaylarıyla görüşme (8) Tüketici anketini inc. (9)			
Araştırma Müdürü	Son test sonuçları inc. (10) İrtibat sorunlarına bak (11) Ken ve Peter ile ağ bağlantısı kur (12)			
Personel Müdürü	Janie'yle performansları gözden geçir (13) Samuel'leri ziyaret (14)			
İdari İşler Müdürü	Ay sonu raporları (15) Ücret inceleme/rapor (16)			
Yönetim Kurulu Başkanı	Gündem hazırla (17) Conklin'le halkla ilişkiler görüşmesi (18) Yeni yılın planına başla (19)			

Randevular/Vaatler

	Pazar	Pazartesi
8	(1) Özel zaman	
9	Misyon	
10	bildirimi	
11		Asist. aday
12		görüşmeleri (8)
1		
2		
3		
4		Frank-Hastane (3)
5		
6		
7		Sarah'nın bisikleti (6)
8		
Akşam		

BALTAYI BİLE

Fiziksel __________

Zihinsel __________

Ruhsal __________

Sosyal/Duygusal __________

Salı	Çarşamba	Perşembe	Cuma	Cumartesi
Bugünün Öncelikleri				
Seminere kayıt	Ken		Samuel'i ziyaret (14)	
formunu gönder (2)	Peter (12)			
Randevular/Vaatler				
8	8	8	8	8 Karla'nın kursu (4)
9	9 Piyasa (7)	9 Bağlaşım (11)	9 Test sonuçlarını	9
10	10 parametrelerini incele	10 sorunu	10 incele (10)	10
11	11	11	11	11
12	12	12	12 Conklin'le halk. iliş.görüşmesi (8)	12
1 Tüketici anketini	1	1	1	1
2 incele (9)	2	2	2	2
3	3	3 Janie'yle (13)	3 Ay sonu raporu (15)	3
4	4	4 performans inc.	4	4
5	5	5	5	5
6 Tim'in projesi (5)	6	6 Yön. Kur.	6	6
7	7	7 gündemi (17)	7	7
8	8	8 Gelecek yıl planları (19)	8	8
Akşam	Akşam	Akşam	Akşam	Akşam 19:00 Brown'larla Tiyatro

Her sabah birkaç dakikanızı programınızı gözden geçirmeye ayırmanız, haftanızı düzenlerken verdiğiniz değerlere dayalı kararlar ve ortaya çıkabilecek beklenmedik etkenlerle bağlantı kurmanızı sağlayabilir. Gününüzü gözden geçirirken, rollerinizin ve hedeflerinizin, içinizdeki denge duygusundan gelen doğal bir öncelik sıralaması sağladığını görebilirsiniz. Bu, kişisel misyon anlayışınızdan doğan, sağ beyne özgü bir sıralamadır.

Yine de üçüncü kuşağın A, B, C ya da 1, 2, 3 şeklindeki öncelik sıralamasının günlük etkinliklere gerekli düzeni sağladığını düşünebilirsiniz. Etkinliklerin önemli ya da önemsiz olduklarını söylemek yapay bir ayırım olur. Onların bir süreklilik oluşturdukları bellidir ve bazı önemli etkinlikler diğerlerinden daha önemlidir. Haftalık düzenleme bağlamında, üçüncü kuşak öncelik sıralaması günlük odağı düzene sokar.

Ancak etkinliklerin kişisel misyon anlayışınızla ne tür bir ilişkisi olduğunu ve yaşamınızın dengesine nasıl uyduğunu bilmeden bunları sıralamaya çalışmak hiç de etkili bir yöntem değildir. İstemediğiniz ya da yapmanıza gerek olmayan şeyleri sıraya dizip gerçekleştiriyor olabilirsiniz.

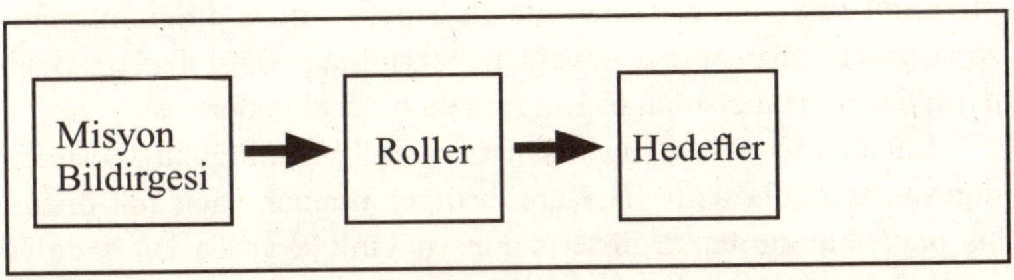

UZUN VADELİ DÜŞÜNME

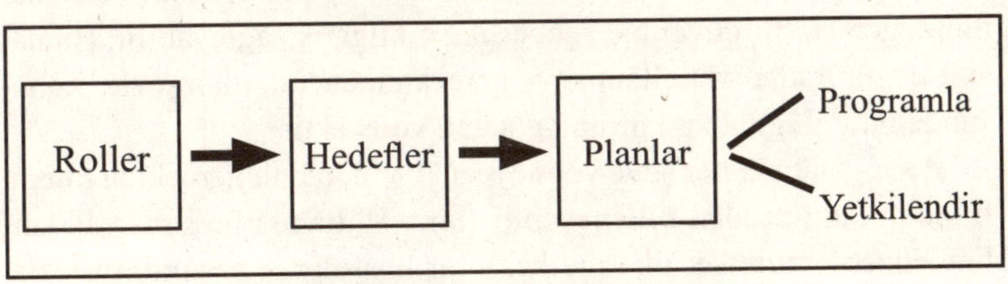

HAFTALIK DÜZENLEME

Haftanızı bir ilke merkezli II. Kare yöneticisi gibi düzenlemekle, günlerinizi merkezinde başka şeyler olan bir birey gibi planlamak arasındaki farkı görebiliyor musunuz? II. Kare odağının şu andaki etkililik düzeyinizde yaratacağı o müthiş farkı anlayabiliyor musunuz?

İlke merkezli II. Kare düzenlemesinin gücünü kendi yaşamımda gördüğüm ve diğer yüzlerce insanın yaşamını değiştirdiğine tanık olduğum için, bunun çok büyük ve olumlu bir fark yarattığı kanısındayım. Haftalık hedef, doğru ilkelerden oluşan daha geniş bir çerçeveye ve kişisel bir misyon bildirgesine ne kadar bağlıysa, etkililikteki artış da o kadar fazla olur.

II. Kare'yi Yaşamak

Tekrar bilgisayar benzetmesine dönersek, 1. Alışkanlık "Programcı sensin," 2. Alışkanlık da "Programı yaz," diyorsa, o zaman 3. Alışkanlık, "Programı çalıştır," "Programı yaşa," der. Onu yaşamak ise öncelikle özgür irademizin, kendimize dayattığımız disiplinin, kişisel bütünlüğümüzün ve bağlılığımızın; kısa vadeli hedefler ve programlara ya da uyaranlara değil, hedeflerimize, programlarımıza ve yaşamımıza anlam ve bağlam kazandıran doğru ilkelere ve en derin değerlerimize olan bağlılığımızın bir sonucudur.

Haftanızı yaşarken, hiç kuşkusuz kişisel bütünlüğünüzün sınandığı zamanlar olacaktır. III. Kare'de diğer insanların acil ama önemsiz önceliklerine tepki göstermenin yaygınlığı, ya da IV. Kare'ye kaçmanın verdiği zevk, planladığınız II. Kare etkinliklerinin gölgede kalmasına neden olabilir. İlke merkeziniz, özbilinciniz ve vicdanınız, gerçek bir güvenlik, rehberlik ve bilgelik sağlayabilir. Bunlar size özgür iradenizi kullanma ve gerçekten önemli olan şeyler konusunda bütünlüğünüzü koruma gücünü verecektir.

Ama gücünüz her şeye yetmeyeceği için, neyin gerçekten önemli olduğunu önceden bilemeyebilirsiniz. Haftanızı ne kadar dikkatlice düzenleseniz de, ilke merkezli bir kişi olarak programınızı daha yüksek bir değer karşısında arka plana itme gereğini duyacağınız zamanlar olacaktır. İlke merkezli olduğunuz için de, bunu iç huzuruyla yapabilirsiniz.

Bir ara, oğullarımdan biri işlerini programlamaya ve verimliliğe çok önem veriyordu. Programının çok sıkışık olduğu bir gün, her şeye dakikası dakikasına zaman ayırmak zorunda kalmıştı. Bunların arasında bazı kitaplar almak, arabasını yıkamak ve kız arkadaşı Carol'dan "ayrılmak" da vardı.

Sıra Carol'a gelinceye kadar her şey programa uygun gitti. Uzun süredir beraberdiler ve oğlum devamlı bir ilişkinin yürümeyeceği sonucuna varmıştı. Dolayısıyla da verimlilik modeline uygun bir biçimde, Carol'a bu haberi vermek için on-on beş dakikalık bir telefon görüşmesi programlamıştı.

Ancak bu haber kızı çok sarsmıştı. Oğlum, bir buçuk saat sonra hâlâ Carol'la yoğun bir tartışma halindeydi. Yine de bu tek görüşme yeterli olmadı. Durum her ikisini de çok rahatsız etmiş ve üzmüştü.

Bir kez daha, insanlar söz konusu olduğunda *verimliliği* düşünemezsiniz. *İnsanlar* konusunda *etkili* olmayı, *nesneler* konusunda *verimli* olmayı düşünürsünüz. Bana itiraz eden ya da kafa tutan bir kimseye karşı *verimli* olmayı denediğimde işe yaramaz. Bir çocuğa ya da bir elemana bir sorunu çözmesi için on dakikalık bir süre verdiğimde, bu tür "verimliliğin" yeni sorunlar yarattığını ve derindeki asıl sorunu nadiren çözdüğünü görürüm.

Pek çok ebeveynin, özellikle de küçük çocukları olan annelerin çok şey başarma arzusu içinde çoğu zaman hüsrana uğradıklarını görüyorum, çünkü gün boyunca yaptıkları tek şey, küçük çocuklarının gereksinimlerini karşılamak oluyor. Unutmayın ki, hüsran duygusu beklentilerimizin bir işlevidir. Beklentilerimiz ise çoğu zaman kendi değerlerimiz ve önceliklerimizin değil, toplumsal aynanın bir yansımasıdır.

Ancak 2. Alışkanlık yüreğinizin ve zihninizin derinliklerine yerleşmişse, o yüksek değerler sizi zorlar. Programınızı kişisel bütünlükle bu değerlere tabi tutabilirsiniz. Uyum sağlayabilir, esnek olabilirsiniz. Programınıza uymadığınızda ya da değişiklik yapmak zorunda kaldığınızda, kendinizi suçlu hissetmezsiniz.

DÖRDÜNCÜ KUŞAĞIN KAYDETTİĞİ İLERLEMELER

İnsanların üçüncü kuşak zaman yönetimi gereçlerine direnmelerinin bir nedeni de, doğallık ve esnekliklerini kaybederek katılaşmalarıdır. Bu gereçler insanları programlara boyun eğdirir, çünkü üçüncü yönetim kuşağının verimlilik paradigması, *insanlar nesnelerden daha önemlidir* ilkesiyle uyumsuzdur.

Dördüncü kuşak gereci bu ilkeyi kabul eder. Verimlilik değil de etkililik bakımından ele alınması gereken ilk kişinin kendiniz olduğu gerçeğini de kabul eder. II. Kare'de zaman geçirmeniz, ilkeleri anlayıp yaşamınızın merkezi haline getirmeniz, günlük kararlarınızı yönlendirmesini istediğiniz amaç ve değerleri açıkça belirlemeniz için sizi teşvik eder. Dengeli bir yaşam kurmanıza ve günlük planlamanın kısıtlamalarından kurtularak, her şeyi haftalık bir düzene oturtup programlamanıza yardımcı olur. Daha yüksek bir değer planladığınız şeyle çatıştığı zaman da, özbilincinize ve vicdanınıza dayanarak çok önemli olduğuna karar verdiğiniz ilke ve amaçlara sadık kalmanız için size güç aşılar. Bir yol haritası yerine, bir pusula kullanıyor olursunuz.

Özyönetimin dördüncü kuşağı, üçüncüye kıyasla beş önemli açıdan daha ileri düzeydedir.

Birincisi, *ilke merkezli*dir. II. Kare'ye lafla bağlı değildir; zamanınızı, gerçekten önemli ve etkili olan şeyler bağlamında görmenizi sağlayan merkezi paradigmayı yaratır.

İkincisi, *vicdan tarafından yönlendirilir.* Yaşamınızı en köklü değerlerinizle elinizden geldiğince uyum içinde düzenleme fırsatını sağlar. Aynı zamanda, programınızı daha yüksek değerlere gönül rahatlığıyla tabi tutma özgürlüğünü de verir.

Üçüncüsü, *değerler ve uzun vadeli hedefler de dahil, kendinize özgü misyonunuzu tanımlar.* Bu da günlük yaşantınıza yön ve amaç duygusu katar.

Dördüncüsü, *rollerinizi belirleyerek hayatınızı dengelemenize yardım eder.* Bütün kilit roller için her hafta hedefleri saptayıp etkinlikleri programlar.

Beşincisi, *haftalık düzenlemeyle daha büyük bir bağlam sağlar* (gerektiğinde günlük uyarlamalar da yapar.) Tek bir günün kısıtlayıcı perspektifinden sıyrılarak, en derin değerlerinizle bağlantı kurmanızı ve kilit rollerinizi gözden geçirmenizi sağlar.

Bu beş özelliğin ortak bir yanı da vardır. Birincil odak noktaları, ilişkiler ve sonuçlardır. İkincil odak noktaları ise zamandır.

YETKİ VERMEK: Ü VE ÜY'Yİ ARTIRMAK

Bütün yaptıklarımızı, zamanı ya da insanları yetkilendirerek başarırız. Zamanı yetkilendiriyorsak *verimliliği*; başka insanları yetkilendiriyorsak da *etkili olmayı* düşünüyoruz demektir.

Birçok kişi başkalarına yetki vermeye yanaşmaz. Çünkü bunun çok fazla zaman ve çaba gerektirdiğini, işi kendisinin daha iyi yapabileceğini düşünür. Oysa, başkalarına etkili biçimde yetki vermek, belki de insanları harekete geçirecek en güçlü etkinliktir.

Sorumluluğu eğitilmiş, usta kişilere devretmek, enerjinizi diğer güçlü etkinliklere yöneltmenizi sağlar. Yetki vermek, hem bireyler hem de kurumlar için gelişim anlamına gelir. Merhum J.C. Penney, verdiği en akıllıca kararın, artık her şeyi tek başına yapamayacağını anladığı zaman "dizginleri bırakmak" olduğunu söylemesiyle anımsanır. Çok uzun bir zaman önce verilen bu karar, yüzlerce mağaza ve binlerce insanın gelişip büyümesini sağlamıştır.

Yetkilendirme, başka insanları da işin içine kattığı için bir Genel Zaferdir ve 4. Alışkanlığa dahil edilebilir. Ancak buradaki odak noktamız kişisel yönetim ilkeleri olduğu ve başkalarını yetkilendirme yeteneği yöneticiyle bağımsız üretici rolleri arasındaki temel farkı oluşturduğu için, yetki verme konusuna kişisel yönetim becerileriniz açısından yaklaşıyorum.

Bir üretici istenilen sonuçlara erişmek, altın yumurtayı elde etmek için ne gerekiyorsa onu yapar. Bulaşık yıkayan bir anne, taslak çizen bir mimar ya da bilgisayarda mektup yazan bir sekreter, üreticidir.

Ne var ki bir insan altın yumurtalar üretmek için başkalarından ve sistemlerden yararlandığı zaman, karşılıklı bağlılık açısından bir yöneticiye dönüşür. Bulaşık yıkama işini çocuğuna devreden bir anne, yöneticidir. Başka mimarlardan oluşan bir ekibi yöneten bir mimar, yöneticidir. Diğer sekreterleri ve büro personelini denetleyen bir sekreter, büro yöneticisidir.

Bir üretici bir saatlik çaba harcayarak tek birimlik bir sonuç sağlar; tabii verimliliğinden bir şey kaybetmemesi koşuluyla.

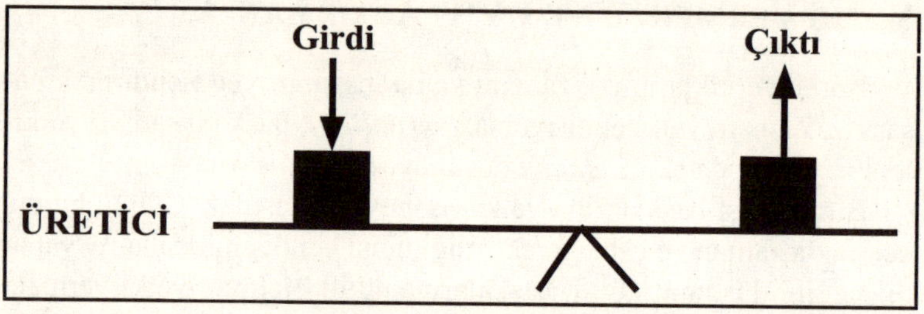

Öte yandan bir yönetici, bir saatlik çabayla ve etkili bir yetkilendirme yoluyla on, elli ya da yüz birimlik bir sonuç elde eder.

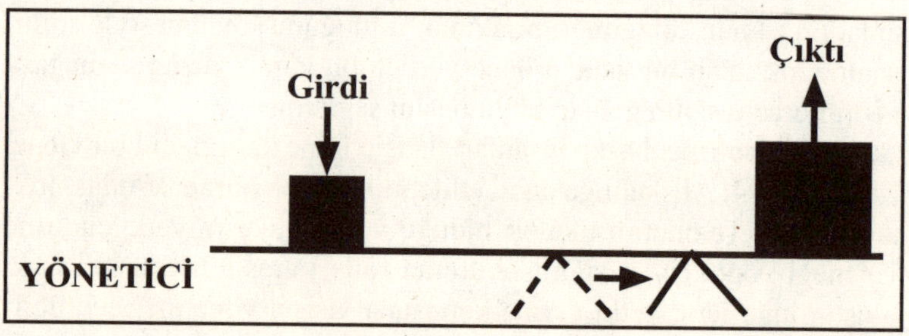

Yöneticilik, esas olarak manivelanın dayanak noktasını ileri kaydırmaktır, etkili bir yönetimin anahtarı ise başkalarına yetki vermektir.

EMİRERİ YETKİSİ VERMEK

Temelde iki tür yetkilendirme vardır: "Emireri yetkisi vermek" ve "kaptanlık yetkisi vermek." Emireri yetkisi vermek, "Şuraya git, buraya git, şunu yap, bunu yap, iş bitince de bana haber ver!" anlamına gelir. Üretici olan insanların çoğu emireri yetkisi verme paradigmasına sahiptir. Ormanda baltayla yol açan adamları hatırlıyorsunuz değil mi? Onlar üreticidir. Kollarını sıvayıp işe girişirler. Kendilerine bir denetim ya da yönetim görevi verilse bile, yine bir üretici gibi düşünürler. Başka birini de yükümlülük altına sokacak şekilde, tam anlamıyla yetkilendirmeyi bilmezler. Odak noktaları yöntemler olduğu için, sonuçlardan sorumlu olurlar.

Bir zamanlar ailece su kayağı yapmaya gittiğimizde, bir emireri yetkisi vermeye kalkışmıştım. Çok usta bir kayakçı olan oğlum sudaydı. Ben motoru kullanıyor ve onu çekiyordum. Fotoğraf makinesini Sandra'ya vererek birkaç resim çekmesini istedim.

Önce, elimizde fazla film kalmadığı için çekeceği fotoğrafları dikkatle seçmesini söyledim. Sonra eşimin fotoğraf makinesine aşina olmadığını hatırlayarak, biraz daha ayrıntılı talimat vermeye başladım. Güneş tekneyi arkasına alana kadar beklemesini söyledim. Oğlumuzu dalganın üzerinden atlarken ya da bir dönüş sırasında dirseğini suya değdirirken yakalamasını istedim.

Ancak, filmin yetersizliğini ve eşimin kamera konusundaki deneyimsizliğini düşündükçe, endişem de arttı. Sonunda, "Dinle, Sandra," dedim. "Sana söylediğim zaman sadece düğmeye bas. Tamam mı?" Ondan sonraki birkaç dakikayı, "Şimdi çek! Şimdi çek! Çekme! Çckme!" diye bağırarak geçirdim. Hareketlerini saniyesi saniyesine kontrol etmezsem resimleri doğru dürüst çekemeyeceğinden korkuyordum.

Bu, tam bir emireri yetkisiydi. Yöntemlerin teker teker denetlenmesiydi. Pek çok insan sürekli olarak bu şekilde yetki verir. Ama bu ne kadar işe yarar? Yaptıkları her harekete müdahale ederek kaç kişiyi denetleyebilir ya da yönetebilirsiniz ki?

Başkalarına yetki vermenin çok daha iyi, daha *etkili* bir yolu vardır. Bu, başkalarının özgür iradesini, vicdanını, hayal gücünü ve özbilincini takdir etme paradigmasına dayanır.

KAPTANLIK YETKİSİ VERMEK

Kaptanlık yetkisi vermenin odak noktası yöntemler değil, sonuçlardır. İnsanlara yöntemi seçme hakkını tanır ve onları sonuçlardan sorumlu tutar. Başlangıçta daha fazla zaman alır, ama harcanacak zaman iyi bir yatırımdır. Kaptanlık yetkisi vererek manivelanın dayanak noktasını kaydırıp, kaldırma gücünü artırabilirsiniz.

Kaptanlık yetkisi vermek, beş alandaki beklentiler bakımından peşinen karşılıklı anlayış ve bağlılık gerektirir.

İSTENİLEN SONUÇLAR. Başarılması gereken şey konusunda açık bir karşılıklı anlayış yaratın. Odak noktanız *nasıl* değil, *ne*; *yöntemler* değil, *sonuçlar* olsun. Zaman harcayın. Sabırlı olun. İstenilen sonucu gözünüzün önünde canlandırın. Karşınızdaki kişinin onu görmesini, tanımlamasını, sonuçların nasıl olacağı ve ne zaman elde edileceği konusunda kaliteli bir bildirge oluşturmasını sağlayın.

KURALLAR. Söz konusu bireyin hangi parametreler içinde çalışacağını belirleyin. Yöntemlerin devredilmesinden kaçınabilmek için bunlar mümkün olduğu kadar az sayıda olmalı, ancak önemli kısıtlamaları da içermelidir. Kaptanlık yetkisi verdiğiniz kişinin, sonuçlara ulaşması koşuluyla istediğini yapabileceğini düşünmesini ve bu arada süregelen bir geleneksel uygulamayı ya da değeri çiğnemesini istemezsiniz. Bu, inisiyatifi öldürür ve emireri yöntemine dönmeye neden olur: "Ne yapmamı istediğini söyle ki, yapayım."

Verilen işin başarısızlığa uğrayabilecek yanlarını biliyorsanız, onları açıklayın. Dürüst ve açıksözlü olun. Karşınızdaki kişiye bataklığın yerini ve vahşi hayvanların nerede bulunduğunu söyleyin. Tekerleği her gün yeniden icat etmek istemezsiniz sanırım. İzin verin de, insanlar sizin ya da başkalarının hatalarından ders alsınlar. Başarısızlığa gidebilecek yolları, *yapılmaması* gereken şeyi işaret edin, ama ne *yapmaları* gerektiğini söylemeyin. Onları sonuçlardan –kurallar dahilinde yapılması gereken şeylerden– sorumlu tutun.

KAYNAKLAR. Söz konusu kişinin, istenilen sonuçları elde etmesi için yararlanabileceği insani, maddi, teknik ve kurumsal kaynakları tanımlayın.

HESAP VERME SORUMLULUĞU. Sonuçların değerlendirilmesinde kullanılacak performans standartlarını oluşturun. Sonuçların rapor edileceği ve değerlendirmenin yapılacağı belirli zamanları da açıklayın.

NETİCELER. Değerlendirmenin sonucunda ortaya çıkacak hem iyi hem de kötü şeyleri belirleyin. Bunların arasında maddi ve manevi ödüller, başka göreve atanma ve bir kuruluşun genel misyonuna bağlı doğal sonuçlar yer alabilir.

Birkaç yıl önce yetkilendirme konusunda oğullarımdan biriyle ilginç bir deneyim yaşadım. Bir aile toplantısı yapıyorduk. Planlarımızın değerlerimizle uyumlu olmalarını sağlamak için, misyon bildirgemiz yine duvarda asılıydı. Herkes oradaydı.

Büyük bir kara tahtayı duvara dayayarak hedeflerimizi, yapmak istediğimiz önemli şeyleri ve bu hedeflerin gerektirdiği işleri yazdık. Sonra da bu işleri yapacak gönüllülere gerek olduğunu söyledim.

"İpotek taksitlerini ödemeyi kim istiyor?" diye sordum. Bir de baktım ki, benden başka el kaldıran yok.

"Sigortayı ödemeyi kim istiyor? Yiyecek parasını? Araba masraflarını?" Sanki tüm fırsatları tekelime almıştım.

"Bebeğin mamasını vermeyi kim istiyor?" Buna gösterilen ilgi daha fazlaydı, ama o işi yapabilecek nitelikteki tek kişi eşimdi.

Listedeki işleri teker teker sayarken çok geçmeden Anne'yle Baba'nın haftada altmış saatten fazla çalışmaları gerektiği ortaya çıktı. Bu paradigmayı göz önüne aldığımız zaman, diğer işlerden bazılarına daha doğru bir açıyla bakmaya başladık.

Yedi yaşındaki oğlum Stephen, bahçenin bakımını üzerine aldı. Ona bu işi tam anlamıyla vermeden önce kapsamlı bir eğitim sürecini başlattım. Bakımlı bir bahçenin nasıl bir şey olduğunu iyice anlamasını istiyordum. Bu nedenle onu yandaki komşumuzun bahçesine götürdüm.

"Bak oğlum," dedim. "Görüyor musun, komşumuzun bahçesi ne kadar yeşil ve temiz? Biz de bunu istiyoruz; *yeşil ve temiz*. Şimdi gel de bizim bahçeye bir bak. Şu karmakarışık renkleri görüyor musun? Hiç de aynı değil. Yeşil değil. Bizim istediğimiz "yeşil ve temiz" olması. Şimdi, yeşil olmasını nasıl sağlayacağın sana kalmış bir şey. Bunu, bahçeyi boyamak dışında, istediğin gibi yapmakta serbestsin. Ama iş bana verilmiş olsaydı bunu nasıl yapardım, sana açıklayabilirim."

"Nasıl yapardın, baba?"

"Bahçenin sulama fıskiyelerini açardım. Ama sen kova ya da hortum kullanmak isteyebilirsin. Benim için fark etmez. Bizi ilgilendiren tek şey, rengin yeşil olması. Tamam mı?"

"Tamam!"

"Şimdi de "temiz"den söz edelim, oğlum. Temiz, etrafta çöp –yani kâğıtlar, sicimler, kemikler, sopalar ya da ortalığı kirleten herhangi bir şey– bulunmaması demcktir. Şimdi sana ne yapacağımızı söyleyeceğim. Bahçenin yarısını hemen temizleyelim, sonra da aradaki farka bakalım."

İki büyük kesekâğıdı aldık ve bahçenin bir yanını temizledik. "Şimdi bu tarafa bak. Sonra da şu tarafa. Aradaki farkı görüyor musun? İşte buna temiz denir."

Oğlum, "Dur!" diye seslendi. "Şu çalılığın arkasında kâğıtlar var."

"Ah, çok iyi! Ben oradaki gazeteyi fark etmemiştim. Gözlerin çok keskin, oğlum. Şimdi, bu işi kabul edip etmeyeceğine karar vermeden önce sana birkaç şey daha söylememe izin ver. Çünkü bu işi sen üstlenir üstlenmez, ben elimi çekeceğim. Bu, senin işin olacak. Buna kaptanlık denir. Yani, "güvene dayanan" bir iş. Senin bu işi yapacağına, tamamlayacağına güveniyorum. Şimdi patronun kim olacak?"

"Sen mi olacaksın baba?"

"Hayır, ben değil. Patron sensin. Kendi kendine patronluk edeceksin. Annenle babanın durmadan dırdır etmesi hoşuna gidiyor mu?"

"Hiç gitmiyor."

"Bizim de hoşumuza gitmiyor. Bazen kötü duygulara yol açıyor, değil mi? Onun için kendi kendine patronluk edeceksin. Şimdi, yardımcın kim olacak bil bakalım."

"Kim?"

"Ben," dedim. "Sen patronum olacaksın."

"Öyle mi?"

"Öyle. Ancak benim yardım konusunda zamanım kısıtlı. Bazen burada olmuyorum. Ama buradayken sana nasıl yardım edebileceğimi söyleyeceksin. İstediğin her şeyi yapacağım."

"Tamam!"

"Şimdi bil bakalım senin hakkında kim karar verecek?"

"Kim?"

"Kendin karar vereceksin."

"Öyle mi?"

"Öyle. Haftada iki defa seninle bahçede dolaşacağız. O zaman bana işin ne durumda olduğunu gösterirsin. Neye göre karar vereceksin?"

"Yeşil ve temiz!"

"Doğru!"

İşe hazır olduğunu hissedene kadar, on beş gün boyunca onu bu iki sözcükle eğittim. Sonunda, o önemli gün gelip çattı.

"Anlaştık mı oğlum?"

"Anlaştık."

"İş nedir?"

"Yeşil ve temiz."

"Yeşil nedir?"

Oğlum biraz düzelmeye başlamış olan bahçemize baktı. Sonra da komşuyu işaret etti. "Onun bahçesinin rengi."

"Temiz nedir?"

"Pislik olmaması."

"Patron kim?"

"Benim."
"Yardımcın kim?"
"Sensin! Zamanın olduğunda."
"Kim karar verecek?"
"Ben! Seninle haftada iki defa bahçede dolaşacağız. Sana işlerin ne durumda olduğunu göstereceğim."
"Aradığımız şey ne olacak?"
"Yeşil ve temiz."

O sırada bir cep harçlığından söz etmedim. Ama bu tür bir kaptanlığın karşılığını vermekte hiç tereddüt etmeyecektim.

İki hafta ve iki sözcük. Oğlumun hazır olduğunu sanıyordum.

Günlerden cumartesiydi. Oğlum hiçbir şey yapmadı. Pazar... hiçbir şey. Pazartesi... hiçbir şey. Salı günü işe gitmek için arabayla bahçeden çıkarken karmakarışık, sapsarı bahçeye ve ufuktan yükselen sıcak temmuz güneşine baktım. "Herhalde bugün yapacak," diye düşündüm. Cumartesi için özür bulabilirdim, çünkü anlaşmayı daha o gün yapmıştık. Pazar gününe de mantıklı bir açıklama getirebilirdim; o gün başka şeyler içindi. Ancak pazartesi için bir bahane bulamıyordum. Şimdi ise günlerden salıydı. Evet, kesinlikle işi bugün yapacaktı. Yaz mevsimindeydik. Yapacak başka ne işi vardı ki?

Bütün gün eve dönüp neler olduğunu görmek için sabırsızlandım. Köşeyi dönerken, aynen sabahki görüntüyle karşılaştım. Oğlum ise yolun karşısındaki parkta oynuyordu.

Bu, kabul edilebilir bir şey değildi. İki haftalık eğitim ve bütün o sözlerden sonra oğlumun bu davranışı beni düş kırıklığına uğratmış ve sarsmıştı. Bahçeye bir hayli çaba, gurur ve para yatırımı yapmıştık ve bütün bunların boşa gideceğini görüyordum. Ayrıca komşumun bahçesi çok bakımlı ve güzeldi. Durum bizi utandırmaya başlıyordu.

"Emireri" yöntemine dönmeye hazırdım. *Oğlum, hemen buraya gel ve şu çöpleri derhal topla! Yoksa karışmam!* Altın yumurtayı bu yoldan elde edebileceğimi biliyordum. Ama ya kaz? Onun içten içe verdiği söz ne olacaktı?

Bu nedenle yapay bir gülümsemeyle yolun karşı tarafına seslendim. "Merhaba, oğlum! Nasıl gidiyor?"

"İyi," diye cevap verdi.

"Bahçe ne alemde?" Bunu sorar sormaz anlaşmamızı çiğnediğimi de anladım. Hesaplaşma böyle yapılmayacaktı. Anlaşmamız bu değildi.

Oğlum da bu nedenle anlaşmaya aykırı davranma hakkını kendisinde buldu. "İyi, baba!"

Dilimi ısırdım ve akşam yemeği sona erinceye kadar bekledim. Sonra, "Seninle anlaştığımız gibi yapalım, oğlum," dedim. "Bahçeyi birlikte dolaşalım. Senin kaptanlığında işlerin nasıl gittiğini göster bana."

Kapıdan çıkarken oğlumun dudakları titremeye başladı. Gözleri doldu. Bahçenin ortasına geldiğimiz sırada sızlanıyordu.

"Bu iş çok zor, baba."

Zor olan ne? diye düşündüm. *Tek bir şey yapmamışsın!* Ama neyin çok zor olduğunu biliyordum: özyönetim, özdenetimdi. Bu nedenle, "Yardımcı olmak için yapabileceğim bir şey var mı?" dedim.

"Gerçekten yardım eder misin?" diye burnunu çekti.

"Anlaşmamız nasıldı?"

"Zamanın olduğunda yardım edeceğini söylemiştin."

"Zamanım var."

Oğlum koşarak eve girdi. Geri döndüğü zaman elinde iki çuval vardı. Onlardan birini bana verdi. "Şu çöpleri toplar mısın?" Cumartesi gecesi mangalda pişirip yediklerimizin artıklarını işaret ediyordu. "Midemi bulandırıyor!"

Bunu yaptım. Onun istediklerini tamı tamına yerine getirdim. İşte o an, oğlum anlaşmaya yürekten imzasını attı. Bahçe onundu artık, kaptan da kendisiydi.

Bütün yaz boyunca benden yalnızca iki-üç kez yardım istedi. Bahçeyle o ilgilendi. Benim kaptanlığımda hiç olmadığı kadar yeşil ve temiz tuttu. Hatta, ablaları ve ağabeyleri, çimlerin üstünde bir çiklet kâğıdı bile bıraksalar onları azarlıyordu.

Güven, insan motivasyonunun en yüksek şeklidir. İnsanların en iyi yanlarını ortaya çıkarır. Ama zaman ve sabır ister. Yeteneklerinin o güven düzeyine çıkabilmesi için insanların eğitilip geliştirilmesi gereğini de ortadan kaldırmaz.

Kaptanlık yetkisi uygun biçimde verilirse, iki tarafın da kazançlı çıkacağı ve sonunda daha az zamanda daha çok işin tamamlanacağı kanısındayım. Zamanını bire-bir temelinde etkili biçimde yetki vererek kullanan iyi örgütlenmiş bir ailenin, herkesin her şeyi günde yaklaşık bir saat içerisinde yapabileceği şekilde işleri düzene sokabileceğine inanıyorum. Ama bunun için sadece üretim değil, insanın yönetime gönülden talip olabilmesi gereklidir. Odak noktası etkiliIiktir, verimlilik değil.

Şu odayı bir çocuktan kesinlikle daha iyi derleyip toplayabilirsiniz kuşkusuz, ama önemli olan, çocuğa bu işi yapma gücünü vermek istemenizdir. Bu da zaman alır. Eğitim ve gelişimle ilgilenmeniz gerekir. Evet, zaman alır, ama akıp giden bu zaman ne kadar da değerlidir! Uzun vadede size çok şey kazandırır.

Bu yaklaşım, yepyeni bir yetki paradigmasını devreye sokar. Aslında, ilişkinin doğasını değiştirir: Kaptan, kendi kendisinin patronu haline gelir ve üzerinde anlaşmaya varılmış istenen sonuçlara bağlılığı gerektiren vicdanı tarafından yönetilir.

Kaptanlık yetkisiyle ilgili ilkeler doğrudur ve her türlü duruma ya da insana uygulanabilir. Olgunlaşmamış insanlar söz konusu olduğunda istenen sonuçların sayısını azaltır ve daha fazla kural koyarsınız. Daha fazla kaynak gösterir, daha sık hesap ister ve daha çabuk değerlendirmeler yaparsınız. Daha olgun kişilerden istenen sonuçlar daha zor, kurallar daha azdır. Daha az aralıklarla hesap istersiniz. Kıstaslarınız daha az ölçülebilir ama daha belirgindir.

Etkili yetkilendirme, belki de etkili yöneticiliğin en iyi göstergesidir; çünkü hem kişisel hem de kurumsal gelişimin temelini oluşturur.

II. Kare Paradigması

İnsanın kendisini ya da yetkilendirme yoluyla başkalarını etkili bir biçimde yönetmesinin sırrı bir teknik, araç ya da bir dış etkende saklı değildir. İçseldir; size acillik yerine önem merceğinden bakma gücünü veren II. Kare paradigmasının bir parçasıdır.

Ekte göreceğiniz "*Büroda bir II. Kare Günü*" başlıklı alıştırma, bu paradigmanın bir iş ortamında etkililiğinizi ne denli güçlendirdiğini görmenizi sağlayacaktır.*

Bir II. Kare paradigması geliştirmeye çalışırken, yaşamınızın her haftasını en derin önceliklerinizin etrafında, sözünüzün eri olacak şekilde düzenleme ve uygulama yeteneğinizi artıracaksınız. Yaşamınızı etkili bir biçimde yönetmek için başka kişilere ya da şeylere bağımlı olmayacaksınız.

İşin ilginç yanı, Yedi Alışkanlığın her biri II. Kare'dedir. Hepsi de, düzenli bir biçimde yapıldığı takdirde yaşantımızda çok olumlu bir fark yaratacak olan, temelde önemli şeylerle ilgilidir.

UYGULAMA ÖNERİLERİ

1. İhmal edildiğini bildiğiniz, ama doğru yapıldığı takdirde özel ya da iş hayatınızda önemli bir etkisi olacak bir II. Kare etkinliği saptayın. Bunu yazın ve uygulayacağınıza söz verin.
2. Bir zaman yönetimi matrisi çizin ve her karede zamanınızın yüzde kaçını geçirdiğinizi hesap etmeye çalışın. Sonra üç günlük bir sürede on beşer dakikalık aralıklarla not alın. Hesabınız ne kadar doğru çıktı? Zamanınızı harcama tarzınızdan hoşnut musunuz? Neleri değiştirmeniz gerekiyor?
3. Devredebileceğiniz sorumlulukların ve yetki verebileceğiniz ya da bu alanlarda sorumlu olmaları için eğitebileceğiniz kişilerin bir listesini hazırlayın. Yetkilendirme ya da eğitme sürecini başlatmak için gereken şeyleri belirleyin.
4. Önünüzdeki haftayı düzenleyin. İşe o haftadaki hedeflerinizi ve rollerinizi yazarak başlayın. Sonra bu hedefleri belirli bir etkinlik planına aktarın. Haftanın sonunda, planınızın köklü değerlerinizi ve amaçlarınızı günlük yaşamınıza ne kadar iyi aktarabildiğini, bu değerler ve amaçlar konusunda kişisel bütünlüğünüzü ne derece koruyabildiğinizi değerlendirin.

(*) Lütfen B ekine bakınız.

5. Haftalık bir düzenleme yapmaya kendi kendinize söz verin ve bunu yapmak için düzenli bir zaman belirleyin.
6. Ya şimdiki planlama gerecinizi bir dördüncü kuşak gerecine dönüştürün, ya da öyle bir gereç edinin.
7. II. Kare paradigmasının etkisini daha derinlemesine anlayabilmek için "*Büroda bir II. Kare Günü*"nü (B Eki) inceleyin.

3. ALIŞKANLIK: ÖNEMLİ İŞLERE ÖNCELİK VER ÜZERİNE YENİ İÇGÖRÜLER

SEAN COVEY

Yıllar önce bir aile toplantısında, babam bir duyuru yaptı: "En harika geziyi planladım. Hazır mısınız? Almanya'ya gidiyoruz!" Kardeşlerim ve ben heyecana kapıldık ve "Ne zaman?" diye sorduk. "Üç yıl sonra!" diye yanıtladı. Planlayıcılarımızı çıkardık (henüz akıllı telefonlarımız yoktu) ve hiçbirimizde o kadar uzak bir tarihi kaydedecek bir takvim olmadığını fark ettik!

Babam, yorucu programına karşın önemli işlere öncelik vermekte ve zamanı önceden bloke etmekte usta olduğu için birlikte çok şey yaptık. "Aileler ileriye yönelik plan yapmadıkları için birlikte bir şey yapmıyor," derdi. Haftaları, ayları, yılları, hatta onlarca yılı önceden planlardı. Bu uygulama sayesinde tüm kardeşlerime gerçekten yakın olduğumu söylememde bir sakınca olmadığını sanıyorum.

Bu alışkanlık herkese doğal yoldan gelmedi. Ağabeyim Stephen, *Güven* kitabının yazarı ve dünyaca ünlü bir konuşmacı. Her daim çok hazırlıklı ve asla hitap edeceği kuruluş hakkında kayda değer bir araştırma yapmadan konuşma yapmıyor. Ancak küçükken, gelmiş geçmiş en kötü erteleyiciydi. Her büyük sınav öncesindeki gece, sabahın körüne kadar uyanık kalıp ders çalışır ve sonra araya bir iki saatlik uyku sıkıştırmaya çabalardı. Gerçek anlamda mutfak masasının üstüne uzanır, bütün ışıkları açık bırakır, kahvaltı için tost yapan birinin kaçınılmaz olarak onunla karşılaşacağını bilirdi. Ders sırasında uyumayı göze alamazdı ve kalkabilmesinin başka bir yolu yoktu. Ancak matematik ödevini yapmayı bütün yarıyıl boyunca erteleyince, yaşam biçimi en sonunda onu kıskıvrak yakaladı. Sınavdan önceki akşam ders kitabını ilk kez açtı, gece boyunca çalıştı. Ertesi gün, sınava girerken, "aklının uçup gittiğini" ve hiçbir şey anımsayamadığını söyledi. Sınavdan geçemediğini söylemeye gerek bile yok.

ACİLLİK BAĞIMLILIĞI

Önemli İşlere Öncelik Vermeyi öğrenmek zordur. Aslında bu genel olarak, insanların en çok boğuştuğu alışkanlıktır. Babamın *7 Alışkanlığı* tamamlar tamamlamaz neden *Önemli İşlere Öncelik*'i yazdığını da bu açıklıyor.

3. Alışkanlık niye bu kadar zor? Acillik olduğu için, bu kadar basit. Gerçek şu ki hepimiz acilliğe bağımlıyız. Ne durumda olduğunuzu görmek için şu kısa acillik endeksini yapın.

Acillik Endeksi

Her bir ifadeyi okurken, yanıtınızı en iyi tanımlayan sayıyı daire içine alın (0=Asla, 2=Bazen, 4=Daima).

1. Sanırım en iyi çalışmamı baskı altındayken yapıyorum.

A B D
0 1 2 3 4

2. Kendimle derin, içe dönük bir zaman geçirmekteki başarısızlığım için genelde dış etkenleri suçluyorum.

A B D
0 1 2 3 4

3. Çevremdeki insanların ve şeylerin yavaşlığından sık sık hüsrana uğruyorum.

A B D
0 1 2 3 4

3. İşten başka şeylere zaman ayırdığımda kendimi suçlu hissediyorum.

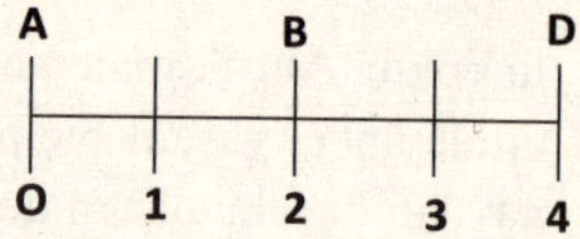

4. Hep bir yerler ve etkinlikler arasında koşturuyor gibiyim.

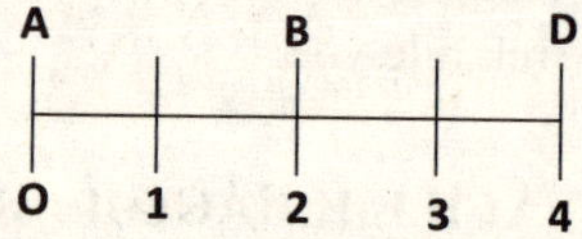

5. Sık sık insanlara bir projeyi tamamlatmak için kendimi onları cezalandırırken buluyorum.

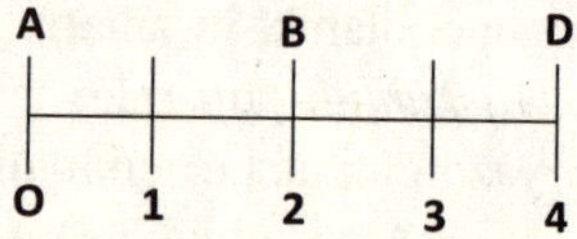

5. Büroyla birkaç dakikadan fazla temassız kaldığımda kaygıya kapılıyorum.

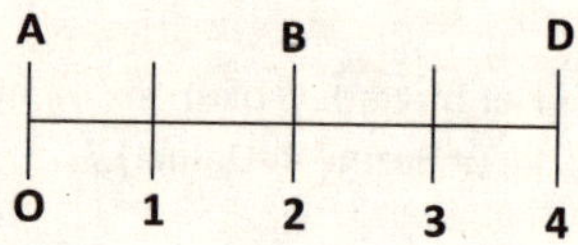

6. Sıklıkla bir şey yaparken başka bir şeyle meşgul oluyorum.

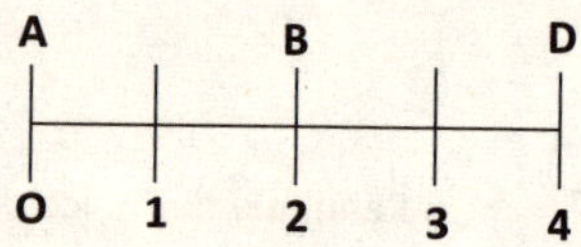

7. Bir krizle baş ederken en iyi durumumda oluyorum.

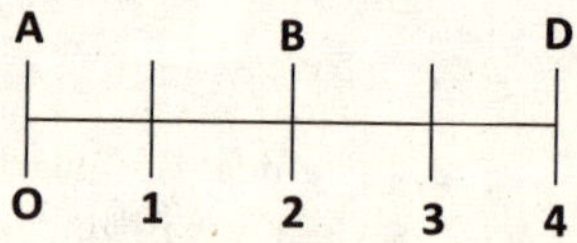

8. Yeni bir krizin neden olduğu adrenalin artışı bana uzun vadeli sonuçların değişmeyen başarısından daha tatmin edici geliyor.

A B D

0 1 2 3 4

9. Sıklıkla bir krizi idare etmek için hayatımdaki önemli insanlarla geçireceğim kaliteli zamandan vazgeçiyorum.

A B D

0 1 2 3 4

10. İnsanların, bir krizi idare etmek için onları hayal kırıklığına uğratırsam doğal olarak anlayacaklarını ya da işlerin yolunda gitmesini sağlayacaklarını varsayıyorum.

A B D

0 1 2 3 4

11. Günüme bir anlam ve amaç duygusu verebilmek için bir kriz çözmeye bel bağlıyorum.

A B D

0 1 2 3 4

12. Sıklıkla öğlen yemeğimi ve diğer öğünleri çalışırken yiyorum.

A B D

0 1 2 3 4

13. Günün birinde gerçekten yapmak istediğim işi yapabileceğimi düşünüp duruyorum.

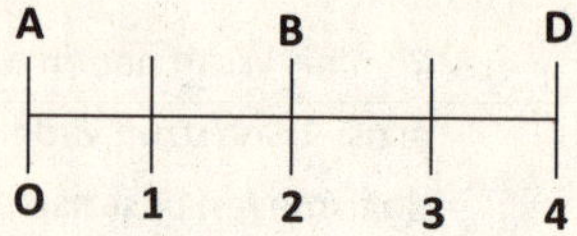

14. Bir dolu işi sonuçlandırmak bana gerçekten verimliymişim gibi hissettiriyor.

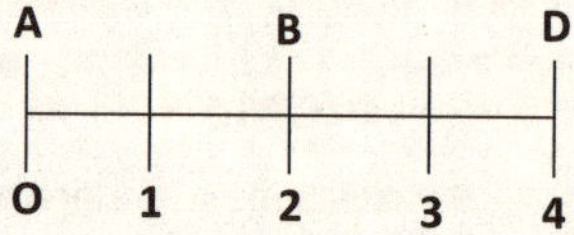

Endeksi tamamladığınıza göre, şimdi toplam puanınızı ekleyin ve kendinizi aşağıdaki anahtara göre değerlendirin:

0-25 Düşük acillik zihniyeti
25-45 Güçlü acillik zihniyeti
46+ Acillik bağımlılığı

Peki nasıl gitti? Siz de çoğu kişi gibiyseniz, ya acillik bağımlılığına sahipsiniz ya da böyle bir bağımlılık geliştiriyorsunuz demektir. Kendi kendine zarar veren bir davranıştır bu.

Silvia Bellezza, Noeru Paharia ve Anat Keinan adlı profesörlerin araştırmalarına göre, meşguliyetin bir statü sembolü haline gelmiş olması işe yaramıyor. Tarih boyunca statü, ne kadar boş zamanınız olduğuna bakarak ölçüldü.[1] Artık öyle ölçülmüyor.

Yazar Brigid Schulte'nin yazdığı gibi, "Bir asır öncesinin aksine, Amerikalılar statülerini boş zamanlarıyla gösterdikçe, meşguliyet yeni onur nişanı haline geldi. O yüzden herkesin meşgul olduğu ve kimsenin verimli olmadığı iş yerlerinden yakınsak bile, meşguliyet aslında kendini işe adamaya ve liderlik potansiyeline işaret etmenin yolu oldu. Bunun bir nedeni, üretkenliğin bir fabrika katında ya da çiftlikte ölçülmesi görece kolayken, bilgi işçilerinin üretken-

1) Sylvia Bellezza, Neeru Paharia, Anat Keinan, "Conspicuous Consumption of Time: When Busyness and Lack of Leisure Time Become a Status Symbol", *Journal of Consumer Research*, Cilt 44, Sayı 1, Haziran 2017, s. 119-138, https://doi.org/10,1093/jcr/ucw076.

liğini ölçmek için iyi göstergeler geliştirmek zorunda olmamızdır. O yüzden çaba göstergeleri olarak büyük oranda çalışılan saatlere ve büroda yüz yüze geçirilen zamana bel bağlıyoruz ve teknoloji ile uzaktan çalışabilmenin ortaya çıkışıyla birlikte, bağlı kalıp saat kaç olursa olsun karşılık vermek yeni yüz yüze görüşme oldu.[2]

Paradigmanizi Değiştirin

Acillik bağımlılığınızı aşmanın çözümü, paradigmanızı *acillikten öneme* kaydırmaktır.

	ACİL	ACİL DEĞİL
ÖNEMLİ	**I** ERTELEYEN: Krizler Acil Toplantılar Son dakika temrinleri Acil sorunlar Öngörülememiş olaylar	**II** ÖNCELEYEN: Proaktif çalışma Yüksek Etkili Hedefler Yaratıcı düşünceler Planlama ve Önlem İlişki Kurma Öğrenme ve Yenilenme
ÖNEMLİ DEĞİL	**III** KAFA SALLAYAN: Lüzumsuz Sekteler Gereksiz raporlar İlgisiz toplantılar Başka kişilerin önemsiz sorunları Önemsiz e-posta, görevler, telefon görüşmeleri, statü ilanları vb.	**IV** KAYTARAN: Ivır zıvır işler Kaçınma faaliyetleri Aşırı rahatlama, televizyon, oyun, internet Zamanı boşa harcayan şeyler Dedikodu

İşte Zaman Matrisi'nden öğrendiklerimiz. Akıllı telefonlar, sosyal medya ve benzerleri sayesinde, I., IV. ve II. Kare'nin dışın-

2) Agy.

da kalmak gittikçe zorlaşıyor. Aslına bakılırsa, verilerimiz zamanımızın 51,2'sinin acil şeylere tepki vererek geçirildiğini gösteriyor. (Bkz. "Zamanımızı Geçirdiğimiz Yerler.")

Karelerin her birini ağır basan özelliğine göre adlandırdım. I. Kare'de yaşayan kişilere Erteleyen diyorum. Burada çok fazla zaman geçirmenin sonuçları arasında stres ve kaygı, tükenmişlik hissi ve vasat performans yer alıyor.

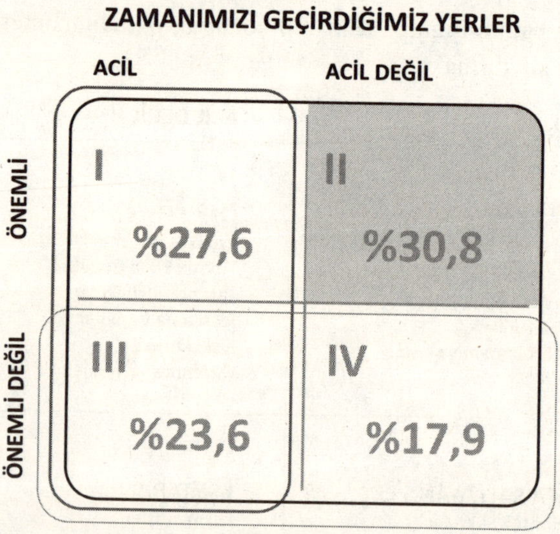

Kafa sallayan tabirini, III Kare'de yaşayanlar için kullanıyorum. Onlar acil ya da popüler olan bir şeye Hayır demekte zorlanır, sonuç olarak da önem taşıyan hiçbir şeyin yapılmasını sağlayamazken inanılmaz derecede meşgul kalırlar.

IV. Kare çoğu kişinin yaşadığı yerdir. Kaytaranla tanışın. Gereğinden fazla yapılan her şey IV. Kare'ye girer. Evet, sakinleşip iyi bir film izlemek sağlıklı bir yaşam biçiminin parçasıdır. Ancak o bir film arka arkaya iki ya da üç kez izlenerek suçluluk ya da ilgisizlik duygularına neden olduğunda, zamanı boşa harcayan bir şeye dönüşür.

II. Kare kalite karesidir. Önceleyen burada yaşar. Ortalama olarak, zamanımızın yalnızca %30,8'ini burada geçiriyor olmamız çok yazık. II. Kare'de geçirilen zamanın sonucu daha iyi ilişkiler, yüksek performans ve dengedir. Sürekli olarak sinekleri ezmek yerine sinekliği tamir etmeye zaman ayırdığımız yer burasıdır. Üç yıl önceden Almanya'ya bir aile gezisi planlamak bir II. Kare etkinliğidir, tıpkı egzersiz yapmak, benzininizi doldurmak, haftanızı planlamak, bir meslektaşınızla öğle yemeğine çıkmak ve proaktif çalışmalar yapmak gibi – önemli olan ama henüz acil olmayan iş budur işte.

II. Kare'de harcadığınız zaman ve enerjinin getirisi çok büyükken, I. Kare'dekilerin getirisi yalnızca girdiye eşittir, III. ve IV. Karelerin getirisiyse hiç yoktur.

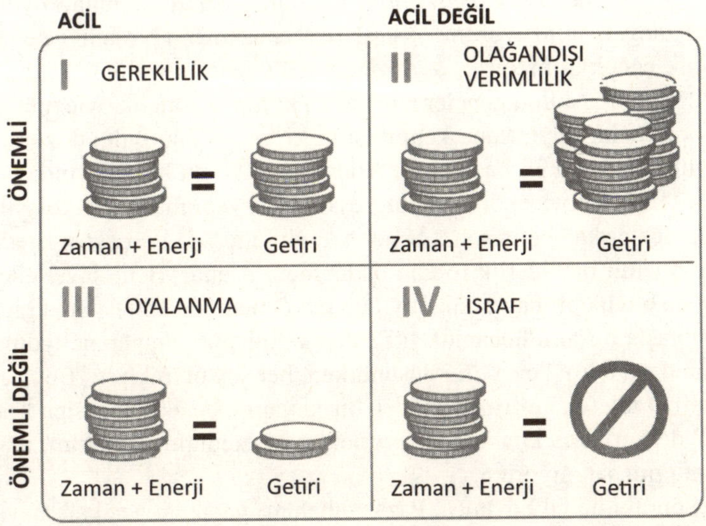

II. Kare'de daha fazla zaman geçirmenin anahtarı, aldatma karesi olan III. Kare'de geçirdiğiniz zamanı azaltmaktır. III. Kare acil olduğu için önemli görünür ve böylelikle bizi oyuna getirir. Zaman kıt olduğunda, psikologların "tünelleme" dedikleri süreçten geçeriz, yani yalnızca en acele, çoğunlukla düşük değerli işlere odaklanırız. Bu acillik kipi yaklaşık on üç IQ puanı kaybetmemize neden olur.[3] Sizi bilmem ama ben IQ puanlarımı kaybetmeyi göze alamam!

III. Kare'ye karşı çare *Hayır* demeye başlamaktır. Size gelen her epostaya ya da her mesaja derhal karşılık vermeye *Hayır* deyin. Belki de ailenizi ya da sağlığınızı ihmal etme pahasına o toplum kurulunda hizmet etmeye *Hayır* deyin. Kimsenin okumadığı o raporu genişletmeye *Hayır* deyin. *Hayır* demenin anahtarı, içinizde yanan daha derin bir *Evet* olmasıdır. İyi yaptığınız birkaç şey belirleyin, sonra başka her şeye Hayır demeye başlayın. Unutmayın, iyi en iyinin düşmanıdır. Emerson'ın dediği gibi, "İnsanları ve ulusları batıran suç, orada burada bir işe hizmet etmek için kişiyi ana amacından saptırmaktır."

Etkili Gençlerin 7 Alışkanlığı kitabını yazmayı aklıma koyduğum zamanı anımsıyorum. O sıralarda tam zamanlı bir işim ve evde küçük çocuklarım vardı, o yüzden nasıl yapacağımı bilmiyordum. Ancak 7 Alışkanlığı gençler için çekici kılmaya yönelik öyle müthiş bir kaptanlık duygusuna kapılmıştım ki bir yolunu bulmak zorundaydım. Çözümüm basit oldu: Ailem, işim ve bu kitap dışında her şeye "hayır" diyecektim. Bunun söylenmesi yapılmasından kolaydı. Yalnızca birkaç hafta sonra benden, topluluğumda *gerçekten* istediğim önemli bir liderlik rolünü üstlenmem istendi. Beni davet eden kişi de büyük bir hayranlık duyduğum ve memnun etmek istediğim, ileri yaşta bir akıl hocamdı. İki arada kalmıştım. Ne yapmalıydım? Ama daha derin "evet"imi düşünürken, her şey berraklaştı. Böylece o berbat telefon görüşmelerinden birini yapıp, bu akıl hocasına "hayır" dedim. Ona kitabı yazmayı ne kadar istediğimi anlattım, ama anladığını sanmıyorum.

Sonraki üç yıl boyunca, Pazar sabahları yataktan geç kalkmaya, bazı aile tatillerine, yüzlerce başka eğlenceye ve iyi şeye "hayır" demek zorunda kaldım. Ama planım sonuçta işe yaradı ve işte ve evde kendimi tutarak kitabı tamamlayabildim. Hakikaten, iyi en iyinin düşmanıymış.

---

3) Agy.

Zamanı Önceden Bloke Et

Dünyanın her yerinde milyonlarca kişiyle çalıştıktan sonra FranklinCovey'de zaman yönetimi konusunda öğrendiğimiz her şeyi tek bir ana fikre indirmem gerekseydi, o fikir şu olurdu: Her hafta otuz dakikanı haftanı planlamaya ayır ve bunun yaşamını değiştirmesini izle. Defalarca babamın şöyle dediğini duydum: "Yalnızca günlük bazda plan yapıyorsan, sadece krizi yönetiyorsun demektir." Ve "Her hafta otuz dakikalık planlamanın haftanın diğer 168 saatini büyük ölçüde etkileyebileceğini bilseydin, bunu yapmayı istemez miydin?"

Babamın genellikle Pazar geceleri haftalık planlamasını yapışını izlerdim. Oturur, farklı rollerini yazar, sonra o hafta boyunca her bir rolü için ne yapmak istediğini düşünürdü. Kendi vicdanını dinleyip, "Bu hafta bu rolde yapabileceğim en önemli şey nedir?" sorusunu sormayı çok severdi.

Ayrıca ilişkilerin hayatı oluşturan şey olduğuna ve etkili insanların kişileri nesnelerden, ilişkileri de programlardan ön planda tuttuğuna inanırdı. Meslektaşım Sue Dathe-Dougless, tam da bunu yapan olağandışı arkadaşlarından birini, United Airlines'dan Kaptan Denny Flanagan'ı anlatıyor:

> Önemli İşlere –yani yolcularına– Öncelik Vermeyi bilen biri varsa, o da Denny Flanagan'dır. Uçak yolculuğunun çoğunlukla büyük bir sınama olduğu bu dünyada, kimse yolculara onun gibi davranmıyor. Biliyorum.
>
> Kendisi Chicago havaalanında aşırı kalabalık bir çıkışta geçen sefil bir yirmi saatin sonunda, havaalanı kapanmadan bizi Los Angeles'a ya götürecek ya da götürmeyecek kaptandı. Zamanlama kritik ve gerçekten sıkıydı. Mikrofonu eline alıp tüm yolcuları topladığında çok etkilendim. Ertelemelerle dolu korkunç bir gün yaşadığımızı bildiğini ve havayolunun bizi Kaliforniya'ya ulaştırma sözünü tutmak istediğini söyledi; ama hepimizin yardımına ihtiyacı olacaktı.
>
> Fark ettiğim bir sonraki şeyse yolcuların çocuklar, pusetler, yürüteçler için birbirlerine yardım ederek sıraya girdikleri oldu – her bir yolcu uçağa daha önce hiç görmediğim kadar üretken bir şekilde ve neşeyle bindi. Uçuş görevlileri kaptanın bebekleri kucağına alışını,

yolcuların binmesine ve bagajlarını yüklemesine yardımcı oluşunu görüp ona ayak uydurdular. Yaklaşık iki saat sonra, uçuş sırasında ondan sadakatim için bana teşekkür eden kişisel bir not aldım. Bunu hâlâ saklıyorum. Yıllarca ve milyonlarca millik uçuşlarımda, onun o gece yaptığını yapan bir başka pilot hiç görmedim.

Sonradan bunun Denny Flanagan'a özgü olduğunu keşfettim. Bir değişiklik ya da gecikme varsa, uçaktaki herkes için yeterince pizza ya McDonald's sipariş eder. Yolcular yerken, neden gecikme olduğunu ayrıntılarıyla açıklar ve onlarla şakalaşır: "Laf aramızda, bu benim ilk uçuşum," der. Sonra yolcular tedirgin sesler çıkarırken, "Bugün," diye ekler.

Kaptan Flanagan yolcuları için ödül çekilişleri yapar. Refakatsiz çocukların ebeveynlerini arayıp evlatlarının sağ salim vardığını bildirir. Telefonuyla, kargo bölgesindeki ev hayvanlarının fotoğraflarını çekip, güvende ve rahat olduklarını bilsinler diye sahiplerine gösterir. Tekerlekli koltuklardaki yolcuların uçağa binmesine şahsen yardımcı olur. Sık seyahat edenlere onunla uçtukları için el yazısıyla bir teşekkür notu ekleyerek kendi kartvizitlerini dağıtır. Kimse ondan bunları yapmasını istemez. Ama o tam anlamıyla proaktif bir biçimde, "Her gün işime yüreğimi katıyor ve tutumumu seçiyorum," diyor.

Bir havayolu pilotunun ev hayvanlarının resimlerini çekmekten daha önemli işleri olduğunu düşünürsünüz. Ancak Kaptan Flanagan'a göre, önemli işlere öncelik vermenin özü tam da bu işte. Zamanının çoğunu II. Karede geçirmenin –acil durumları önlemenin, ileriye yönelik planlar yapmanın ve ilişkiler kurmanın– dostluklar, müşteri sadakati ve kişisel mutluluk açısından büyük bir getiriyle sonuçlandığına inanıyor.

Sizin için en önemli insanlara ve şeylere *Evet* diyebilmek için daha sık *Hayır* demekte size başarılar diliyorum.

Üçüncü Bölüm

GENEL ZAFER

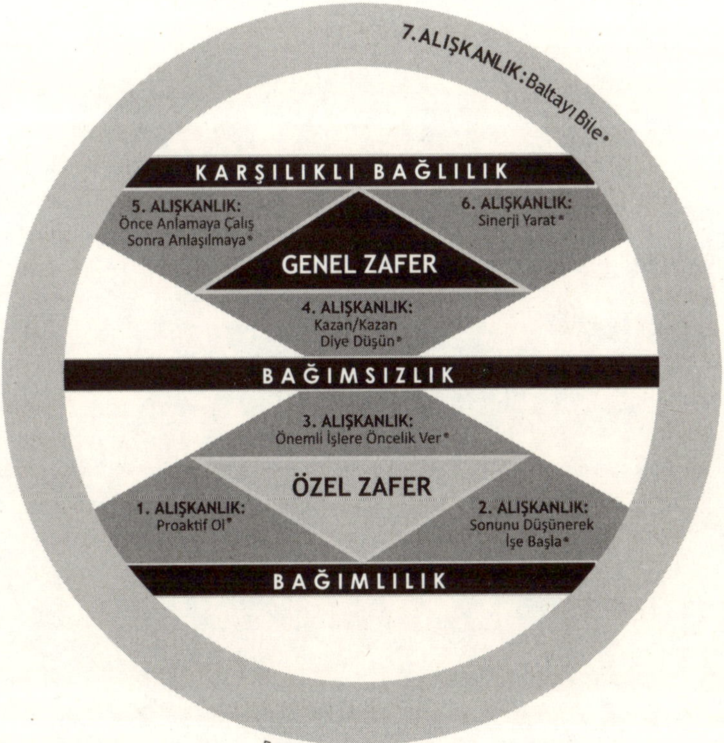

Karşılıklı Bağlılık Paradigmaları

Güven yoksa dostluk olmaz,
kişisel bütünlük yoksa güven de olmaz.
SAMUEL JOHNSON

Genel Zafer alanına girmeden önce şunu hatırlamalıyız: Etkili bir karşılıklı bağlılık, sadece gerçek bağımsızlık temeli üzerine kurulabilir. Özel Zafer, Genel Zafer'den önce gelir. Cebir de, hesaptan önce.

Eskiden nerede olduğumuzu ve gideceğimiz yere göre şimdi hangi noktada bulunduğumuzu anlamak için geriye bakarak araziyi incelerken, açıkça şunu görürüz: Seçtiğimiz yoldan gelmemiş olsaydık, bulunduğumuz yere erişemezdik. Burada başka yollar yok, kestirmeler de. Yere paraşütle inmek de olanaksız. Önümüzdeki arazi, bunu deneyen insanların kopmuş ilişkilerinden kalan parçalarla dolu. Bu insanlar söz konusu ilişkileri sürdürecek olgunluğa ve karakter gücüne sahip olmaksızın etkili bağlantılar kurmaya çalışmışlar.

Ama bunu yapamazsınız. O yoldan geçmeniz gerekir. Kendinizle mücadelenizde başarının bedelini ödemedikçe, başkalarıyla ilişkinizde başarılı olamazsınız.

Birkaç yıl önce Oregon kıyısında bir seminer verirken, birisi yanıma gelerek, "Biliyor musunuz Stephen, aslında bu seminerlere gelmekten hiç hoşlanmıyorum," dedi. Bu sözleri ilgimi çekti.

"Buradaki diğer insanlara baksanıza," diye devam etti. Şu güzel kıyıya, denize ve bütün olup bitenlere bir bakın. Bense oturup, karımın bu gece beni telefonda nasıl sorguya çekeceğini düşünerek endişelenmekten başka bir şey yapamıyorum.

"Evden her ayrılışımda beni iyice sıkıştırıyor. Kahvaltımı nerede etmişim? Orada başka kim varmış? Bütün sabah, toplantılara katılmış mıyım? Toplantılara öğle yemeği için ne zaman ara vermişiz? Öğleden sonra nasıl vakit geçirmişim? Akşam eğlenmek için ne yapmışım? Yanımda kim varmış? Neden söz etmişiz?

"Bilmek istediği, ama hiç sormadığı şeyse, söylediklerimi doğrulamak için kimi arayabileceği. Ben yanında değilken, yaptığım her şeyi sorgulayarak dırdır edip duruyor. Artık dayanılmaz bir hal aldı. Deneyimin tadını çıkaramaz oldum."

Adam gerçekten üzgün görünüyordu. Onunla bir süre konuştuk. Sonra çok ilginç bir şey söyledi. Biraz da mahcup bir tavırla, "Karım ne soracağını biliyor sanırım..." dedi. "Onunla bu tür bir seminerde karşılaşmıştık... O sırada ben başka biriyle evliydim!"

Bu sözlerin anlamını düşündüm. Sonra da, "'Anlık çözüm'lerin peşindesiniz, değil mi?" diye sordum.

"Ne demek istiyorsunuz?"

"Sanırım elinize bir burgu alıp karınızın kafasını açmak ve davranışlarını değiştirmek için bağlantıları yeniden kurmak istiyorsunuz, öyle mi?"

"Karımın değişmesini elbette istiyorum!" diye bağırdı. "Beni böyle durmadan sorguya çekmesi hiç doğru değil."

"Dostum," dedim; "davranışlarınızla başınıza açtığınız sorunlardan konuşarak kurtulamazsınız."

Burada çok çarpıcı ve çok temel bir paradigma değişimiyle karşı karşıyayız. Toplumsal etkileşimlerinizi kişilik teknikleri ve becerileriyle kolaylaştırmaya çalışabilirsiniz, ama süreç içinde, o yaşamsal kişilik temelini güdükleştirirsiniz. Kökler olmadan meyve alamazsınız. Bu, sıralama ilkesidir: Özel Zafer, Genel Zafer'den önce gelir. Kendine egemen olmak ve kendini disipline sokmak, başkalarıyla iyi ilişkiler kurmanın temelidir.

Bazıları, başkalarını sevebilmek için önce kendinizi sevmeniz gerektiğini söyler. Bence bu değerli bir düşüncedir. Ancak kendinizi tanımazsanız, kontrol etmezseniz, kendinize egemen olmazsanız, kendinizi sevmeniz de çok zor olur; bunu ancak kısa süreli, yapay ve yüzeysel bir biçimde yapabilirsiniz.

Gerçek özsaygı kendine egemen olmaktan, gerçek bağımsızlıktan gelir. Bu da 1., 2. ve 3. Alışkanlıkların odak noktasıdır. Özgürlük bir başarıdır. Karşılıklı bağlılık ise ancak bağımsız insanların yapabilecekleri bir seçimdir. Gerçek bağımsızlığa ulaşmak istemedikçe, insan ilişkileri becerilerini geliştirmeye çalışmak gülünç olur. Bunu deneyebiliriz. Hatta her şey yolundayken bir dereceye kadar başarılı da oluruz. Ama zor anlar geldiğinde –ki mutlaka gelecektir– her şeyi bir arada tutacak temelden yoksun olduğumuz anlaşılır.

Herhangi bir ilişkiye kattığımız en önemli unsur, ne dediğimiz ya da ne yaptığımız değil, ne olduğumuzdur. Sözlerimizle davranışlarımızın kaynağı kendi özümüz (Karakter Etiği) değil de, yüzeysel insan ilişkileri teknikleri (Kişilik Etiği) ise, karşımızdakiler bu düzenbazlığı sezeceklerdir. O zaman etkili bir karşılıklı bağlılık için gerekli temeli yaratıp sürdürmeyi başaramayız.

İnsan ilişkilerinde gerçekten bir fark yaratan teknik ve beceriler, tam anlamıyla bağımsız bir karakterden adeta doğal bir biçimde yayılanlardır. Bu nedenle bir ilişki kurmaya başlamanın yeri içimizdir, Etki Alanımızdır, kendi karakterimizdir. Bağımsız –proaktif, merkezinde doğru ilkeler bulunan, değer güdümlü ve hayatımızdaki önceliklerin etrafında kişisel bütünlükle örgütlenip uygulamaya geçebilen– biri haline gelirken, karşılıklı bağlılığa sahip –başkalarıyla zengin, kalıcı, son derece üretken ilişkiler kurabilen– biri olmayı da seçebiliriz.

Önümüzdeki araziye bakarken, yepyeni bir boyuta girdiğimizi görürüz. Karşılıklı bağlılık derin, zengin, anlamlı ilişkiler için, katlanarak artan üretkenlik için, hizmet etmek, katkıda bulunmak, öğrenmek ve gelişmek için dünyalar dolusu olanak sağlar. Ancak en derin acıyı, en büyük düş kırıklığını, mutluluk ve başarının önünü tıkayan en büyük engelleri de burada hissederiz. Şiddetli olduğu için de o acıyı keskin bir biçimde duyarız.

Genelde kişisel yaşamımızda vizyon, liderlik ya da yönetim eksikliğinin kronik acısıyla yıllarca yaşayabiliriz. Açıklanamayan bir tedirginlik ve rahatsızlık duyarız. Arada sırada, acıyı hiç olmazsa bir süreliğine gidermek amacıyla çareler bulmaya çalışırız. Acı kronik olduğu için ona alışırız. Onunla birlikte yaşamayı öğreniriz.

Başkalarıyla ilişkilerimizde sorunlar çıktığında ise, şiddetli acıyı derinden hissederiz. Çoğunlukla oldukça yoğundur ve geçmesini isteriz.

İşte o zaman belirtileri anlık çözümler ve tekniklerle –yani, Kişilik Etiği'nin yara bantlarıyla– tedavi etmeye çalışırız. Bu şiddetli acının daha derindeki kronik bir sorundan kaynaklandığını anlamayız. Belirtileri tedavi etmekten vazgeçip sorunu tedavi etmeye başlayana kadar da, çabalarımız yalnızca ters sonuçlar doğurur. Ancak kronik acıyı daha fazla gizlemeyi başarırız.

Şimdi, başkalarıyla etkili ilişkilerimiz üzerinde düşünürken, daha önce yaptığımız etkililik tanımına dönelim. Bunun Ü/ÜY dengesi; kaz ve altın yumurta masalındaki temel kavram olduğunu söylemiştik.

Karşılıklı bağlılığın olduğu bir durumda, altın yumurtalar etkililiktir, inanılmaz sinerjidir, başkalarıyla açık iletişimin ve olumlu etkileşimin yarattığı sonuçlardır. Yumurtaları düzenli bir biçimde elde etmek için de, kaza iyi bakmamız gerekir. O sonuçları gerçekleştirecek ilişkileri yaratmamız ve önemsememiz gerekir.

Bu nedenle, gözetleme yerimizden inip 4., 5. ve 6. Alışkanlıklara geçmeden önce size, ilişkileri ve karşılıklı bağlılığın olduğu gerçeklikteki Ü/ÜY Dengesini çok güçlü bir biçimde tanımladığına inandığım bir benzetmeyi açıklamak istiyorum.

Duygusal Banka Hesabı

Parasal bir banka hesabının ne olduğunu hepimiz biliriz. Oraya yatırım yapar ve birikim oluştururuz. Gerektiği zaman da hesaptan çekeriz. Duygusal Banka Hesabı, bir ilişki içindeki güven oranını betimleyen bir benzetmedir. Başka bir insanın yanında kendinizi emniyette hissetmenizdir.

Kibarlık, incelik, dürüstlük ve size verdiğim sözlere bağlı kalmak yoluyla Duygusal Banka Hesabı'na yatırım yaparsam, bir birikim yaratmış olurum. Sizin bana olan güveniniz artar, ben de gerektiği zaman bu güvenden yararlanırım. Hatalar da yapabilirim; ama o güven düzeyi, o duygusal birikim bunu telafi eder. İletişimim açık seçik olmayabilir, ama siz yine de ne demek istediğimi anlarsınız. Bir sözcük yüzünden beni suçlamazsınız. Güven hesabı dolgun olduğunda, iletişim rahat, çabuk ve etkilidir.

Ama ben terbiyesizce, saygısızca davranmayı, sizi hiçe saymayı, aşırı tepki göstermeyi, sizi ihmal etmeyi, güveninize ihanet etmeyi, sizi tehdit etmeyi ya da hayatınızda küçük teneke tanrı rolü oynamayı alışkanlık haline getirmişsem, sonunda Duygusal Banka Hesabımda bulunandan fazlasını çekmiş olurum. Güven düzeyi iyice alçalır. O zaman ne kadar esnekliğim kalır?

Hiç kalmaz! Mayın tarlalarında yürüyor olurum. Söyleyeceğim her şeye dikkat etmem gerekir. Her lafımı tartarım. Sinir bozucu bir durumdur bu. Sağa sola notlar yollarım. Arkamı kollarım, politika yaparım. Birçok kurum bu tür insanlarla doludur. Birçok aile ve evlilik de öyle.

Büyük bir güven birikimi ve sürekli yatırımla beslenmemişse, evlilik bozulur. Kendiliğinden doğan yoğun anlayış ve iletişim yerine, iki kişinin oldukça saygılı ve hoşgörülü bir biçimde bağımsızca yaşamaya çalıştığı bir uzlaşma durumu çıkar ortaya. İlişki daha da yozlaşarak düşmanlığa ve savunmaya dönüşebilir. "*Savaş ya da kaç*" tepkisi atışmalara, çarpılan kapılara, konuşmamaya, duygularını içine atmaya ve kendi kendine acımaya yol açar. Sonunda evde soğuk savaş ilan edilebilir. Bu tür bir evlilik sadece çocuklar, cinsel ihtiyaçlar, toplum baskısı ya da imajı koruma isteği yüzünden sürdürülür. Ya da her şey mahkeme salonunda açıkça savaşılarak sona erebilir. İnsanlar eski eşlerinin günahlarını durmadan açığa vururken, egoyu yıpratan acı hukuk savaşları yıllarca sürebilir.

Oysa evlilik, yeryüzünde iki insan arasında olabilecek en mahrem, potansiyel olarak en zengin, keyifli, doyurucu ve üretken ilişkidir. Ü/ÜY deniz feneri oradadır; ya ona çarpıp paramparça oluruz, ya da ışığından yararlanıp yolumuzu buluruz.

Evlilik gibi en istikrarlı ilişkilerimiz, en istikrarlı yatırımı gerektirir. Süregelen beklentiler yüzünden eski yatırımlar uçup gider. Yıllardır görmediğiniz eski bir lise arkadaşınızla ansızın karşılaştığınız zaman dostluğunuza kaldığınız yerden devam edebilirsiniz, çünkü eski yatırımlar korunmuştur. Ancak düzenli bir biçimde görüştüğünüz insanlarla olan hesabınıza daha istikrarlı yatırımlar yapmanız gerekir. Bazen günlük etkileşimlerinizde, ya da insanların sizinle ilgili farkına bile varmadığınız algıları konusunda, hesabınızdan otomatik olarak bir miktar çekersiniz. Bu, özellikle evdeki yeniyetmeler için geçerlidir.

Diyelim ki, yetişme çağında bir oğlunuz var ve onunla yaptığınız normal konuşma şöyle: "Odanı temizle. Gömleğinin düğmelerini ilikle. Radyoyu kapat. Git saçını kestir. Çöp kutusunu dışarı bırakmayı da unutma!" Bir süre sonra çekilen meblağlar, yatırılanları iyice aşar.

Şimdi diyelim ki, oğlunuz bütün yaşamını etkileyecek bazı önemli kararlar vermeye çalışıyor. Ancak güven düzeyi o denli düşük, iletişim kanalları o denli kapalı, mekanik ve yetersiz ki, sizin öğütlerinize açık değil. Ona yardımcı olacak bilgi ve sağduyuya sahip olabilirsiniz, ama hesabınız bakiyesiz olduğu için, oğlunuz sonunda kararlarını kısa vadeli bir duygusal bakış açısıyla verecektir; bu ise uzun vadede pek çok olumsuz sonuca yol açabilir.

Bu hassas konularda iletişim kurmak için olumlu bir yatırıma ihtiyacınız var. Ne yapacaksınız?

İlişkiye yatırım yapmaya başlarsanız ne olur? Belki oğlunuza biraz sevecen davranmak için önünüze bir fırsat çıkar. Örneğin, ilgi duyuyorsa eve kay-kaylarla ilgili bir dergi getirirsiniz, ya da bir proje üzerinde çalışırken yanına gidip yardım önerirsiniz. Belki de onu sinemaya davet edebilir, ya da dondurma yemeye götürürsünüz. Herhalde yapabileceğiniz en önemli yatırım, bir yargıya varmadan, nutuk atmadan ya da söylediklerine kendi yaşam öykünüzü katmadan onu dinlemek olacaktır. Onu yalnızca dinleyip anlamaya çalışırsınız. Ona duyduğunuz ilgiyi, kendisini bir insan olarak kabul ettiğinizi hissetmesini sağlarsınız.

Başlangıçta bütün bunlara karşılık vermeyebilir. Hatta kuşkuya bile kapılabilir. "Babam şimdi neyin peşinde? Annem bu kez benim üstümde hangi tekniği deniyor?" Ancak o gerçek yatırımlar devam ettikçe, birikim oluşmaya başlar. Hesaptaki açık da azalır.

Anlık çözümlerin bir seraptan ibaret olduğunu unutmayın. İlişkileri kurmak ve onarmak zaman alır. Oğlunuzun belirgin tepkisizliği ya da nankör görünüşü yüzünden sabırsızlığa kapılırsanız, bankadaki hesabınızdan pek yüklü bir meblağ çekmiş olur ve yaptığınız bütün iyi şeyleri bir anda yıkarsınız. "Senin için bunca şey yaptık, özverilerde bulunduk! Nasıl bu kadar nankör olabiliyorsun? Sana iyi davranmaya çalışıyoruz, sense böyle yapıyorsun! Hayret doğrusu!"

Sabırsızlanmamak zordur. Proaktif olmak, dikkatinizi Etki Alanınıza vermek, büyüyen şeyleri beslemek ve "köklerin ne durumda olduklarını görmek için çiçekleri koparmamak" karakter ister.

Aslında anlık çözüm yoktur. İlişkileri kurmak ve onarmak uzun vadeli yatırımlardır.

ALTI ÖNEMLİ YATIRIM

İzninizle size Duygusal Banka Hesabı'nı oluşturan altı önemli yatırım önereceğim.

Bireyi Anlamak

Bir insanı gerçekten anlamaya çalışmak belki de yapabileceğiniz en önemli yatırımdır; diğer tüm yatırımların da anahtarıdır. Bir kişiyi anlayıncaya kadar, onun için neyin bir yatırım sayılacağını bilemezsiniz. Sizin için yatırım sayılacak bir şey –durumu konuşmak için yürüyüşe çıkmak, birlikte dondurma yemeye gitmek, ortak bir proje üzerinde çalışmak– başka biri tarafından hiç de öyle görülmeyebilir. Hatta bu, o kişinin derin çıkarları ya da ihtiyaçlarıyla ilgili değilse, hesaptan çekme gibi algılanabilir.

Bir kişinin misyonu, başka biri için önemsiz ayrıntılardan ibarettir. Yatırım yapmanız için, diğer kişinin önem verdiği bir şey, sizin için de önemli olmalıdır. Son derece öncelikli bir proje üzerinde çalışırken altı yaşındaki oğlunuz size önemsiz gelen bir şey yüzünden işinizi engellemeye kalkışabilir. Ama bu belki de onun açısından çok önemli bir konudur. Onun değer verdiği şeyi kabullenip kendinizi ona adamanız için 2. Alışkanlık; programınızı ona göre önemli olan bir şey uğruna feda etmeniz için de 3. Alışkanlık gereklidir. Söylemek istediği şeye verdiği değeri kabul ederek, onu anladığınızı gösterirsiniz. Bu da büyük bir yatırımdır.

Bir arkadaşımın oğlu beyzbola çok düşkündü. Arkadaşım ise bu spora hiç ilgi duymuyordu. Ancak bir yaz mevsimi, oğlunu bütün birinci lig takımlarının birer maçına götürdü. Bu tur altı hafta sürdü, hayli pahalıya mal oldu, ama ilişkilerinde güçlü bir bağ oluşturdu.

Arkadaşım geri döndüğü zaman ona, "Beyzbolu bu kadar çok mu seviyorsun?" diye sordular.

"Hayır," diye yanıtladı. "Ama oğlumu bu kadar çok seviyorum."

Üniversitede profesör olan bir başka arkadaşımın, yeniyetme oğluyla berbat bir ilişkisi vardı. Adamın bütün yaşamı temelde akademikti. Oğlunun, kafasını geliştirmek yerine elleriyle çalışarak yaşamını ziyan ettiğini düşünüyordu. Dolayısıyla da çocuğu durmadan zorluyordu. Sonra pişman oluyor ve yatırım yapmaya çalışıyordu, ama bütün bunların hiç yararı olmuyordu. Oğlu bu davranışları reddetme, kıyaslama ve yargılamanın yeni biçimleri olarak gördüğü için hesaptaki birikim gitgide eriyordu. İlişkileri tatsızlaşıyor, bu ise babanın yüreğini parçalıyordu.

Bir gün onunla şu ilkeyi paylaştım: Karşındaki kişinin önem verdiği bir şey, senin için o kişi kadar önemli olmalıdır. Arkadaşım bu ilkeyi yürekten benimsedi. Oğluna, evlerinin etrafında minyatür bir Çin Seddi kurma görevini verdi. Bu, zaman alacak bir işti. Baba oğul bir buçuk yıl yan yana çalıştılar.

Onları birbirine bağlayan bu deneyim sayesinde, oğlu yaşamındaki o evreyi aştı ve zihnini geliştirme isteğine kapıldı. Ama asıl yarar ilişkinin gelişmesindeydi. Bu, üzülecek bir şey olmaktan çıkıp hem babaya, hem de oğula mutluluk ve güç veren bir kaynağa dönüştü.

Başkalarının istediğini ya da ihtiyaç duyduğunu düşündüğümüz şeyleri, kendi yaşam öykümüzden yola çıkarak belirleme eğilimi gösteririz. Böylelikle, başkalarının davranışlarına kendi amaçlarımızı yansıtırız. Bir yatırımın ne olduğunu, hem şimdiki, hem de aynı yaşta ya da aynı yaşam dönemecindeyken sahip olduğumuz ihtiyaç ve istekleri temel alarak yorumlarız. Karşımızdakiler çabamızı bir yatırım olarak yorumlamadıkları zaman da, bunu iyi niyetli çabamızın reddi olarak algılar ve vazgeçeriz.

Altın Kural şudur: "Başkalarına, size nasıl davranmalarını istiyorsanız öyle davranın." Yüzeysel olarak bu, sizin için yapılmasını istediğiniz şeyleri onlar için yapmanız anlamına gelebilir. Ama bence temelde bu sözlerin anlamı, onları birey olarak sizi anlamalarını istediğiniz gibi, derinlemesine anlamak, sonra da onlara bu anlayışa göre davranmaktır. Başarılı bir babanın, çocukların yetiştirilmesi konusunda söylediği gibi, "Onlara değişik biçimlerde davranarak hepsine aynı davranışı gösterin."

Küçük Şeylerle İlgilenmek

Küçük incelikler ve nazik davranışlar çok önemlidir. Küçük nezaketsizlikler, küçük kabalıklar, küçük saygısızlıklar ise bankadaki hesaptan büyük meblağlar çekilmesine yol açar. İlişkilerde küçük şeyler büyük şeylerdir.

Yıllar önce iki oğlumla geçirdiğim bir akşamı hatırlıyorum. Bu, iyi düşünülmüş bir baba-oğul eğlencesiydi. Egzersizler, güreşler, sosisli sandviçler, portakal suları ve bir de film vardı programda; yani her şey.

Filmin ortasında, o sırada dört yaşında olan oğlum Sean koltuğunda uyuyakaldı. Altı yaşında olan ağabeyi Stephen ise uyanık kalıp, filmi sonuna benimle birlikte seyretti. Film bittiğinde, Sean'u kucağıma alarak arabaya götürdüm ve arka kanepeye yatırdım. Soğuk bir geceydi. Bu yüzden paltomu çıkararak usulca üzerine örttüm.

Eve vardığımızda Sean'u hemen içeri taşıyarak yatağına yatırdım. Stephen pijamasını giyip dişlerini fırçaladıktan sonra, birlikte geçirdiğimiz geceden söz etmek için onun yanına uzandım.

"Nasıldı, hoşuna gitti mi Stephen?"

"İyiydi," diye cevap verdi.

"Eğlendin mi?"

"Evet."

"En çok ne hoşuna gitti?"

"Bilmiyorum. Tramplen herhalde."

"Harikaydı değil mi? Havada öyle taklalar atmak, numaralar yapmak!"

Oğlum bana pek cevap vermiyordu. Daha çok ben konuşuyordum. Bir yandan da Stephen'ın neden gevezelik etmediğini düşünüyordum. Heyecanlı şeyler olduğu zaman durmadan konuşurdu. Biraz düş kırıklığına uğramıştım. Bir sorun olduğunu seziyordum. Eve dönerken de, yatmaya hazırlanırken de pek sessizdi.

Stephen birdenbire yatakta duvara doğru döndü. Bunun nedenini merak ederek doğruldum ve gözlerinin yaşlarla dolu olduğunu gördüm.

"Ne oldu yavrum? Ne var?"

Oğlum tekrar bana döndü. Ağladığı ve dudaklarıyla çenesi titrediği için biraz utandığını hissettim.

"Babacığım, ben üşüseydim, paltonu benim üzerime de örter miydin?"

Birlikte geçirdiğimiz o özel gecede onun için en önemli şey küçük, sevecen bir davranış; yani bir an için küçük kardeşine bilinçsizce gösterdiğim sevgi olmuştu.

Bu deneyim o sırada benim için son derece güçlü bir kişisel ders olmuştu, şimdi bile öyle. İnsanlar içten içe çok yumuşak, çok duyarlıdırlar. Yaş ya da deneyimlerin bunu değiştirdiğine de inanmıyorum. En sertleşmiş, nasırlaşmış dış tabakanın altında, gönlün ince ve yumuşak duyguları yatar.

Verilen Sözleri Tutmak

Verilen bir sözü tutmak büyük bir yatırımdır; birisini kırmak ise, önemli bir meblağı geri çekmektir. Aslında, birine önemli bir konuda söz verdikten sonra bunu yerine getirmemek kadar banka hesabınızı küçültebilecek bir davranış herhalde yoktur. Bir daha söz verildiği zaman, karşı taraf buna inanmaz. İnsanlar, vaatleri umutlarının odak noktasına dönüştürme eğilimindedir. Özellikle temel geçimlerini ilgilendiren vaatleri.

Ben bir baba olarak, bağlı kalamayacağım bir söz vermemeyi felsefe edinmeye çalıştım. Bu nedenle çok dikkat ederek ve ender olarak söz veririm. Beklenmedik bir olayın sözümü tutmamı engellememesi için de çeşitli ihtimalleri olabildiğince hesaba katmaya çalışırım.

Bütün çabalarıma rağmen, arada bir ortaya beklenmedik bir şey çıkar ve verdiğim sözü tutmamın akıllıca ya da mümkün olmayacağı bir durum yaratır. Ama ben o söze değer veririm. Ya her şeye rağmen onu yerine getiririm, ya da söz verdiğim kişiye durumu ayrıntılarıyla anlatarak sözümü geri almam için izin vermesini isterim.

Bence verdiğiniz söze her zaman bağlı kalmayı alışkanlık edinirseniz, çocuğunuzla aranızdaki anlayış boşluklarını kapatacak güven köprüleri kurarsınız. Sonra, çocuğunuz sizin istemediğiniz bir şeyi yapmaya kalkıştığında ve olgun bir insan olarak onun fark edemediği sonuçları önceden gördüğünüzde, "Evlat, eğer bunu yaparsan, inan bana sonucu şöyle olur," diyebilirsiniz ona. Çocuk sizin sözünüze güvenmeyi alışkanlık edinmişse, tavsiyenize uyacaktır.

Beklentilcri Netleştirmek

Patronunuzla, iş tanımınıza açıklık getirmenin kimin *rolü* olduğuna ilişkin farklı varsayımlarınız olması durumunda karşılaşacağınız zorluğu bir düşünün.

Siz, "İş tanımım ne zaman bana verilecek?" diye sorabilirsiniz.

Patronunuz ise, "Üzerinde tartışabilmemiz için senin bana bir tanım getirmeni bekliyordum," diye yanıtlayabilir.

"İşimi tanımlamanın sizin rolünüz olduğunu sanıyordum."

"Bu kesinlikle benim rolüm değil. Hatırlamıyor musun? Daha en başından, işini nasıl yapacağının büyük ölçüde sana bağlı olduğunu söylemiştim."

"Ben işimin kalitesinin bana bağlı olduğunu kastettiğinizi sanmıştım. Aslında işimin ne olduğunu bile bilmiyorum."

Hedefler konusunda da, belirtilmemiş beklentiler iletişim ve güvene zarar verir.

"Benden istediğinizi tamı tamına yaptım; işte raporum."

"Ben rapor istemiyorum. Hedef, sorunu çözmekti; analiz edip üzerinde rapor yazmak değil."

"Ben hedefin, işi başka birine devredebilmek için soruna bir çözüm yolu bulunması olduğunu sanıyordum."

Kaç kez bu tür konuşmalara katıldık?

"Siz dediniz ki..."

"Hayır, yanılıyorsun! Benim dediğim..."

"Hayır, öyle demediniz! Hiçbir zaman ne yapmam gerektiğini söylemediniz..."

"Evet, söyledim. Hem de açıkça dedim ki..."

"Bunun sözünü bile etmediniz..."

"Ama anlaşmamız şöyleydi..."

İlişkilerde karşılaşılan neredeyse tüm zorlukların nedeni, roller ve hedefler konusunda birbirine zıt ya da belirsiz beklentilerdir. Söz konusu mesele ister kimin hangi işi yapacağı, ister kızınıza odasını temizlemesini söylerken onunla nasıl iletişim kuracağınız, ya da kimin balıklara yem verip çöpü dışarıya çıkaracağı olsun, belirsiz beklentilerin yanlış anlamalara, düş kırıklıklarına ve güvenin kaybolmasına yol açacağından emin olabilirsiniz.

Beklentilerden birçoğunun üstü örtülüdür. Açıkça belirtilmemiş ya da bildirilmemiştir, ama insanlar yine de bunları belirli bir duruma yansıtırlar. Evlilikte, örneğin, kadının ve erkeğin, karı-koca rollerinde birbirlerinden üstü örtülü beklentileri vardır. Bu beklentiler açıkça konuşulmamış, hatta bazen farkına bile varılmamış olsa da, onların yerine getirilmesi ilişki hesabına büyük tutarlar yatırılmasına, çiğnenmesi ise hesabın erimesine neden olur.

İşte bu nedenle, yeni bir durumla karşılaştığınız zaman bütün beklentilerinizi açıklamanız çok önemlidir. İnsanlar birbirini bu beklentilere göre yargılamaya başlar. Temel beklentilerinin çiğnendiğini düşünüyorlarsa, güven birikimi azalır. Beklentilerimizin çok belirgin olduğunu ve başkaları tarafından açıkça anlaşılıp paylaşıldığını varsayarak, pek çok olumsuz durum yaratırız.

Yatırım, beklentileri daha en başından açık ve net hale getirmektir. Bunun için ilk başlarda zaman ve çaba harcanması gerekir, ama sonradan büyük miktarda zaman ve çabadan tasarruf edilmesini sağlar. Beklentiler açık olmadığı ve paylaşılmadığı zaman, insanlar işe duygularını karıştırmaya başlar ve basit anlaşmazlıklar şiddetlenir. Bu ise kişilik çatışmalarına ve iletişim bozukluklarına neden olur.

Bazen beklentileri netleştirmek büyük bir cesaret ister. Farklılıklar yokmuş gibi davranıp her şeyin yoluna gireceğini ummak, farklılıklarla yüzleşmek ve iki tarafın da kabul edebileceği bir dizi beklentiye ulaşmak için birlikte çalışmaktan daha kolay görünür.

Kişisel Bütünlük Sergilemek

Kişisel bütünlük güven yaratır ve pek çok farklı yatırımın temelidir.

Kişisel bütünlükten yoksun olmak, güçlü güven hesapları yaratmak için gösterilen diğer tüm çabaları boşa çıkarabilir. İnsanlar anlamaya, küçük şeyleri hatırlamaya, sözlerini tutmaya, beklentileri netleştirip yerine getirmeye çalışabilir, ama içten içe ikiyüzlü olduklarında güven birikimi yaratamazlar.

Kişisel bütünlük dürüstlüğü içerir, ama ondan öte bir şeydir. Dürüstlük, doğruyu söylemek; bir başka deyişle, *sözlerimizi gerçeğe uydurmaktır.* Kişisel bütünlük ise, *gerçeği sözlerimize uydurmak*; bir başka deyişle, verdiğimiz sözleri tutmak ve beklentileri yerine getirmektir. Bu, öncelikle kendine, ama aynı zamanda hayata karşı da kişisel bütünlük sergilemeyi gerektirir.

Kişisel bütünlük sergilemenin en önemli yollarından biri, *yanınızda olmayan kişilerin arkasından konuşmamaktır.* Bunu yaparken yanımızda olanlara da güven veririz. Orada olmayanları savunurken, olanların güvenini koruruz.

Diyelim ki sizinle baş başa konuşuyoruz. Amirimizi, yanımızda bulunsaydı cesaret edemeyeceğimiz bir biçimde eleştiriyoruz. Şimdi, birbirimize darıldığımız takdirde ne olur? Zayıflıklarınızı bir başkasının önünde açığa vuracağımı bilirsiniz. Çünkü amirimizin arkasından birlikte yaptığımız şey buydu. Benim huyumu öğrendiniz. Yüzünüze tatlı sözler söyler, sonra da arkanızdan sizi çekiştiririm. Bunu yaptığıma tanık oldunuz.

İşte ikiyüzlülüğün özü budur. Ama sizinle aramdaki hesapta bir güven birikimi oluşmasını sağlayabilir mi?

Öte yandan, diyelim ki siz amirimizi eleştirmeye başlıyorsunuz, ben de size eleştirilerinizden bazılarının içeriğini kabul ettiğimi söylüyorum ve ikimizin ona giderek, işlerin nasıl düzelebileceğini etkili bir biçimde açıklamamızı öneriyorum. O zaman, biri sizin arkanızdan konuştuğunda ne yapacağımı bilirsiniz, değil mi?

Bir başka örnek olarak, diyelim ki sizinle ilişki kurmaya çalışırken, birisinin benimle paylaştığı bir sırrı açıklıyorum. "Aslında bunu sana söylememem gerekir, ama arkadaşım olduğuna göre..." diyorum. Bir başkasına bu şekilde ihanet etmem, sizinle aramda bir güven hesabı mı oluşturur? Yoksa bana gizlice söylediğiniz şeyleri başkalarına açıklayıp açıklamadığımı düşünmeye mi başlarsınız?

Bu tür ikiyüzlülük, birlikte olduğunuz kişinin hesabına yapılan bir yatırım gibi görünebilir; oysa aslında hesabı küçültür, çünkü kişisel bütünlükten yoksun olduğunu gösterirsiniz. Belki birini çekiştirmenin ya da bir sırrı paylaşmanın verdiği o geçici zevkin altın yumurtasını alırsınız. Ama o arada kazı boğar, sürekli zevk verecek bir ilişkiyi de zayıflatırsınız.

Karşılıklı bağlılığın olduğu bir gerçeklikte kişisel bütünlük kısaca şudur: Herkese aynı ilkeler dizisine göre davranırsınız. Siz bunu yaparken, insanlar da size güvenmeye başlar. Bu tür bir bütünlüğün gerektirdiği dürüstçe yüzleşme deneyimlerini başlangıçta takdir etmeyebilirler. Yüzleşmek bir hayli cesaret ister. Çoğu kişi ise en kolay yolu seçer; yani, çekiştirip eleştirir, sırlara ihanet eder ya da başkalarının arkasından yapılan dedikodulara katılır. Ama uzun vadede, insanlar kendilerine karşı dürüst, açık ve nazik olursanız size güven ve saygı duyarlar. Yüzleştiğinize göre onları umursuyorsunuz demektir. Güvenilmek sevilmekten üstündür derler. Bense uzun vadede, güvenilmenin aynı zamanda sevilmek anlamına geleceği kanısındayım.

Oğlum Joshua küçükken bana sık sık kendimi derinden incelememe neden olan sorular sorardı. Birine aşırı tepki gösterdiğim, ya da biraz sabırsızca veya sertçe davrandığım zaman, sadece gözlerimin içine bakar ve bana, "Baba, beni seviyor musun?" derdi. Joshua çok dürüst ve savunmasız, ilişkimiz de çok sağlamdı. Başka birine karşı yaşamın temel ilkelerden birini çiğnediğimi düşündüğünde, aynı şeyi kendisine karşı da yapıp yapmayacağımı merak ederdi.

Hem öğretmen hem de baba olarak, doksan dokuzun anahtarının bir kişi –özellikle de çoğunluğun sabrını ve iyi niyetini sınamakta olan tek bir kişi– olduğunu keşfettim. Bir çocuğun, bir öğrencinin sevgi ve disiplinidir başkalarına duyulan sevgiyi yansıtan. Birine nasıl davrandığınızdır doksan dokuzuna nasıl baktığınızı açığa çıkaran, çünkü herkes sonuçta bir bütündür.

Kişisel bütünlük ayrıca aldatıcı, hile kokan ya da insan onuruna yakışmayacak herhangi bir iletişimden kaçınmak anlamına da gelir. Bir tanımlamaya göre, "Yalan, herhangi bir aldatma amaçlı iletişimdir." İster sözlerimiz, ister davranışlarımızla iletişim kuralım, kişisel bütünlüğe sahipsek, amacımız aldatmak olmaz.

Hesaptan Çektiğiniz Zaman İçtenlikle Özür Dilemek

Duygusal Banka Hesabı'ndan bir meblağ çektiğimiz zaman özür dilememiz gerekir; hem de içtenlikle. Büyük yatırımlar içten sözcüklerle yapılır.

"Ben haksızdım."

"Kabalık ettim."

"Sana saygı göstermedim."

"Onurunla oynadım, çok ama çok üzgünüm."

"Seni dostlarının önünde utandırdım. Bunu yapmaya hakkım yoktu. Bir noktayı belirtmek istiyordum ama, öyle davranmamalıydım. Özür dilerim."

Acıyarak değil de, içinden gelerek özür dilemek, müthiş bir karakter gücü ister. Kişinin içtenlikle özür dileyebilmesi için kendine hâkim olması, temel ilkeler ve değerlerin sağladığı derin bir güvenlik duygusunun bulunması gerekir.

İç güvenliği yetersiz olan insanlar bunu yapamaz. Bu onları çok savunmasız bir duruma düşürür. Özür dilemenin kendilerini yumuşak ve zayıf göstereceğini hisseder ve başkalarının bu zaaflarından yararlanmasından korkarlar. Güvenlikleri diğer insanların görüşlerine dayalıdır ve başkalarının ne düşüneceğinden endişelenirler. Ayrıca, genellikle yaptıklarının doğru olduğuna inanırlar. Kendi hatalarına bahane olarak karşı tarafın hatasını gösterirler ve kırk yılda bir özür dileseler de, bu yüzeysel bir özürdür.

Doğulu sağduyu, "Eğileceksen, iyice eğil," der. Hıristiyan etiği ise, "Son kuruşuna kadar öde," der. Bir yatırım olması için, özürün içten olması gerekir. Ayrıca içten olarak algılanmalıdır.

Leo Roskin'in dediği gibi: "Zalim olan zayıflardır. İncelik sadece güçlülerden beklenebilir."

Bir akşamüstü, evdeki çalışma odamda oturmuş, sabır konusunda bir şeyler yazıyordum. Oğullarımın koridorda bir aşağı bir yukarı koşturup gürültüyle bir yerlere vurduklarını duyuyordum. Sabrımın tükenmek üzere olduğunun da farkındaydım.

Ansızın, oğlum David banyo kapısını yumruklayarak avazı çıktığı kadar bağırmaya başladı: "Bırak da gireyim! Bırak da gireyim!"

Çalışma odamdan fırlayarak ona büyük bir hiddetle, "David," dedim. "Bütün bunların beni ne kadar rahatsız ettiğinin farkında mısın? İnsanın dikkatini toplayarak yaratıcı bir şeyler yazmaya çalışmasının ne kadar zor olduğunu biliyor musun? Şimdi odana git ve terbiyeni takınana kadar orada kal!" Oğlum bunun üzerine süklüm püklüm odasına gidip kapıyı kapattı.

Döndüğüm zaman bir başka sorun olduğunu fark ettim. Çocuklar yüz yirmi santim genişliğindeki koridorda Amerikan futbolu oynarken birinin dirseği ötekinin ağzına gelmişti. Ağzı kan içinde, koridorda yatıyordu. Kardeşine ıslak bir havlu getirmek için David'in banyoya koştuğunu öğrendim. Ama kız kardeşi Maria o sırada duş yapıyordu ve kapıyı açmamıştı.

Durumu tümüyle yanlış yorumladığımı ve aşırı tepki gösterdiğimi anladığım anda, hemen David'ten özür dilemeye gittim.

Ben kapıyı açarken oğlumun bana söylediği ilk şey, "Seni affetmeyeceğim," oldu.

"Neden, hayatım?" diye sordum. "Açıkçası kardeşine yardım etmeye çalıştığının farkında değildim. Beni neden affetmeyeceksin?"

"Çünkü geçen hafta da aynı şeyi yaptın," diye yanıtladı. Yani şöyle demek istiyordu: "Baba, bankadaki hesabını tükettin. Davranışınla yarattığın sorundan konuşarak kurtulamazsın."

İçtenlikle dilenen özürler, hesaba yapılan yatırımlardır. Defalarca "içtenliksiz" diye yorumlanan özürler ise hesabı eritir. İlişkinin niteliği de bunu yansıtır.

Hata yapmak başka, bunu kabul etmemek bambaşkadır. İnsanlar zihin hatalarını, yargı hatalarını affederler. Ama gönül hatalarını, kötü niyeti, sakat dürtüleri, ilk hatanın gururla haklı çıkarılarak örtbas edilmesini kolay kolay affetmezler.

Sevgi Yasaları ve Yaşam Yasaları

Koşulsuz sevgi yatırımları yaptığımız, sevginin birincil yasalarına uyduğumuz zaman, başkalarını yaşamın birincil yasalarına uymaları için teşvik ederiz. Bir başka deyişle, başkalarını koşulsuz, kuralsız sevdiğimizde, onlara güven ve emniyet duygusu veririz. Temel değerleri, kimlikleri, bütünlükleri açısından kendilerini doğrulanmış ve onaylanmış hissetmelerine yardımcı oluruz. Doğal gelişim süreçlerini teşvik ederiz. Yaşam yasalarına –işbirliği, katkı, özdisiplin, bütünlük– uyarak yaşamalarını, içlerindeki en yüce ve en iyi yanları keşfedip bunlara sadık kalmalarını kolaylaştırırız. Onlara bizim koşullarımıza ve sınırlamalarımıza tepki göstererek değil, kendi iç komutlarına uyarak davranma özgürlüğü veririz. Bu, fazlasıyla hoşgörülü ya da yumuşak olmamız anlamına gelmez. Zaten böylesi bir tutum, hesabı küçültmek olurdu. Öğüt veririz, rica ederiz, sınırları ve sonuçları belirleriz. Ama ne olursa olsun, severiz.

Sevginin birincil yasalarını çiğnediğimizde –o armağana koşullar ve sınırlar koyduğumuzda– başkalarını yaşamın birincil yasalarını çiğnemeye teşvik ederiz. Onları, kendini savunma gereğini duydukları reaktif bir duruma getiririz. Bu durumda, "Ben, bir kişi olarak önemliyim, senden bağımsızım" düşüncesini kanıtlamaları gerektiğini hissederler.

Aslında bağımsız değildirler. Karşı-bağımlıdırlar. Bu ise bağımlılığın bir başka biçimidir ve Sürekli Olgunlaşma Modeli'nin en alt ucunda yer alır. Bu kişiler reaktif, neredeyse düşman merkezli olurlar. Kendi iç komutlarını dinleyerek onlara uymaktan çok, "hakları" nı savunmak ve bireyselliklerini kanıtlamakla ilgilenirler.

İsyan, zihnin değil, yüreğin düğümlenmesidir. Anahtarı ise yatırım yapmak, koşulsuz sevgi yatırımlarını sürdürmektir.

Bir zamanlar çok saygın bir okulda dekanlık yapan bir arkadaşım vardı*. Oğlunun da aynı okulda okuması için yıllar boyunca plan yapmış, para biriktirmişti. Ama zamanı geldiğinde çocuk onun okuluna girmeyi reddetti.

Bu durum babayı çok üzdü. O okuldan mezun olmak çocuk için büyük bir kaynak olacaktı. Üstelik, bu bir aile geleneğiydi. Üç kuşak o okulda okumuştu. Babası yalvardı, ısrar etti, konuştu. Oğlunu anlamak için onu dinlemeye de çalıştı; bu arada çocuğun fikrini değiştireceğini umuyordu.

Babanın ilettiği, koşullu sevgi mesajıydı. Çocuk bir bakıma babasının o isteğinin, bir kişi ve oğul olarak kendisine verdiği değerden ağır bastığını hissediyordu. Bu da korkunç bir tehdit oluşturuyordu. Sonuç olarak kendi kimliği ve kişisel bütünlüğü adına ve bunları silah olarak kullanarak savaştı. Gitmeme kararının dayanağı olarak direnç ve çabalarını artırdı.

Baba, gönlünden geçenleri yoğun bir biçimde inceledikten sonra bir özveride bulunmaya karar verdi. Koşullu sevgiden vazgeçecekti. Oğlunun onun isteği dışında bir şey seçebileceğini biliyordu. Yine de eşiyle birlikte, oğullarının seçimi ne olursa olsun onu koşulsuz seveceklerdi. Bu, yapılması son derecede zor bir şeydi, çünkü oğul-

---

(*) Bu hikâyenin bazı ayrıntıları, söz konusu kişilerin özel hayatını koruma amacıyla değiştirilmiştir.

larının eğitimi onlar için çok önemliydi. Üstelik çocuklarının doğumundan itibaren planlar yapmış ve bu uğurda çabalamışlardı.

Anneyle baba çok zor bir 'yeniden senaryo yazma' dönemi geçirdiler. Koşulsuz sevginin doğasını gerçekten anlamaya çalışıyorlardı. Oğullarına ne yaptıklarını ve bunun nedenlerini açıkladılar. Kararının kendisine duydukları koşulsuz sevgiyi etkilemeyeceğini dürüstçe söyleyebilecekleri bir noktaya vardıklarını anlattılar. Bunu, onu idare etmek, "hizaya sokmak" için değil, gelişim ve karakterlerinin mantıksal bir uzantısı olarak yaptılar.

Delikanlı o sırada pek karşılık vermedi. Ama annesiyle babasının o noktada öylesine koşulsuz bir sevgi paradigmaları vardı ki, vereceği yanıt kendisine karşı duygularını değiştirmeyecekti. Bir hafta sonra da, annesiyle babasına o okula gitmeyeceğini açıkladı. Bu cevaba hazırlıklıydılar ve ona koşulsuz sevgi göstermeyi sürdürdüler. Her şey yoluna girdi ve yaşam normal akışına döndü.

Kısa bir süre sonra ilginç bir şey oldu. Çocuk artık kendi tutumunu savunmak zorunda olmadığı için, kendi içinde daha derinlemesine bir araştırma yaptı ve bu eğitim deneyimini gerçekten istediğini anladı. Okula girmek için başvuruda bulundu, sonra da babasına bunu haber verdi. Babası, bir kez daha oğlunun kararını tamamen kabul ederek koşulsuz sevgi gösterdi. Arkadaşım mutluydu, ama abartılı bir mutluluk değildi bu, çünkü koşulsuz sevmeyi gerçekten öğrenmişti.

Birleşmiş Milletler'in eski Genel Sekreteri Dag Hammarskjold, bir zamanlar şu derin ve benzersiz saptamayı yapmıştı: "Kitlelerin selameti için durmadan çalışıp didinmektense, kendinizi tek bir kişiye tam anlamıyla vermeniz daha soylu bir davranıştır."

Ben bu ifadeyi şöyle yorumluyorum: Haftada beş, altı, yedi günün sekiz, on ya da on iki saatini "oradaki" binlerce insana ve projeye adayabilir, ama yine de kendi eşimle, kendi yeniyetme oğlumla, en yakın iş arkadaşımla derin ve anlamlı bir ilişki kuramayabilirim. O tek ilişkiyi yeniden kurmak, bütün o insanlar ve amaçlar uğruna onca saat harcamanın gerektirdiğinden daha fazla karakter soyluluğu –daha fazla alçakgönüllülük, cesaret ve kuvvet– ister.

Kurumlara danışmanlık yaptığım yirmi beş yıllık sürede, o ifadenin gücü beni tekrar tekrar etkilemiştir. Kurumlardaki sorunların birçoğu en tepedeki –profesyonel bir şirkette iki ortak arasındaki, bir firmanın sahibiyle yönetim kurulu başkanı arasındaki, başkanla yardımcısı arasındaki– ilişki zorluklarından kaynaklanır. Bu sorunların göğüslenmesi ve çözümü, "oradaki" birçok proje ve insan için çalışıp didinmeyi sürdürmek için gerekenden daha fazla karakter soyluluğu ister.

Hammarskjold'un o ifadesiyle ilk kez, sağ kolum olan kişiyle aramda belirsiz beklentilerin olduğu bir kuruluşta çalışırken karşılaştım. Rol, hedef beklentileri ve değerler, özellikle de yönetim tarzıyla ilgili farklılıklarımızla yüzleşme cesaretine sahip değildim. Bu nedenle çirkin bir yüzleşmeye dönüşebilecek bir tartışmadan kaçınmak için birkaç ay uzlaşma yolunu denedim. Bu arada, ikimizin de içinde kötü duygular oluşuyordu.

Kitleleri kurtarmak için durmadan çalışıp didinmektense, kendini *tek bir* kişiye tam anlamıyla vermenin daha soylu bir davranış olduğunu okuduğum zaman, o ilişkiyi yeniden kurma fikri beni derinden etkiledi.

Beni bekleyen şeylere karşı bütün cesaretimi toplamam gerekiyordu, çünkü sorunları ortaya döküp derin, ortak bir anlayış ve bağlılık sağlamanın çok zor olacağını biliyordum. Görüşme öncesinde gerçekten titrediğimi anımsıyorum. Adam çok sert biri gibi görünüyordu. Kendi yöntemlerine sımsıkı bağlıydı ve kendini her zaman haklı görüyordu. Yine de onun güçlü yanlarına ve yeteneklerine ihtiyacım vardı. Yüzleşmenin ilişkiyi tehlikeye sokmasından ve sonuçta o güçlü yanları kaybetmekten korkuyordum.

Görüşmeyi zihnimde prova ettim ve sonunda, yapacaklarımla söyleyeceklerim yerine, ilkeler üzerinde durmaya karar verdim. Böylece zihinsel açıdan rahatladım ve onunla iletişim kuracak cesareti buldum.

Bir araya geldiğimizde, büyük bir hayretle onun da aynı süreçten geçtiğini ve benimle konuşmaya can attığını keşfettim. Hiç de sert değildi, kendini savunmaya kalkışmıyordu.

Gelgelelim yönetim tarzlarımız oldukça farklıydı ve bütün kuruluş bu farklılıklara tepki veriyordu. Anlaşmazlığımızın yarattığı sorunları ikimiz de kabul ettik. Birkaç görüşmeden sonra daha derin meselelerle yüzleşip onları masaya yatırmayı ve engin bir karşılıklı saygı anlayışıyla hepsini teker teker çözmeyi başardık. Birbirimizi tamamlayarak güçlü bir ekip oluşturduk. Aramızda gelişen derin kişisel sevgi de etkili biçimde birlikte çalışma yeteneğimize büyük bir katkıda bulundu.

Etkili bir iş, aile ya da evliliği yürütmek için gereken birliğin yaratılması, büyük bir kişisel güç ve cesaret ister. Kitleler adına çalışırken hiçbir teknik yönetim becerisi, ilişkilerin geliştirilmesi için gerekli olan kişisel karakter soyluluğunun yerini alamaz. Sevgi ve yaşamın birincil yasalarını çok köklü, teke tek bir düzeyde yaşarız.

Ü Sorunları, ÜY Fırsatlarıdır

Bu deneyim bana karşılıklı bağlılığın bir başka güçlü paradigmasını da öğretti. Bu, sorunları görüş biçimimizle ilgiliydi. Ben aylarca sorundan kaçınmaya çalışmış, onu sinirlerimi bozacak bir şey, bir engel olarak görmüş ve bir şekilde ortadan kalkmasını istemiştim. Ama sonuçta o sorunun kendisi, birbirini tamamlayan güçlü bir ekip olarak birlikte çalışmamızı sağlayacak derin bir ilişki kurma fırsatını yarattı.

Bence karşılıklı bağlılığın olduğu bir durumda *her Ü sorunu bir ÜY fırsatıdır*; yani, karşılıklı bağlılık üretimi büyük ölçüde etkileyen Duygusal Banka Hesaplarını oluşturma olanağıdır.

Anne-babalar çocuklarının sorunlarını olumsuz, ağır, sinir bozucu olarak değil de, ilişki kurmak için birer fırsat olarak gördüklerinde, ebeveyn-çocuk etkileşiminin doğası tümüyle değişir. Anne-babalar, çocuklarını derinden anlayıp onlara yardım etme konusunda daha istekli, hatta heyecanlı olurlar. Çocuk onlara bir sorun getirdiğinde, "Ah, olamaz! Yine mi sorun?" diye düşünmezler. Paradigmaları, "İşte çocuğuma gerçekten yardım edip ilişkimize yatırım yapmak için harika bir fırsat!"tır. Pek çok etkileşim alışverişe dayalı olmaktan çıkıp dönüşüme yol açar. Çocuklar anneleriyle babalarının birey olarak kendilerine ve sorunlarına verdikleri değeri hissederken, güçlü sevgi ve güven bağları oluşur.

Aynı paradigma iş yaşamında da etkilidir. Bu paradigmaya göre hareket eden bir mağazalar zinciri, müşterilerinde derin bir bağlılık duygusu yaratmıştı. Bir müşteri mağazaya gelip küçük de olsa bir sorunu dile getirdiğinde, satış memurları bunu hemen onunla ilişki kurmak için bir fırsat olarak görüyorlardı. Müşterilere öyle nazikçe ve saygılı davranıyor, öylesine gönülden hizmet veriyorlardı ki, birçoğu başka bir mağazaya gitmeyi aklından bile geçirmiyordu.

Ü/ÜY dengesinin karşılıklı bağlılığın bulunduğu bir gerçeklikte etkili olmak için gerekli olduğunu kabul edersek, sorunlarımızı ÜY'yi artırmak için birer fırsat olarak değerlendirebiliriz.

KARŞILIKLI BAĞLILIK ALIŞKANLIKLARI

Duygusal Banka Hesabı paradigmasını aklımızda tutarak, artık Genel Zafer Alışkanlıklarına, başka insanlarla çalışmakta başarılı olmaya geçebiliriz. Bunu yaparken, bu alışkanlıkların etkili bir karşılıklı bağlılık yaratmak için nasıl birlikte işlediğini görebiliriz. Ayrıca diğer düşünce ve davranış kalıpları konusunda ne kadar güçlü senaryolara sahip olduğumuzu da anlayabiliriz.

Buna ek olarak, etkili bir karşılıklı bağlılığa sadece tam anlamıyla bağımsız insanların ulaşabileceğini daha da derin bir düzeyde görebiliriz. Genel Zafer'i, çok tutulan "Kazan/Kazan görüşmesi", ya da "düşünerek dinleme" veya "yaratıcı sorun çözümü" teknikleriyle elde etmek olanaksızdır; çünkü bu tekniklerin odak noktası kişiliktir ve yaşamsal önem taşıyan karakter temelini güdükleştirir.

Şimdi Genel Zafer alışkanlıklarını teker teker derinlemesine inceleyelim.

4. ALIŞKANLIK
"KAZAN/KAZAN" DİYE DÜŞÜN

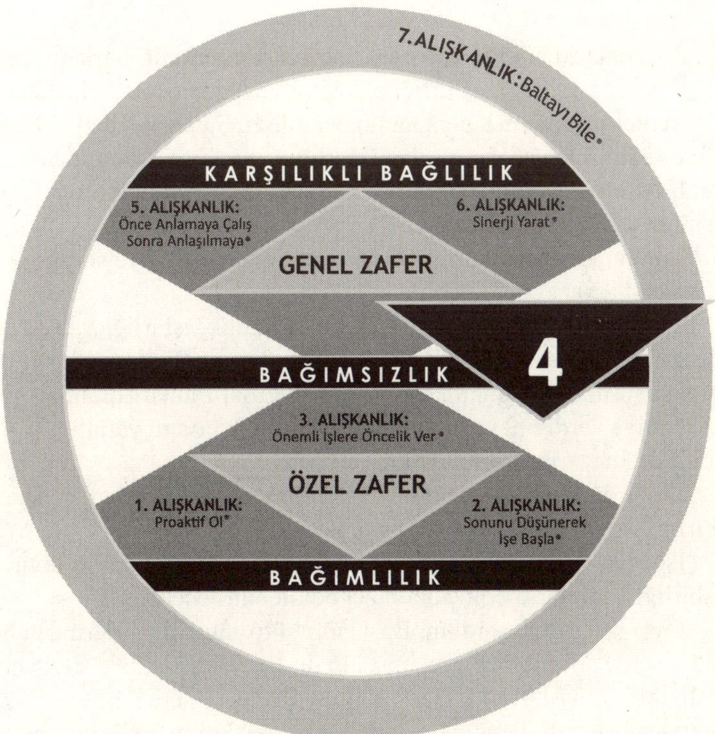

Kişiler Arası Liderlik İlkeleri

Altın Kuralı belleğimize yerleştirdik;
şimdi onu hayata geçirelim.
EDWIN MARKHAM

Bir aralar, benimle çalışmak isteyen bir şirketin başkanı, personel arasındaki işbirliği eksikliği yüzünden çok endişeliydi.

"Temel sorunumuz, personelin bencilliği, Stephen," dedi. "İşbirliğine kesinlikle yanaşmıyorlar. İşbirliği yaparlarsa üretimin artacağını biliyorum. Sorunu çözecek bir insan ilişkileri programı geliştirmemize yardım edebilir misin?"

"Sorununuz insanlar mı, yoksa paradigma mı?" diye sordum.

"Kendin bak," diye yanıtladı.

Ben de öyle yaptım ve gerçek bir bencillik, işbirliği yapma isteksizliği, otoriteye karşı direnme ve kendini savunmaya dayalı bir iletişim sorunu olduğunu keşfettim. Duygusal Banka Hesapları'nın eksi bakiye verdiğini ve bunun bir güvensizlik ortamı yarattığını görebiliyordum. Ama meseleyi kurcaladım.

"Daha da derinlere bakalım," diye önerdim. "Çalışanlar neden işbirliği yapmıyorlar? İşbirliği yapmamanın ödülü nedir?"

"İşbirliği yapmamanın hiçbir ödülü yok," dedi kesin bir tavırla. "İşbirliği yaparlarsa çok daha fazla ödüllendirilecekler."

"Öyle mi?" diye sordum. Başkanın bürosunun duvarlarından birinde, perde arkasında bir resim asılıydı: Bir yarış pistinde start yerine dizilmiş atların resmi. Her bir atın yüzüne, yöneticilerden birinin suratı geçirilmişti. Bitiş çizgisinde ise Bermuda'nın güzel bir posteri vardı. Mavi gökyüzü, pamuk gibi bulutlar, beyaz bir kumsalda el ele yürüyen romantik bir çifti gösteren rüya gibi bir resim.

Başkan, haftada bir adamlarını bürosuna toplayarak işbirliğinden söz ediyordu. "Hep birlikte çalışalım. Bunu yaparsak daha fazla para kazanırız." Sonra perdeyi açıyor ve onlara resmi gösteriyordu. "Haydi bakalım, hanginiz Bermuda gezisini kazanacak?"

Bu, bir çiçeğe büyümesini söylerken diğerini sulamaya benziyordu; "moral düzelinceye kadar işten çıkarmalar devam edecek," demek gibi bir şeydi! Başkan işbirliği istiyordu. Adamlarının birlikte çalışmalarını, fikirlerini paylaşmalarını, ortak çabadan hepsinin yararlanmasını istiyordu. Ama onları birbirleriyle rekabete zorluyordu. Bir yöneticinin başarısı, ötekilerin başarısızlığı anlamına gelecekti.

İş dünyası, aileler ve diğer ilişkilerde insanlar arasında görülen pek çok sorunda olduğu gibi, bu şirketin sorunu da hatalı paradigmaydı. Başkan, işbirliğinin meyvelerini bir rekabet paradigmasından yola çıkarak elde etmeye çalışıyordu. Bu işe yaramadığı için de şimdi personel arasında işbirliğini sağlayacak bir teknik, bir program, etkisini çabucak gösterecek bir panzehir istiyordu.

Ama kökü değiştirmeden meyveyi değiştiremezsiniz. Tutum ve davranışlar üzerinde çalışmak, yaprakları kırpmak olacaktı. Bu nedenle dikkatimizi, kişisel ve kurumsal mükemmelliği tamamen farklı bir yoldan gerçekleştirmeye verip, işbirliğinin değerini pekiştiren bilgi ve ödül sistemleri geliştirdik.

İster bir şirketin başkanı, ister odacısı olun, herhangi bir görevde bağımsızlıktan karşılıklı bağlılığa geçtiğiniz anda, liderlik rolünü üstlenirsiniz. Bu, başkalarını etkileyecek bir konumdur ve kişiler arası etkili liderlik alışkanlığı, Kazan/Kazan Diye Düşünmek'tir.

İnsani Etkileşimin Altı Paradigması

Kazan/Kazan, bir teknik değildir. İnsanlar arasındaki etkileşimle ilgili bütüncül bir felsefedir. Aslında bu, altı etkileşim paradigmasından biridir. Diğer paradigmalar ise şunlardır: Kazan/Kaybet,

Kaybet/Kazan, Kaybet/Kaybet, Kazan, Kazan/Kazan ya da Anlaşma Yok.

- Kazan/Kazan
- Kazan/Kaybet
- Kaybet/Kazan
- Kaybet/Kaybet
- Kazan
- Kazan/Kazan ya da Anlaşma Yok

Kazan/Kazan

Kazan/Kazan, her türlü insani etkileşimde sürekli olarak karşılıklı yarar arayışında olan, düşünce ve duyguya dayalı bir zihniyettir. Kazan/Kazan, anlaşma ya da çözümlerin iki taraf için de yararlı ve tatmin edici olması anlamına gelir. Bir Kazan/Kazan çözümünde, tüm taraflar karardan memnun kalır ve hareket planına karşı bağlılık hisseder. Kazan/Kazan, yaşamı rekabete değil, işbirliğine dayalı bir arena olarak görür. Çoğu kişi ikilikler bağlamında düşünme eğilimi gösterir: güçlü ya da zayıf, iyi ya da kötü, kaybet ya da kazan. Ama bu tür düşünce tarzı temelde hatalıdır. İlkeden çok, güç ve mevkiye dayanır. Kazan/Kazan'ın temelinde ise, ortadaki şeyin herkese yetecek kadar bol olduğu, bir kişinin başarısının diğerlerinin başarısızlığı pahasına elde edilmediği, ya da onların başarısını dışlamadığı paradigması vardır.

Kazan/Kazan, Üçüncü Alternatife duyulan bir inançtır. Ne sizin yönteminizdir, ne de benim. *Daha iyi*, daha üstün bir yöntemdir bu.

Kazan/Kaybet

Kazan/Kazan'ın bir alternatifi, Bermuda için yarışma paradigması olan Kazan/Kaybet'tir. "Ben kazanırsam, sen kaybedersin." der.

Liderlik tarzında, Kazan/Kaybet otoriter bir yaklaşımdır: "Benim istediğim olur. Senin istediğin olmaz." Kazan/Kaybet paradigmasına bağlı insanlar, istediklerini elde etmek için konum, güç, vekâlet, mal mülk ya da kişilikten yararlanmaya yatkındır.

Çoğu kişiye doğumdan itibaren Kazan/Kaybet senaryosu derinlemesine işlenir. Devreye giren etkili güçlerin birincisi ve en önemlisi ailedir. İnsanlar çocukken bir başkasıyla karşılaştırıldığında –bu tür karşılaştırmalara dayanarak sabır, anlayış ya da sevgi gösterildiği veya esirgendiğinde– Kazan/Kaybet düşüncesi benimsenir. Sevgi koşullu olarak verildiğinde, sevginin kazanılması gerektiğinde, kendilerine verilen mesaj değerli ya da sevilesi olmadıklarıdır. Değer, onların içinde değil, dışındadır. Başka biriyle ya da bir beklentiye göre kıyaslanma sonucu elde edilir.

Annesiyle babasının duygusal onayına ve desteğine son derece bağımlı olan, hayli savunmasız gencecik bir akıl ve yürek, koşullu sevgiyle karşı karşıya kalınca ne olur? Çocuk, Kazan/Kaybet düşüncesine göre kalıplanıp biçime sokulur ve programlanır.

"Erkek kardeşimden daha iyi olursam, annemle babam beni daha çok sever."

"Annemle babam beni kız kardeşim kadar sevmiyorlar. Herhalde onun kadar değerli değilim."

Diğer bir güçlü senaryo kaynağı da yaşıtlardır. Bir çocuk önce annesiyle babasının kendisini kabul etmesini ister, sonra da yaşıtlarının. Bunlar kardeşleri de olabilir, arkadaşları da. Yaşıtların bazen ne kadar zalim olabildiklerini hepimiz biliriz. Çoğu zaman kendi beklentileri ve normlarına göre, bütünüyle ret ya da kabul ederler. Böylece Kazan/Kaybet'e uzanan yolda ek bir senaryo oluşur.

Okul yaşamı da Kazan/Kaybet senaryosunu güçlendirir. "Normal dağılım eğrisi", bir başkası C aldığı için sizin A aldığınızı söyler. Bireyin değerini, onu kendisi dışındakilerle karşılaştırarak yorumlar. İçsel değer takdir edilmez. Herkes dışsal olarak tanımlanır.

"Ah, sizi Okul Aile Birliği toplantısında görmek ne hoş. Kızınız Caroline ile gerçekten gurur duymalısınız. En iyi 10 öğrenci arasında yer alıyor."

"Buna sevindim."

"Ama oğlunuz Johnny'nin başı dertte. O en başarısız öğrencilerden."

"Sahi mi? Ama bu korkunç bir şey! Bu konuda ne yapabiliriz?"

Bu tür karşılaştırmalı bilginin açıklamadığı şeyse, belki de Caroline sekiz silindirinin dördüyle yol alırken, Johny'nin sekiz silindirini birden çalıştırdığıdır. Ancak insanlar potansiyellerine ya da mevcut kapasitelerinin tamamını kullanıp kullanmadıklarına göre değerlendirilmezler. Diğer insanlarla karşılaştırılarak derecelendirilirler. Dereceler ise toplumsal değer taşıyıcısıdır; fırsat kapılarını açar ya da kapatır. Eğitim sürecinin özünde işbirliği değil, rekabet vardır. Aslında işbirliği, genelde kopyacılıkla ilişkilendirilir.

Bir diğer güçlü programlama aracı, özellikle lise ya da üniversitedeki gençler için, spordur. Geliştirdikleri temel paradigmaya göre, hayat büyük bir oyundur; bazılarının kazandığı, bazılarının da kaybettiği bir maçtır. Atletizm arenasında "kazanmak", "yenmek" anlamına gelir.

Bir başka araç da hukuktur. Mahkemeden hoşlanan bir toplumda yaşıyoruz. Başı derde giren çoğu kişinin ilk aklına gelen, birilerini dava etmek, onları mahkemeye sürüklemek, başka birini alt ederek "kazanmak"tır. Ancak savunmacı zihinler ne yaratıcıdır, ne de işbirliğinden yanadır.

Yasalar hiç kuşkusuz gereklidir, aksi halde toplum yozlaşır. Hukuk, yaşam kavgasında ayakta kalmamızı sağlar, ama sinerji yaratmaz. En iyi durumda uzlaşmayla sonuçlanır. Hukukun temelinde hasım kavramı yatar. Son zamanlarda avukatlarla hukuk fakültelerinin barışçıl görüşmelere, Kazan/Kazan tekniklerine ve özel mahkemelere odaklanmaya teşvik edilmesi, nihai çözüm getirmeyebilir, ama sorunun daha iyi fark edildiğini göstermektedir.

Gerçekten rekabete dayalı ve güven düzeyinin düşük olduğu durumlarda, Kazan/Kaybet düşüncesine yer vardır kuşkusuz. Ancak yaşamın önemli bir bölümü rekabetten ibaret değildir. Her günümüzü eşimizle, çocuklarımızla, iş arkadaşlarımızla, komşularımızla ve dostlarımızla rekabet ederek geçirmek zorunda değiliz. "Evliliğinizde kim kazanıyor?" sorusu gülünçtür. İki kişi de kazanmıyorsa, ikisi birden kaybediyor demektir.

Hayatın büyük bir kısmı bağımsız değil, karşılıklı bağlılık olan bir gerçekliktir. İstediğiniz sonuçların çoğu sizinle başkaları arasındaki işbirliğine bağlıdır. Kazan/Kaybet zihniyeti ise bu işbirliğini engeller.

Kaybet/Kazan

Bazı insanlar da bunun tersi olan Kaybet/Kazan'a göre programlanmıştır.

"Ben kaybettim, sen kazandın."

"Haydi! Bana istediğini yap."

"Yine beni ez bakalım. Herkes öyle yapıyor zaten."

"Ben kaybetmeye mahkûmum. Her zaman kaybettim."

"Ben barışçıyım. Barışı korumak için her şeyi yaparım."

Kaybet/Kazan, Kazan/Kaybet'ten de kötüdür, çünkü standartları yoktur; ne istekleri, ne beklentileri, ne de vizyonu vardır. Kaybet/Kazan diye düşünen kişileri genellikle çabucak hoşnut edebilir ya da yatıştırabilirsiniz. Onlar beğenilmek ya da kabul edilmekten güç almaya çalışırlar. Kendi duygularını ve inançlarını açıklayacak cesaretleri pek yoktur. Başkalarının ego gücü onları kolaylıkla sindirebilir.

Görüşmelerde, Kaybet/Kazan, teslim olma –boyun eğme ya da vazgeçme– gibi görülür. Liderlik tarzında ise, hoşgörü ya da gevşeklik sayılır. Kaybet/Kazan, iyi insan olmak demektir; oysa "iyi insanlar yarışta sonuncu gelirler".

Kazan/Kaybet diye düşünenler, Kaybet/Kazan zihniyetli kişileri severler, çünkü onların sırtından geçinebilirler. Zayıflıklarına bayılır ve bundan yararlanırlar. Bu tür zayıflıklar, kendi güçlerini tamamlar.

Ancak sorun şu ki, Kaybet/Kazan diye düşünenler, pek çok duyguyu içlerine atarlar. Dışa vurulmayan duygular ise hiçbir zaman kaybolmaz: diri diri gömülür ve sonradan çok daha çirkin bir biçimde ortaya çıkar. Psikosomatik bozukluklar, özellikle solunum, sinir ve dolaşım sistemi hastalıkları, çoğu zaman Kaybet/Kazan zihniyetinin baskı altında tuttuğu birikmiş öfke, derin düş kırıklığı ve boşa çıkan umutların yeniden canlanmasıdır. Bastırılmış duyguların diğer belirtileri de haddinden fazla öfke ve hiddet, hafif tahrike karşı aşırı tepki ve kuşkuculuktur.

Duygularını sürekli bastıran, onları aşıp daha yüksek amaçlara ulaşamayan insanlar, bu durumun özgüvenlerini zedelediğini ve sonuçta başkalarıyla olan ilişkilerinin niteliğini etkilediğini görürler.

Kazan/Kaybet de, Kaybet/Kazan da, kişisel güvensizliklere dayalı zayıf konumlardır. Kısa vadede Kazan/Kaybet daha fazla sonuç üretir, çünkü çoğu zaman tepedeki insanların kayda değer güçlü yanlarından ve yeteneklerinden yararlanır. Kaybet/Kazan ise daha başından zayıf ve karmaşıktır.

Pek çok yönetici, müdür ve anne-baba, sanki bir sarkaca bağlıymış gibi Kazan/Kaybet düşüncesizliğinden Kaybet/Kazan gevşekliğine gidip gelirler. Kargaşaya ve düzen, beklenti, disiplin eksikliğine artık dayanamadıkları zaman Kazan/Kaybet'e dönerler. Ama daha sonra suçluluk duygusu bu azimlerini zayıflatır ve tekrar Kaybet/Kazan'a dönmelerine yol açar. Ardından öfke ve hayal kırıklığı onları yine Kazan/Kaybet'e gönderir.

Kaybet/Kaybet

Kazan/Kaybet zihniyetli iki kişi bir araya geldiğinde –yani iki kararlı, inatçı, ego düşkünü birey etkileşim kurduğunda– sonuç Kaybet/Kaybet olur. İkisi de kaybeder. İkisi de kinlenip "geri dönmek" ya da "ödeşmek" ister. Cinayetin intihar, intikamın ise iki yanı keskin bir kılıç olduğunu göremezler.

Yargıcın kocaya mal varlığını satarak kazancının yarısını karısına vermeye zorladığı bir boşanma davası biliyorum. Adam bu hükme uyarak, değeri 10.000 doları aşan arabasını 50 dolara sattı ve 25 doları karısına verdi. Kadın itiraz edince, mahkeme durumu inceledi ve sonunda adamın bütün malını mülkünü aynı biçimde satmayı sürdürdüğü anlaşıldı.

Bazı insanlar öylesine düşman merkezlidir, başka birinin davranışlarını o kadar saplantı haline getirmişlerdir ki, o kişinin kaybetmesinden başka bir şey istemezler. Bu, kendilerinin de kayba uğraması anlamına gelse bile aldırmazlar. Kaybet/Kaybet, düşmanca bir çarpışma felsefesidir: Savaş felsefesi!

Kaybet/Kaybet, aynı zamanda kendi yönünü bulamadığı için çok mutsuz, başkalarına fazlasıyla bağımlı olanların da felsefesidir ve onlar, herkesin kendileri gibi olmasını ister. "Hiç kimse bir şey kazanmazsa, belki de hep kaybeden biri olmak o kadar kötü sayılmaz."

Kazan

Sık rastlanan bir diğer alternatif, sadece "Kazan" diye düşünmektir. Bu zihniyetteki insanlar ille de bir başkasının kaybetmesini istemezler. Bunun konuyla bir ilgisi yoktur. Önemli olan, istediklerini elde etmeleridir.

Yarışma ya da rekabete gerek olmadığında, Kazan, günlük görüşmelerde belki de en yaygın yaklaşım tarzıdır. Yalnızca kazanmayı düşünen bir kişi, her şeye kendi çıkarları açısından bakar. Başkalarını da kendi başlarının çaresine bakmaya bırakır.

Hangi Seçenek En İyisi?

Şu ana kadar incelediğimiz beş felsefeden –Kazan/Kazan, Kazan/Kaybet, Kaybet/Kazan, Kaybet/Kaybet ve Kazan– en etkili olanı hangisidir? Bu sorunun yanıtı, "duruma bağlı"dır. Bir futbol maçını kazanmanız, diğer takımın kaybetmesi anlamına gelir. Yerel bir büroda çalışıyorsanız ve diğer bölge bürosu sizden kilometrelerce uzaktaysa, ayrıca bu ikisi arasında işlevsel bir bağ yoksa, işi canlandırmak için Kazan/Kaybet yöntemiyle rekabete girişmek isteyebilirsiniz. Ancak, şirket içinde, ya da en büyük başarıya ulaşmak için insanlar ya da gruplar arasında işbirliğine ihtiyaç duyduğunuz bir durumda, "Bermuda Yarışı" gibi bir rekabet yaratmaya kalkışmazsınız.

Bir ilişkiye değer veriyorsanız ve sorun o kadar da önemli değilse, karşınızdaki insanı içtenlikle onaylamak için bazı koşullarda Kaybet/Kazan yolunu seçebilirsiniz. "İstediğim şey benim için seninle olan ilişkimiz kadar önemli değil. Bu defa senin istediğin gibi yapalım." Kazanmak için harcanacak zaman ve çabanın daha yüksek değerleri çiğneyeceğini hissediyorsanız, Kaybet/Kazan'ı da seçebilirsiniz. Belki de Kazan felsefesi, bu durumda bütün bunlara değmez.

Bazı durumlarda kazanmak istersiniz ve bu kazancın başkalarıyla olan ilişkisine pek aldırış etmezsiniz. Örneğin, çocuğunuzun hayatı tehlikedeyse, diğer insanlar ve koşullarla ancak marjinal ölçüde ilgilenirsiniz. Çocuğunuzun hayatını kurtarmak ise son derece önemli olur.

O halde en iyi seçim, gerçekliğe bağlıdır. Önemli olan, o gerçekliği doğru yorumlamak ve her duruma Kazan/Kaybet ya da başka bir senaryoyu uygulamamaktır.

Aslında, çoğu durum karşılıklı bağlılık olan gerçekliğin bir parçası olduğu için, Kazan/Kazan bu beş alternatif içinde tek uygun olanıdır.

Kazan/Kaybet, uygun değildir; çünkü bir karşılaşmada kazanmış gibi görünsem de, bana karşı duygularınız, tutumunuz ve ilişkimiz bundan etkilenecektir. Örneğin, şirketinizin tedarikçisiysem ve özel bir pazarlıkta kazançlı çıkıyorsam, şu anda istediğimi elde edebilirim. Ama bir daha benimle iş yapar mısınız? Benimle tekrar alışveriş yapmazsanız, bu kısa vadeli kazancım, aslında uzun vadeli bir kayıp olur. Bu nedenle karşılıklı bağlılık bir Kazan/Kaybet, aslında uzun vadede Kaybet/Kaybet'tir.

Bir Kaybet/Kazan durumu söz konusuysa, o anda istediğinizi elde etmiş gibi görünebilirsiniz. Ama bu, sizinle çalışmak, sözleşmeye uymakla ilgili tutumumu nasıl etkiler? Sizi memnun etmeyi o kadar istemeyebilirim. Bu savaşta aldığım yaraları ilerideki görüşmelere taşıyabilirim. Sektörde diğer firmalarla iş yaparken siz ve şirketinizle ilgili tutumum kulaktan kulağa yayılabilir. Böylece yine bir Kaybet/Kaybet durumu ortaya çıkar. Kaybet/Kaybet, açıkçası hiçbir bağlamda uygun değildir.

Dikkatimi kendi Kazan yöntemime verir ve sizin bakış açınıza aldırış bile etmezsem, üretken bir ilişki için bir dayanak bulamayız.

Uzun vadede ikimiz için de bir kazanç yoksa, ikimiz de kaybederiz. İşte bu nedenle, karşılıklı bağlılık olan durumlarda tek gerçek alternatif Kazan/Kazan'dır.

Bir zamanlar büyük bir mağazalar zincirinin başkanı olan bir müşteriyle çalışmıştım. Bana, "Stephen, bu Kazan/Kazan fikri kulağa hoş geliyor, ama o kadar da idealist bir şey ki. Katı ve gerçekçi iş dünyası ise öyle değil. Her yerde Kazan/Kaybet var, orada oyunu böyle oynamazsan başarılı olamazsın," dedi.

"Peki," diye yanıt verdim. "Müşterilerinizle Kazan/Kaybet yöntemini sürdürmeyi deneyin. Bu gerçekçi olur mu?"

"Şey, hayır," dedi.

"Neden?"

"O zaman müşterilerimi kaybederim."

"O halde Kaybet/Kazan'ı seçin ve mağazanızı armağan edin. Bu gerçekçi bir davranış mı olur?"

"Hayır! Kâr olmazsa misyon da olmaz."

Çeşitli seçenekleri incelerken, Kazan/Kazan tek gerçekçi yaklaşım gibi göründü.

"Sanırım müşterilere karşı doğru olan bu," diye itiraf etti, "ama tedarikçilere karşı değil."

"Siz de tedarikçinin müşterisisiniz," dedim. "Neden aynı ilke geçerli olmasın?"

"Alışveriş merkezi işletmecileri ve dükkân sahipleriyle geçenlerde kira sözleşmelerimizi yeniden görüştük. Buna Kazan/Kazan tutumuyla başladık. Açık, mantıklı, uzlaşmacı bir tavır sergiledik. Ama onlar bunu yumuşak ve zayıf bir tutum olarak görüp bizi iyice silkelediler."

"Peki ama neden Kaybet/Kazan'ı seçtiniz?" diye sordum.

"Öyle bir şey yapmadık. Kazan/Kazan'ı denedik."

"Sizi silkelediklerini söylediğinizi sandım."

"Evet."

"Yani, kaybettiniz."

"Doğru."

"Ve onlar kazandı."

"Doğru."

"Öyleyse buna ne denir?"

Müşterim Kazan/Kazan dediği şeyin aslında Kaybet/Kazan olduğunu anladığı zaman çok şaşırdı. Onunla Kaybet/Kazan yönteminin uzun vadeli etkisini, bastırılmış duyguları, çiğnenen değerleri, ilişkinin derinliklerinde kaynayan öfkeyi incelerken, sonunda bunun iki taraf için de gerçek bir kayıp olduğu konusunda anlaştık.

Bu adam gerçekten Kazan/Kazan tutumunu benimsemiş olsaydı, iletişim sürecine daha fazla ilgi gösterir, mağaza sahiplerini daha fazla dinler, sonra da bakış açısını daha büyük bir cesaretle açıklardı. İki tarafı da hoşnut edecek bir çözüm bulununcaya kadar görüşmeleri Kazan/Kazan ruhuyla sürdürürdü. O çözüm, o Üçüncü Alternatif de herhalde sinerji yaratan, yani ikisinin de tek başına düşünemeyeceği bir şey olurdu.

Kazan/Kazan ya da Anlaşma Yok

Bu insanlar iki tarafın da kabul edebileceği sinerjik bir çözüm elde edemediklerine göre, Kazan/Kazan'ın daha da yüksek bir ifadesi olan "Kazan/Kazan ya da Anlaşma Yok" yolunu seçebilirlerdi.

Anlaşma Yok yöntemi, temelde şu anlama gelir: İkimizin de işine yarayacak bir çözüm bulamıyorsak, anlaşamadığımız konusunda dostça mutabık kalırız: Anlaşma Yok. Ne bir beklenti yaratılmış, ne de performans sözleşmeleri hazırlanmıştır. Sizi işe almam, ya da belirli bir işi birlikte üstlenmeyiz; çünkü değerlerimizin ya da hedeflerimizin birbirine zıt olduğu açıkça bellidir. Bunu başlangıçta fark etmek çok daha iyidir; beklentiler yaratılıp da her iki taraf düş kırıklığına uğradığı zaman iş işten geçmiş olur.

Anlaşma Yok seçeneğini göz önüne aldığınızda kendinizi özgür hissedersiniz, çünkü insanları yönlendirmeniz, kendi programınızı kabul ettirmeniz, istediğinizi elde etmek için savaşmanız gerekmez. Açıkça konuşabilirsiniz. Olayların temelindeki daha derin sorunları gerçekten anlamaya çalışabilirsiniz.

Anlaşma Yok bir seçenek olduğunda dürüstçe, "Ben sadece Kazan/Kazan yolunu denemek istiyorum," diyebilirsiniz. "Hem kazanmayı, hem de sizin kazanmanızı arzu ediyorum. İstediğimi elde ederken sizin bundan hoşnut olmamanızdan rahatsız olurum. Çünkü bu duygunuz ileride su yüzüne çıkar ve aramızda soğukluk yaratır. Öte yandan, istediğinizi elde etmenize boyun eğersem, bunun da sizin hoşunuza gideceğini sanmıyorum. Onun için sizinle Kazan/Kazan için çalışalım. Bunu gerçekten planlayıp şekillendirelim. Bir yolunu bulamazsak, o zaman anlaşma yapmayacağımızı şimdiden kabul edelim. İkimize de doğru gelmeyen bir kararı kabul etmektense, hiç anlaşma yapmamamız daha iyi olur. Böylece belki ileride bir araya gelebiliriz."

***

Bilgisayar yazılımı üreten küçük bir şirketin başkanı, "Kazan/ Kazan ya da Anlaşma Yok" kavramını öğrendikten bir süre sonra aşağıdaki deneyimini benimle paylaştı.

"Yeni bir yazılım geliştirmiştik. Bunu beş yıllık bir anlaşmayla belirli bir bankaya sattık. Bankanın yönetim kurulu başkanı bu konuda çok heyecanlıydı, ama personeli bu kararı pek desteklemiyordu.

"Bir ay kadar sonra bankanın başkanı değişti. Yeni başkan bana gelerek, 'Bu yazılımların değişmesi beni rahatsız ediyor,' dedi. 'Başım dertte. Bütün personel işin içinden çıkamayacağını söylüyor ve ben de gerçekten onları zorlayamayacağımı hissediyorum.'

"Şirketim parasal açıdan büyük bir sıkıntı içindeydi. Sözleşmeye uyulmasını sağlamak için her türlü yasal hakka sahip olduğumu biliyordum. Ancak Kazan/Kazan ilkesinin değerine inanmıştım.

"Başkana, 'Sizinle bir sözleşme imzaladık,' diye hatırlattım. 'Bankanız sizi bu programa geçirmemiz için bizden hizmet ve ürün satın aldı. Ama sizin bu durumdan hoşnut olmadığınızı anlıyorum. Bu durumda sözleşmeyi iptal edip peşinatınızı geri vereceğiz. İleride bir yazılım çözümü isterseniz, bize dönebilirsiniz.

"Böylece 84.000 dolarlık bir sözleşmeden vazgeçmiş oldum. Bu, mali bakımdan intihara benzer bir şeydi. Ama ilke doğru olduğu takdirde, uzun vadede çok daha kazançlı çıkacağıma inanıyordum.

"Üç ay sonra yeni başkan beni tekrar aradı. 'Veri işlemlerimizde değişiklikler yapacağım ve sizinle çalışmak istiyorum,' dedi. Sonra da 240.000 dolarlık bir sözleşmeye imzasını attı."

Karşılıklı bağlılık olan gerçekliklerde Kazan/Kazan'dan daha azı, zayıf bir ikinci seçenektir ve uzun vadeli ilişkileri etkiler. Bu etkinin bedelini dikkatle düşünmek gerekir. Gerçek bir Kazan/Kazan'a ulaşamıyorsanız, çoğu zaman Anlaşma Yok seçeneğini yeğlemeniz daha iyi olacaktır.

Kazan/Kazan ya da Anlaşma Yok, aile ilişkilerinde inanılmaz bir duygusal özgürlük sağlar. Örneğin, aile üyeleri herkesin hoşuna gidecek bir video kaset üzerinde anlaşamıyorsa, başka bir şey yapmaya karar verebilir. Bu Anlaşma Yok seçeneği, bazı kişilerin diğerlerinin sıkılması pahasına akşamın keyfini çıkarmalarından daha iyidir.

Ailesiyle yıllardır şarkı söyleyen bir hanım arkadaşım var. Çocuklar küçükken, arkadaşım aranjmanı yapar; kostümleri diker, piyanoda eşlik eder ve performansı yönetirdi.

Çocuklar büyüdükçe, müzik zevkleri değişmeye başladı ve söyledikleri şarkılarla giysileri konusunda daha fazla söz sahibi olmak istediler. Yönetilmeye karşı direnmeye başladılar.

Arkadaşım, tek başına yıllarca konser verdiği için bu konuda deneyimliydi ve şarkı söylemeyi planladıkları huzur evlerindeki yaşlı kişilerin ihtiyaçlarını daha iyi bildiğinden, çocuklarının önerilerinden birçoğunun uygun olmadığını düşünüyordu. Ama yine de, onların düşüncelerini ifade etme ve karar verme sürecinin bir parçası olma ihtiyaçlarını anlıyordu.

Bu nedenle Kazan/Kazan ya da Anlaşma Yok yolunu seçti. Çocuklarına, herkesi memnun edecek bir anlaşmaya varmak istediğini söyledi, aksi takdirde yeteneklerinin tadını çıkarmak için başka yollar arayabilirlerdi. Sonuç olarak, bir Kazan/Kazan anlaşması hazırlamaya çalışırken, herkes fikirlerini ve duygularını özgürce dile getirdi. Mutabık kalsalar da kalmasalar da, duygusal zorlama olmayacağını biliyorlardı.

Kazan/Kazan ya da Anlaşma Yok yaklaşımının en gerçekçi olduğu nokta, bir iş ilişkisi ya da girişiminin *başlangıcıdır*. Devam eden bir iş ilişkisinde, Anlaşma Yok uygun bir seçenek olmayabilir. Özellikle aile işlerinde ya da başlangıçta dostluk temeline dayanan işlerde ciddi sorunlara yol açabilir.

İnsanlar, ilişkiyi korumak için bazen yıllar boyunca art arda özveride bulunur ve Kazan/Kazan'dan söz ederken Kazan/Kaybet ya da Kaybet/Kazan diye düşünürler. Bu, hem insanlar hem de iş bakımından ciddi sorunlar yaratır; özellikle de rakipler Kazan/Kazan ve sinerjiye dayanarak çalışıyorsa.

Anlaşma Yok seçeneği olmadığında, bu tür pek çok iş bozulmaya başlar; ya başarısızlığa uğrar ya da yönetimin profesyonellere devredilmesi gerekir. Deneyimler şunu göstermiştir: Aile içinde ya da dostlar arasında bir iş kurulacağı zaman, ileride bir Anlaşma Yok olasılığının çıkabileceğini kabul edip, bir tür "al/sat" anlaşması yapmak genelde en iyisidir. Böylece iş, ilişkiyi kökünden mahvetmeden gelişebilir.

Kuşkusuz, Anlaşma Yok seçeneğinin uygun olmadığı bazı ilişkiler de vardır. Bir Anlaşma Yok seçeneği uğruna çocuğumu ya da eşimi terk etmem. (Gerekiyorsa, Kazan Kazan'ın daha düşük düzeyli bir şekli olan uzlaşma yoluna gitmek daha iyidir.) Ama pek çok durumda, görüşmeye tam bir Kazan/Kazan ya da Anlaşma Yok tutumuyla başlamak mümkündür. Bu tutumun sağladığı özgürlük ise inanılmayacak kadar büyüktür.

KAZAN/KAZAN'IN BEŞ BOYUTU

Kazan/Kazan diye düşünmek, kişiler arası liderlik alışkanlığıdır. Başkalarıyla ilişkilerimizde, insana özgü o eşsiz yetilerin –özbilinç, hayal gücü, vicdan ve özgür irade– her birinin kullanılmasını gerektirir. Birbirinden öğrenmeyi, birbirini etkilemeyi ve karşılıklı yararları içerir.

Bu karşılıklı yararların yaratılması, hem büyük bir cesaret hem de düşüncelilik gerektirir; özellikle de Kazan/Kaybet senaryosuna çok bağlı kimselerle etkileşim halindeysek.

Bu alışkanlığın kişiler arası liderlik ilkelerini içermesinin nedeni de budur. Kişiler arası etkili liderlik için vizyon, proaktif inisiyatif ve güvenliğin yanı sıra, ilke merkezli kişisel liderlikten kaynaklanan rehberlik, bilgelik ve güç de gereklidir.

Kazan/Kazan ilkesi bütün ilişkilerimizde başarının temelidir ve yaşamın karşılıklı bağlılığın beş boyutunu kapsar. *Karakterle* başlar, *ilişkilere* doğru ilerler, bundan *anlaşmalar* doğar. *Yapı* ve *sistemlerin* Kazan/Kazan'a dayalı olduğu bir ortamda beslenir ve *süreci* içerir; Kazan/Kazan sonuçlarına Kazan/Kaybet ya da Kaybet/Kazan yoluyla ulaşamayız.

Arka sayfadaki diyagram bu beş boyutun birbirleriyle olan ilişkilerini gösteriyor:

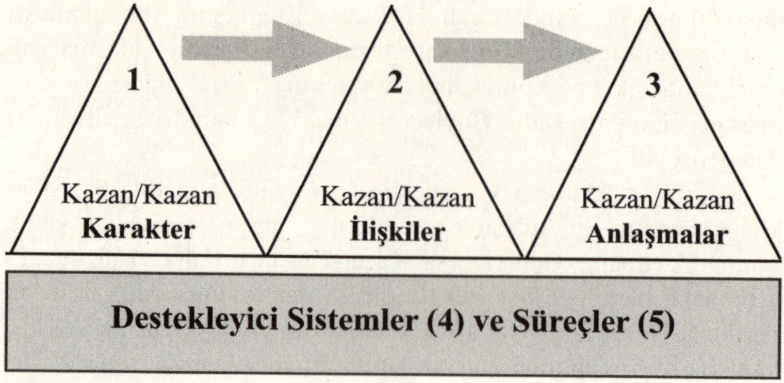

Şimdi bu boyutların her birini sırayla inceleyelim.

Karakter

Karakter, Kazan/Kazan'ın temelidir ve geride kalan her şey bu temelin üzerine kurulur. Kazan/Kazan paradigmasının özünde üç karakter özelliği vardır:

KİŞİSEL BÜTÜNLÜK. Kişisel bütünlüğü daha önce, kendimize biçtiğimiz değer olarak tanımlamıştık. 1., 2. ve 3. Alışkanlıklar kişisel bütünlüğü geliştirip sürdürmemize yardım eder. Değerlerimizi açıkça saptayıp, her şeyi günü gününe o değerlerin etrafında proaktif bir biçimde düzenleyip uygularken, anlamlı sözler vererek, vaatlerde bulunup bunlara bağlı kalarak özbilinci ve özgür iradeyi geliştiririz.

Kazan'ın tam anlamıyla ne olduğunu –en köklü değerlerimizle neyin uyum sağladığını– bile bilmiyorsak, kendi yaşamımızda bir Kazan seçeneği oluşturmamız imkânsızdır. Başkalarına olduğu kadar kendimize de sözler verip bunlara bağlı kalamıyorsak, vaatlerimiz anlamsızlaşır. Bunu biliriz, başkaları da bilir. İkiyüzlülüğü sezer ve ihtiyatlı davranmaya başlarlar. Güven temeli yoktur ve Kazan/Kazan, etkisiz ve yapay bir tekniğe dönüşür. Kişisel bütünlük, bu temelin sacayağıdır.

OLGUNLUK. Olgunluk, *cesaretle düşüncelilik arasındaki dengedir.* Kişi, duygu ve inançlarını, başkalarının duygu ve inançlarına gösterdiği düşüncelilikle dengeleyerek ifade edebiliyorsa, olgundur; özellikle de konu her iki taraf için önemliyse.

İşe alma, terfi ettirme ve eğitim amaçlı psikoloji testlerinin birçoğunu incelerseniz, bu tür bir olgunluğu değerlendirmek için tasarlandıklarını görürsünüz. Buna verilen ad, ister ego gücü/empati dengesi, ister kendine duyulan güven/başkalarına duyulan saygı dengesi, ister insanlara gösterilen ilgi/işe gösterilen ilgi dengesi, ister insanlar arası ilişki analizi dilinde "ben iyiyim, sen iyisin", ya da yönetim grafiği (*management grid*) dilinde 9.1, 1.9, 5.5, 9.9 olsun; aranan nitelik, benim 'cesaret ve düşüncelilik dengesi' diye nitelendirdiğim şeydir.

Bu niteliğe duyulan saygı; insani etkileşim, yönetim ve liderlik kuramının derinlerine kök salmıştır. Ü/ÜY Dengesi'nin derin bir temsilidir. Cesaret, altın yumurtayı elde etmeye odaklı olabilirken, düşüncelilik, diğer paydaşların uzun vadeli iyiliğiyle ilgilenir. Liderliğin temel görevi, tüm paydaşların yaşam standartını ve kalitesini yükseltmektir.

Pek çok insan 'ya şu/ya bu' bağlamında düşünür. İyi davranıyorsanız, sert değilsinizdir. Oysa Kazan/Kazan hem iyi... hem de serttir. Kazan/Kaybet'ten iki kat serttir. Kazan/Kazan seçeneği için yalnız iyi değil, cesaretli de olmanız gerekir. Yalnız empatik değil, güvenli de olmanız gerekir. Yalnız duyarlı ve düşünceli değil, yürekli de olmanız gerekir. Bunu yapmak; yani, cesaretle düşüncelilik arasında denge kurmak, gerçek olgunluğun özü ve Kazan/Kazan'ın da temelidir.

Çok cesaretli olduğum halde pek düşünceli değilsem, nasıl düşünürüm? Kazan/Kaybet diye. Güçlü ve egoma bağlı olurum. İnançlarımı savunacak cesaretim vardır, ama sizinkilere karşı pek düşünceli davranmam.

İçsel olgunluk ve duygusal güç eksikliğimi telafi etmek için mevki ve nüfuzumdan, kimliğimden, yaşımın büyüklüğünden, yakın ilişkilerimden ödünç kuvvet alabilirim.

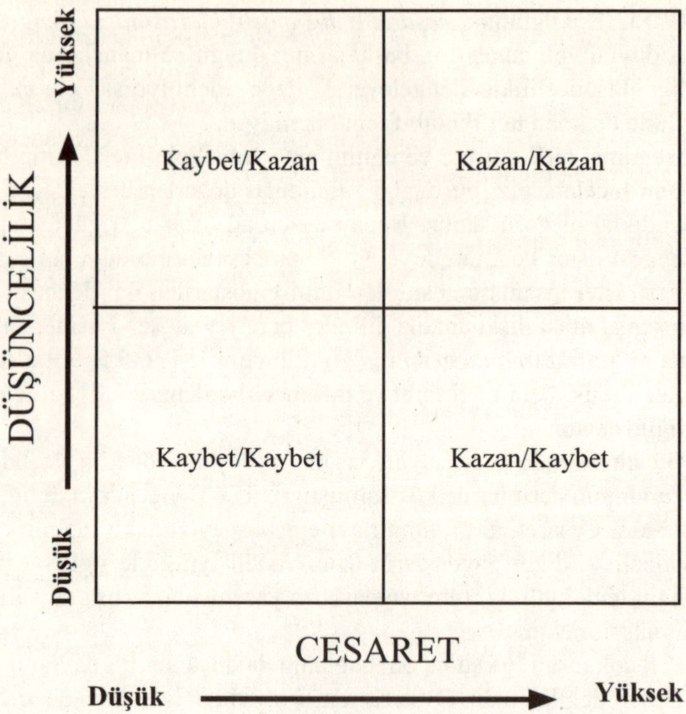

Çok düşünceliysem ve fazla cesaretim yoksa, Kaybet/Kazan diye düşünürüm. İnançlarınıza ve isteklerinize karşı öyle düşünceliyimdir ki, kendiminkileri dile getirip gerçekleştirme cesaretini bulamam.

Hem yüksek cesaret hem de düşüncelilik, Kazan/Kazan için çok önemlidir. Gerçek olgunluğun göstergesi dengedir. Ona sahipsem, dinleyebilir, empati göstererek anlayabilir, ama aynı zamanda cesaretle karşı da çıkabilirim.

BOLLUK ZİHNİYETİ. Kazan/Kazan için gerekli olan üçüncü karakter özelliği, Bolluk Zihniyeti'dir; yani, ortada herkese yetecek kadar bir şeyler olduğu paradigması.

Çoğu kişi, benim Kıtlık Zihniyeti diye adlandırdığım senaryoya sımsıkı bağlıdır. Onlar hayatta her şeyin belirli miktarda olduğunu düşünürler. Sanki dünyada tek bir pasta vardır ve biri o pastadan büyük bir dilim alacak olursa, başkalarına daha az kalacaktır. Kıtlık Zihniyeti, hayatın sıfır-toplam paradigmasıdır; birinin kazancının, ötekinin kaybı olduğu varsayımına dayanır.

Kıtlık Zihniyeti'ne sahip insanlar, şöhret ve başarıyı, güç ya da kazancı, bunların sağlanmasına yardım eden kişilerle bile paylaşmakta zorluk çekerler. Ayrıca başkalarının –hatta bazen özellikle kendi aile üyelerinin ya da yakın dost ve ortaklarının– başarılarına sevinmekte de zorlanırlar. Birisi özel bir itibar ya da şans eseri bir şey kazandığında veya dikkat çekici bir başarıya ulaştığında, kendilerinden bir şey alınmış gibi hissederler.

Başkalarının başarılarına sevindiklerini söylerler, ama aslında içlerini bir kurt kemirir. Kendileriyle ilgili değer yargılarının kaynağı, kıyaslanmadır. Bir başkasının başarısı ise, bir dereceye kadar onların başarısızlığı anlamına gelir. Sadece belirli sayıda öğrenci "A" alabilir; sadece bir kişi "bir numara" olabilir. "Kazanmak", sadece "yenmek" anlamına gelir.

Kıtlık Zihniyeti'ne sahip biri, çoğu zaman gizlice başkalarının şansının yaver gitmemesini umar; korkunç değilse de, "hadlerini bildirecek" kadar, kabul edilebilir düzeyde kısmetsiz olmalarını diler. Her zaman kıyaslar, her zaman yarışır. Kendi değer duygusunu artırmak için, bütün enerjisini nesnelere ya da diğer insanlara sahip çıkmaya harcar.

Başkalarının, kendisinin istediği gibi olmasını arzu eder. Çoğu zaman onları birbirlerine benzetmeye çalışır. Çevresini her şeye "evet" diyen, kendisine meydan okumayan daha zayıf insanlarla doldurur.

Kıtlık Zihniyetindeki insanların, üyelerinin birbirini tamamladığı bir ekibe girmeleri zordur. Farklılıkları itaatsizlik ve sadakatsizlik gibi görürler.

Öte yandan, Bolluk Zihniyeti, derin bir kişisel değer ve güvenlik duygusundan kaynaklanır. Bu, ortada herkese yetecek kadar bir şeyler olduğu paradigmasıdır. İtibarın, şöhretin, kazancın ve karar alımının paylaşılmasıyla sonuçlanır. Olanaklara, seçeneklere, alternatiflere ve yaratıcılığa yol açar.

Bolluk Zihniyeti, 1., 2., ve 3. Alışkanlıkların kişisel sevincini, doyumunu ve başarısını alıp, başkalarının benzersizliğini, içsel yönelimini ve proaktif doğasını takdir ederek dışarı çevirir. Olumlu etkileşimsel büyüme ve gelişmenin sınırsız olanaklarını kabul eder, yeni Üçüncü Alternatifler yaratır.

Genel Zafer, başkalarını yenerek zafer kazanmak anlamına gelmez. İlgili herkese yarar sağlayan etkili ilişkilerde başarılı olmak demektir. Genel Zafer, birlikte çalışmak, birlikte iletişim kurmak, aynı insanların bağımsızca çalışarak yapamayacakları şeyleri birlikte gerçekleştirmek anlamına gelir. Genel Zafer, Bolluk Zihniyeti paradigmasının bir uzantısıdır.

Kişisel bütünlük, olgunluk ve Bolluk Zihniyeti açısından zengin bir karakter, insanlar arası etkileşimde teknik ya da tekniksizliğin çok ötesine geçen bir içtenliğe sahiptir.

Kazan/Kaybet zihniyetindeki insanların Kazan/Kazan karakteri geliştirmelerinde özellikle yararlı bulduğum bir şey, gerçekten Kazan/Kazan diye düşünen bir örnek kişi ya da akıl hocasıyla ilişki kurmaktır. İnsanlar Kazan/Kaybet senaryosuna ya da başka felsefelere derinden bağlı kalıp benzer senaryolara sahip kişilerle düzenli olarak görüşürlerse, Kazan/Kazan felsefesinin devreye girdiğini görme ve yaşama fırsatını pek bulamazlar. Bu nedenle, Kazan/Kazan modelleriyle yüz yüze gelmek için, Enver Sedat'ın yaşam öyküsü *Kimlik Arayışı İçinde* (*In Search of Identity*) gibi esinleyici yapıtları okumanızı, *Ateş Arabaları* (*Chariots of Fire*) gibi filmler ve *Sefiller* (*Les Misérables*) gibi oyunları görmenizi öneririm.

Ancak şunu unutmayın: Kendi benliğimizin derinliklerini –senaryoların, öğrendiğimiz tutum ve davranışların ötesine geçerek– yeterince araştırırsak, hem Kazan/Kazan, hem de diğer bütün doğru ilkeler kendi yaşamımızda geçerli olur.

İlişkiler

Karakter temelinden yola çıkarak, Kazan/Kazan ilişkilerini kurar ve sürdürürüz. Kazan/Kazan'ın özü Duygusal Banka Hesabı, yani güvendir. Güven yoksa, yapabileceğimiz en iyi şey uzlaşmaktır; güven yoksa, açık ve karşılıklı öğrenme, iletişim ve gerçek yaratıcılık için gerekli inanılırlığımız da yoktur.

Ancak Duygusal Banka Hesabımız dolgunsa, inanılırlık da artık bir sorun olmaktan çıkar. Birbirimize büyük bir saygı duyduğumuzu sizin de, benim de bilmemiz için yeterince yatırım yapılmıştır. Odak noktamız sorunlardır, kişilikler ya da konumlar değil.

Birbirimize güvendiğimiz için açık oluruz. Kartlarımızı masaya açarız. Her şeye farklı gözlerle baksak bile, size genç kadını tarif ederken beni saygıyla dinlemeye hevesli olduğunuzu bilirim. Siz de benim, yaşlı kadınla ilgili tarifinize aynı saygıyı göstereceğimi bilirsiniz. İkimiz de birbirimizin bakış açısını derinlemesine anlamayı dener ve ikimiz için de daha iyi bir yanıt oluşturacak Üçüncü Alternatif, yani sinerjik çözüm için birlikte çalışmaya kararlı oluruz.

Banka hesaplarının dolgun ve iki tarafın da Kazan/Kazan'a çok bağlı olduğu bir ilişki, müthiş bir sinerji (6. Alışkanlık) için ideal sıçrama tahtasıdır. Bu ilişki, sorunları daha az gerçek ya da daha az önemli kılmaz, bakış açıları arasındaki farkı da ortadan kaldırmaz. Ama genelde kişilik ve konum farklarına odaklanan negatif enerjiyi yok edip, sorunları tümüyle anlamaya ve onları iki tarafa da yararlı olacak biçimde çözmeye odaklanan, işbirliğine dayalı pozitif bir enerji yaratır.

Peki ama ya ortada bu tür bir ilişki yoksa? Ya Kazan/Kazan'ı hiç duymamış olan ve Kazan/Kaybet senaryosuna veya başka bir felsefeye çok bağlı biriyle anlaşmaya varmanız gerekiyorsa?

Kazan/Kaybet'le başa çıkmak, gerçek bir Kazan/Kazan sınavıdır. Herhangi bir durumda Kazan/Kazan'a kolayca ulaşıldığı ender görülür; derin sorunlar ve temeldeki farklılıklarla baş edilmesi gereklidiir. Ama iki taraf da bu seçeneğin bilincinde ve ona bağlıysa, ilişkinin Duygusal Banka hesabı da dolgunsa, çok daha kolay ulaşılır.

Karşınızda Kazan/Kaybet paradigmasına bağlı biri olduğu zaman, anahtar yine ilişkinizdir. Odak noktası olarak Etki Alanınızı seçmeniz gerekir. O kişiye ve diğer bakış açısına içten bir nezaket, saygı ve takdirle yaklaşarak, Duygusal Banka Hesabı'nıza yatırım yaparsınız. İletişim sürecini daha fazla sürdürürsünüz. Daha fazla ve daha büyük bir ilgiyle dinlersiniz. Düşüncelerinizi daha cesurca dile getirirsiniz. Reaktif olmazsınız. Proaktif olmak için gereken karakter gücünü kendi içinizde daha derinlere inerek bulursunuz. Konuyu ısrarla, tekrar tekrar konuşursunuz. Sonunda karşınızdaki kişi, çözümün ikiniz için de gerçekten yararlı olmasını içtenlikle istediğinizi anlamaya başlar. İşte bu süreç, Duygusal Banka Hesabı'na yapılan müthiş bir yatırımdır.

Ne kadar kuvvetliyseniz –karakteriniz ne kadar içtenlikliyse, proaktivite düzeyiniz ne kadar yüksekse, Kazan/Kazan için ne kadar hevesliyseniz– karşı taraf üzerindeki etkiniz de o kadar güçlü olur. Kişiler arası liderliğin gerçek sınavı budur. *Alışverişe dayalı* liderliğin ötesine geçip, *dönüştürmeye dayalı* liderlik haline gelir. İlgili bireyleri de, ilişkiyi de dönüştürür.

Kazan/Kazan, insanların kendi yaşamlarında geçerli kılabilecekleri bir ilkedir. Bu nedenle çoğu kişinin, ikinizin birden istediği şeyi elde etmeye çalışarak, kendi istediklerine daha rahat kavuşacağını anlamasını sağlayabilirsiniz. Ama etrafınızda, Kazan/Kaybet zihniyetine saplanıp kaldığı için Kazan/Kazan diye düşünemeyen bazı kişiler olacaktır. Bu durumda Anlaşma Yok'un her zaman bir seçenek olduğunu hatırlayın. Ya da arada bir, Kazan/Kazan'ın daha alt düzeydeki şekli olan uzlaşmayı seçebilirsiniz.

Duygusal Banka Hesabı dolgun olduğunda bile, her kararın Kazan/Kazan olması gerekmediğini anlamak önemlidir. Burada da anahtar yine ilişkidir. Örneğin, diyelim ki siz ve ben birlikte çalışıyoruz ve yanıma gelip şöyle diyorsunuz: "Stephen, bu karardan hoşlanmayacağını biliyorum. Fikrini almak bir yana, sana bunu açıklayacak zamanım bile yok. Kararımın hatalı olduğunu düşünmen olasılığı da var. Ama bunu destekler misin?"

Benimle artı bakiyeli bir banka hesabınız varsa, tabii ki desteklerim. Sizin haklı olduğunuzu, benimse yanıldığımı umarım. Kararınızın istenilen sonucu vermesi için de uğraşırım.

Ama Duygusal Banka Hesabı yoksa ve reaktif bir insansam, kararınızı tam anlamıyla desteklemem. Yüzünüze karşı destekleyeceğimi söyleyip, arkanızdan hiç de o kadar hevesli davranmayabilirim.

Başarılı olması için gereken yatırımı yapmam. Sonra da, "Olmadı," derim, "Peki şimdi ne yapmamı istiyorsun?"

Hatta aşırı tepki gösteren bir insansam, kararınızı sabote eder ve başkalarının da etmesi için elimden geleni yaparım. Ya da "kötü niyetli bir itaatle" sadece bana söylediklerinizi yapar, sonuçlar konusunda hiçbir sorumluluk kabul etmem.

İngiltere'de yaşadığım beş yıllık süre içinde ülkenin iki defa felç olduğunu gördüm. Nedeni, tren kondüktörlerinin kâğıt üstündeki bütün kural ve prosedürlere kötü niyetle itaat etmeleriydi.

Bir anlaşmada onu ruhen destekleyecek karakter ve ilişki temeli yoksa, yazıya dökülmesi pek bir şey ifade etmez. Bu nedenle Kazan/Kazan ilkesine, onu mümkün kılacak ilişkilere yatırım yapma isteğiyle yaklaşmamız gerekir.

Anlaşmalar

İlişkilerden, Kazan/Kazan'ı tanımlayan ve yönlendiren anlaşmalar doğar. Bunlar bazen *performans anlaşmaları* ya da *ortaklık anlaşmaları* diye adlandırılır. Üretken etkileşim paradigmasını dikeyden yataya, yukarıdan aşağı denetimden kendi kendini denetlemeye, konumlanmaktan başarıya ortak olmaya kaydırırlar.

Kazan/Kazan anlaşmaları, geniş bir karşılıklı bağlılık olan etkileşim alanını kapsar. 3. Alışkanlık'taki "Yeşil ve Temiz" hikâyesinde yetkilendirmekten söz ederken bunun önemli bir uygulamasını incelemiştik. Orada sıraladığımız beş unsur, işverenlerle çalışanlar arasındaki, projeler üzerinde birlikte çalışan bağımsız kişiler arasındaki, ortak bir amaç için işbirliği yapan gruplar arasındaki, şirketlerle onlara mal ve hizmet veren firmalar arasındaki –başarıya ulaşmak için etkileşim halinde olması gereken her türlü insan arasındaki– Kazan/Kazan anlaşmalarının yapısını oluşturur. Bu unsurlar, herhangi bir karşılıklı bağlılığa yönelik çabaya dahil olan insanlar arasındaki beklentileri netleştirip yönetmenin etkili bir yolunu yaratır.

Kazan/Kazan anlaşmasında, aşağıdaki beş unsur açıkça belirtilir:

İstenilen sonuçlar (yöntemler değil), neyin ne zaman yapılacağını belirler.

Kurallar, sonuçların alınacağı parametreleri (ilkeler, politikalar vb.) belirginleştirir.

Kaynaklar, sonuçların alınmasına yardımcı olacak insani, mali, teknik ya da kurumsal destekleri tanımlar.

Hesap verme sorumluluğu, performans standartlarını ve değerlendirme zamanını düzenler.

Neticeler değerlendirmenin sonucunda –iyi ve kötü, doğal ve mantıklı–ne olduğunu ve olacağını belirler.

Bu beş unsur, Kazan/Kazan anlaşmalarına kendilerine özgü bir yaşam verir. Bu alanlarda önceden yapılan bir anlaşma ve açık seçik bir karşılıklı anlayış, insanların kendi başarılarını ölçebilecekleri bir standart yaratır.

Geleneksel otoriter denetim, bir Kazan/Kaybet paradigmasıdır. Ayrıca tükenmiş bir Duygusal Banka Hesabı'nın sonucudur. Güveniniz ya da istenilen sonuçlarla ilgili ortak bir vizyonunuz yoksa, insanlara tepeden bakma, onları kontrol edip yönlendirme eğilimi gösterirsiniz. Güven yoktur. Bu nedenle insanları denetlemeniz gerektiği duygusuna kapılırsınız.

Ama güven hesabı yüksekse, yönteminiz ne olur? Yollarından çekilirsiniz. Peşinen bir Kazan/Kazan anlaşmanız olduğu ve onlar kendilerinden ne beklendiğini bildikleri sürece, size düşen rol, bir yardım kaynağı olmak ve hesap vermeleri gereken konularda onlardan rapor almaktır.

Kişileri yargılamaktansa, kendilerini yargılamalarına izin vermek, insan ruhunu yücelten bir davranıştır. Güven düzeyinin yüksek olduğu bir ortamda, bu çok daha doğrudur. İnsanlar bazı durumlarda işlerin nasıl gittiğini belgelerde görünenlere bakmak yerine, yüreklerinin sesini dinleyerek daha iyi anlarlar. Sezgi, çoğu zaman gözlem ya da ölçümden daha doğru sonuçlara götürür.

Kazan/Kazan Yönetim Eğitimi

Birkaç yıl önce çok sayıda şubesi olan büyük bir bankanın danışmanlık projesiyle dolaylı olarak ilgileniyordum. Banka bizden, yılda 750.000 dolarlık bir bütçeyle desteklenen yönetici eğitim programını değerlendirip geliştirmemizi istemişti. Program, üniversite mezunları arasından seçilen kişileri, sektör hakkında genel bir anlayış edinmeleri için altı ay boyunca çeşitli bölümlerde ikişer haftalık on iki görevde çalıştırmayı öngörüyordu. İki hafta ticari krediler, iki hafta sektörel krediler, iki hafta pazarlama, iki hafta operasyonlar, vb. Altı aylık sürenin sonunda çeşitli şubelere müdür yardımcısı olarak yerleştiriliyorlardı.

Bize verilen görev, altı aylık formel eğitim süresini değerlendirmekti. İşe başladığımızda, görevin en zor kısmının istenilen sonuçları kavrayabilmek olduğunu gördük. Üst düzey yöneticilere şu zor ve önemli soruyu sorduk: "Bu insanların programı tamamladıklarında ne yapabilmeleri gerekiyor?" Aldığımız yanıtlar belirsiz ve çoğu zaman da birbiriyle çelişkiliydi.

Eğitim programı yöntemlerle ilgileniyordu, sonuçlarla değil. Bu nedenle, "öğrenci denetimli öğretim" denilen başka bir paradigmaya dayalı bir pilot eğitim programını önerdik. Bu, belirli hedeflerin ve onlara ulaşıldığını gösterecek kıstaslar, kurallar, kaynaklar, sorumlulukların, ayrıca hedeflere ulaşıldığı zaman ortaya çıkacak neticelerin saptanmasını içeren bir Kazan/Kazan anlaşmasıydı. Bu durumda netice, müdür yardımcılığına yükselmekti; işbaşı eğitimini orada görecekler ve ücretleri hatırı sayılır ölçüde artacaktı.

Hedeflerin belirlenmesi için gerçekten baskı yapmak zorunda kaldık. "Muhasebe konusunda anlamalarını istediğiniz şey nedir? Ya pazarlama hakkında? Ya gayri menkul kredileri konusunda?" Listedekileri saydık. Sonunda yüzden fazla hedef açıkladılar. Biz bunları basitleştirerek sayılarını azalttık ve bütünleştirdik; sonuç olarak da, kıstaslarıyla birlikte 39 özgül davranışsal hedef belirledik.

Adaylar, hem fırsat hem de ücret artışı nedeniyle kıstaslara bir an önce uymak konusunda son derece hevesliydi. Bu, onlar için büyük bir kazanç demekti. Şirket için de öyle; çünkü bu adaylardan, on iki değişik etkinlik tuzağına düşmek yerine, sonuçlara yönelik kıstaslara uyan şube müdür yardımcıları yetiştirilmiş olacaktı.

Adaylara, öğrenci denetimli öğretim ile sistem denetimli öğretim arasındaki farkı açıkladık. "İşte hedefler ve kıstaslar. İşte birbirinden öğrenmeyi de içeren kaynaklar. Haydi bakalım. Kıstaslara uyduğunuz anda müdür yardımcısı olacaksınız," dedik.

Adaylar kursu üç buçuk haftada tamamladılar. Eğitim paradigmasının değiştirilmesi inanılmaz bir motivasyon ve yaratıcılığı açığa çıkarmıştı.

Birçok paradigma değişiminde olduğu gibi, direnmeler oldu. Üst düzey yöneticilerin neredeyse hiçbiri buna inanmıyordu. Onlara kıstaslara uyulduğunun kanıtları gösterildiği zaman, temelde şöyle söylediler: "Bu adayların deneyimleri yok. Şube müdür yardımcıları olarak onlardan istediğimiz şekilde karar verebilmeleri için gereken formasyona sahip değiller."

Sonradan konuştuğumuzda, içlerinden birçoğunun, "Biz bir işkenceden geçtik; bu çocuklar neden geçmiyor?" demek istedikleri çıktı ortaya. Ama tabii ki bu şekilde ifade edemeyeceklerinden, "formasyon eksikliği" çok daha kabul edilebilir bir gerekçe olarak öne sürüldü.

Ayrıca bariz nedenlerle (buna altı aylık bir program için 750.000 dolarlık bütçe de dahildi) personel bölümü altüst olmuştu.

Onlara, "Peki," dedik. "O halde birkaç yeni hedef belirleyip onları da kıstaslara bağlayalım. Ama öğrenci denetimli öğretim paradigmasından vazgeçmeyelim." Çalışıp didinerek, karşılanması çok zor kıstasları olan sekiz hedef daha saptadık. Böylece yöneticilerin endişelerini gidermeye, onlara adayların şube müdür yardımcıları olmak için yeterince hazırlandıklarını ve eğitim programının işbaşında da devam edeceğini göstermeye çalışıyorduk. Bazı yöneticiler, kıstasların geliştirildiği birkaç çalışmaya katıldıktan sonra fikirlerini açıkladılar: "Adaylar bu zor kıstaslara uyabilirlerse, altı aylık programa katılmış olan herkesten daha iyi hazırlanmış olurlar."

Adayların bütün direnişlere hazırlıklı olmalarını sağlamıştık. Ek hedefler ve kıstasları onlara götürerek şöyle dedik: "Tam da beklediğimiz gibi, yönetim eskisinden daha da zor kıstasları olan bazı ek hedeflere ulaşmanızı istiyor. Ancak bu kez bize güvence verdiler. Bu kıstaslara uyarsanız, sizleri müdür yardımcısı yapacaklar."

Adaylar inanılmaz biçimde çalışmaya başladılar. Örneğin, muhasebe gibi bölümlerin yöneticilerine giderek esas olarak şöyle dediler: "Efendim, ben 'öğrenci denetimli öğretim' denilen yeni pilot programın bir üyesiyim. Anladığıma göre, hedef ve kıstasları saptama çalışmasına siz de katılmışsınız.

"Bu bölümde uymam gereken altı kıstas var. Bunlardan üçünü, üniversitede edindiğim beceriler sayesinde başardım. Bir diğerini bir kitaptan edinebildim. Beşincisini ise, geçen hafta eğittiğiniz Tom'dan öğrendim. Geride uymam gereken tek bir kıstas kaldı. Acaba siz, ya da bölümünüzden biri, bana birkaç saatini vererek bu işi nasıl başaracağımı gösterebilir mi?" Böylece adaylar bir bölümde iki hafta yerine yarım gün geçirdiler.

Bu adaylar birbirleriyle işbirliği ve fikir alışverişi yaparak, ek hedeflere bir buçuk hafta içerisinde ulaştılar. Altı aylık program beş haftaya indirilmiş, alınan sonuçlarda ise önemli bir artış olmuştu.

İnsanların paradigmalarını inceleyip dikkatlerini Kazan/Kazan üzerinde toplayacak cesaretleri varsa, bu düşünce tarzı kurumsal yaşamın her alanını benzer biçimde etkileyebilir. Sorumlu, proaktif, kendini yönlendirebilen bireyler bir görevde serbest bırakıldığı zaman, bunun hem insanlar, hem de çalıştıkları kurumlar açısından sonuçları beni her zaman şaşırtmıştır.

Kazan/Kazan Performans Anlaşmaları

Kazan/Kazan performans anlaşmalarının yaratılması, yaşamsal paradigma değişimleri gerektirir. Odak noktası sonuçlardır; yöntemler değil. Çoğumuz yöntemleri denetleme eğilimi gösteririz. 3. Alışkanlık'ta incelediğimiz, emirler vererek yetkilendirme yoluna başvururuz; Sandra'dan su kayağı yapan oğlumuzun resimlerini çekmesini istediğim sırada kullanmış olduğum yöntem yönetimi gibi. Ancak Kazan/Kazan anlaşmalarının odak noktası sonuçlardır; bireyin inanılmaz potansiyelini açığa çıkarır, daha fazla sinerji yaratır ve sadece Ü'nün üzerinde durmak yerine, süreç içinde ÜY'yi oluşturur.

Kazan/Kazan'ın hesap verme sorumluluğu sayesinde insanlar kendi kendilerini değerlendirirler. Oynadıkları geleneksel değerlendirme oyunları hantal ve duygusal açıdan yorucudur. Kazan/Kazan'da, insanlar kendi kendilerini, daha en başından yaratılmasına bizzat yardımcı oldukları kıstasları kullanarak değerlendirirler. Kıstasları doğru belirlerseniz, bunu yapabilirler. Kazan/Kazan yetki devri anlaşması sayesinde, yedi yaşındaki bir çocuk bile bahçeyi ne kadar "yeşil ve temiz" tuttuğunun hesabını kendisine verebilir.

Üniversitede ders verirken, en iyi deneyimlerimi ilerideki hedef hakkında paylaşılan bir Kazan/Kazan anlayışı yarattığımda elde ettim. "Başarmaya çalıştığımız şey bu. İşte A, B ve C notları için gerekli olan temel koşullar. Benim hedefim, her birinize A alması için yardım etmek. Şimdi konuştuğumuz şeyi ele alıp analiz edin ve sizin için benzersiz sayılacak başarı hakkında kendi anlayışınızı geliştirin. Sonra bir araya gelip istediğiniz not ve onu elde etmek için neler tasarladığınız konusunda anlaşalım."

Yönetim felsefecisi ve danışmanı Peter Drucker, yöneticilerle personel arasındaki performans anlaşmasının özünü yakalamak için "yöneticiye mektup" yönteminin kullanılmasını öneriyor. Beklentiler, kurallar ve kaynaklar hakkında derin ve kapsamlı bir tartışmanın ardından personel, bunların kurumun hedefleriyle uyumlu olmasını sağlamak için, yöneticiye tartışmayı özetleyen ve bir sonraki performans planı ya da revizyonunun ne zaman yapılacağını belirten bir mektup yazar.

Bu tür bir Kazan/Kazan performans anlaşmasının geliştirilmesi, yönetimin en önemli işidir. Anlaşma yapıldıktan sonra, çalışanlar bu çerçeve içerisinde kendi kendilerini yönetebilirler. O zaman yönetici, otomobil yarışındaki hız kontrol aracı gibi çalışır. İşi başlatır, sonra da yoldan çekilir. O andan itibaren görevi, piste dökülmüş yağları temizlemektir.

Bir yönetici, yanında çalışan herkesin baş yardımcısı olduğunda, denetim alanını büyük ölçüde genişletir. Bazı idari düzeyler ve giderleri tümüyle ortadan kaldırılabilir. Bu tür bir yönetici, altı ya da sekiz kişi yerine yirmi, otuz, elli ya da daha fazla insanı denetleyebilir.

Kazan/Kazan performans anlaşmalarında neticeler, baştaki kimsenin keyfi bir biçimde verdiği ödül ya da cezalar yerine, performansın doğal ya da mantıklı bir sonucu haline gelir.

Temelde, yöneticiler ya da anne-babalar tarafından denetlenebilecek dört tür netice (ödül ve ceza) vardır: Maddi, manevi, fırsat ve sorumluluk. *Maddi* neticeler; gelir, hisse senedi opsiyonları, harçlık ya da para cezalarını içerir. *Manevi* ya da psikolojik neticelerin içerdiği şeyler ise şunlardır: Kabul, takdir, saygı, inanılırlık ya da bunların yitirilmesi. İnsanlar ölüm kalım savaşı vermiyorlarsa, manevi netice çoğu zaman maddi neticeden daha etkili olur. *Fırsat*; eğitim, gelişme, ödüller ve diğer kazançları içerir. *Sorumluluk*, faaliyet alanı ve otoriteyle ilgilidir. Her ikisi de genişletilebilir ya da daraltılabilir. Kazan/Kazan anlaşmaları bu alanlardan biri ya da birkaçıyla ilgili neticeleri belirler ve işin içindeki insanlar bunu en başından bilir. Böylece oyun oynamazsınız. Her şey daha başlangıçta açık seçiktir.

Bu mantıksal ve kişisel neticelere ek olarak, kurumsal doğal neticelerin de açıkça belirlenmesi önemlidir. Örneğin, işe geç kalırsam, diğerleriyle işbirliği yapmaya yanaşmazsam, astlarımla iyi Kazan/Kazan performans anlaşmaları geliştirmezsem, istenilen sonuçlardan onları sorumlu tutmazsam, ya da onların profesyonel gelişimlerini ve mesleklerinde ilerlemelerini sağlamazsam ne olur?

Kızım 16 yaşını doldurduğunda, aile arabasının kullanımı konusunda aramızda bir Kazan/Kazan anlaşması yaptık. Onunla yasalara uyması, arabayı temiz ve bakımlı tutması konusunda anlaştık. Arabayı ancak sorumlu amaçlar için kullanması ve gerektiğinde, annesiyle benim için sürücülük yapması konusunda mutabık kaldık. Diğer bütün işlerini uyarılmadan, seve seve yapması konusunda da anlaşmaya vardık. Bunlar bizim kazandıklarımızdı.

Ayrıca araba, benzin ve sigorta gibi bazı kaynakları benim sağlamam konusunda da anlaştık. Bunun dışında, kızımla her hafta, genellikle pazar günü öğleden sonra bir araya gelecek ve anlaşmamıza dayalı olarak neler yaptığını inceleyip değerlendirecektik. Neticeler açıktı. Kızım, anlaşmadaki kendisiyle ilgili koşullara uyduğu sürece, arabayı kullanabilecekti. Uymadığı takdirde, bunu yapmaya karar verinceye kadar bu ayrıcalığı kaybedecekti.

Bu Kazan/Kazan anlaşması, başından itibaren her iki tarafın da beklentilerini açıkça belirledi. Kızım için bir kazanç söz konusuydu:arabayı kullanabilecekti. Kuşkusuz Sandra'yla ben de kazançlıydık. Artık kızımız ulaşım ihtiyaçlarını, hatta kısmen bizimkini de kendisi karşılayacaktı. Arabanın bakımı ya da temiz tutulması konusunda da endişelenmemize gerek yoktu. Anlaşma, hesap verme sorumluluğunu da içeriyordu. Bu ise kızımı durmadan denetlemek ya da onun yöntemlerini incelemek zorunda olmamam anlamına geliyordu. Kişisel bütünlüğü, vicdanı, algı gücü ve zengin Duygusal Banka Hesabımız onu çok daha iyi yönetti. Duygusal açıdan kaygılanmamıza, kızımızın her hareketini denetlemeye çalışmamıza, işleri bizim düşündüğümüz gibi yapmadığı için onu hemen oracıkta cezalandırmamıza ya da ödüllendirmemize gerek kalmadı. Bir Kazan/Kazan anlaşmamız vardı ve bu, hepimizi özgür kıldı.

Kazan/Kazan anlaşmaları müthiş bir özgürlük sağlar. Ama yalıtılmış yöntemlerin bir ürünü olarak, dayanıklı değildir. Kişisel bütünlük ve güvene dayalı bir ilişki olmadıkça, başlangıçta bir anlaşma oluştursanız bile sürdüremezsiniz.

Gerçek bir Kazan/Kazan anlaşması, paradigmanın, karakterin ve onu ortaya çıkaran ilişkilerin bir ürünüdür. Bu bağlamda, yaratılış amacı olan karşılıklı bağlılığa sahip etkileşimleri tanımlar ve yönlendirir.

Sistemler

Kazan/Kazan, ancak sistemler tarafından desteklendiği bir kurum içinde yaşayabilir. Kazan/Kazan görüşmesi yapıp, Kazan/Kaybet'i ödüllendirirseniz, başarısızlığa uğrayan bir program kalır elinizde.

Temelde, ödüllendirdiğiniz şeyi elde edersiniz. Misyon bildirgenizdeki hedeflere ulaşmak ve oradaki değerleri yansıtmak istiyorsanız, ödüllendirme sistemini bu hedef ve değerlere göre ayarlamanız gerekir. Bu, sistemli bir biçimde ayarlanmazsa, sözlerinizle davranışlarınız birbirine uymaz. Daha önce değindiğim; işbirliğinden söz eden, ama "Bermuda Yarışı" yaratarak rekabete yol açan yöneticinin durumuna düşersiniz.

Birkaç yıl boyunca Orta Batı'daki büyük bir emlak şirketiyle çalıştım. Bu kurumla ilk deneyimim büyük bir satış teşvik toplantısında oldu. 800'den fazla satış elemanı yıllık ödüllendirme programı için bir araya gelmişti. Bu bir moral yükseltme toplantısıydı, lise bandolarından, avaz avaz bağırmalara kadar her şey vardı.

Oradaki 800 kişiden 40 kadarı "en fazla satış", "en büyük iş hacmi", "en yüksek komisyon" ve "en çok sipariş" gibi yüksek performansları nedeniyle ödül aldı. Bu ödüllerin sunumu büyük bir gürültüye –heyecan, tezahürat, alkışlara– neden oldu. Bu kırk kişinin *kazandığı* kuşkusuzdu. Ama herkes 760 kişinin de *kaybettiğini* biliyordu.

Kurumun sistemlerini ve yapılarını Kazan/Kazan paradigmasına göre ayarlamak için hemen eğitsel ve kurumsal geliştirme çalışmalarına başladık. En alt kademedeki insanları motive edecek türden sistemler geliştirmek için, onları da işin içine kattık. Ayrıca birbirleriyle işbirliği yapıp sinerji yaratmaları için teşvik ettik. Böylece mümkün olduğu kadar çok kişi, her birine uyacak biçimde hazırlanmış performans anlaşmalarının öngördüğü sonuçları elde edecekti.

Bir yıl sonraki toplantıda 1000'den fazla satış personeli vardı ve 800 kadarı ödüllendirildi. Birkaç kişi de kıyaslama temeline dayanan ödüller kazandı. Ama programın odak noktası daha çok, insanların kendi seçimleri olan performans hedeflerine, grupların ise takım hedeflerine ulaşmasıydı. Yapay yollardan coşku, alkış ve destek sağlamak için lise bandolarının getirilmesine gerek yoktu. Herkes doğal bir ilgi ve heyecan duyuyordu, çünkü insanlar birbirlerinin mutluluğunu paylaşabiliyorlardı. Satış ekipleri ödülleri birlikte alıyordu. Buna, bütün şube personelinin bir tatil gezisi kazanması da dahildi.

İşin ilginç yanı, o yıl ödül alan 800 çalışandan neredeyse her birinin iş hacmi ve kâr bakımından kişi başına üretiminin, bir yıl önce ödül alan 40 satış elemanınınkine eşit olmasıydı. Kazan/Kazan ruhu, altın yumurta sayısını büyük ölçüde artırmış ve bu arada kazı da beslemiş, müthiş bir insan enerjisi ve yeteneğini açığa çıkarmıştı. Bunun yol açtığı sinerji, işe katkısı olan hemen herkesi şaşırtmıştı.

Rekabetin piyasada ya da önceki yılın performansına karşı –hatta belki de belirli bir karşılıklı bağlılığın bulunmadığı, işbirliğine gerek duyulmayan bir başka şube ya da bireye karşı– bir yeri vardır. Ancak iş yerindeki işbirliği, serbest girişim için, piyasadaki rekabet kadar önemlidir. Kazan/Kazan ruhu bir rekabet ve yarışma ortamında yaşayamaz.

Kazan/Kazan'ın işe yaraması için sistemlerin onu desteklemesi gereklidir. Eğitim sistemi, planlama sistemi, iletişim sistemi, bütçe sistemi, bilgi sistemi, ücret sistemi; bunların tümünün Kazan/Kazan ilkesine dayalı olması gerekir.

Personelin insan ilişkileri konusunda eğitilmesini isteyen bir başka şirkete de danışmanlık yaptım. Altta yatan varsayım, sorunun insanlar olduğuydu.

Başkan şöyle dedi: "İstediğiniz herhangi bir mağazamıza gidin ve size nasıl davrandıklarını görün. Sadece sipariş alıyorlar. Müşterilere nasıl yaklaşılması gerektiğini bilmiyorlar. Ürünü tanımıyorlar. Satış sürecinde ürünü ihtiyaçla bağdaştırmak için gerekli olan bilgi ve beceriden yoksunlar."

Çeşitli mağazalara gittim. Başkan haklıydı. Ama yine de aklımı kurcalayan, "Bu tutumun nedeni nedir?" sorusu yanıtsız kalmıştı.

Başkan, "Bakın, biz soruna hâkimiz," dedi. "Bölüm yöneticilerimiz orada büyük bir örnek oluşturuyorlar. Onlara görevlerinin üçte ikisinin satmak, üçte birinin de yönetmek olduğunu söyledik. Şimdi herkesten fazla satış yapıyorlar. Biz sizden yalnızca satış elemanlarını biraz eğitmenizi istiyoruz."

Bu sözler üzerine kafamda alarm zillerini çalmaya başladı. "Biraz daha bilgi toplayalım," dedim.

Bu yanıtım başkanın hoşuna gitmedi. Sorunun ne olduğunu "biliyor" ve eğitimin başlamasını istiyordu. Ama ben ısrar ettim ve iki gün içinde gerçek sorunu ortaya çıkardık. Görev tanımı ve ödüllendirme sistemi yüzünden yöneticiler işin "kaymağını yiyordu". Yazar kasanın arkasında duruyor ve işler yavaşladığı sırada bütün satışı kendileri yapıyordu. Perakendecilikte zamanın yarısında gelen giden az olur, diğer yarısında ise iğne atsan yere düşmez. Yöneticiler işin yavaş zamanında sevimsiz işleri satış elemanlarına yaptırıyorlardı: envanter kontrolü, malların sayımı ve temizlik. Kendileri kasanın arkasına geçip işin kaymağını sıyırıyorlardı. İşte bu nedenle bölüm yöneticileri satışta üste çıkıyordu.

Biz de bir sistemi –ödüllendirme sistemini– değiştirdik ve sorun bir gecede giderildi. Yeni sisteme göre, yöneticiler ancak satış elemanları para kazandığı zaman kârlı çıkacaktı. Yöneticilerin ihtiyaçlarıyla hedeflerini, satış elemanlarının ihtiyaç ve hedefleriyle örtüştürdük ve insan ilişkileri konusundaki eğitim ihtiyacı birdenbire ortadan kalktı. İşin anahtarı, gerçek bir Kazan/Kazan ödül sisteminin geliştirilmesiydi.

Bir başka dönemde, resmi performans değerlendirmesi isteyen bir şirket yöneticisiyle birlikte çalıştım. Adam, bir yöneticiye verdiği değerlendirme notu yüzünden sinirliydi. "Onun hakkı üçtü," dedi. "Ama bir vermek zorunda kaldım." (Bu, yöneticinin üstün başarı gösterdiği ve terfi ettirilebileceği anlamına geliyordu.)

"Ona neden bir verdiniz?" diye sordum.

"İşi bitiriyor," diye yanıtladı.

"Öyleyse neden hakkının üç olduğunu düşünüyorsunuz?"

"İş yapma yöntemi yüzünden. İnsanları ihmal ediyor. Onları eziyor. Sorun çıkaran tiplerden."

"Bütün dikkatini Ü'ye –üretime– verdiği anlaşılıyor. Onu bu yüzden ödüllendiriyorsunuz. Ama kendisiyle sorun hakkında konuşup, ÜY'nin önemini anlamasına yardım etseniz ne olur?"

Yönetici bunu yaptığını, ama sözlerinin hiçbir etkisi olmadığını açıkladı.

"O halde bu adamla bir Kazan/Kazan anlaşması yapmaya ne dersiniz? Ödülün üçte ikisinin kaynağının Ü –rakamlar– diğer üçte birinin kaynağının ise ÜY –başkalarının onu nasıl gördüğü, ne tür bir lider olduğu, insanları nasıl desteklediği, nasıl takım kurduğu– olması konusunda anlaşın."

Yönetici, "İşte bu onun ilgisini çeker," diye yanıtladı.

***

Sorun çoğu zaman sistemdedir, insanlarda değil. İyi personeli kötü sistemlere sokarsanız, kötü sonuçlar alırsınız. Büyümesini istediğiniz çiçekleri sulamanız gerekir.

İnsanlar gerçekten Kazan/Kazan diye düşünmeye başlarken, onu yaratıp güçlendirecek sistemleri kurabilirler. Gereksiz rekabetleri işbirliğine dönüştürebilir ve hem Ü'yü hem de ÜY'yi güçlendirerek daha etkili olabilirler.

İş dünyasında, yöneticiler dış performans standartlarıyla yarışmak için birlikte çalışan, son derecede üretken kişilerden oluşan ekipler yaratmak amacıyla sistemlerine çekidüzen verebilirler. Eğitim alanında, öğretmenler kabul edilen ölçütler çerçevesinde, bireyin performansına dayalı bir not verme sistemi kurabilir; öğrencileri, öğrenmek ve başarıya ulaşmak için üretken bir biçimde işbirliğine teşvik edebilirler. Ailelerde, anne-babalar odak noktalarını birbirleriyle rekabetten işbirliğine kaydırabilirler. Örneğin, bowling gibi faaliyetlerde ailece elde ettikleri puanları sayıp, bir önceki oyundakinden daha başarılı olmaya çalışabilirler. Evle ilgili sorumlulukları, sürekli sızlanmalara son verecek ve anne-babaların sadece kendilerinin yapabilecekleri işlerle ilgilenmesini sağlayacak Kazan/Kazan anlaşmalarıyla paylaştırabilirler.

Bir zamanlar bir arkadaşım, birbiriyle konuşan iki çocukla ilgili bir karikatürden söz etmişti bana. Karikatürdeki çocuklardan biri, "Annem biraz sonra bizi kaldırmazsa okula geç kalacağız," diyormuş. Bu sözler onu ister istemez, sorumlu bir Kazan/Kazan temeline göre örgütlenmeyen ailelerde ortaya çıkabilecek sorunların doğasıyla ilgilenmeye yöneltmişti.

Kazan/Kazan ilkesi, açık seçik kuralların ve eldeki kaynakların sınırları içinde belirli sonuçlara varma sorumluluğunu bireye yükler. Kişiyi, sonuçların alınmasından ve değerlendirilmesinden yükümlü tutar ve performansa göre ödüllendirme veya cezalandırmayı belirler. Kazan/Kazan sistemleri de, Kazan/Kazan performans anlaşmalarını destekleyen ve pekiştiren ortamı yaratır.

Süreçler

Kazan/Kazan sonuçlarını, Kazan/Kaybet ya da Kaybet/Kazan'la elde etmek olanaksızdır. "Hoşuna gitse de gitmese de, Kazan/Kazan diye düşüneceksin," diyemezsiniz. Bu durumda sorulması gereken soru, bir Kazan/Kazan çözümüne nasıl ulaşılacağıdır.

Roger Fisher ve William Ury adında iki Harvard'lı hukuk profesörü, son derece yararlı ve içgörülü yapıtları *Getting To Yes*'te (Evet'e Ulaşmak) sıradışı bir çalışmanın ürünü olarak, pazarlıkta kendi deyimleriyle "ilkeli" yaklaşım ve "konumsal" yaklaşımı karşılaştırıyorlar. Kazan/Kazan sözcükleri kullanılmasa da, kitabın ruhu ve temel felsefesi, Kazan/Kazan yaklaşımına çok uyuyor.

Yazarlar, ilkeli pazarlığın özünün, kişiyle sorunu birbirinden ayırıp, çıkarlara değil konumlara odaklanmak, karşılıklı kazanç için seçenekler yaratmak ve nesnel kıstaslar –yani iki tarafın da kabullenebileceği bir dış standart ya da ilke– üzerinde ısrar etmek olduğunu ileri sürüyorlar.

Kazan/Kazan çözümleri arayan çeşitli insanlar ve kuruluşlarla yaptığım çalışmalarda, onlara aşağıdaki dört kademeli süreçle ilgilenmelerini öneriyorum:

Birincisi, sorunu diğer kişinin bakış açısıyla görün. Karşı tarafın ihtiyaç ve kaygılarını onlar kadar, hatta daha iyi anlayıp ifade etmeye çalışın.

İkincisi, konuyla ilgili ana sorunları ve kaygıları (konumları değil) belirleyin.

Üçüncüsü, tam anlamıyla kabul edilebilir bir çözümü hangi sonuçların oluşturacağına karar verin.

Dördüncüsü, o sonuçları elde etmek için mümkün olan yeni seçenekleri belirleyin.

5. ve 6. alışkanlıklar, bu sürecin iki unsuruyla doğrudan ilgilidir. Onları bundan sonraki iki bölümde derinlemesine inceleyeceğiz.

Ama burada, Kazan/Kazan süreciyle Kazan/Kazan'ın kendi özünün birbiriyle son derece ilişkili doğasına işaret etmek isterim. Kazan/Kazan çözümlerini ancak Kazan/Kazan süreçleriyle elde edebilirsiniz; amaç ve araç aynıdır.

Kazan/Kazan bir kişilik tekniği değildir. Tümüyle insanlar arası bir etkileşim paradigmasıdır. Kaynağında karakter bütünlüğü, olgunluk ve Bolluk Zihniyeti vardır. Güven derecesi yüksek olan ilişkilerden doğarak gelişir. Hem beklentileri hem de başarıları etkili bir biçimde netleştirip yöneten anlaşmalarda somutlaşır. Destekleyici sistemlerde başarılı olur. 5. ve 6. Alışkanlıklar'da artık tam anlamıyla incelemeye hazır olduğumuz süreçler yoluyla elde edilir.

Uygulama Önerileri

1. Bir anlaşmaya varmayı ya da bir çözüm üzerinde görüşmeyi deneyeceğiniz, yaklaşmakta olan bir etkileşimi düşünün. Cesaretle düşüncelilik arasındaki dengeyi sürdürmeye kararlı olun.
2. Sizi Kazan/Kazan paradigmasını daha sık uygulamaktan alıkoyan engellerin bir listesini yapın. Bu engellerden bazılarını ortadan kaldırmak için Etki Alanınızın içinde neler yapılabileceğini saptayın.
3. Bir Kazan/Kazan anlaşması yapmak isteyeceğiniz belirli bir ilişki seçin. Kendinizi diğer kişinin yerine koymaya çalışın ve bu kişinin çözümü nasıl gördüğü hakkındaki düşüncenizi açıkça yazın. Sonra kendi bakış açınızdan, sizin için bir kazanç sayılacak sonuçları sıralayın. Diğer kişinin yanına gidip, anlaşabileceğiniz bir noktaya ve ikiniz için de yararlı bir çözüme ulaşıncaya kadar sizinle görüşmeye istekli olup olmayacağını sorun.
4. Hayatınızdaki üç kilit ilişkiyi belirleyin. Duygusal Banka Hesaplarınızdaki bakiye konusunda hissettiklerinizi açıklayın. Hesapların her birine yatırım yapmak için deneyeceğiniz belli başlı yolları saptayıp yazın.
5. Kendi senaryonuzu derinlemesine düşünün. Kazan/Kaybet mi? Bu senaryo başkalarıyla ilişkilerinizi nasıl etkiliyor? Bu senaryonun ana kaynağını saptayabilir misiniz? Bu senaryoların şimdiki gerçekliğinizde işinize yarayıp yaramadığına karar verin.
6. Zor durumlarda bile karşılıklı yarar arayışında olan, Kazan/Kazan düşüncesine örnek oluşturan birini saptamaya çalışın. Şimdi bu kişinin oluşturduğu örneği yakından izlemeye ve ondan bir şeyler öğrenmeye karar verin.

4. Alışkanlık: Kazan Kazan Diye Düşün Üzerine Yeni İçgörüler:

SEAN COVEY

Yıllar önce şirketimiz FranklinCovey, entelektüel varlığımızı (EV) ürünlerinde kullanmasına imkân sağlanan küçük bir teknolojisi firmasına ruhsat verdi. Bu bir kazan-kazan ortaklığı gibi görünüyordu. Onlar EV'imizin kullanım hakkını elde ettiler, biz de bunun finansal karşılığını aldık. Başlangıçta her şey yolunda gidiyordu. Gelgelelim birkaç yıl sonra, markamıza zarar verecek şekilde reklam yaptıklarını ve en başında anlaştığımız şeylere aykırı davrandıklarını hissettik.

O yüzden ortağımızla konuştum ve şirketlerinin reklamlarını değiştirmesi gerektiğini yoksa bizden aldıkları ruhsatı kaybedeceklerini anlattım. Boyun eğmek yerine, "Reklam yapma biçimimizle ilgili hiçbir şeyi değiştirmiyoruz, çünkü biz yanlış bir şey yapmıyoruz. Aslına bakılırsa, anlaşmayı ihlal eden sizin şirketiniz," diye yanıtladı.

Küstahlığına inanamadım. Yönetim ekibimizle konuştum. Ortaklığı sürdürmenin çok riskli olduğunu ve EV'mizi geri almamız gerektiğini düşündüler. O yüzden ortağımızla bir anlaşma görüşmesi yapmayı denedim, ama tartışmalar çabucak tıkandı ve güven aşındı. Mahkemeye gitmekten her zaman kaçınmamıza ve bunu nadiren yapmış olmamıza karşın, tek eylem planımızın bu olacağını hissettik. Hukuk ekibimiz haklı olduğumuza ve davayı kazanacağımıza inanıyordu.

Son konuşmamızda, bu teknoloji şirketinin sahiplerinden biri bana şöyle dedi: "Aileni yıllardır tanır ve saygı gösteririm, amcanı da iyi arkadaşlarımdan biri olarak görürüm. Hep sizin iyi insanlar olduğunuzu düşünürdüm... şimdiye kadar."

Söyledikleri içime oturdu ve "Mahkemeye gitmek bize yüz binlerce dolara mal olacak. Mutlaka daha iyi bir yol vardır," diye düşünmeye başladım. Benimle konuşup konuşmayacağını bile bilmeden, birkaç gün sonra ona ulaştım, "Dinle, mahkemeye başvurursak, bu her ikimize de pahalıya mal olacak. Başka bir yol bulabilir miyiz diye benimle özel olarak görüşmek ister misin? Avukatlar olmadan, sadece sen ve ben?" İstemeye istemeye kabul etti. (Bunu yapmakla, onunla konuşmanın mahkemede davamızı tehlikeye atacağını düşünen hukuk danışmanımıza karşı çıkmış oldum. Riskin göze alınmaya değer olduğunu hissediyordum.)

Ertesi gün, büroma geldi. "Niyetim ikimizin de memnun kalacağı bir kazan-kazan çözümü bulmak. Anlaşmaya varamazsak, mahkemelerde mücadele edebiliriz. Ben yine de denemek istiyorum. Sen de denemek ister misin?" dedim.

"Nasıl yaparız bilmiyorum, ama evet, deneyeceğim."

"Durumu nasıl gördüğünü anlamama yardım et," dedim. Beyaz tahtaya gittim, söylediği her şeyi nıoktası noktasına yazdım, sonuçta on beş madde sıralandı. "Başka bir şey var mı?" diye sordum. Birkaç noktaya daha değindi. Bunun üzerine, "Bakış açını anladığımdan emin olmak bunların her birinin üzerinden geçmeme izin ver," dedim ve endişelerini birer birer tekrar ettim.

Bunları gözden geçirdikten sonra, "Seni anladığımı hissediyor musun?" diye sordum.

"Evet. Hissediyorum."

O anda, odada durum değişti. İlk kez, anlaşıldığını hissetti. Ben de derinden etkilenmiştim. Şimdi neden öyle hissettiğini ve neden anlaşmanın bize ait kısmını yerine getirmediğimize inandığını açıkça görebiliyordum.

Sonra, "Bizim durumu nasıl gördüğümüzü paylaşmamın senin için bir sakıncası var mı?" diye sordum. Beyaz tahtanın diğer yarısına bütün görüşlerimizi yazdım. Dikkatle dinledi ve nereden geldiğimizi anladığını, onun da derinden etkilendiğini görebiliyordum. Enerji birdenbire pozitif ve umut verici bir şekle büründü ve birbirimiz hakkındaki görüşlerimiz değişti. Eksiksiz bir karşılıklı anlayış söz konusuydu.

"Şimdi ikimiz de birbirimizi anladığımıza göre, bu konuda ne yapmak istiyorsun?" diye sordum. Beyin fırtınası yapmaya başladık ve çok yaratıcı olduk, yaklaşık otuz dakika içinde ikimizi de memnun eden bir çözüme ulaştık – uzun bir geçiş dönemiyle, adil fiyattan bir hisse satın alımı). Beyin fırtınası sırasında, ikimizin de birbirimizi nasıl savunmaya başladığımızı görmek eğlenceliydi. Sonuçta bu, iki saatten kısa süren ve ikimize de bir ton para tasarruf ettiren dönüştürücü bir deneyim oldu. Dava tartışmaları sona ermişti. Tokalaştık ve ayrıldık. Bir hafta sonra beni aradı ve öğle yemeğine geldi, harika vakit geçirdik. "İyi bir aileye sahip olduğunu biliyordum zaten," dedi bana.

Hukuk ekibimiz bile durumdan memnundu.

Bolluk Zihniyeti – İnsan Mutluluğunun Anahtarı

Hukuk mesleğinden söz ederken, Pennsylvania Üniversitesi'nden psikolog Martin Seligman, avukatların daima en yüksek, tıp doktorlarından bile daha yüksek ücret almakla birlikte, en hüzünlü profesyoneller arasında yer aldığına işaret etmişti. Seligman, avukatların %52'sinin kendilerini kariyerlerinden hoşnutsuz olarak tanımladığını belirtti.

En ilginci de, Seligman'ın bu rahatsızlıkların başlıca nedeni olarak tespit ettiği şey: "Avukatları mutsuz eden tüm psikolojik etkenlerin en derini, Amerikan hukukunun gitgide bir kazan-kaybet oyununa dönüşmüş olması." Amerikan hukuku "adalet ve doğruluğa ilişkin iyi tavsiyelerin başlıca emtia olduğu bir uygulamadan, çalışma saatlerinin, ödünsüz zaferlerin ve bilançonun günümüzde temel amaçlar olduğu büyük bir işletme olmaya geçti," diye ekliyor.

Aslında, çok sayıda sağlıklı ve mutlu avukatın yanı sıra, kazan-kazan paradigmasından hareketle iş yapan avukatlar da tanırım, o yüzden onlara sataşmaya çalışmıyorum. Sadece dünyaya ilişkin bir muhalif, ya da Kazan-Kaybet paradigması edinmeye başladığımız zaman, bundan kaynaklanan negatif enerjinin gerçekten büyük bir zarara yol açabileceğini söylemek istiyorum.

Kazan-Kazan Diye Düşün, *ben de kazanabilirim sen de kazanabilirsin* diyen yaşam anlayışıdır. Sen ya da ben değil, hem sen hem ben. Kazan-Kazan Diye Düşün, başkalarıyla geçinmenin temelidir. Hepimizin eşit olduğuna, kimsenin kimseden aşağı ya da üstün olmadığına ve olmasının gerekmediğine dair inançla başlar.

Babam sık sık Bolluk Zihniyeti –herkese yetecek kadar başarı olduğu ve senin başarının benimkini eksiltmediği inancını– geliştirmenin öneminden bahsederdi. Bu zihniyetin gerçek bir armağan ve Genel Zaferler kazanmanın temeli olduğunu düşünürdü. Bir üniversite profesörü olarak, babamın dersleri basketbol sahasında benimsenecek kadar popüler oldu. Akranlarından gelen kıskançlık, dar kafalılılık ve kıtlıkla yüzleşti. Ama çalışma arkadaşlarının hiçbirini, kıskançlık gösterenleri bile kötülediğini asla duymadım. Kıtlığı hep bollukla tedavi etti. Covey Liderlik Merkezi'ni açtığında, kurucu ortaklardan biri, babamı kendi kurduğu şirketten kapı dışarı etmek için bir darbe girişiminde bulundu. Darbe geri tepti. Ama bana çarpıcı gelen, babamın kendisini alaşağı etmek isteyen adamı, diğer herkes onu gezegenden kovmak isterken, rahatça bağışlaması oldu. Babam hiçbir türde negatif enerjiden hoşlanmaz ve her seferinde "buna bulaşmak istemiyorum," diyerek veba gibi kaçınır, insanlar ve durumlar hakkında olumlu düşünmenin yollarını bulurdu.

Bolluk Zihniyetinin ne olduğunu, babamla küçük kardeşi John Amcamın birbirleriyle nasıl geçindiklerini izleyerek öğrendim. Çocukluktan itibaren, birbirlerinin sadık ve en iyi dostu olmuşlardı. Babam üniversitedeyken, okulda boksördü. Bir maç sırasında, rakibi babama öyle sert vurmuş ki omzu çıkmış. Yine de rakibi onu yumruklamaya devam etmiş. John Amca ringe atlamış ve "Kardeşime vurmayı bırak. Omzu kırık, görmüyor musun?" diye bağırarak rakibi itip ondan uzaklaştırmış.

Büyüyüp çocuk yetiştirdikleri sırada, sanki iki babam varmış gibiydi: gerçek babam ve John Amcam. Kuzenlerimin babama karşı hisleri de aynıydı. İkisinin birbirleri hakkında olumsuz bir şey söylediklerini hiç duymadım. Babam dünya çapında alkışlarla karşılandı, bu amcamı üzebilirdi. Ama kıskançlık ya da tehdit hissetmek yerine, John onun için içtenlikle mutlu oldu ve babamın başarısını kendi başarısı saydı. İki kardeş arasındaki bu bereketli ilişkiden yayılan ve çocuklarıyla torunlarına aktarılan olumlu enerji, bütün bir şehrin ihtiyacını karşılayabilirdi.

KAZAN-KAZAN TEK ALTERNATİFTİR

Kazan-kaybet amaca zararlı, rekabetçi ve kibirlidir. C.S. Lewis'in deyişiyle, "Kibir bir şeye sahip olmaktan değil, yalnızca ötekinden daha fazlasına sahip olmaktan zevk alır. ... Sizi kibirli yapan kıyaslamadır: geride kalanlardan üstün olmanın verdiği zevk."

Kaybet-kazan da işe yaramaz. Kapı paspası sendromudur bu: "Ayaklarını üzerimde temizle. Diğer herkes öyle yapıyor."

Kazan-kazan tek pratik alternatiftir.

Yine de kimileri kazan-kazanın hafif olduğunu ve onu zorlu iş durumlarında denersen ağzını havaya açacağını söyleyecektir. EV hikâyemin de gösterdiği gibi, benim deneyimim öyle olmadı. Birkaç yıl önce, FranklinCovey ABD'nin her yerinde kentlere kablo döşemekle meşgul olan bir telekomünikasyon şirketiyle çalışıyordu. Çoğu durumda kentler, verdiği geçici rahatsızlıklara rağmen kablo döşetmeye can atıyordu.

Büyük bir kent ise bu fikre sıcak bakmıyordu. Bir kablo şirketinin kenti delik deşik etmesine olanak tanırlarsa, arkalarından gelen her kablo şirketine aynı olanağı tanıyacaklarını biliyorlardı. Kentlerinin tekrar tekrar delik deşik olmasını istemiyorlardı.

Görüşmeler en sonunda durma noktasına geldi. Kent, şirket onlara bir ücret ödemedikçe ilerlemeye istekli değildi. Bunun sonucunda, yurttaşların kablolu erişimi olmayacak (kent için bir kayıp) ve binlerce müşteriye erişim sağlanamayacaktı (şirket için bir kayıp). Kaybet-kaybet'e doğru yol alıyorlardı.

Telekomünikasyon şirketinin görüşmecilerinden biri yakınlarda *7 Alışkanlık* eğitimi almıştı ve "Bunu nasıl kazan-kazan'a dönüştürebiliriz?" diye düşünmeye başladı.

Onun liderliğinde, şirket kente dönüp şöyle dedi: Peki ya kablomuzu döşediğimizde, iki-üç müstakbel sağlayıcı için de kablo döşersek? Kablo erişimini onlara tipik fiyatından çok daha ucuza devrederiz. Sonra da kent yalnızca bir kez delik deşik olur."

Kent bu fikre bayıldı. Kablo dönendi. Rakipler geldiklerinde, kablonun çoktan ve düşük maliyetle döşendiğini öğrenmekten mutlu oldular. Böylece hem sokaklar durmadan delik deşik edilmediği ve kabloya sahip oldukları için kent, hem de kablolarını daha düşük fiyattan elde ettikleri için rakipler kazanmış oldu. Ama en büyük kazanç ilk şirketinkiydi: iki rakip onlara tesisatın mal olduğundan daha yüksek bir ödeme yaptı! Kablolarını bedelsiz döşetmiş ve biraz da harçlık toplamışlardı.

Sonuçta herkesin kazanabilmesi için kazan-kazan diye düşünen bir kişi gereklidir. Kazan-kazan düşüncesi her zaman daha iyi seçenektir. Stanford'dan Nir Halevy ve L. T. Philips, on iki milyonu aşkın sefer oyun senaryoları kullanarak MBA öğrencileri üzerinde araştırma yaptı ve işbirliği stratejilerinin rekabet stratejilerinden çok daha fazla kazanç ürettiğini açıkça gösterdi.[1] Aynı sonuca varan peş peşe araştırma çalışmalarından alıntı yapabilirim, ama gerek yok, çünkü durumun böyle olduğunu hepimiz sezgilerimizle biliyoruz zaten.

O halde Kazan-Kazan Diye Düşünün. İstediklerinizi başkalarının istedikleriyle dengeleyin. Cesaretli olun. Düşünceli olun. Evde eşinizle, hayat arkadaşınızla, ya da ergen çocuğunuzla Kazan-Kazan Diye Düşünün. İşyerinde patronunuzla, doğrudan bağlı olduğunuz kişilerle ve çalışma arkadaşlarınızla aynısını yapın. Bunu tedarikçileriniz, ortaklarınız, satıcılarınız ve müşterilerinizle de yaşayın. Yapmakta zorlanıyorsanız 1., 2. ve 3. Alışkanlıklara dönün. Dürtülerinizi açıklığa kavuşturun ve önce bir Özel Zafer kazanın. Bu size kazan-kazan diye düşünmeye başlama gücünü verecektir.

---

1) Lee, L. (26 Mart 2015). "Negotiating the Big Deal: Cooperation Can Beat Confrontation." https://gsb.stanford.edu/insights/negotiating-big-deal-cooperation-can-beat-confrontation.

5. Alışkanlık
Önce Anlamaya Çalış, Sonra Anlaşılmaya

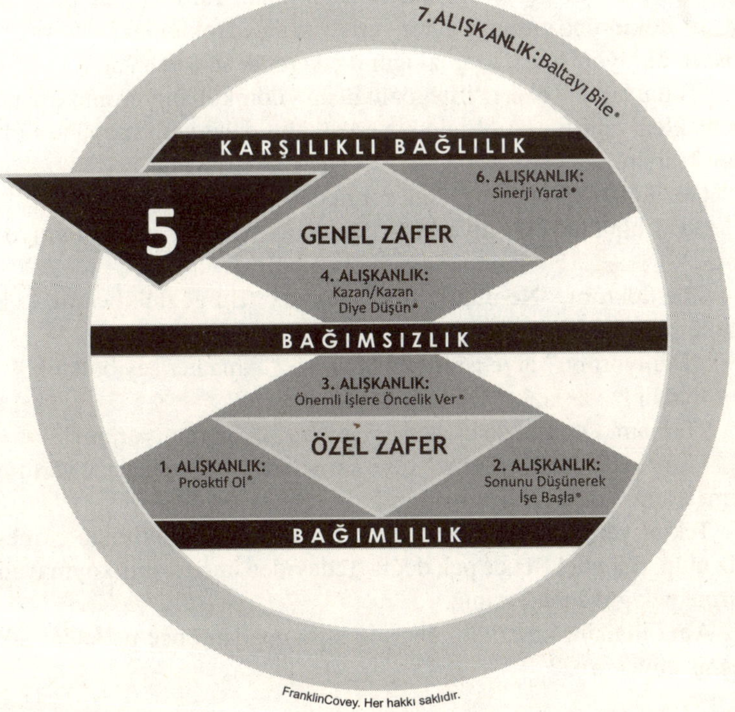

EMPATİK İLETİŞİM İLKELERİ

Kalbin, aklın hiç bilmediği kendine özgü nedenleri vardır.

PASCAL

Diyelim ki gözlerinizden rahatsızsınız. Yardım için bir göz doktoruna gitmeye karar veriyorsunuz. Doktor şikâyetlerinizi kısaca dinliyor, sonra da gözlüğünü çıkararak size veriyor.

"Bunu takın," diyor. "Bu gözlüğü on yıldır kullanıyorum ve bana gerçekten yararlı oldu. Evde bir gözlüğüm daha var. Siz bunu kullanabilirsiniz."

Gözlüğü takıyorsunuz, ama sorun daha da kötüleşiyor.

"Bu bir felaket!" diye bağırıyorsunuz. "Hiçbir şey göremiyorum."

Göz doktoru, "Ne oldu?" diye soruyor. "Bu gözlük benim çok işime yarıyor. Biraz daha deneyin."

"Deniyorum," diye ısrar ediyorsunuz. "Ama her şey bulanık."

"Neyiniz var sizin? Olumlu düşünün."

"Tamam. Olumlu da düşünsem, hiçbir şey göremiyorum."

"Amma da nankörsünüz!" diye çatıyor size. "Üstelik size yardım etmek için bunca çaba harcadım!"

Tekrar yardıma ihtiyacınız olduğunda, bu göz doktoruna gitmeniz mümkün mü? Bence pek değil. Tedaviden önce teşhis koymayan birine pek güvenemezsiniz.

Ama iletişim kurarken, öneride bulunmadan önce ne kadar sık teşhis koyuyoruz?

***

"Haydi hayatım, bana neler hissettiğini söyle. Bunun zor olduğunu biliyorum, ama anlamaya çalışacağım."

"Ah, bilmem ki anne. Bunun aptalca bir şey olduğunu düşüneceksin."

"Ne münasebet! Tabii ki öyle düşünmeyeceğim! Bana her şeyi anlatabilirsin. Hayatım, kimse seni benim kadar sevemez. Beni yalnızca senin iyiliğin ilgilendiriyor. Seni bu kadar mutsuz eden şey nedir?"

"Ah, bilmem ki..."

"Haydi, hayatım. Nedir bu?"

"Doğrusunu söylemek gerekirse, artık okuldan hiç hoşlanmıyorum."

Hayretle, "Ne?" diye karşılık veriyorsunuz. "Okuldan hiç hoşlanmıyorum da ne demek? Üstelik eğitimin için onca fedakârlık yaptıktan sonra! Eğitim senin geleceğinin temeli. Kendini ablan gibi derslerine verirsen, daha başarılı olursun. O zaman okulu da seversin. Sana kaç defa aklını başına toplamanı söyledik. Yeteneklisin, ama kendini derslerine vermiyorsun. Daha fazla çalış. Olumlu bir tavır takın."

Sessizlik.

"Haydi, konuş artık! Bana neler hissettiğini anlat."

Konuya balıklama dalmaya, her şeyi güzel öğütlerle çözmeye öyle eğilimliyiz ki. Ama çoğu zaman teşhis koymaya, önce sorunu derinlemesine anlamaya vakit ayıramıyoruz.

Kişiler arası ilişkiler alanında öğrendiğim en önemli ilkeyi bir tek cümleyle özetlemem gerekseydi, şöyle söylerdim: *Önce anlamaya çalışın, sonra anlaşılmaya.* Bu ilke, insanlar arasındaki etkili iletişimin anahtarıdır.

KARAKTER VE İLETİŞİM

Şu anda benim yazdığım bir kitabı okuyorsunuz. Okumak ve yazmak iletişim biçimleridir. Konuşmak ve dinlemek de öyle. Aslında bunlar iletişimin dört temel türüdür. Bu iletişim türlerinden en azından biriyle geçirdiğiniz bütün o saatleri düşünün. Bunları iyi yapabilmek, etkili olmanız açısından çok önemlidir.

İletişim, hayattaki en önemli beceridir. Uyumadığımız zamanların önemli bir bölümünü iletişimle geçiririz. Ama şunu düşünün: Yıllarınızı vererek okuma ve yazmayı, nasıl konuşacağınızı öğrendiniz. Ama ya dinlemeyi? Başka bir insanı, kendi değer yargılarına göre derinlemesine, gerçekten anlamanızı sağlayacak bir biçimde dinlemek için hangi eğitim ya da öğrenimi gördünüz?

Aslında pek az insan dinleme konusunda herhangi bir eğitim görmüştür. Görenlerin eğitimleri de çoğu zaman başka birini gerçekten anlamak için yaşamsal önem taşıyan karakter ve ilişki temellerinden kopmuş, güdükleşmiş olan Kişilik Etiği tekniğiyle ilgilidir.

Benimle etkileşim kurmak, beni –ya da eşinizi, çocuğunuzu, komşunuzu, patronunuzu, iş arkadaşınızı, dostunuzu– etkilemek istiyorsanız, önce beni anlamanız gerekir. Bunu sadece teknikle başaramazsınız. Bir teknik kullandığınızı sezdiğim an, hilekârlık ve manevra kokusunu alırım. Bunu neden yaptığınızı, dürtünüzün ne olduğunu merak ederim. Kendimi size açılacak kadar güvenli hissetmem.

Beni etkilemenizin gerçek anahtarı kendi örneğiniz, şimdiki tavrınızdır. Oluşturduğunuz örnek, karakterinizden doğal bir biçimde gelişir. Burada gerçekten önemli olan nasıl bir insan olduğunuzdur; başkalarının hakkınızda söyledikleri ya da bende uyandırmak istediğiniz izlenim değil. Bu aslında sizi nasıl algıladığıma bağlıdır.

Karakteriniz ışınlar halinde sürekli yayılır, iletişim kurar ve ben uzun vadede buna dayanarak, içgüdüsel olarak, size ya da benimle ilgili çabalarınıza güvenir ya da güvensizlik duyarım.

Eğer yaşamınız bir öyle, bir böyleyse, hem hırçın, hem sevecenseniz ve en önemlisi belirli davranışlarınız, başkalarının önündeki hareketlerinize hiç uymuyorsa, size açılmak benim için zor olur. O zaman, sevgi ve nüfuzunuzu çok istememe, hatta onlara ihtiyaç duymama rağmen, fikirlerimi, deneyimlerimi ve savunmasız duygularımı açıklayacak kadar kendimi emniyette hissetmem. Ne olacağını kim bilebilir?

Ama size açılmazsam, siz de beni, benzersiz durumumu ve duygularımı anlayamazsanız, bana nasıl öğüt ya da tavsiyelerde bulunacağınızı bilemezsiniz. Söyledikleriniz iyi ve güzel olabilir, ama bana pek de uygun değildir.

Beni önemsediğinizi ve takdir ettiğinizi söyleyebilirsiniz. Buna inanmayı çok isterim. Ama beni hiç anlamadan, nasıl takdir edebilirsiniz ki? Elde ettiğim tek şey sözlerinizdir ve ben sözlere güvenemem.

İçin için bana söyleyebileceklerinize ihtiyacım olduğunu bilsem dahi, fazlasıyla öfkeli olduğum ve kendimi savunmaya çalıştığım – ya da belki de çok suçlu olduğum ve korktuğum– için sizden etkilenemem.

Benzersizliğimden etkilenmediğiniz sürece, ben de sizin tavsiyelerinizden etkilenmem. Kişiler arası iletişim alışkanlığında gerçekten etkili olmak istiyorsanız, bunu sadece teknikle başaramazsınız. Açıklık ve güven aşılayan bir karakter temeli üzerine, empatiyle dinleme becerilerini inşa etmeniz gerekir. Yürekler arası alışverişi sağlamak için de Duygusal Banka Hesapları yaratmalısınız.

EMPATİYLE DİNLEMEK

"Önce anlamaya çalış" ilkesi çok esaslı bir paradigma değişimi gerektirir. Genelde, önce anlaşılmak isteriz. Çoğu insan karşısındakini anlamak amacıyla değil, yanıtlamak amacıyla dinler. Ya konuşurlar ya da konuşmaya hazırlanırlar. Her şeyi kendi paradigmalarının eleğinden süzüp başkalarının yaşamlarını kendi özyaşamlarıyla özdeşleştirirler.

"Ah, nasıl hissettiğini öyle iyi biliyorum ki!"

"Aynı şey benim de başımdan geçti. Bak, olanları anlatayım sana."

Kendi özel filmlerini devamlı olarak başkalarının davranışlarına yansıtırlar. İlişki kurdukları herkese kendi gözlüklerini tavsiye etmeye çalışırlar.

Biriyle –bir oğul, kız, eş, çalışan– aralarında bir sorun olduğu zaman da, şu tavrı takınırlar: "Bu insan beni hiç anlamıyor."

***

Bir keresinde bir baba, "Çocuğumu anlayamıyorum," dedi. "Beni hiç dinlemiyor."

"İzninizle söylediğiniz şeyi bir de ben tekrar edeyim," diye karşılık verdim. "Oğlunuz sizi dinlemediği için onu anlamıyorsunuz, öyle mi?"

"Evet, öyle," diye yanıtladı.

"İzin verin de, yeniden deneyeyim," dedim. "Oğlunuz *sizi* dinlemediği için *onu* anlamıyorsunuz, öyle mi?"

"Aynen öyle," diye yanıtladı sabırsızlanarak.

"Karşınızdakini anlamak için *sizin* onu dinlemeniz gerekirdi bence," diye öneride bulundum.

"Ah!" Uzun bir sessizlik oldu. Durumu kavrarken "Ah, evet!" diye tekrarladı, "Ama ben oğlumu anlıyorum. Onun neler çektiğini biliyorum. Sanırım anlamadığım şey, beni niçin dinlemediği."

Bu adamın, oğlunun kafasından geçenler konusunda hiçbir fikri yoktu. Kendi kafasının içine bakıyor ve oğlu da dahil, tüm dünyayı gördüğünü sanıyordu.

Çoğumuz için durum böyledir. Kendi yaşam öykümüzle ve haklı olduğumuz düşüncesiyle dolu oluruz. Anlaşılmak isteriz. Konuşmalarımız kolektif monologlara dönüşür ve karşımızdaki kişinin içinden neler geçtiğini hiçbir zaman tam olarak anlayamayız.

Başka biri konuşurken onu genellikle dört düzeyden birinde "dinleriz". Bu kişiyi *umursamıyor,* aslında onu hiç dinlemiyor olabiliriz. Ya da dinliyor*muş gibi yapıyor* olabiliriz. "Evet. Hı-hı. Doğru." *Seçerek dinliyor*, konuşmanın sadece belirli bölümlerini duyuyor olabiliriz. Bunu özellikle okul öncesi çağdaki bir çocuğun sürekli gevezeliğini dinlerken yaparız. Hatta *dikkatle dinliyor*, ilgi gösterip enerjimizi söylenen sözlere yöneltiyor da olabiliriz. Ama pek azımız beşinci düzeyi; *empatiyle dinlemeyi,* yani kendisini karşısındakinin yerine koyarak dinlemeyi dener.

Empatiyle dinlemekten kastım, "aktif" dinleme ya da "ayna tutarak" dinleme teknikleri değildir. Bunlar temelde karşı tarafın söylediklerini aynen yinelemek anlamına gelir. Bu tür dinleme, karakter ve ilişkilerden kopuk bir beceri temeline dayanır ve çoğu kez, "dinlenilen" kişiyi alçaltır. Ayrıca, esas olarak otobiyografiktir. Bu teknikleri uyguluyorsanız, mevcut etkileşime otobiyografinizi yansıtmasanız bile, dinleyiş nedeniniz otobiyografiktir. Yansıtma becerileriyle dinlersiniz, ama amacınız yanıt vermek, kontrol etmek, yönlendirmektir.

Empatiyle dinlemekten kastım, *anlama* niyetiyle dinlemektir. *Önce anlamaya*, gerçekten anlamaya *çalışmak*tır. Bu, tamamen farklı bir paradigmadır.

Empatiyle dinlemek, karşı tarafın değer yargısını işin içine katar. O mercekten bakar, dünyayı onların gördüğü gibi görür, onların paradigmasını ve ne hissettiklerini anlarsınız.

Empati, sempati değildir. Sempati bir tür onaylama, bir tür yargıdır. Kimi zaman da, daha uygun düşen duygu ve yanıttır. Ama insanlar çoğu zaman sempatiyle beslenir. Bu da onları bağımlı yapar. Empatiyle dinlemenin özü, karşınızdakinin fikrini onaylamanız değildir. Onu tam anlamıyla, derinlemesine, hem duygusal, hem de zihinsel açıdan anlamanızdır.

Empatiyle dinlemek söyleneni kaydetmek, yansıtmak, hatta anlamaktan çok daha fazlasını gerektirir. Aslında iletişim uzmanlarına göre, söylediğimiz sözler iletişimimizin ancak yüzde onunu temsil etmektedir. Yüzde otuzunu çıkardığımız sesler, yüzde altmışını ise vücut dilimiz temsil eder. Empatiyle dinlemede, kulaklarınızla dinlersiniz. Ama aynı zamanda ve daha önemlisi, gözleriniz ve yüreğinizle de dinlersiniz. Duyguları, anlamları kavramak için dinlersiniz. Davranışları anlamak için dinlersiniz. Hem sol, hem de sağ beyninizi kullanırsınız. Sezer, hisseder, içgüdülerinizden yararlanırsınız.

Empatiyle dinlemek çok güçlüdür, çünkü size üzerinde çalışacağınız doğru verileri iletir. Kendi otobiyografinizi yansıtıp düşünceleri, duyguları, dürtü ve yorumları varsaymak yerine, karşınızdaki kişinin kafasındaki ve yüreğindeki gerçeklikle ilgilenirsiniz. Anlamak için dinlersiniz. Odak noktanız, başka bir insan ruhunun derin iletisini almaktır.

Buna ek olarak, empatiyle dinlemek, Duygusal Banka Hesaplarına yatırım yapmanın anahtarıdır; yaptığınızın bir yatırım sayılması için de karşınızdakinin bunu öyle görmesi gerekir. Bir yatırım yapmak için canla başla didinirsiniz. Ama karşınızdaki kişi bu çabalarla kendisini kandırmaya çalıştığınıza, çıkarınızı düşündüğünüze, onu korkutmaya çalıştığınıza ya da küçük gördüğünüze karar verirse, bu bir yatırım olmaz. Onun açısından gerçekten önemli olan şeyi anlamadığınız için hesabı küçültmüş olursunuz.

Empatiyle dinleme, kendi içinde ve başlı başına, Duygusal Banka Hesabı'na yatırılan büyük bir meblağdır. Derin bir terapi ve tedavi etkisi vardır, çünkü karşınızdaki kişiye "psikolojik solunum" olanağı verir.

Şu anda içinde bulunduğunuz odanın bütün havası emilerek çekilseydi, bu kitaba duyduğunuz ilgi ne olurdu? Kitaba aldırmazdınız bile, soluk almak dışında hiçbir şeyle ilgilenmezdiniz. Hayatta kalmak tek motivasyonunuz olurdu.

Ama şimdi rahatça soluk alabildiğinize göre, bu sizin için bir motivasyon değildir. İnsan motivasyonu alanındaki en büyük içgörülerden biri de şudur: *Karşılanan ihtiyaçlar motivasyon işlevi görmez*. Motivasyonu sağlayan, sadece karşılanmamış ihtiyaçlardır. Bir insanın fiziksel yaşamını sürdürmek dışındaki en büyük ihtiyacı psikolojik yaşamını sürdürmek; yani anlaşılmak, onaylanmak, değer verilmek, takdir edilmektir.

Bir başkasını empatiyle dinlediğiniz zaman, o kişiye psikolojik soluma olanağı tanırsınız ve bu yaşamsal ihtiyaç karşılandıktan sonra, odak noktanız etkilemek ya da sorun çözmek olabilir.

Bu psikolojik solunum ihtiyacı, yaşamın her alanında iletişimi etkiler.

Bu kavramı bir zamanlar Chicago'daki bir seminerde öğretmiş ve katılanlardan, o akşam birilerini empatiyle dinlemelerini istemiştim. Ertesi sabah bir adam geldi yanıma. Başından geçenleri anlatmak için sabırsızlanıyordu.

"İzin verin de dün gece olanları anlatayım," dedi. "Chicago'da olduğum için fırsattan yararlanarak büyük bir ticari gayrimenkul işini halletmeye çalışıyordum. Müdürler, avukatları ve alternatif bir teklifle gelen başka bir emlakçıyla toplantı yaptık.

"İşi kaybetmek üzere olduğum anlaşılıyordu. Altı aydan uzun bir süredir bunun üzerinde çalışıyordum ve açıkçası, bütün yumurtaları aynı sepete koymuştum. Paniğe kapıldım. Elimden gelen her şeyi yaptım. Her yola başvurdum. Bildiğim bütün satış tekniklerinden yararlandım. Sonunda, "Bu kararı biraz daha erteleyebilir miyiz?" demekten başka çare bulamadım. Ama ivme çok güçlüydü ve karşımdakiler bu işin uzun süredir sürüncemede kalmasından sıkılmışlardı. İşi bitirecekleri belliydi.

"Bu nedenle kendi kendime, 'Denemekten ne çıkar? Bugün öğrendiklerimi uygulayıp, önce anlamaya sonra anlaşılmaya çalışsam ne olur? Kaybedecek neyim var ki?' dedim.

"Karşımdakine, 'Durumunuzu ve önerilerim konusundaki gerçek kaygılarınızı tam olarak anlayıp anlamadığımı görmek istiyorum. Anladığıma karar verdiğiniz zaman, teklifimin uygun olup olmadığına da bakarız,' dedim.

"Kendimi gerçekten onun yerine koymaya çalıştım. Kaygı ve ihtiyaçlarını dile getirmeye çalıştım ve o da bana açılmaya başladı.

"Kaygılandığı şeyleri, umduğu sonuçları duyumsayıp dile getirdikçe, adam daha fazla açıldı.

"Sonunda, konuşmamızın tam ortasında ayağa kalkarak telefona gitti ve karısının numarasını çevirdi. Eliyle almacı kapatarak bana, 'Siz kazandınız,' dedi.

"Tamamen afallamıştım. Şaşkınlığım hâlâ geçmedi."

Müşterisine psikolojik solunum olanağı vererek Duygusal Banka Hesabı'na büyük bir yatırım yapmıştı. Aslına bakarsanız, diğer şeyler nispeten eşit olduğunda, insan dinamiği işin teknik boyutlarından daha önemlidir.

Önce anlamaya çalışmak, reçete yazmadan önce teşhis koymak zordur. Kısa vadede, bunca yıldır işinize yarayan bir gözlüğü karşınızdakine vermek çok daha kolaydır.

Ama uzun vadede, hem Ü'yü hem de ÜY'yi ciddi biçimde tüketir. Diğer insanların çıkış noktalarını doğru anlamadıkça, karşılıklı bağlılığa bağlı azami üretimi sağlayamazsınız. Karşınızdaki insanlar gerçekten anlaşıldıklarını hissetmiyorlarsa, kişiler arası ÜY'ye –dolgun Duygusal Banka Hesaplarına– sahip olamazsınız.

Empatiyle dinlemek aynı zamanda risklidir. Derinlemesine dinlemek, büyük bir güven ister; çünkü etkilenmek için yüreğinizi açarsınız. Savunmasız duruma düşersiniz. Bir bakıma bu bir paradokstur, çünkü etkileyebilmek için etkilenmeniz gerekir. Gerçekten anlamalısınız, demektir bu.

1., 2. ve 3. Alışkanlıklar'ın son derece önemli olmalarının nedeni de budur. Size içinizdeki değişmeyen özü, ilke merkezinizi verirler. Buradan yola çıkarak, daha dışa dönük olan savunmasızlıkla huzurlu ve güçlü bir biçimde başa çıkabilirsiniz.

Reçete Yazmadan Önce Teşhis Koyun

Riskli ve zor olmasına karşın, önce anlamaya çalışmak ya da reçete yazmadan önce teşhis koymak, hayatın birçok alanında açıkça ortada olan doğru bir ilkedir. Bu, bütün gerçek profesyonellerin özelliğidir. Göz doktoru için de önemlidir, diğer doktorlar için de. Bir doktorun teşhisine güvenemezseniz, onun yazdığı reçeteye de güvenemezsiniz.

Kızımız Jenny daha iki aylıkken bir cumartesi günü hastalanmıştı. O gün futbol maçı vardı. Mahallemizdeki hemen herkesin aklı fikri bu çok önemli maçtaydı. 60.000 kişi stadyuma toplanmıştı. Sandra'yla ben de maça gitmek istemiştik ama, küçük Jenny'yi bırakamadık. Kusması ve ishali bizi endişelendiriyordu.

Doktor da o maçtaydı. Kendi doktorumuz değildi aslında, çağrı listesindeki nöbetçiydi. Jenny'nin durumu kötüleşince tıbbi tavsiye alma gereğini duymuştuk.

Sandra stadyuma telefon ederek doktoru çağırttı. Maçın çok kritik bir anıydı ve karım, doktorun rahatsız edilmiş gibi resmi bir tavırla konuştuğunu hissetti. "Evet?" diyordu doktor sertçe. "Ne oldu?"

"Ben Bayan Covey'im, Doktor Bey. Kızımız Jenny'nin durumu bizi endişelendiriyor."

"Durum nedir?" diye sordu.

Sandra belirtileri anlattı. Adam da bunun üzerine, "Pekâlâ," dedi. "Eczaneyi arayıp gereken reçeteyi yazdırırım. Eczaneniz hangisi?"

Telefonu kapattıktan sonra Sandra o telaş arasında doktora tam bilgi veremediğini, ama anlattıklarının yeterli olacağını düşündü.

Ona, "Doktor Jenny'nin iki aylık bir bebek olduğunu anladı mı dersin?" diye sordum.

"Anladığından eminim."

"Ama o bizim doktorumuz değil ki. Jenny'yi hiç tedavi etmedi."

"Yine de durumu bildiğinden hemen hemen eminim."

"Doktorun bildiğinden kesinlikle emin olmadan Jenny'ye o ilacı vermeye razı mısın?"

Sandra bir an sesini çıkarmadı. "Ne yapacağız?" diye sordu sonunda.

"Doktoru tekrar ara," dedim.

"Bu kez sen ara," diye yanıtladı.

Ben de öyle yaptım. Maçı seyreden doktoru tekrar telefona çağırttım. "Doktor Bey", dedim, "eczaneyi arayıp ilacı yazdırırken Jenny'nin henüz iki aylık olduğunu biliyor muydunuz?"

"Hayır!" diye bağırdı. "Bunu anlamamıştım. İyi ki beni tekrar aradınız. Reçeteyi hemen değiştireceğim."

Teşhise güvenmiyorsanız, reçeteye de güvenemezsiniz.

Bu ilke satış alanında da geçerlidir. Etkili bir satış görevlisi önce müşterinin ihtiyaçlarını, ilgi alanlarını, durumunu anlamaya çalışır. Amatör satıcı ürünleri satar; profesyonel satıcı ise ihtiyaç ve sorunlara çözüm satar. Bu, bütünüyle farklı bir yaklaşımdır. Profesyonel satıcı, teşhis koymayı, anlamayı öğrenir. Ayrıca insanların ihtiyaçlarıyla kendi ürün ve hizmetleri arasında bağ kurmayı da öğrenir. O bağ yoksa, "Ürünüm ya da hizmetim bu ihtiyacı karşılayamaz," diyecek kadar da dürüst olması gerekir.

Reçete yazmadan önce teşhis koymak hukukun da temelidir. Profesyonel bir avukat savunmasını hazırlamadan önce, durumu, yasaları ve teamülleri anlamak için önce olguları bir araya getirir. İyi bir avukat, kendi savunusundan önce, neredeyse karşı taraf vekilinin savunusunu yazar.

Bu, ürün tasarımında da geçerlidir. Şirket içinden birinin, "Bu tüketici araştırmaları saçma sapan şeyler, biz ürünleri tasarlayalım," dediğini hayal edebiliyor musunuz? Bir başka deyişle, tüketicinin satın alma alışkanlıklarını unut; sadece ürünleri tasarla. Bu tür bir yaklaşımla asla başarılı olunamaz.

İyi bir mühendis, köprünün tasarımını yapmadan önce etki yapan kuvvetleri, gerilimleri anlar. İyi bir öğretmen, ders vermeye başlamadan önce sınıftaki öğrencileri değerlendirir. İyi bir öğrenci uygulamaya geçmeden önce anlar. İyi bir anne-baba değerlendirmeden ya da yargılamadan önce anlar. Doğru yargıya varmanın anahtarı anlamaktır. Önce yargılayan bir kişi hiçbir zaman tam olarak anlamaz.

Önce anlamaya çalışmak, hayatın bütün alanlarında açıkça ortada olan doğru bir ilkedir. Geniş kapsamlı, ortak paydalı bir ilkedir, ama en güçlü olduğu alan, kişiler arası ilişkilerdir.

DÖRT OTOBİYOGRAFİK TEPKİ

Otobiyografik tarzda dinlediğimiz için, şu dört tepkiden birini verme eğilimi gösteririz. *Değerlendiririz*; ya kabul ederiz, ya da etmeyiz. *Yoklarız*; kendi değer yargımıza göre sorular sorarız. *Akıl veririz*; kendi deneyimlerimize dayanarak tavsiyede bulunuruz. Ya da *yorumlarız*; insanları kavramaya, dürtü ve davranışlarını kendi dürtü ve davranışlarımıza dayalı olarak açıklamaya çalışırız.

Bu tepkileri doğal olarak veririz. O senaryolar içimize işlemiştir. Yaşamımız bunların örnekleri etrafında döner. Ama bunlar, gerçekten anlama yeteneğimizi nasıl etkiler?

Oğlumla iletişim kurmaya çalışırken, söylediği her şeyi kendisi tam olarak açıklamadan değerlendirecek olursam, çocuk kendisini bana açılacak kadar rahat hisseder mi? Ona psikolojik solunum olanağı verebilir miyim?

Yokladığım zaman ne hisseder? Yoklama yapmak, "yirmi soru oyunu"nu oynamaktır. Otobiyografiktir, denetler ve saldırır. Aynı zamanda mantıksaldır ve mantık dili, duygu dilinden farklıdır. Bütün gün yirmi soru oyununu oynayıp, birisi için neyin önemli olduğunu bulamayabilirsiniz. Anne-babaların çocuklarıyla yakınlaşamamalarının başlıca nedenlerinden biri de, sürekli yoklama yapmalarıdır.

"Nasıl gidiyor oğlum?"

"İyi."

"Ee, son zamanlarda neler oldu bakalım?"

"Hiçbir şey."

"Okulda heyecan verici bir şeyler oluyor mu?"

"Pek olmuyor."

"Hafta sonu için planların nedir?"

"Bilmiyorum."

Onu arkadaşlarıyla telefonda saatlerce konuşmaktan alıkoyamazsınız, ama size bir-iki kelimelik yanıtlar vermekle yetinir. Eviniz, onun yemek yediği ve uyuduğu bir moteldir. Sizinle hiçbir şeyini paylaşmaz, hiç açılmaz.

Dürüstçe düşünürseniz, açılması için bir neden de yoktur; çünkü yumuşak karnını size her açışında, otobiyografik öğütleriniz ve "Sana söylemiştim," gibi sözler onu fil gibi ezer.

Bu tür tepkilere öylesine koşullanmışız ki, onları tekrarlarken farkına bile varmıyoruz. Bu kavramı ülkenin dört bir yanında verdiğim seminerlerde binlerce kişiye öğrettim. Empatiyle dinleme rolünü oynarken, her seferinde derinden sarsılıyor ve sonunda kendi tipik tepkilerine kulak vermeye başlıyorlar. Ama ne kadar doğal olarak tepki verdiklerini görmeye başlayıp, empatiyle dinlemeyi öğrendikçe, bunun ilişkideki çarpıcı sonuçlarını görebiliyorlar. *Önce Anlamaya Çalış*, pek çok kişi için Yedi Alışkanlık arasında en heyecan verici, en kolay uygulanabilir ilke haline geliyor.

Şimdi, bir babayla ergenlik çağındaki oğlu arasında tipik sayılabilecek iletişime bir göz atalım. Babanın sözlerine, biraz önce tanımladığımız dört farklı tepki açısından bakın.

"Baba, okuldan bıktım artık! Tam ineklere göre bir iş bu!"

"Ne oldu oğlum?" (yoklama).

"Tamamen mantığa aykırı. Bana hiçbir şey vermiyor."

"Yararını henüz göremezsin oğlum. Ben de senin yaşındayken aynı şeyleri hissettim. Hatırlıyorum da, bazı derslerin ne kadar gereksiz olduğunu düşünüp dururdum. Ama sonradan en çok o derslerin yararını gördüm. Sık dişini. Biraz zaman ver." (akıl verme).

"Hayatımın on yılını vermişim zaten! Bir araba tamircisine 'x + y'nin ne gibi bir yararı olacağını söyleyebilir misin?"

"Araba tamircisi mi? Şaka mı ediyorsun?" (değerlendirme)

"Hayır. Joe'ya baksana. Okuldan ayrıldı. Arabalarla uğraşıyor, iyi de para kazanıyor. Mantıklı olan da bu."

"Şimdilik öyle görünebilir. Ama birkaç yıl sonra Joe okulu bitirmediğine pişman olacak. Sen araba tamircisi olmak istemiyorsun. Kendini daha iyi bir işe hazırlamak için eğitime ihtiyacın var." (akıl verme).

"Bilmiyorum. Joe kendine iyi bir düzen kurdu."

"Dinle, oğlum. Okula ayak uydurmayı gerçekten denedin mi?" (yoklama, değerlendirme).

"İki yıldır liseye gittiğime göre, tabii ki denedim. Boşuna."

"Bu çok saygın bir okul, evlat. Biraz hakkını ver." (akıl verme, yoklama).

"Öbür çocuklar da benim gibi düşünüyor ama."

"Seni bu duruma getirmek için annenle ne kadar özveride bulunduğumuzun farkında mısın? Buraya kadar geldikten sonra vazgeçemezsin." (değerlendirme).

"Özveride bulunduğunuzu biliyorum, baba. Ama buna değmez."

"Bak, TV'nin önünde daha az vakit geçirip ev ödevlerine biraz daha zaman ayırırsan, belki..." (akıl verme, değerlendirme)

"Babacığım, bunun hiç yararı yok. Of... boşver! Bu konuda konuşmak istemiyorum zaten."

Babanın iyi niyetli olduğu belli. Oğluna yardımcı olmak isteği de belli. Ama oğlunu gerçekten anlamaya başladı mı dersiniz?

Oğluna daha dikkatlice bakalım. Sadece sözlerine değil, parantez aralarında açıklanan düşünce ve duygularına da bakarak, babasının otobiyografik tepkilerinin onun üstünde yapabileceği etkileri görelim.

"Baba, okuldan bıktım artık! Tam ineklere göre bir iş bu!" (*Seninle konuşmak, dikkatini çekmek istiyorum.*)

"Ne oldu oğlum?" *(İlgilisin! İyi!)*

"Tamamen mantığa aykırı. Bana hiçbir şey vermiyor." *(Okulla bir sorunum var ve kendimi çok kötü hissediyorum.)*

"Yararını henüz göremezsin oğlum. Ben de senin yaşındayken aynı şeyleri hissettim. *(Olamaz! Babamın hayat hikâyesinin üçüncü bölümü başlıyor işte. Benim konuşmak istediğim bu değil ki. Okula gitmek için karda yalınayak kaç kilometre yürüdüğünden bana ne. Ben sadede gelelim istiyorum.)* Hatırlıyorum da, bazı derslerin ne kadar gereksiz olduğunu düşünüp dururdum. Ama sonradan en çok o derslerin yararını gördüm. Sık dişini. Biraz zaman ver." *(Zaman benim sorunumu çözmez. Bir anlatabilsem sana.)*

"Hayatımın on yılını vermişim zaten! Bir araba tamircisine 'x + y'nin ne gibi bir yararı olacağını söyleyebilir misin?"

"Araba tamircisi mi? Şaka mı ediyorsun?" *(Araba tamircisi olmam hoşuna gitmeyecek anlaşılan. Okulu bırakmam hoşuna gitmeyecek. Söylediklerimi doğrulamam gerekiyor.)*

"Hayır. Joe'ya baksana: Okuldan ayrıldı. Arabalarla uğraşıyor, iyi de para kazanıyor. Mantıklı olan da bu."

"Şimdilik öyle görünebilir. Ama birkaç yıl sonra Joe okulu bitirmediğine pişman olacak. *(Aman Tanrım! Eğitimin değeri hakkında on altıncı konferans geliyor.)* Sen araba tamircisi olmak istemiyorsun. Kendini daha iyi bir işe hazırlamak için eğitime ihtiyacın var." *(Nereden biliyorsun, baba? Ne istediğim hakkında en ufak bir fikrin var mı ki?)*

"Bilmiyorum. Joe kendine iyi bir düzen kurdu." *(Başarısız değil. Okulu bitirmedi ve başarısız değil.)*

"Dinle oğlum. Okula ayak uydurmayı gerçekten denedin mi?" *(Dolambaçlı konuşuyoruz yine. Beni bir dinlesen; konuşmak istediğim konu önemli.)*

"İki yıldır liseye gittiğime göre, tabii ki denedim. Boşuna."

"Bu çok saygın bir okul, evlat. Biraz hakkını ver." *(İyi valla. Şimdi de hakkını vermekten bahsediyoruz. Asıl söylemek istediğimi bir söyleyebilsem.)*

"Öbür çocuklar da benim gibi düşünüyor ama." *(Benim de gerekçelerim var. Salak değilim.)*

"Seni bu duruma getirmek için annenle ne kadar özveride bulunduğumuzun farkında mısın? *(Tamam, şimdi de suçluluk duymam gerekiyor herhalde. Belki de salağım. Okul harika, annemle babam harika, bense salağım.)* Buraya kadar geldikten sonra okuldan ayrılamazsın."

"Özveride bulunduğunuzu biliyorum, baba. Ama buna değmez." *(Hiç anlamıyorsun.)*

"Bak, TV'nin önünde daha az vakit geçirip ev ödevlerine biraz daha zaman ayırırsan, belki..." *(Sorun bu değil ki baba! Kesinlikle bu değil! Sana hiç anlatamayacağım. Denemem bile aptallıktı.)*

"Babacığım, bunun hiç yararı yok. Of... boşver! Bu konuda konuşmak istemiyorum zaten."

Karşımızdaki kişiyi sadece sözlere dayanarak anlamaya çalıştığımızda, özellikle de o kişiye kendi gözlüğümüzle baktığımızda ne kadar yetersiz kaldığımızı görebiliyor musunuz? Otobiyografik tepkilerimizin, kendi yaşam öyküsünü anlamamız için gerçekten uğraşan biri için ne kadar sınırlayıcı olduğunu görebiliyor musunuz?

Saf arzu, kişisel karakter gücü ve artı bakiyeli Duygusal Banka Hesabının yanı sıra empatiyle dinleme becerilerini geliştirinceye kadar, bir başkasının içine girip dünyaya onun gözleriyle bakamazsınız.

Empatiyle dinlemede buzdağının ucu olan bu beceriler, dört gelişme evresini içerir.

Bunlardan birincisi ve en az etkili olanı *içeriği yinelemek*tir. Bu "aktif" ya da "yansıtıcı" dinlemede öğretilen tekniktir. Karakter ve ilişki temeli yoksa, çoğu kez insanlara aşağılayıcı görünür ve açılmalarını engeller. Yine de, ilk evreye ait bir beceridir, çünkü en azından dinlemenize neden olur.

İçeriği yinelemek kolaydır. Sadece birinin ağzından çıkan sözcükleri dinler ve tekrarlarsınız. O arada beyninizi pek kullanmazsınız bile.

"Baba, okuldan bıktım artık! Tam ineklere göre bir iş bu!"

"Okuldan bıktın. Tam ineklere göre olduğunu düşünüyorsun."

Esas olarak söylenenlerin içeriğini tekrarlamış olursunuz. Değerlendirmeden, yoklamadan, akıl vermeden ya da yorumlamadan, en azından karşınızdakinin sözlerine dikkat ettiğinizi göstermiş olursunuz. Ama anlamak için bundan daha fazlasını da yapmanız gerekir.

Empatiyle dinlemenin ikinci evresi ise, *içeriği başka şekilde ifade etmek*tir. Bu biraz daha etkilidir, ama hâlâ sözlü iletişimle sınırlıdır.

"Baba, okuldan bıktım artık! Tam ineklere göre bir iş bu!"

"Artık okula gitmek istemiyorsun."

Bu kez, onun kastettiği şeyi kendi sözlerinizle açıklamış olursunuz. Şimdi onun söylediklerini beyninizin sol yarısıyla, mantıklı, akıl yürüten yanıyla düşünmektesiniz.

Üçüncü evre sağ beyninizi devreye sokar. *Duyguyu yansıtırsınız.*

"Baba, okuldan bıktım artık! Tam ineklere göre bir iş bu!"

"Kendini gerçekten engellenmiş hissediyorsun."

Artık söylediği şeyler kadar, o konuda ne hissettiğine de dikkat ediyorsunuz. Dördüncü evre hem ikinciyi hem de üçüncüyü içerir. İçeriği *başka şekilde ifade eder ve duyguyu yansıtırsınız.*

"Baba, okuldan bıktım artık! Tam ineklere göre bir iş bu!"

"Okul konusunda kendini gerçekten engellenmiş hissediyorsun."

Okul içerik, engellenmişlik de duygudur. Onun ilettiği şeyin iki yanını birden anlamak için beyninizin her iki yarısını da kullanmaktasınız.

Empatiyle dinlemenin dördüncü evresinden yararlandığınız zaman olanlar, gerçekten inanılmazdır. İçtenlikle anlamaya çalışırken, içeriği başka şekilde ifade ederken ve duyguyu yansıtırken, ona psikolojik soluma olanağı verirsiniz. Ayrıca kendi duygu ve düşüncelerini incelemesine yardımcı olursunuz. Onu dinlemeyi ve anlamayı içtenlikle istediğinize gitgide daha fazla güvenirken, içinden geçenlerle size söyledikleri arasındaki engeller ortadan kalkar. Böylece gönüller birbirine açılır. Artık hissettikleriyle söyledikleri birbirinden farklı değildir. En derin, narin duygu ve düşünceleriyle size güvenmeye başlar.

"Baba, okuldan bıktım artık! Tam ineklere göre bir iş bu!" *(Seninle konuşmak, dikkatini çekmek istiyorum.)*

"Okul konusunda kendini gerçekten engellenmiş hissediyorsun." *(Bu doğru. Gerçekten böyle hissediyorum.)*

"Aynen öyle. Tamamen mantığa aykırı. Bana hiçbir şey vermiyor."

"Okulun sana hiç yararı olmadığını hissediyorsun." *(Dur da bir düşüneyim... Söylemek istediğim bu mu?)*

"Şey, evet. Bana yararı dokunacak herhangi bir şey öğrenmiyorum. Joe'ya baksana. Okuldan ayrıldı. Arabalarla uğraşıyor, iyi de para kazanıyor. Mantıklı olan da bu."

"Joe'nun akıllıca bir şey yaptığını düşünüyorsun, öyle mi?" *(Eh...)*

"Eh, bir bakıma öyle! Artık iyi para kazanıyor. Ama birkaç yıl sonra herhalde kendi kendine kızacak."

"Yani, sence Joe, kararının yanlış olduğunu hissedecek."

"Kesinlikle öyle olacak. Baksana kaçırdığı fırsatlara! Eğitimin yoksa bu dünyada hiçbir yere varamazsın."

"Eğitim gerçekten önemli."

"Ah, evet! Yani, diploman yoksa, bir işe ya da üniversiteye giremezsen, ne yaparsın? Eğitim almak şart."

"Geleceğin açısından önemli."

"Öyle. Hem... bak, beni kaygılandıran bir şey var... Anneme bir şey söylemezsin değil mi?"

"Annenin durumu öğrenmesini istemiyorsun."

"Şey, pek öyle değil. Yani ona söyleyebilirsin sanırım. Zaten nasıl olsa öğrenir. Bak, bugün sınava girdim, şu okuma sınavına. Ama baba, bana okumamın dördüncü sınıf düzeyinde olduğunu söylediler. Dördüncü sınıf! Ve liseyi bitirmeme bir yıl kaldı!"

Gerçek bir anlayış durumu nasıl da değiştiriyor! Asıl soruna yönelmedikçe, dünyanın bütün iyi niyetli öğütleri bir araya gelse beş para etmez. Kendi otobiyografimize, kendi paradigmalarımıza saplanıp kalarak, dünyayı başka bir bakış açısıyla görecek kadar uzun süre gözlüğümüzü çıkarmazsak, soruna hiçbir zaman ulaşamayız.

"Ben sınıfta kalacağım, baba. Sınıfta kalacağıma göre, sanırım okulu bırakmam daha doğru olacak. Ama bırakmak istemiyorum."

"Kendini sıkışmış hissediyorsun. İkileme düşmüşsün."

"Sence ne yapmalıyım, baba?"

Bu baba, önce anlamaya çalışarak, karşılıklı görüşme fırsatını bir dönüşüm fırsatı haline getiriyor. "İşi bitir" düzeyindeki yüzeysel bir iletişim yerine, yalnız oğlunun değil, ilişkinin de üzerinde dönüştürücü etkisi olacak bir durum yaratıyor. Kendi otobiyografisini bir tarafa bırakıp gerçekten anlamaya çalışarak, Duygusal Banka Hesabı'na büyük bir yatırım yapıyor. Oğlunun katman katman açılıp asıl soruna ulaşması için onu güçlendiriyor.

Şimdi baba oğul, masada karşı karşıya oturup birbirlerine bakmak yerine, yan yana oturmuş soruna bakıyorlar. Oğul, babasının otobiyografisini açarak, ona akıl danışıyor.

Ne var ki babanın, akıl verirken bile oğlunun iletmek istediği şeye karşı duyarlı olması gerekiyor. Verilen tepki *mantıksal* olduğu sürece, baba etkili bir biçimde sorular sorup akıl verebilir. Ama tepki *duygusal* olmaya başlar başlamaz, tekrar empatiyle dinlemesi gerekir.

"Göz önünde bulundurmak isteyebileceğin bazı şeyler geliyor aklıma."

"Ne gibi, baba?"

"Okuma konusunda özel ders alabilirsin. Belki de teknik okulda bunun için kurs vardır."

"Ben bunu çoktan araştırdım. Haftada iki gece ve cumartesileri bütün gün kursa katılmak gerekiyor. Yani çok zaman istiyor!"

Baba, bu yanıttaki *duyguyu* hissederek tekrar *empatiye* dönüyor. "Bunun bedeli biraz ağır."

"Ayrıca baba, altıncı sınıf takımına kaptanlık yapacağıma söz verdim."

"Onları yüzüstü bırakmak istemezsin."

"Ama sana şunu söyleyeceğim, baba. O kursun gerçekten işe yarayacağını düşünseydim, her gece giderdim. Çocuklar için de başka bir kaptan bulurdum."

"Yardım istiyorsun, ama kursun işe yarayacağından emin değilsin."

"Sence işe yarar mı, baba?"

Oğul yine açık ve *mantıklı*. Bir kez daha babasının otobiyografisini açıyor. Şimdi babanın elinde, etkilemek ve dönüştürmek için bir fırsat daha var.

Bazen dönüşüm için dışarıdan gelecek bir tavsiyeye gerek kalmaz. Genelde insanlara gerçekten açılma olanağı verildiğinde, kendi sorunlarını hallederler ve süreç içinde çözüm yolları açıklık kazanır.

Bazen de gerçekten ek bir görüş ve yardıma ihtiyaç duyarlar. İşin anahtarı, karşı tarafın iyiliğini içtenlikle istemek, empatiyle dinlemek, kişinin soruna ve çözümüne kendine özgü bir hız ve sürede ulaşmasına izin vermektir. Bu, içindeki yumuşak öze ulaşıncaya kadar soğanı kat kat soymaya benzer.

İnsanlar gerçekten acı çekerken salt anlama isteğiyle dinlediğinizde, ne denli çabuk açıldıklarına hayret edeceksiniz. Açılmak isterler. Çocuklar, akranlarından çok anne-babalarına açılmak için çaresizce çırpınırlar. Anne-babalarının kendilerini koşulsuz seveceğine, sonradan sadık kalacağına ve onları yargılamayacağına ya da gülünç düşürmeyeceğine inanırlarsa, bunu yaparlar da.

İkiyüzlülük ve hilekârlık yapmadan, gerçekten anlamaya çalışırsanız, başka bir insandan size akacak saf bilgi ve anlayış sizi kelimenin tam anlamıyla sersemletecektir. Empati göstermek için, her zaman konuşmaya gerek yoktur. Aslında, sözler bazen engel bile olabilir. Tekniklerin tek başına işe yaramamasının çok önemli nedenlerinden biri de budur. Bu tür anlayış, tekniğin ötesindedir. Yalıtılmış teknik sadece engel oluşturur.

Empatiyle dinleme becerilerinin üzerinde durmamın nedeni, becerinin bütün alışkanlıkların önemli bir parçası olmasıdır. Becerilere sahip olmalıyız. Ancak şunu tekrarlamama izin verin: Beceriler, anlamak için *samimi bir istek* duyulmadıkça etkisiz kalır. İnsanlar, başkaları tarafından idare edilmekten hoşlanmazlar. Aslında, yakınlık duyduğunuz kişilerle birlikteyseniz, yapmakta olduğunuz şeyi onlara açıklamanız yararlı olur.

"Dinleme ve empatiyle ilgili şu kitabı okudum ve aramızdaki ilişkiyi düşündüm. Seni gerektiği gibi dinlemediğimi anladım. Ama dinlemek istiyorum. Bu benim için zor. Bazen tepem atabilir, ama elimden geleni yapacağım. Seni gerçekten önemsiyor ve anlamak istiyorum. Bana yardım edeceğini umarım." Amacınızı doğrulamak büyük bir yatırımdır.

Ama samimi değilseniz, bunu denemem bile. Bunun yaratacağı açıklık ve savunmasızlık, karşınızdaki kişi kendisini umursamadığınızı, gerçekten dinlemek istemediğinizi keşfettiği zaman, sizin zararınıza olabilir. Her şeyi açıp gözler önüne serdiğini hisseder ve kırılır. Buzdağının ucu olan tekniğin, alttaki yoğun karakter temelinden gelmesi gerekir.

Empatiyle dinlemenin çok zaman aldığını söyleyerek buna karşı çıkan insanlar da vardır. Başlangıçta biraz daha fazla vakit alabilir, ama sonraki aşamalarda epey zaman kazandırır. Bir doktorsanız ve çok akıllıca bir tedavi uygulamak istiyorsanız; yapabileceğiniz en etkili şey, doğru bir teşhis koymaktır. "Çok acelem var, teşhis koyacak vaktim yok, siz şu ilacı alıverin!" diyemezsiniz.

Bir zamanlar Hawai, Oahu Adası'nın kuzey kıyısındaki bir odada yazı yazdığımı hatırlıyorum. Hafif bir esinti vardı ve odayı serin tutmak için, biri önde diğeri de yanda olan iki pencereyi açmak zorunda kalmıştım. Yazdığım sayfalar, bölümlere ayrılmış olarak geniş bir masanın üzerinde serili duruyordu.

Ansızın rüzgâr şiddetlenerek kâğıtlarımı uçurmaya başladı. Düzenimin altüst olduğunu, numarasız sayfalar dahil büyük bir kayba uğradığımı hissederek telaşa kapıldığımı anımsıyorum. Çaresizlik içinde odanın etrafında koşmaya başlayıp sayfaları yerlerine koymaya çalıştım. Sonunda, on saniye ara verip pencerelerden birini kapatmanın çok daha iyi olacağını anladım.

Empatiyle dinlemek zaman alır; ama yolun sonuna gelmişken geri dönüp hataları, yanlış anlamaları düzeltmek, her şeye yeniden başlamak, açıklanmamış, çözülmemiş sorunlarla yaşamak, insanların psikolojik solunumunu engellemenin sonuçlarıyla uğraşmak daha da fazla zaman alır.

Anlayışlı, empatik bir dinleyici, karşısındakilerin içinden geçenleri çabucak okuyup öyle bir kabul ve anlayış gösterir ki, bu insanlar sorunun bulunduğu o yumuşak öze ulaşıncaya dek, katman katman açılacak kadar kendilerini güvenli hissedeler.

İnsanlar anlaşılmak isterler. Buna yatırılacak zaman ne olursa olsun, sorunları ve meseleleri doğru anlayarak; karşınızdaki kişi gerçekten anlaşıldığını hissettiği için yüksek bakiyeli bir Duygusal Banka Hesabına dayalı olarak çaba harcadığınızda, zaman açısından kazançlı çıkarsınız.

ANLAYIŞ VE ALGILAMA

Başkalarını dikkatle dinlemeyi öğrenirken, inanılmaz algılama farklılıkları keşfedeceksiniz. Ayrıca insanlar karşılıklı bağlılığa sahip durumlarda birlikte çalışmayı denerken, bu farklılıkların etkisini de anlamaya başlayacaksınız.

Siz genç kadını görürken, ben yaşlı hanımı görüyor olabilirim. Üstelik ikimiz de haklı olabiliriz.

Siz dünyaya eş-merkezli bir gözlükle bakarken, ben dünyayı ekonomik ilgi alanının para-merkezli merceğinden görüyor olabilirim.

Sizin senaryonuz bolluk zihniyetiyle, benimkiyse kıtlık zihniyetiyle yazılmış olabilir.

Siz, sorunlara son derece görsel, sezgisel, bütüncül bir sağ beyin paradigmasıyla yaklaşırken, benim yaklaşımım sol beyne bağlı, son derece ardışık, analitik ve sözel olabilir.

Algılarımız birbirinden çok farklı olabilir. Bununla birlikte ikimiz de yıllardır paradigmalarımızla yaşamış, onların "olgular" olduğunu sanmış ve "olguları göremeyen" bir kişinin karakterini ya da zihinsel yeterliliğini sorgulamışızdır.

Şimdi, aramızdaki bütün farklara rağmen –bir evlilikte, bir işte, bir sosyal hizmet projesinde– kaynakları yönetip sonuç almak için birlikte çalışmayı deniyoruz. Peki bunu nasıl yapacağız? Derin bir iletişim kurmak, sorunları işbirliğiyle ele almak ve Kazan/Kazan çözümlerine ulaşmak için bireysel algılarımızın sınırlarını nasıl aşacağız?

Bunun yanıtı 5. Alışkanlık'tır. Bu, Kazan/Kazan sürecinin ilk adımıdır. Karşınızdaki kişi bu paradigmaya bağlı değilse bile (özellikle de öyle olmadığı zaman), önce anlamaya çalışın.

Aşağıdaki deneyimini benimle paylaşan bir yönetici, bu ilkeden çok yararlanmıştı:

"Büyük bir ulusal bankacılık kurumuyla bir sözleşmenin pazarlığını yapmakta olan küçük bir şirkette çalışıyordum. Söz konusu kurum San Francisco'dan avukatlarını, Ohio'dan görüşmeye katılacak temsilcisini ve iki büyük bankasının başkanlarını uçakla getirterek sekiz kişilik bir görüşme heyeti oluşturdu. Çalıştığım şirket Kazan/Kazan ya da Anlaşma Yok seçeneğini denemeye kararlıydı. Hizmet ve maliyet düzeyini büyük ölçüde artırmak istiyorlardı. Ama bu büyük mali kurumun talepleri altında ezilecek duruma gelmişlerdi.

"Başkanımız toplantı masasında görüşme heyetinin karşısına geçerek, 'İhtiyaç ve kaygılarınızı anladığımızdan emin olabilmek için, sözleşmeyi istediğiniz gibi yazmanızı rica ediyoruz,' dedi. 'O ihtiyaç ve kaygılara karşılık vereceğiz. Sonra da fiyatlandırmadan söz edebiliriz.'

"Görüşme heyetinin üyeleri donakaldılar. Sözleşmeyi yazma fırsatını elde etmeyi hiç beklemiyorlardı. Teklifi hazırlamaları üç gün sürdü."

"Teklifi bize verdikleri zaman başkan, 'Şimdi ne istediğinizi anladığımızdan emin olmalıyız,' dedi. İçeriği kendi sözcükleriyle yeniden ifade ederek, duyguyu yansıtarak, sözleşmenin üzerinden geçti. Onlar için önemli olan noktaları kendisinin de, bankacıların da anladığından emin olana kadar devam etti. 'Evet. Bu doğru. Hayır, burada kastettiğimiz şey tam anlamıyla bu değil... Evet, şimdi anladınız.'

"Bankacıların bakış açısını iyice anladıktan sonra, başkan bazı hususları kendi bakış açısından açıklamaya başladı... ve de onlar dinledi. Dinlemeye hazırdılar. Soluk almak için savaşmıyorlardı. Başlangıçta çok resmi, güven düzeyi düşük ve neredeyse düşmanca olan hava, sinerji için verimli bir ortama dönüşmüştü.

"Tartışmaların sonucunda görüşme heyetinin üyeleri özetle şöyle söylediler: 'Sizinle çalışmak istiyoruz. Bu anlaşmayı yapacağız. Bize sadece fiyatı bildirin, sözleşmeyi imzalayalım.'"

SONRA ANLAŞILMAYA ÇALIŞIN

Önce anlamaya çalış... *sonra anlaşılmaya.* Anlaşılmayı sağlamak, 5. Alışkanlığın diğer yarısıdır ve Kazan/Kazan çözümlerine erişmekte eşit derecede önemlidir.

Olgunluğu cesaretle düşüncelilik arasındaki denge olarak tanımlamıştık. Anlamaya çalışmak düşünceli olmayı gerektirir; anlaşılmaya çalışmak ise cesaret ister. Kazan/Kazan için, her ikisinin de yüksek derecede olması gerekir. Bu nedenle, karşılıklı bağlılığın olduğu durumlarda anlaşılmak bizim için önemlidir.

Eski Yunanlıların görkemli bir felsefeleri vardı. Bunu birbirini izleyen üç sözcük temsil ediyordu: *etos, patos ve logos.* Bence bu üç sözcük, önce anlamanın ve etkili sunumlar yapmanın özünü içeriyor.

Etos, sizin kişisel inanılırlığınızdır. İnsanların bütünlük ve yeterliliğinize duydukları inançtır. Uyandırdığınız güvendir, Duygusal Banka Hesabınızdır. *Patos*, empatik yanınızdır; duygudur. Başka birinden gelen iletinin duygusal özüyle aynı dalga boyunda olmanız anlamına gelir. *Logos*, mantıktır; sunumun akıl yürütme kısmıdır.

Sıralamaya dikkat edin: Etos, patos, logos; karakteriniz, ilişkileriniz, sonra da sunumunuzun mantığı. Bu da bir başka önemli paradigma değişimini temsil eder. Çoğu insan, fikirlerini sunarken doğruca logosa, sol beynin mantığına başvurur. Önce etos ve patosu dikkate almadan, karşısındakini o mantığın geçerli olduğuna ikna etmeye çalışır.

Bir dostum, patronu kısır bir liderlik tarzına saplanıp kaldığı için kendini çok engellenmiş hissediyordu.

"Neden bir şeyler yapmıyor?" diye sordu. "Onunla bu konuyu konuştum. Durumun farkında, ama hiçbir şey yapmıyor."

"Peki, sen neden etkili bir sunum yapmıyorsun?" dedim.

"Yaptım," diye yanıtladı.

"'Etkili' sözcüğünü nasıl tanımlıyorsun? Satış elemanı bir ürünü satamadığı zaman, gerisin geriye okula gönderilen kim olur, alıcı mı? Etkili, işe yarıyor demektir; Ü/ÜY demektir. İstediğin değişikliği yarattın mı? Süreç içinde ilişkiyi güçlendirdin mi? Sunumunun sonucu ne oldu?"

"Söyledim ya, hiçbir şey yapmadı. Önerileri dinlemedi."

"O halde *etkili* bir sunum yap. Başkana empati göstermelisin. Onun düşünüş tarzını kavramalısın. Kendi amacını yalın bir biçimde, görsel olarak açıklamalı ve onun beğendiği seçeneği kendisinin yapabileceğinden daha iyi tanımlamalısın. Bu biraz çalışma ister. Bunu yapmaya razı mısın?"

"Bütün bunları niçin yapmam gerekiyor?"

"Bir başka deyişle, onun liderlik tarzını değiştirmesini istiyorsun ve kendi düşüncelerini sunuş biçimini değiştirmeye istekli değilsin, öyle mi?"

"Sanırım öyle."

"O halde, hiç dert etmeden durumu olduğu gibi kabullen."

"Kabullenemem. Kişisel bütünlüğüme gölge düşürür."

"O halde etkili bir sunum üzerinde çalışmaya başla. Bu senin Etki Alanının içinde."

Sonuçta bunu yapmadı. Yatırım ona ağır göründü.

Üniversite profesörü olan bir başka dostum ise bedeli ödemeye hazırdı. Bir gün bana gelerek, "Stephen," dedi, "araştırmam için gerekli fonu elde etmeyi başaramıyorum, çünkü araştırmam bu bölümün ilgilendiği konuların dışında kalıyor."

Onunla durumu uzun uzun konuştuktan sonra etos, patos ve logosu kullanarak etkili bir sunum hazırlamasını önerdim.

"Samimi olduğunu ve yapmak istediğin araştırmanın büyük yararlar sağlayacağını biliyorum. Onların desteklediği seçeneği kendilerinin yapabileceğinden daha iyi tanımla. Onları çok iyi anladığını göster. Sonra da talebinin ardındaki mantığı dikkatlice açıkla."

"Peki, denerim," dedi.

"Benimle alıştırma yapmak ister misin?" diye sordum. Buna hazırdı. Yaklaşımının provasını yaptık.

Sunum yapmaya gittiğinde, söze şöyle başlamıştı: "Öncelikle sizin gerekçelerinizi ve bu sunum ile tavsiyelerim hakkındaki kaygılarınızı iyi anlayıp anlamadığımı görmeme izin verin lütfen."

Bunları acele etmeden, yavaş yavaş söylemişti. Anlayışının derinliğini ve onların bakış açısına duyduğu saygıyı gösteren bu konuşmanın ortalarında, kıdemli bir profesör, bir diğerine dönerek başıyla onaylamış, sonra tekrar arkadaşıma bakıp "İstediğiniz parayı alacaksınız," demişti.

Fikirlerinizi açık seçik, özgül bir biçimde, görsel olarak ve en önemlisi, bağlamsal açıdan –karşınızdakilerin paradigmalarıyla kaygılarını derinlemesine anladığınızı gösteren bir bağlamda– sunduğunuz zaman, düşüncelerinizin inanılırlığını büyük ölçüde artırırsınız.

Kendi meselenize saplanıp, ipe sapa gelmeyen tumturaklı sözler söylemezsiniz. Gerçekten anlarsınız. Anlamaya çalışırken öğrenmiş olduğunuz için de, sunduğunuz şey başlangıçta düşündüğünüzden farklı olabilir.

5. Alışkanlık, sunumlarınızın daha isabetli, daha bütünlüklü olmasını sağlar. İnsanlar da bunu bilir. Gerçekten inandığınız fikirleri sunduğunuzu, herkese yarar sağlayacağı bilinen tüm olgu ve algıları dikkate aldığınızı anlarlar.

5. Alışkanlık güçlüdür, çünkü Etki Alanınızın tam ortasındadır. Karşılıklı bağlılık olan durumlarda pek çok etken İlgi Alanınızın içindedir: Sorunlar, fikir ayrılıkları, koşullar, başkalarının davranışları. Enerjinizi oraya odaklarsanız, pek az olumlu sonuç alarak gücünüzü tüketirsiniz.

Ama her zaman, önce anlamaya çalışabilirsiniz. Bu sizin denetiminiz altındadır. Bunu yaparken, Etki Alanınıza odaklanırken, başkalarını gerçekten, derinlemesine anlarsınız. Elinizde kullanacağınız doğru bilgiler vardır, sorunların özüne çabucak iner, Duygusal Banka Hesapları oluşturur ve insanlarla etkili bir biçimde birlikte çalışabilmek için, onlara ihtiyaç duydukları psikolojik solunum olanağını verirsiniz.

Bu, içten dışa yaklaşımıdır. Bunu yaparken, Etki Alanınıza ne olduğuna dikkat edin. Gerçekten dinlediğiniz için, etkilenebilir hale gelirsiniz. Etkilenebilir olmak ise başkalarını etkilemenin anahtarıdır. Alanınız genişlemeye başlar. İlgi Alanınızdaki pek çok şeyi etkileme yeteneğinizi artırırsınız.

Kendinize ne olduğuna da dikkat edin. Başkalarını daha iyi anladıkça, onları daha fazla takdir edersiniz. Bu kişilere duyduğunuz saygı da artar. Bir başka insanın ruhuyla temasa geçmek, kutsal toprakta yürümektir.

5. Alışkanlık, hemen şimdi uygulayabileceğiniz bir şeydir. Herhangi biriyle bir sonraki iletişiminizde, kendi otobiyografinizi bir tarafa bırakıp gerçekten anlamaya çalışabilirsiniz. İnsanlar sorunlarını açmak istemediklerinde bile, empati gösterebilirsiniz. Yüreklerinden geçeni sezebilir, kırıldıklarını anlayabilir ve "Bugün keyifsiz görünüyorsun," diyebilirsiniz. Hiç karşılık vermeyebilirler. Fark etmez. Siz anlayış ve saygı göstermiş olursunuz.

Zorlamayın; sabırlı olun; saygılı olun. Siz empati gösteremeden, insanlar sözel olarak açılmak zorunda değildir. Onların davranışlarına her zaman empati gösterebilirsiniz. Anlayışlı, duyarlı olabilir, her şeyi fark edebilir ve gerektiğinde otobiyografinizin dışına çıkabilirsiniz.

Çok proaktifseniz, sorun çıkmasını önleyici çalışmalar yapmak için fırsatlar yaratabilirsiniz. Önce anlamaya çalışmak için, kızınız ya da oğlunuzun okulda bir sorunu olmasını, ya da bir sonraki iş görüşmesini beklemeniz gerekmez.

Çocuklarınızla şimdi, teke tek zaman geçirin. Onları dinleyin, anlayın. Evinize, okul yaşamına, karşılaştıkları zorluklara ve sorunlara onların gözüyle bakın. Duygusal Banka Hesabı oluşturun. Onlara soluk aldırın.

Eşinizle düzenli olarak gezmeye gidin. Akşam yemeği yiyin, ya da ikinizin de hoşuna giden bir şey yapın. Birbirinizi dinleyin, anlamaya çalışın. Yaşama birbirinizin gözleriyle bakın.

Her gün Sandra'yla geçirdiğim zamanı hiçbir şeyle değişmem. Birbirimizi anlamaya çalışmanın yanı sıra, çocuklarımızla iletişim kurmamıza yardımcı olacak empatiyle dinleme becerilerini uygulamaya da zaman ayırırız.

Bir olayla ilgili farklı algılarımızı sık sık paylaşırız. Aile içindeki kişiler arası zor sorunlara karşı daha etkili yaklaşımların provasını yaparız.

Ben, aile içindeki temel bir sorumluluğu yerine getirmemiş olduğu halde özel bir ayrıcalık isteyen kızımız ya da oğlumuzun yerine geçerim. Sandra da, kendisini oynar.

Karşılıklı konuşur ve durumu çok canlı bir biçimde hayalimizde canlandırmaya çalışırız. Böylece çocuklarımıza örnek olurken ve onlara doğru ilkeleri öğretirken tutarlı davranmak için kendi kendimizi eğitiriz. Geçmişte ikimizden birinin "çuvalladığı" zor ya da stresli bir sahneyi yeniden canlandırmak, en yararlı provalarımız arasında yer alır.

Sevdiğiniz insanları derinlemesine anlamak için yaptığınız zaman yatırımı, açık iletişimde olağanüstü kazançlar sağlar. Ailelerin ve evliliklerin başına dert olan birçok sorun, dallanıp budaklanmaya zaman bulamaz. İletişim o kadar açık olur ki, olası sorunlar baş göstermeden yok edilebilir. Ortaya çıkan sorunlarla başa çıkmak için de, Duygusal Banka Hesabı'nda büyük güven birikimleri bulunur.

İşyerinde, çalışanlarınızla teke tek görüşmek için zaman ayırabilirsiniz. Onları dinleyin, anlayın. Her düzeyde –müşterilerden, üretici ve çalışanlardan dürüstçe ve doğru geribildirimler almak istiyorsanız, insan kaynakları, muhasebe ya da paydaşlar için bilgi sistemleri oluşturun. İnsani unsurun, mali ya da teknik unsur kadar önemli olmasını sağlayın. Bir işin insan kaynaklarına her düzeyde erişirseniz, inanılmaz miktarda zaman, enerji ve paradan tasarruf edersiniz. Dinlediğiniz zaman, öğrenirsiniz. Ayrıca sizin için ve sizinle birlikte çalışan insanlara psikolojik soluk aldırırsınız. İşin sabah sekiz-akşam beş arası fiziksel taleplerinin çok ötesine geçen bir sadakat aşılarsınız.

Önce anlamaya çalışın. Sorunlar ortaya çıkmadan, değerlendirip önerilerde bulunmadan, kendi fikirlerinizi sunmayı denemeden önce anlamaya çalışın. Bu, etkili karşılıklı bağlılığın güçlü bir alışkanlığıdır.

Birbirimizi gerçekten, derinlemesine anladığımız zaman, yaratıcı çözümlerin ve üçüncü alternatiflerin kapısını açarız. Farklılıklarımız artık iletişim ve ilerlemenin önünde engel oluşturmaz. Tersine, bizi sinerjiye ulaştıran basamaklar haline gelir.

Uygulama Önerileri

1. Duygusal Banka Hesabı'nın tükendiğini sezdiğiniz bir ilişki seçin. Anlamaya çalışın ve durumu diğer kişinin bakış açısıyla yazın. Bir sonraki görüşmenizde anlamak için dinleyin ve duyduklarınızla yazdıklarınızı karşılaştırın. Varsayımlarınız ne kadar geçerliymiş? Bu kişinin bakış açısını gerçekten anlamış mısınız?
2. Size yakın olan biriyle empati kavramını paylaşın. Başkalarını gerçekten dinlemeye çalışmak istediğinizi söyleyin ve bir hafta sonra geribildirim isteyin. Ne kadar başarılı olmuşsunuz? O kişi ne hissetmiş?
3. Bundan sonra insanların iletişim tarzını izleme fırsatını bulduğunuzda, birkaç dakikalığına kulaklarınızı tıkayıp yalnızca seyredin. Karşı tarafa sadece sözcükler halinde ulaşmayabilecek ne gibi duygular iletiliyor?
4. Bundan sonra kendinizi, uygun olmayan bir biçimde yoklama, değerlendirme, akıl verme ya da yorumlama gibi otobiyografik

tepkilerden birini verirken yakaladığınızda, durumu kabullenip özür dileyerek bunu bir yatırıma dönüştürün. ("*Kusura bakma, şu anda seni tam olarak dinlemediğimi fark ettim. Yeniden başlayabilir miyiz?*")

5. Bundan sonraki ilk sunumunuz empatiye dayalı olsun. Karşınızdakilerin bakış açısını onlar kadar, hatta daha iyi açıklayın; sonra da kendi görüşünüzün onların değer yargılarına göre anlaşılmasını sağlamaya çalışın.

5. Alışkanlık: Önce Anlamaya Çalış, Sonra Anlaşılmaya Üzerine Yeni İçgörüler

SEAN COVEY

İşletme fakültesinden mezun olduktan sonra, güç bir karar vermem gerekti. Orlando'da, Disney'in Atraksiyon Planlama departmanına katılma teklifi almıştım, bu belki de dünyanın en havalı işiydi. Öte yandan, babamın on yıl önce kurduğu şirkete katılma teklifi de almıştım: Covey Liderlik Merkezi.

O sıralarda, babam iki yüz kıdemli lidere eğitim verirken onu izledim. Empati becerisinden, ya da içeriği yeniden ifade edip öteki kişinin söylediklerine ilişkin hissin nasıl yansıtılacağından bahsediyordu. Söylemek istediği, empatiyle dinlerseniz insanlara karşı on kat daha etkili olabileceğinizdi. Kanıtlamak için, babam okulu bırakmak isteyen ergen rolüne büründü ve etrafta yürüyerek çeşitli katılımcılardan babasını oynamasını ve ilettiği şeyleri empatiyle dinlemeye çalışmasını istedi (bu bölümün 338. sayfasındaki rol oynamanın aynısı). Ancak bu liderler durumu anlamayıp tekrar tekrar işi batırdılar! Soruşturarak, akıl vererek ya da kendi özgeçmişlerini paylaşarak tepki vermeyi sürdürdüler. Ama babam vazgeçmedi. Katılımcılar hayal kırıklığına uğrayarak ve amacın ne olduğunu merak ederek, "Kim bu adam ve neyi kanıtlamaya çalışıyor?" diye soruyorlardı. Kargaşa sınırında bir atmosfer söz konusuydu. En sonunda, birisi empatik bir tepkiyi geri yansıtmayı başardı ve babam (hâlâ oğul rolü yaparak) bir parça açıldı. Sonra bir başkası yine empatik bir tepki verdi ve esası kavramaya başladılar.

Yavaş yavaş, onlar baba rolünde empatiyle tepki verdikçe, babam da oğul rolünde açılmayı sürdürdü. Nihayet, oğulun gerçek sorunu ortaya çıktı ve çözüldü. Dönüştürücü bir deneyimdi bu. Hepsi de işinin ehli, başarılı kişiler olan bu liderler, empatiyi ve taşıdığı önemi yaşamlarında ilk kez anladılar! Odadaki atmosfer kargaşadan aydınlanmaya dönüştü. Bu liderler bir daha asla aynı kişi olmayacaklardı. Koltuğuma yaslandım ve *ben burada çalışıyorum*, diye düşündüm.

5. Alışkanlığın girdisi çıktısı hakkında çok fazla soru olduğundan, içgörülerimi soru/cevap formatında paylaşmam gerektiğini düşündüm.

5. Alışkanlık her zaman kullanılmalı mı?

Hayır. Empatiyle Dinlemenin bir yeri ve zamanı vardır. Empatiyle dinlemeyi, konu önemli, hassas ya da gerçekten kişisel olduğunda, örneğin bir meslektaşınız kariyer tavsiyesine ihtiyaç duyduğunda ya da sevdiğiniz biriyle iletişim sorunu yaşadığınızda kullanın. Bu konuşmalar zaman alır ve aceleye getirilemez. İyi bir temel kural, empatiyi duyguların yüksek olduğu zamanlarda kullanmaktır. Sıradan sohbetlerde ya da gündelik önemsiz konuşmalarda bunu yapmanız gerekmez. Birisi yanınıza gelip, "Tuvalet nerede? Çok sıkıştım," derse, "Sizi doğru anladıysam, çok sıkışmışsınız," demenize gerek yoktur.

Bu alışkanlık neden çok zor?

Bu alışkanlıkla mücadele ediyorsanız, yalnız değilsiniz. Tüm alışkanlıklar arasında, babamın en çok mücadele ettiği alışkanlık buydu. "Haklı olduğunu bildiğinde dinlemek zordur," diye şakalaşırdı.

5. Alışkanlık, çoğu kişinin iyi olduğunu düşündüğü –ama aslında kötü olduğu– alışkanlıktır. "Evet, oldukça iyi bir dinleyici olduğumu düşünüyorum," derler. Oysa aslında kendi referans çerçevelerinden dinlerler, öteki kişininkinden değil. Bir gündemle ve karşılık

vermek amacıyla dinlerler, anlamak için değil. Asla öteki kişinin kafasına girmezler. Ve temel meseleleri açığa çıkarmamak, insanların yüreklerini asla tam olarak angaje etmemek dahil, pek çok şeyde hedefi ıskalarlar.

Liderlik konumunda olduğunuzda, empatiyle dinlemek daha da zorlaşır, çünkü insanlar otoriteyi ötelemeye eğilimlidir. Birçok kıdemli liderin kötü dinleyici olmasının ve ne zaman odada bulunsalar konuşmaların çoğunu onların yapmasının nedeni budur. Kaliforniya Üniversitesi'nden profesör Dacher Keltner, liderlerin empati ve başkalarına hizmet eden diğer uygulamalar aracılığıyla nüfuz kazanmalarını, ama nüfuz ve güç kazandıkça o becerileri kaybettiğini anlatmak için "güç paradoksu" tabirini türetti. Aslına bakılırsa, siz basamakları tırmandıkça, liderler daha az empati göstermeye eğilimli olurlar.[1]

Liderlik rolündeyseniz, içinizi bir yoklayın. Gelecek ekip toplantınızda kendinize, "Bugün bu toplantıda söylenenlerin yüzde kaçı benim ağzımdan çıktı?" diye sorun. Odada bulunanların sayısı altıysa ve söylenenlerin %80'i sizin ağzınızdan çıktıysa, bu bir sorundur.

Meslektaşım Jay Hudson, özgeçmiş merceğinden geçirerek dinlemenin ciddi anlaşmazlıklara neden olabileceğini ortaya çıkardı:

> Colorado Islah Departmanı'nda çalışırken, birimlerimizden birinde bir çavuşla suçlu arasındaki bir olaydan haberdar oldum. Bu suçlu bir başka tesise naklediliyordu ve nakil öncesinde rutin bir mülk envanterine tabi tutulması gerekiyordu. Mülk envanterini tamamlayan çavuşumun kekeleme gibi bir konuşma engeli vardı. Bu durum görevlerini hiç etkilememişti ve aslına bakılırsa, bu sorununa rağmen, sıra dışı bir iletişimciydi. Ne var ki birime geldiğimde, son derece sinirliydi, çünkü bu suçlu kekelemesini taklit ederek onunla alay ediyordu.
>
> Bunun üzerine dikkatimi suçluya çevirdim ve onun da çok sinirli olduğunu fark ettim, çünkü üzerinde mülk envanteri yapan çavuş, *suçlunun* kekelemesini taklit etmişti. Şimdi anlamıştım! Hem çavuşun hem

1) D. Keltner, "Power Paradox: Why Leaders Must Give Away Power to Keep Infuence", *Fortune*, 18 Mayıs 2016. https://fortune.com/206/05/18/power-paradox-influence.

de suçlunun kekelemeye neden olan konuşma engelleri vardı! Her ikisi de ötekinin kendisiyle alay ettiğini düşünüyordu. Aynı sorunla boğuştuklarının farkında bile değillerdi. Çavuş olanları anladığında, bu suçlunun yanına gidip elini sıktı ve yanlış anlama için ondan özür diledi.

Islah ortamına aşina olan herkes, bir anlaşmazlığın çabucak oynak bir durum yaratabileceğini bilir. Her türlü durumda önce anlamaya çalışmak, güvenlik ve emniyeti korumanın anahtarıdır.

Siz de bu alışkanlıkla mücadele ediyor musunuz?

Evet, ediyorum. Sürekli olarak kendime, kendi kafamdan çıkıp başka birinin kafasına girmeyi hatırlatmak zorunda kalıyorum.

Kolejdeyken, Brigham Young Üniversitesi'nin (BYU) oyun kurucusu oldum, bu benim hayalimdi. O zamanlar, topu herkesten uzağa attıkları için BYU'ya girmiştim. Ama sondan bir önceki sınıfta, iki yıl oyun kurucu olduktan sonra, ACL'mi (ön çapraz bağ) yırttım ve konstrüktif diz ameliyatı olmam gerekti, bu ameliyat da futbol kariyerimi fiilen sona erdirdi. Yıkılmıştım.

O yüzden evlenip de bir oğlum olduğunda, oyun kurucu olmakla ilgili bildiğim her şeyi ona öğretmeye azmettim. Hatta ona kendi adımı verdim: Michael Sean. Kalabalığa hükmetmeyi, savunmaları okumayı, dengede durmayı ve derin pas atmayi öğrettim ona. İlkokuldan ortaokula kadar sayısız saatimi bütün takımlarına koçluk yaparak geçirdim. Çok iyi bir oyun kurucu oldu, insanlar "Oğlun bugün harika oynadı!" derlerdi. İçten içe neşelenirdim.

Ancak dokuzuncu sınıftan önceki yaz, Michael Sean durup dururken yanıma gelip, "Baba, bu sezon futbol oynamak istediğimi sanmıyorum," dedi.

Ağzımdan çıkan ilk şey, "Sen ciddi misin? Seni eğitmekle kaç yıl geçirdiğimin farkında mısın?" oldu.

"Biliyorum. Teşekkürler. Sadece oynamak istediğimi sanmıyorum."

Tahmin edebileceğiniz gibi, onu ikna etmek için, "Demek bütün bu becerileri geliştirdikten sonra, hepsini havaya atmak istiyorsun, öyle mi?" demek dahil, elimden gelen her şeyi yaptım. Ama söylediklerimin hiçbiri onu etkilemiyor gibiydi.

Yalnızca birkaç gün sonra, kendimi işyerinde ekibimle birlikte Empatik Dinleme konusunda atölye çalışmaları tasarlarken buldum ve birdenbire kafama dank etti, *Aman Tanrım. Ben bunların hiçbirini yapmıyorum!* Bu içerikle büyüdüm, üzerine bir kitap yazdım, ama bu alışkanlığı yaşamayı unuttum.

Başlangıç noktasına dönüp bir Özel Zafer kazanmak zorundaydım. 1. Alışkanlığın öz-bilincini kullanarak, kendimi yakalayıp tepkimi seçmek için bir alan yarattım. Egomun oğlumun başarısına ne kadar bağlı olduğunu fark ettim. Onun için en iyi olanı yaptığımı sanmıştım, oysa aslında, içimde ukde kalan arzularımı onun aracılığıyla sonuna kadar yaşamaya çalıştığımı görebiliyordum.

2. Alışkanlığa geçerek, *Bir oğul mu yetiştirmek istiyorum yoksa bir oyun kurucu mu?* diye düşündüm. Ve ne oldu biliyor musunuz? Bunu gerçekten düşünmek zorunda kaldım. Oğlumun seçkin bir oyun kurucu olacağını umarak on yıl geçirmiştim.

Sonra silkelendim ve *Hadi canım, elbette bir oğul yetiştirmek istiyorum,*" diye düşündüm. Onun kendi hayallerini gerçekleştirmesini istiyordum, benimkileri değil.

Birkaç gün sonra, konu doğal olarak açıldı: "Michael Sean, bu sezon oynamak istemeyişini biraz daha anlat bana." Bu kez bir gündemim yoktu. Sadece onu anlamak istiyordum.

"Geçen yıl iyi bir deneyimim olmadı."

"Yani senin için kötü bir yıl mıydı?"

"Şaka değil. Yerin dibine girdim. Sen anlamazsın, çünkü her zaman sınıfına göre iri yarıydın. Bense herkesten çok daha ufak tefeğim."

"Ben senin yaşındayken iri yarı olduğum, sense kendini ufak tefek hissettiğin için yerin dibine girmenin nasıl bir şey olduğunu anlamayacağımı mı düşünüyorsun?"

"Tamı tamına öyle baba, hem baksana bu yaz herkes ne kadar büyümüş, bense büyümedim. Üstelik ağırlığım herkesten 10 kg kadar daha az. Bu yıl daha da beter yerin dibine gireceğim."

"Demek herkesten ufak tefek olduğun için oynamaktan ve incinmekten korkuyorsun, öyle mi?"

Bu yaklaşık on dakika devam etti. Böyle hissettiğini bilmiyordum. Onun ufak tefek olduğunu biliyordum, ama geçen yıl ne kadar hırpalanmış hissettiğine ve önümüzdeki yıl için ne kadar korktuğuna dair hiçbir fikrim yoktu.

Ardından, "Sence ne yapmalıyım, baba?" dedi.

"Bence ne istiyorsan onu yapmalısın, Michael Sean. Oynamak istiyorsan, harika. İstemiyorsan, o da iyi."

"Gerçekten mi?" dedi heyecanla.

"Gerçekten."

Birkaç gün sonra yanıma gelip, "Baba, biliyorum ki öyle ya da böyle senin için fark etmiyor, ama ben bu yıl oynayacağım," dedi.

Böylece Michael Sean o yıl ve sonraki yıl oynadı, ama sonra ayak bileği sorunları oldu, birkaç ameliyat geçirdi ve oynamaya devam edemedi. Bu futbol kariyerinin sona ermesi benim için büyütülecek bir mesele değildi. Gerçekten önemsediğim şey, onun gelişip parmak ısırtan bir gence dönüşmesiydi. Ergen çocukların yanında durmak zor olabilir, ama biz lisede, üniversitede ve ötesinde bunu yaptık. Büyük meselelerle karşı karşıya kaldığında –*"Kız arkadaşımla evlenmeli miyim?"* gibi büyük meseleler– bana gelirdi. Bu an ilişkimizde kötü bir yol ayrımı olabilirdi, ama neyse ki her zaman değer vereceğim iyi bir an oldu.

Bu arada, yeğenim Britain Covey en iyi Amerikan koleji futbol oyuncularından biri oldu – yani bu deneyimi onun aracılığıyla dolaylı olarak yaşayabilirim.

Gitgide mesaj ve e-posta yoluyla iletişim kuruyoruz. Bu durum bu alışkanlıkla ilgili bir şeyleri değiştirir mi?

Evet, mutlaka değiştirir. Ekibimde bunu sürekli görüyorum. Biri sinirlenip iğneli bir e-posta gönderiyor. Öteki kişi karşılığında bir roman yazıyor. Sonra insanlara … ve daha fazla insana kopyalamaya başlıyorlar. "Canına yandığım, telefonu alıp her şeyi konuşsana," diyesim geliyor.

Teknoloji kullanımı empati göstermemize yardımcı olan ses tonu ile yüz ifadelerini devre dışı bırakıyor. O yüzden önemli, duygusal bir meseleyi ele alırken e-posta ya da mesaj yazmayın. Bir noktada, yüz yüze görüşün ya da en azında telefonda konuşup halledin. Emoji yeterli olmaz.

Empatiyle dinleyerek bir çözüme ulaşamazsanız ne olur?

Empatik Dinleme'nin amacı anlaşmazlığın halledilmesi değil, anlayıştır. Yaklaşık on dört yaşındayken, ailemle sinemaya gitmiştik ve gerçekten sinirliydim. Dokuz çocuktan biriydim ve sadece bir başka sayıymışım gibi sağa sola taşınmaktan nefret ediyordum. Haince şeyler söyleyip herkesi incittim. Babam ise zıvanadan çıkmak yerine, eve geldiğimizde beni bir kenara çekip sorunun ne olduğunu sordu. Sorumsuzca yanıtladım: "Sen kimseyi umursamıyorsun. Ben ailedeki diğer herkes gibi değilim, bana öyleymişim gibi davranamazsın."

Babam bu yanıttan büyük bir olay çıkarabilirdi. Çileden çıkabilir ya da herkesten özür dilemem için beni zorlayabilirdi. Bunun yerine, sadece dinledi, söylediklerimi tekrarladı ve anlamaya çalıştı. Onaylamadı. Sadece anladı. Asla yelkenleri suya indirmedim, o da asla bana karşı zıvanadan çıkmadı. Teknik olarak hiçbir şeyi halletmedik, ama kabul ettiği için, daha sonra isyan etme gereğini duymadım. Geriye dönüp baktığımda, yaptıkları akıllıcaydı.

Bu gibi bir meselede, babam hep şöyle derdi: "Bırakın negatif enerji pencereden uçup gitsin. Onu yüklenmeyin." Çocuklarınız, eşiniz ya da iş arkadaşlarınız olumsuz ya da sorumsuzca yorumlarda bulunursa, bunları yüklenip halletmeye çalışmaktansa, telaffuz edildiğini bile göz ardı edin. İnsanlara durumun harareti içinde söyledikleri bir şey için serbest geçiş belgesi vermeye benzer bu. Pencereyi kapatıp odanın etrafında zıplamasına izin vermektense, bırakın açık pencereden uçup gitsin. Yoksa ikiniz de incinirsiniz.

4., 5. ve 6. Alışkanlıklar örtüşüyormuş gibi görünüyor. Aradaki fark nedir?

4., 5. ve 6. Alışkanlıklar farklıdır ama birlikte işler. Yıllar boyunca, öğrencilere belletici *köken, rota ve meyve*'yi öğrettik. 4. Alışkanlık: Kazan-Kazan Diye Düşün, etkili ilişkilerin temeli, ya da kökenidir. Oraya ulaşmak için izlenecek *rota* 5. Alışkanlıktır: Önce

Anlamaya Çalış, Sonra Anlaşılmaya. 4. ve 5. Alışkanlıkları uygulayarak ürettiğiniz meyve de sinerjidir, yani 6. Alışkanlık.

Kimi zaman Empatiyle Dinlemeye çalıştığımda, öteki kişi bir teknik kullanıyormuşum gibi hissediyor.

Empatik Dinleme içten değilse, insanlar bunu hemen sezerler. Sadece beceriye değil, iyi niyete de ihtiyacınız vardır.

Bir ilişki çatışmasıyla yüz yüze gelince, çoğu kişi Genel Zafer üzerinde çalışmayı sürdürür. Örneğin, "Eşimle geçinemiyoruz. 5. Alışkanlığa ihtiyacımız var." Evet, doğru olabilir. Ama henüz buna hazır olmayabilirsiniz. Oğlum Michael Sean örneğinde öğrendiğim gibi, birçok ilişki sorunu ancak önce Özel Zafer kazanarak çözülebilir. 1. Alışkanlığa dönüp, dürtülerinizi açıklığa kavuşturmak için öz-bilincinizi, vicdanınızı, hayal gücü ve özgür iradenizi kullanmanız gerekir. 2. Alışkanlığı kullanarak farklı bir biçimde yapmak istediğiniz şeyi gözünüzde canlandırın. Sonra da 3. Alışkanlık aracılığıyla bunu gerçekleştirin. Başka birini anlamaya çalışmanız sizi savunmasız hale getirebilir, çünkü sizin için tehlikeli şeyler öğrenebilirsiniz. 5. Alışkanlığı canı gönülden uygulamak için, önce Özel Zafer Kazanmaktan gelen duygusal güvenliğe ihtiyacınız olabilir.

6. ALIŞKANLIK
SİNERJİ YARAT

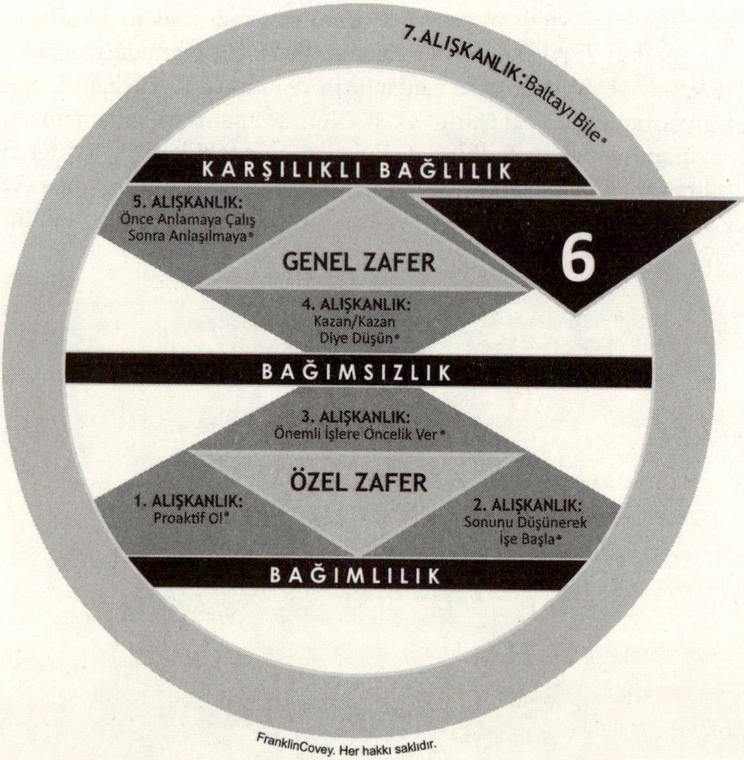

YARATICI İŞBİRLİĞİ İLKELERİ

Kendime rehber olarak bir azizin umudunu alıyorum:
hayati şeylerde, birlik–
önemli şeylerde, çeşitlilik–
her şeyde, cömertlik.

BAŞKAN GEORGE BUSH'UN
YEMİN TÖRENİNDEKİ KONUŞMASINDAN

Sir Winston Churchill Büyük Britanya'nın savaş faaliyetini yönetmeye çağrıldığında, bütün yaşamının kendisini bu saate hazırladığını söylemişti. Benzer bir anlamda, bütün diğer alışkanlıkların kullanılması da bizi sinerji alışkanlığına hazırlar.

Sinerji, gereğince anlaşıldığı zaman, bütün yaşam süresince en üst düzey etkinliktir. Bütün diğer alışkanlıkların gerçek sınavı ve ifadesidir.

Sinerjinin en yüksek türleri, dört benzersiz insani yetiyi, Kazan/Kazan güdüsünü ve empatik iletişim becerilerini, hayatta karşılaştığımız en çetin zorluklara odaklar. Çıkan sonuçlar adeta mucizevidir. Yeni seçenekler –daha önce ortada olmayan şeyler– yaratırız.

Sinerji, ilke merkezli liderliğin özüdür. İlke merkezli ebeveynliğin de özüdür. Bir katalizör işlevi görür, birleştirir ve insanların içindeki en büyük güçleri açığa çıkarır. Şimdiye kadar incelediğimiz bütün alışkanlıklar, bizi sinerji mucizesini yaratmaya hazırlar.

Sinerji nedir? En basit tanımıyla, bütünün kendi parçalarının toplamından daha büyük olması demektir. Parçaların birbirleriyle olan ilişkisinin, kendi içinde ve kendi başına bir parça olması demektir. Bu sıradan bir parça değildir. En katalitik, en güçlendirici, en birleştirici ve en heyecan verici parçadır.

Yaratma süreci, aynı zamanda en dehşet verici kısımdır, çünkü ne olacağını, ya da işin nereye varacağını tam olarak bilemezsiniz. Ne tür yeni tehlikeler ve zorluklarla karşılaşacağınızı da bilemezsiniz. Serüven ruhu, keşif ruhu, yaratıcılık ruhuyla başlamak, olağanüstü bir güvenlik duygusu ister. Hiç kuşkusuz, ana üssünüzün güvenli yöresinden ayrılmanız, yepyeni ve bilmediğiniz yabancı bir bölgeye girmeniz gerekir. Bir kâşif, rehber ve öncü olursunuz. Diğerlerinin izleyebilmesi için yeni olanakların, yeni toprakların, yeni kıtaların yolunu açarsınız.

Sinerji, doğanın her yerinde vardır. İki bitkiyi yan yana diktiğinizde, kökler birbirine karışır ve toprağın niteliğini artırır; böylece her ikisi de, ayrı ayrı büyümesine oranla daha iyi yetişir. İki tahta parçasını bir araya getirirseniz, ayrı ayrı taşıyabilecekleri ağırlıktan çok daha fazlasını kaldırırlar. Bütün, parçalarının toplamından daha büyüktür. Bir artı bir, üçe ya da daha fazlasına eşit olur.

Burada önemli olan, doğadan öğrendiğimiz yaratıcı işbirliği ilkelerini, sosyal etkileşimlerimizde geçerli kılmaktır. Aile yaşamı, sinerjinin gözlemlenip uygulanması için pek çok fırsat yaratır.

Erkekle kadının dünyaya bir çocuk getirmesi de sinerjiktir. Sinerjinin özü, farklılıklara değer vermektir. Onlara saygı göstermek, güçlü yanlarından destek almak, zayıf yanlarını telafi etmektir.

Kadın-erkek, karı-koca arasındaki fiziksel farklılıklara açıkça değer veririz. Peki ama ya sosyal, zihinsel ve duygusal farklılıklara? Bunlar da yeni, heyecan verici yaşam biçimleri yaratmanın kaynakları olamaz mı? Her insan için gerçekten doyurucu olan, her birinin özdeğerini ve özsaygısını besleyen, her birine önce bağımsızlık, sonra da yavaş yavaş karşılıklı bağımsızlık halinde olgunlaşma fırsatları sağlayan bir ortam yaratamaz mı? Sinerji, bir sonraki kuşak için –daha fazla hizmet ve katkı sağlayan, daha az koruyucu, daha az düşmanca ve daha az bencil; daha açık, daha güvenilir, daha verici; daha az savunmacı ve politik; daha sevgi ve ilgi dolu ve daha az sahiplenici ve yargılayıcı– bir senaryo yaratamaz mı?

SİNERJİK İLETİŞİM

Sinerji yaratarak iletişim kurduğunuz zaman, zihninizi, yüreğinizi ve ifadeleri yeni olanaklara, yeni alternatiflere, yeni seçeneklere açarsınız. Size 2. Alışkanlığı (sonunu düşünerek işe başlamak) bir kenara atıyormuşsunuz gibi gelebilir; ama aslında, tam tersini yapıyor; onu uyguluyor olursunuz. Sinerjik iletişimi başlattığınızda, işlerin nasıl gideceğini ya da sonunun nasıl olacağını bilmezsiniz; ama içinizde bir heyecan, güvenlik ve serüven duygusu vardır. Her şeyin eskisinden daha iyi olacağına inanırsınız. Düşündüğünüz son da budur.

Her iki tarafın da daha fazla içgörü edineceğini, o karşılıklı öğrenme heyecanı ve içgörünün daha da fazla içgörü, öğrenme ve gelişmeye doğru bir ivme yaratacağına inanarak işe başlarsınız.

Pek çok kişi, aile yaşamında ya da diğer etkileşimlerde ılımlı bir sinerji deneyimi bile yaşamamıştır. Bu kişiler savunmacı ve koruyucu iletişimler kuracak, ya da hayata veya diğer insanlara güvenilemeyeceğine inanacak şekilde eğitilmişlerdir. Kendilerine verilen senaryo böyledir. Bunun sonucu olarak, 6. Alışkanlığa ve bu ilkelere hiçbir zaman tam anlamıyla açık değildirler.

Bu, hayattaki en büyük trajedilerden ve israflardan biridir, çünkü büyük bir potansiyel ellenmemiş –hiç geliştirilmemiş ve kullanılmamış– durumda kalır. Etkisiz insanlar günbegün bu kullanılmamış potansiyelle yaşarlar. Sinerjiyi sadece yaşamlarının kıyısında, küçük çaplı olaylarda görürler.

Sıradışı yaratıcı deneyimlerle ilgili anıları olabilir; belki de spor alanında, bir süre gerçek takım ruhunu yaşamışlardır. Belki de insanların, birinin yaşamını kurtarmak ya da bir krize çözüm üretmek için olağanüstü bir işbirliği yaptıkları, ego ve gururlarını bir tarafa bıraktıkları acil bir durumla karşılaşmışlardır.

Pek çok kişiye bu olaylar olağanüstü, neredeyse yaşamın doğasına aykırı, hatta mucizevi gelebilir. Ama öyle değildir. Bu tür şeyler insanların yaşamında düzenli ve tutarlı bir biçimde, neredeyse her gün yaratılabilir. Ancak bunun için çok büyük bir kişisel güvenlik, açıklık ve serüven ruhu gerekir.

Yaratıcı çabalardan çoğunun sonuçları kestirilemez. Bunlar çoğu zaman belirsiz, rastlantısal, deneme ve yanılmaya bağlı görünür. Belirsizliğe karşı pek de dayanıklı olmayan, güvenlik duyguları ilkeler ve içsel değerlerle bütünleşmekten gelmeyen insanlar ise, çok yaratıcı girişimlere katılmayı cesaret kırıcı ve itici bulurlar. Yapı, kesinlik ve tahmin edilebilirlik ihtiyaçları çok yüksektir.

SINIFTA SİNERJİ

Bir öğretmen olarak, gerçekten başarılı sınıflardan çoğunun kaosun eşiğinde yürüdüğüne inanmışımdır. Sinerji, öğretmenlerle öğrencilerin, bütünün kendi parçalarının toplamından büyük olduğu ilkesine açık olup olmadıklarını sınar.

Bazen ortaya ne çıkacağını ne öğretmen kesin olarak bilir, ne de öğrenciler. Başlangıçta, insanların gerçekten açık olmasını, öğrenmesini ve birbirinin fikirlerini dinlemesini sağlayan güvenli bir ortam vardır. Sonra yaratıcılık, hayal kurma ve entelektüel bir iletişim ağı yaratma ruhunun, değerlendirme ruhuna ağır bastığı bir beyin fırtınası oluşur. Derken kesinlikle sıradışı bir olgu meydana gelmeye başlar. Bütün sınıf, tanımlanması zor, ama oradaki insanlar için adeta elle tutulur olan yeni bir hamle, yeni bir fikir, yeni bir yön heyecanıyla dönüşüme uğrar.

Sinerji, bir grubun kolektif olarak eski senaryoları arka plana atıp yeni bir senaryo yazmayı kabul etmesi gibi bir şeydir.

Üniversitede, liderlik felsefesi ve tarzı konusunda ders verdiğim bir sınıfı hiçbir zaman unutmayacağım. Yarı yıl başlayalı üç hafta kadar olmuştu ki, bir öğrenci sunum yaparken, hem duygusal hem de içgörülü olan çok güçlü kişisel deneyimlerinden söz etmeye başladı. Sınıf alçakgönüllü ve saygılı bir havaya büründü. Bu kişiye saygı duyuyor, cesaretini takdir ediyorlardı.

Bu ruh, sinerjik ve yaratıcı çabalar için verimli bir toprağa dönüştü. Diğerleri de ona uymaya, deneyimlerini ve içgörülerini, hatta kendileriyle ilgili bazı kuşkularını paylaşmaya başladılar. Bu güven ve emniyet ruhu, pek çoğunu son derecede açık konuşmaya teşvik etti. Hazırladıkları konuşmaları yapmak yerine birbirlerinin içgörü ve fikirlerinden beslenerek, o sınıfın ne anlama gelebileceğine ilişkin yepyeni bir senaryo yaratmaya başladılar.

Bu sürece ben de katıldım. Aslında, bütün bunlar öylesine sihirli ve yaratıcı görünüyordu ki, neredeyse büyülenmiştim. Sınıf yapısına bağlılığımı yavaş yavaş yitirdiğimi ve yepyeni olasılıkları duyumsadığımı fark ettim. Bu bir hayal değildi. Eski yapı ve planı aşan bir olgunluk, istikrar ve öz oluşmuştu.

Eski ders programını, satın alınmış kitapları ve bütün sunum planlarını bir kenara atarak yeni amaçlar, projeler ve ödevler belirledik. Olup bitenler bizi öylesine heyecanlandırıyordu ki, yaklaşık üç hafta sonra hepimiz, bunları başkalarıyla paylaşmak için büyük bir istek duyduk.

İncelediğimiz konu –liderlik ilkeleri– hakkında öğrendiklerimizi ve içgörülerimizi içerecek bir kitap yazmaya karar verdik. Ödevler değiştirilmiş, yeni projeler üstlenilmiş, yeni ekipler oluşmuştu. Öğrenciler, eski sınıf yapısında hiç yapmayacakları kadar sıkı çalıştılar; hem de tamamen farklı nedenlerle.

Bu deneyimden son derece kendine özgü, tutarlı ve sinerjik bir kültür doğdu ve o yarı yılla sınırlı kalmadı. Yıllarca o sınıfın öğrencileri arasında mezunlar toplantısı yapıldı. Bugün bile, onca yıl sonra birbirimizi gördüğümüzde hâlâ o olayı konuşuyor, olup bitenleri ve nedenini açıklamaya çalışıyoruz.

Benim için ilginç olan şeylerden biri de, bu tür sinerjiyi yaratmak için gerekli güvenin o kadar kısa bir zamanda oluşmasıydı. Bence bunun nedeni büyük ölçüde, öğrencilerin görece olgun olmalarıydı. Son sınıfın ikinci yarısındaydılar ve bana kalırsa iyi bir sınıf deneyiminden daha fazlasını istiyorlardı. Yeni ve heyecan verici, kendilerinin yaratabilecekleri gerçekten anlamlı bir şeye karşı açlık duyuyorlardı. Bu onlar için "zamanı gelmiş bir fikir"di.

Ayrıca sınıfın kimyası da elverişliydi. Sinerjiyi yaşamanın, ondan söz etmekten daha güçlü olduğunu; yeni bir şey üretmenin, eski bir şeyi okumaktan daha anlamlı olduğunu hissettim.

Sinerjik denebilecek, kaosun eşiğinde asılı kalan ve bir nedenle içine düşen deneyimler de yaşadım, sanırım birçok kişinin böyle dönemleri olmuştur. Ne yazık ki bu tür deneyimlerde canı yanan kişiler, bir sonraki yeni deneyimlerine başarısız olacaklarını düşünerek başlarlar. Kendilerini ona karşı savunur ve sinerjiyle bağlarını koparırlar.

Bir kuruluşta, birkaç kişinin ihmali yüzünden yeni kurallar ve düzenlemeler getirerek pek çok kişinin özgürlüğünü ve yaratıcılığını kısıtlayan yöneticilerin davranışı böyledir. Olabilecek en kötü senaryoları hayal edip onları hukuk dilinde yazarak, bütün yaratıcılık ruhunu, girişimi ve sinerji yaratma olanağını öldüren iş ortakları da bu şekilde davranırlar.

Geri dönüp, danışmanlık ve yönetici eğitimi konusundaki deneyimlerime baktığım zaman, neredeyse her zaman sinerjik olanların öne çıktığını söyleyebilirim. Genellikle başlangıçta cesaret gerektiren bir an oluyordu; belki bu son derecede içtenlikli olmanın, belki de birey, kurum ya da aile hakkında söylenmesi gereken, ama dile getirilmesi büyük bir cesaret ve gerçek sevgi isteyen, içeride saklı bir hakikatle yüzleşmenin gereğiydi. Sonra başkaları da daha içten, açık ve dürüst oluyor, böylece sinerjik iletişim süreci başlıyordu. Genellikle bu süreç gitgide daha yaratıcı hale geliyor ve başlangıçta kimsenin beklemediği içgörü ve planlara varıyordu.

Carl Rogers'ın dediği gibi: "En kişisel olan şey, en genel olandır." Ne kadar içten olur, özellikle kişisel deneyimleriniz, hatta kendinizle ilgili kuşkularınız hakkında ne kadar dürüstçe konuşursanız, insanlar bu açıklamalarınızla bağlantı kurup kendilerini ifade etmek için o kadar cesaret bulurlar. Bu ifade diğer kişinin ruhundan beslenir ve ortaya çıkan gerçekten yaratıcı empati, yeni içgörüler ve bilgileri, sürecin devam etmesini sağlayan bir heyecan ve serüven duygusunu üretir.

Bu durumda insanlar, birbirleriyle bazen tutarsız olan, adeta yarım kalan cümlelerle iletişim kurarlar, ama her iki taraf da ötekinin ne demek istediğini çabucak anlar. İçgörüler, yeni bakış açıları, seçenekler sağlayan yeni paradigmalar, yeni alternatiflerle dolu yepyeni dünyalar açılır ve üzerinde düşünülür. Bu yeni fikirler arada bir havada kalsa da, genellikle pratik ve yararlı sonuçlar verir.

İŞ DÜNYASINDA SİNERJİ

Ortaklarımla kendi işimiz için bir misyon bildirgesi üzerinde çalışırken, özellikle anlamlı bir sinerjik deneyim yaşamıştım. Şirketin neredeyse bütün üyeleriyle dağa çıktık ve etrafımız doğanın görkemiyle sarılı olarak, bazılarımız için mükemmel bir misyon bildirgesi olan belgenin ilk taslağı üzerinde çalışmaya başladık.

İlk başlarda aramızdaki iletişim saygılı, dikkatli ve beklendiği gibiydi. Ancak önümüzdeki çeşitli alternatifler, imkânlar ve fırsatlar hakkında konuşurken, insanlar çok açık ve içtenlikli davranmaya ve yüksek sesle düşünmeye başladılar. Misyon bildirgesine ilişkin gündem, kolektif bir serbest çağrışıma, fikirlerin kendiliğinden akmasına yol açtı. İnsanlar gerçekten empatik olmanın yanı sıra, cesaretliydi de. Böylece karşılıklı saygı ve anlayıştan, yaratıcı sinerjik iletişime geçtik.

Herkes bunu hissedebiliyordu. Heyecan vericiydi. Bu olgunlaşırken, biz de gelişen ortak vizyonu kelimelere dökmeye çalıştık. Her kelimenin, katılımcılardan her biri için özel ve bağlayıcı bir anlamı vardı.

Sonunda şirketimizin misyon bildirgesi ortaya çıktı:

> Misyonumuz, insanlara ve kurumlara, ilke merkezli liderliği anlayarak ve yaşayarak değerli amaçlara erişebilmeleri için, performans yetilerini büyük ölçüde artırmalarını sağlayacak gücü vermektir.

Misyon bildirgemizin yaratılmasına yol açan sinerjik süreç, onu orada bulunan herkesin yüreğine ve zihnine kazıdı; amacımızın ne olduğu kadar, ne olmadığını da açıkça anlamamızı sağladı.

Bir diğer yüksek sinerji deneyimi de, büyük bir sigorta şirketinin yıllık planlama toplantısında yaşandı. Kaynak ve tartışma katalizörü işlevi görmek üzere çağrılmış ve daveti kabul etmiştim. Toplantıdan birkaç ay önce, bütün üst düzey yöneticilerin katılacakları iki günlük toplantının hazırlığını ve gerçekleşmesini sağlayacak olan sorumlu heyetle buluştum. Bana geleneksel modelin, soruşturma ve mülakatlar aracılığıyla dört-beş önemli meseleyi belirlemek ve alternatif önerilerin yöneticiler tarafından sunulmasını sağlamak olduğunu belirttiler. Geçmişteki toplantılar saygılı konuşmalarla geçmiş, arada bir yozlaşarak Kazan/Kaybet türü savunmacı ego savaşlarına dönüşmüştü. Genellikle kestirilebilir, yaratıcılıktan uzak ve sıkıcı oluyorlardı.

Heyet üyelerine sinerjinin gücünden söz etmeye başladığımda, potansiyelini sezebildiler. Çekinerek de olsa, modeli değiştirmeye razı oldular. Çeşitli yöneticilerden en öncelikli sorunlar konusunda imzasız raporlar hazırlamalarını istediler. Sonra da bütün yöneticilere, meseleleri ve farklı bakış açılarını anlayabilmek için toplantıdan çok önce bu raporları iyice okuyup sindirmelerini söylediler. Toplantıya sunum yapmaya değil, dinlemeye hazır olarak; savunmaya ve korumaya değil, yaratmaya ve sinerji üretmeye hazır olarak geleceklerdi.

Toplantının ilk yarım gününü 4., 5. ve 6. Alışkanlıkların ilkelerini öğreterek ve becerilerini uygulayarak geçirdik. Geri kalan zamanı ise yaratıcı sinerji için harcadık.

Ortaya çıkan yaratıcı enerji inanılacak gibi değildi. Sıkıntının yerini heyecan aldı. İnsanlar birbirlerinin etkisine çok açık hale gelip, yeni içgörüler ve seçenekler yarattı. Toplantının sonunda, şirketin merkezi sorununun yapısına ilişkin yepyeni bir anlayış gelişti. İmzasız raporlardaki önerilerin geçerliliği kalmadı. Farklılıklara değer verildi ve bunlar aşıldı. Yeni bir ortak vizyon şekillenmeye başladı.

İnsanlar gerçek sinerjiyi yaşadıktan sonra, bir daha asla eskisi gibi olmazlar. Zihinlerini genişletecek bu tür serüvenlere gelecekte de katılabileceklerini bilirler.

Çoğu zaman belirli bir sinerjik deneyim yeniden yaratılmaya çalışılır, ama bu ender olarak başarılabilir. Ne var ki, yaratıcı çalışmanın gerisindeki temel amaç *yakalanabilir.* Uzakdoğu felsefesinin "Biz ustaları taklit etmeye çalışmak yerine, onların aradığı şeyleri ararız," deyişindeki gibi, geçmişteki yaratıcı sinerjik deneyimleri taklide çalışmak yerine, yeni ve farklı, bazen de daha yüce amaçların etrafında yenilerini ararız.

SİNERJİ VE İLETİŞİM

Sinerji heyecan verir. Yaratıcılık heyecan verir. Açıklık ve iletişimin üretebileceği şeyler olağanüstüdür. Anlamlı kazanç, anlamlı gelişme olanakları öylesine gerçektir ki, bu tür bir açıklığın içerdiği riske değer.

Amerika Birleşik Devletleri, İkinci Dünya Savaşı'ndan sonra yeni kurulan Atom Enerjisi Komisyonu'nun başına David Lilienthal'i getirdi. Lilienthal, son derecede nüfuzlu –kendi alanında şöhret sahibi– deyim yerindeyse, kendi değer yargılarının müridi olan insanları bir araya getirerek bir grup kurdu.

Çok farklı kişilerden oluşan bu grubun oldukça yüklü bir gündemi vardı ve işe koyulmak için sabırsızlanıyorlardı. Üstelik basın da onları zorluyordu.

Ancak Lilienthal, dolgun bir Duygusal Banka Hesabı yaratmak için birkaç hafta uğraştı. Gruptakilerin birbirlerini tanımalarını, ilgi alanlarını, umutlarını, hedeflerini, kaygılarını, geçmişlerini, değer yargılarını ve paradigmalarını öğrenmelerini sağladı. Kişiler arasında büyük bir bağ oluşturacak türden insani etkileşimi kolaylaştırdı. Bu uğurda harcadığı zaman "verimli" olmadığı için de yoğun bir biçimde eleştirildi.

Oysa net sonuç, grubun kaynaşması, birbirine çok açık, çok yaratıcı ve sinerjik hale gelmesi oldu. Komisyon üyeleri birbirine karşı öyle saygılıydı ki, fikir ayrılığı olduğunda, zıtlaşma ve savunma yerine, herkes durumu anlamak için içtenlikle çaba harcıyordu. Tutumları şuydu: "Senin gibi zeki, yeterlikli ve görevine bağlı biri benimle aynı fikirde değilse, o zaman fikir ayrılığında benim anlamadığım bir şey var demektir; ve bunu anlamam gerekir. Senin bir bakış açın, bir değer yargın var, onları gözden geçirmeliyim."

Savunmacı olmayan etkileşim gelişti ve sıradışı bir kültür doğdu.

Aşağıdaki diyagram, güvenin farklı iletişim düzeyleriyle ne kadar yakından ilişkili olduğunu gösteriyor.

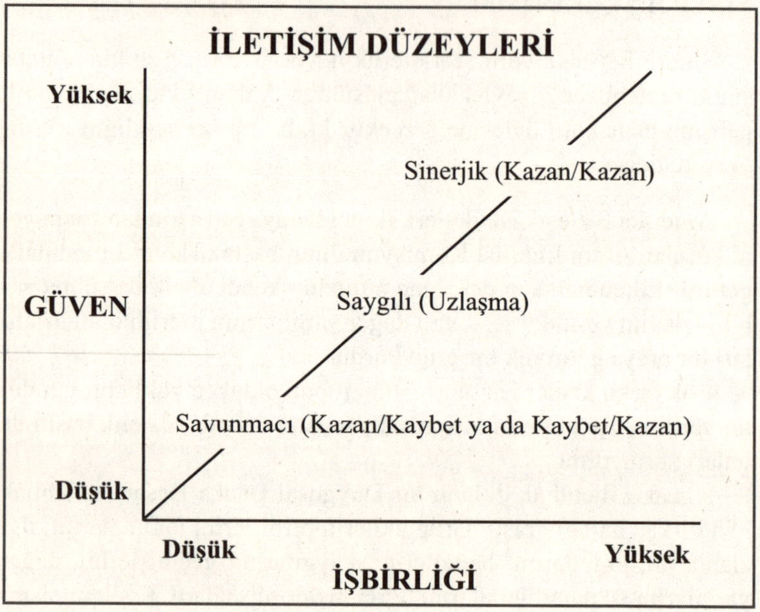

Güvenin az olduğu durumlarda görülen en düşük düzeydeki iletişimin özellikleri; savunmacılık, korunmacılık, ve işlerin ters gidebilmesi olasılığını göz önünde bulundurarak her şeyi dikkate alan, sınırlayıcı koşulları ve kaçış çekincelerini açıklayan hukuksal dildir. Bu tür iletişim sadece Kazan/Kaybet ya da Kaybet/Kaybet üretir. Etkili değildir –Ü/ÜY dengesi yoktur– ve savunma ile korunma için yeni gerekçeler yaratır.

Orta konum, saygılı iletişimdir. Bu, oldukça olgun insanların etkileşim düzeyidir. Birbirlerine karşı saygıları vardır, ama çirkin bir tartışma olasılığından kaçınmak isterler. Bu nedenle nazikçe ama empati göstermeden konuşurlar. Entelektüel açıdan birbirlerini anlayabilir, ama kendi tutumlarının temelindeki paradigmalarla varsayımlara derinlemesine bakmazlar. Yeni olasılıklara açık değildirler.

Saygılı iletişim bağımsız durumlarda, hatta karşılıklı bağlılığın olduğu durumlarda da işe yarar, ama ortaya yaratıcı olasılıklar çıkarmaz. Karşılıklı bağlılıkta genellikle benimsenen tutum uzlaşmadır. Uzlaşma, 1 + 1 = 1,5 demektir. İki taraf da hem verir, hem alır. İletişim savunmacı, koruyucu, öfkeli ya da manipülatif değildir. Dürüst, içtenlikli ve saygılıdır; ama yaratıcı ya da sinerjik değildir. Kazan/Kazan'ın bir alt şeklini yaratır.

Sinerji, 1 + 1'in 8, 16 ve hatta 1.600'e eşit olabileceği anlamına gelir. Güvenin yüksek olduğu sinerjik konum, başlangıçta önerilenlerden daha iyi çözümler üretir ve taraflar da bunu bilir. Ayrıca, bu yaratıcı sürecin gerçekten zevkini çıkarırlar. Böylece doyurucu bir mini-kültür oluşur. Kısa ömürlü olsa bile, Ü/ÜY Dengesi vardır.

Bazı durumlarda sinerji yaratılamaz ve Anlaşma Yok da uygun değildir. Ama böylesi durumlarda bile içtenlikli çabalar genellikle daha etkili bir uzlaşmaya yol açar.

ÜÇÜNCÜ ALTERNATİFİ YAKALAMAK

İletişim düzeyimizin, karşılıklı bağlılığın olduğu etkililiğimize nasıl tesir ettiğini daha iyi anlamak için aşağıdaki senaryoyu hayalinizde canlandırın:

Tatil zamanı. Baba, ailesini göller bölgesinde konaklamaya ve balık tutmaya götürmek istiyor. Bu onun için önemli. Bütün yıl boyunca bu tatili tasarlamış. Gölün kenarındaki bir kulübeyi kiralamış, kiralık bir tekne ayarlamış. Oğulları bu tatil yüzünden gerçekten heyecanlı.

Eşi ise bu tatilde 400 km. kadar uzaktaki hasta annesini ziyaret etmek istiyor. Annesini görme fırsatını çok sık bulamıyor. Bu da onun için önemli.

Farklı istekleri, olumsuz bir deneyime neden olabilir.

"Her şey tasarlandı. Çocuklar çok heyecanlı. Göle balık tutmaya gitmeliyiz," diyor adam.

"Ama annemin daha ne kadar yaşayacağını bilmiyoruz, onun yanında olmak istiyorum. Yeterli zaman bulabileceğim tek fırsat bu."

"Bütün yıl boyunca bu bir haftalık tatili sabırsızlıkla bekledik. Çocuklar büyükannelerinin evinde bütün bir hafta hiçbir şey yapmadan otururlarsa mutsuz olurlar. Herkesi de çıldırtırlar. Ayrıca annen o kadar hasta değil. Üstelik kız kardeşin ona çok yakın bir yerde oturuyor. Kendisiyle ilgilenebilir."

"O benim de annem. Onun yanında olmak istiyorum."

"Annene her akşam telefon edebilirsin. Ayrıca Noel'de ailece bir araya geldiğimizde zamanımızı onun yanında geçirmeyi planlamıştık. Unuttun mu?"

"Noel'e daha beş ay var. O zamana kadar yaşayıp yaşamayacağını bilmiyoruz. Ayrıca annem beni istiyor! Bana ihtiyacı var."

"Ona iyi bakılıyor. Hem çocuklarla benim de sana ihtiyacımız var."

"Annem balık tutmaktan daha önemli."

"Kocan ve oğulların da annenden daha önemli."

Karı-koca anlaşamadıkları için bu şekilde tartışıp dururken, sonunda bir tür uzlaşma yolu bulabilirler. Tatili ayrı ayrı geçirmeye karar verebilirler. Adam, çocukları göle balık tutmaya götürür, kadın da bu arada annesini ziyaret eder. Böylece her ikisi de suçluluk duyar ve mutsuz olur. Çocuklar bunu hisseder ve tatilin zevkini çıkaramazlar.

Adam karısının isteğine boyun eğebilir, ama istemeye istemeye yapar bunu. Üstelik bilerek ya da bilmeyerek, bu haftanın herkesi ne kadar mutsuz edeceğiyle ilgili kehanetini desteklemek için kanıtlar da bulur.

Kadın kocasının isteğine boyun eğebilir, ama içine kapanır ve annesinin sağlık durumundaki her türlü yeni gelişmeye aşırı tepki gösterir. Annesi ciddi bir biçimde hastalanıp ölürse, ne koca kendini affedebilecektir, ne de o kocasını.

Sonunda ne tür bir uzlaşma yaparlarsa yapsınlar; bu, ikisi tarafından da, yıllar boyunca duyarsızlık, ihmal ya da kötü bir kararın kanıtı olarak gösterilir. Yıllarca anlaşmazlık kaynağı olur ve hatta ailenin kutuplara ayrılmasına yol açabilir. Bir zamanlar güzel, yumuşak, doğal ve sevgi dolu olan nice evlilik, tıpkı bunun gibi bir dizi olay yüzünden çökmüş ve düşmanlığa dönüşmüştür.

Karı-koca duruma farklı açılardan bakarlar ve bu farklılık onları birbirinden uzaklaştırıp ayırabilir, ilişkilerinde bir engel oluşturabilir. Ya da onları daha yüksek düzeyde bir araya getirebilir. Eğer etkili karşılıklı bağlılık alışkanlıkları geliştirmişlerse, farklılıklarına bambaşka bir paradigmayla yaklaşırlar. İletişimleri daha yüksek düzeydedir.

Dolgun bir Duygusal Banka Hesapları olduğu için, evliliklerinde güven ve açık iletişim vardır. Kazan/Kazan diye düşündükleri için, üçüncü alternatife; ikisine de yararlı olacak, başlangıçta önerdiklerinden daha iyi bir çözüme inanırlar. Empatiyle dinledikleri ve önce anlamaya çalıştıkları için, kendi içlerinde ve aralarında, karar verirken hesaba katılması gereken değer ve kaygıların kapsamlı bir resmini yaratırlar.

Bu unsurların –dolgun Duygusal Banka Hesabı, Kazan/Kazan diye düşünmek ve önce anlamaya çalışmak– bir araya gelmesi de, sinerji için ideal ortamı yaratır.

Budizm bunu "orta yol" diye tanımlar. *Orta*, bu bakımdan uyuşma demek değildir. Daha yüksek anlamına gelir, bir üçgenin tepesi gibi.

Bu karı-koca, "orta" ya da daha yüksek yolu ararken, sevgi ve ilişkilerinin, sinerjilerinin bir parçası olduğunu anlarlar.

Konuşurlarken, adam karısının isteğini, annesinin yanında olma ihtiyacını derinden hisseder. Annelerine daha çok bakan kız kardeşini bir süre rahatlatmak istediğini anlar. Annenin daha ne kadar yaşayacağını gerçekten bilmediklerini ve onun balık tutmaktan daha önemli olduğunu da anlar.

Kadın da, kocasının aileyi bir arada tutmak ve çocuklara güzel bir deneyim yaşatmak isteğini gayet iyi anlar. Bu tatil için balıkçılık derslerine ve olta takımlarına yatırımlar yapılmış olduğunu kavrar ve güzel anılar yaratmanın önemini hisseder.

Dolayısıyla o istekleri bir araya getirirler. Artık sorunun karşı yanlarında değildirler. Bir yanda, bir aradadırlar. Soruna bakar, ihtiyaçları anlar ve onları karşılayacak üçüncü bir alternatif yaratmaya çalışırlar.

Adam, "Belki bu ay içerisinde annene gitmen için zaman bulabiliriz," diye öneride bulunur. "Hafta sonunda evin sorumluluklarını ben üstlenirim, haftanın ilk günü bir yardımcı tutarız. Sen de gidebilirsin. Annene zaman ayırmanın senin için önemli olduğunu biliyorum.

"Ya da annenin evinin yakınlarında konaklayıp balık tutmak için bir yer bulabiliriz. Belki orası göller bölgesi kadar güzel değildir ama yine de açık havada oluruz ve diğer gereksinimleri karşılarız. Çocuklar da sıkıntıdan patlamazlar. Hatta kuzenler, dayılar ve teyzelerle eğlenceler de planlayabiliriz. Bu da ek bir yarar sağlar."

Sinerji yaratırlar. İkisini de tatmin edecek bir çözüm buluncaya kadar karşılıklı konuşurlar. Bu, ikisinin de daha önce önerdikleri çözümlerden iyidir. Uzlaşmadan da iyidir. Ü ve ÜY'yi artıran sinerjik bir çözümdür.

Bu bir alışveriş değil, dönüşümdür. Her ikisi de gerçekten istediği şeyi elde eder ve süreç içinde ilişkileri de güçlenir.

NEGATİF SİNERJİ

Üçüncü alternatifi aramak, ikiliklere dayalı "ya bu / ya şu" zihniyetinden uzaklaşan önemli bir paradigma değişimidir. Ama sonuçlar arasındaki farka bir bakın!

Karşılıklı bağlılığın olduğu bir gerçeklikte insanlar sorunları çözmeye ya da karar vermeye çalıştıkları sırada, tipik olarak ne kadar negatif enerji harcanır? Başkalarını çekiştirmek, politika yapmak, rekabet etmek, şahsi çatışmalara girmek, arkasını kollamak, birinin arkasından iş çevirmek ve başkasının düşünceleri hakkında fikir yürütmek için ne kadar zaman harcanır? Bu, bir ayağınız gaz pedalında, diğeri de frendeyken araba sürmeye çalışmak gibidir!

Üstelik çoğu kişi ayağını frenden çekmek yerine, gaza daha fazla basar. Durumunu güçlendirmek için daha fazla baskı yapar, daha fazla dil döker, daha fazla mantıklı bilgi verir.

Sorun, fazlasıyla bağımlı kişilerin, karşılıklı bağlılığın olduğu bir gerçeklikte başarılı olmaya çalışmalarıdır. Ya mevkilerinden ödünç kuvvet almaya bağımlı oldukları için Kazan/Kaybet'i seçerler, ya da başkalarının beğenilerine bağımlıdırlar ve Kaybet/Kazan'ı tercih ederler. Kazan/Kazan tekniğinden söz edebilirler, ama aslında dinlemek değil, insanları yönetmek isterler. Sinerji de bu ortamda gelişemez.

Güvenliği olmayan insanlar her türlü gerçekliğin kendi paradigmalarına uyması gerektiğini düşünürler. Başkalarını klonlamaya, onları kalıba sokup kendileri gibi düşünmelerini sağlamaya büyük bir ihtiyaç duyarlar. İlişkinin gücünün başka bir bakış açısı edinmeye bağlı olduğunu kavrayamazlar. Aynı olmak, bir olmak değildir. Tekdüzelik, birlik değildir. Birlik, birbirini tamamlamaktır, aynı olmak değil. Aynı olmak yaratıcılığı engeller... ve sıkıcıdır. Sinerjinin özü, farklılıklara değer vermektir.

Ben, kişiler arası sinerji anahtarının, kişinin içindeki sinerji olduğuna inanıyorum. Kişinin içindeki sinerjinin özünü ilk üç alışkanlıktaki ilkeler oluşturur. Bunlar bize açık ve savunmasız olmanın riskleriyle baş etmeye yetecek bir güvenlik duygusu verir. O ilkeleri içselleştirerek, Kazan/Kazan'ın bolluk zihniyetini ve 5. Alışkanlığın içtenliğini geliştiririz.

İlke merkezli olmanın çok pratik sonuçlarından biri de, bizi bütünleştirmesidir. Mantıksal, sözel, sol beyin düşünce tarzını yansıtan senaryoya derinden bağlı olan kişiler, bu düşüncenin büyük bir yaratıcılık gerektiren sorunların çözülmesinde ne kadar yetersiz olduğunu keşfederler. Bunun farkına varır ve sağ beyinlerinde yeni bir senaryo yazmaya başlarlar. Aslında uyur vaziyette de olsa, sağ beyin her zaman oradadır. Kaslar gelişmemiş, ya da belki ilk çocukluk yıllarından sonra formel eğitim ya da sosyal senaryolar ağırlıklı olarak sol beyni vurguladığı için körelmiştir.

Kişi hem sezgisel, yaratıcı ve görsel olan sağ beyne, hem de analitik, mantıksal ve sözel olan sol beyne erişebildiğinde, bütün beyni çalışıyor demektir. Bir başka deyişle, kafamızın içinde psişik sinerji oluşur ve bu, hayatın gerçekliğine en uygun araçtır; çünkü hayat sadece mantıksal değil, aynı zamanda duygusaldır.

Bir gün, Florida'nın Orlando kentinde bir şirkete "Soldan Yönet, Sağdan Liderlik Et" diye adlandırdığım bir seminer veriyordum. Mola sırasında, şirketin başkanı yanıma gelip şöyle dedi: "Stephen, bu ilginç bir konu. Ancak ben bu malzemenin işimden çok evliliğime uygulanabileceğini düşündüm. Eşimle aramızda gerçek bir iletişim sorunu var. Acaba öğle yemeğine bize gelip birbirimizle nasıl konuştuğumuzu dinleyebilir misin?"

"Olur, gelirim," diye yanıtladım.

Hep birlikte otururken, karşılıklı nezaket sözleri söylendi. Sonra adam eşine dönerek, "Bak, hayatım," dedi. "Stephen'ı aramızdaki iletişim konusunda bize yardım edip edemeyeceğini anlaması için öğle yemeğine çağırdım. Benim daha duyarlı, düşünceli bir koca olmamı istediğini biliyorum. Bana yapmam gerektiğini düşündüğün belirli bir şey söyleyebilir misin?" Egemen sol beyni olguları, rakamları, ayrıntıları, parçaları istiyordu.

"Sana daha önce de söylediğim gibi belirli bir şey yok. Bu daha çok benim öncelikler konusundaki genel bir sezgimle ilgili." Kadının egemen sağ beyni sezgiyle ve *gestalt*'la, bütünle, parçalar arasındaki ilişkiyle ilgileniyordu.

"'Öncelikler konusundaki genel bir sezgi'den kastın ne? Benim ne yapmamı istiyorsun? Bana elle tutulur, belirli bir şey söyle!"

"Bu sadece bir duygu." Kadının egemen sağ beyni imgelerle, sezgisel duygularla ilgileniyordu. "Evliliğimiz senin için, iddia ettiğin kadar önemli değilmiş gibi geliyor bana."

"Peki, daha önemli hale getirmek için ne yapabilirim? Bana belirli, somut bir şey söyle."

"Bunu sözlerle açıklamak zor."

Adam bu noktada gözlerini yuvalarında döndürerek bana baktı. "Stephen, kendi evliliğinde bu tür bir aptallığa dayanabilir misin?" diye sorar gibiydi.

"Bu sadece bir duygu. Çok güçlü bir duygu," diye ekledi kadın.

"Hayatım, bu senin sorunun. Bir de annenin sorunu. Hatta tanıdığım her kadının sorunu," dedi adam.

Sonra, kadının yazılı ifadesini alıyormuş gibi onu sorguya çekmeye başladı.

"Yaşamak istediğin yerde yaşıyor musun?"

Kadın, "Mesele bu değil," diye içini çekti. "Hiç değil."

Adam zorlama bir sabırla, karşılık verdi: "Biliyorum. Ama bana sorunun ne olduğunu tam anlamıyla söylemediğin için, keşfetmenin en iyi yolu, ne *olmadığını* bulmak diye düşünüyorum. Yaşamak istediğin yerde yaşıyor musun?"

"Sanırım."

"Hayatım, Stephen burada bize yardım etmek için ancak birkaç dakika kalabilecek. Sorularıma sadece çabucak, 'evet,' ya da 'hayır,' diye cevap ver. Yaşamak istediğin yerde yaşıyor musun?"

"Evet."

"Peki, bu tamam! İstediğin her şeye sahip misin?"

"Evet."

"İyi! Yapmak istediğin şeyleri yapıyor musun?"

Bu bir süre devam etti. Onlara hiç yardım edemediğimin farkındaydım. O yüzden araya girip, "İlişkiniz hep böyle mi?" diye sordum.

"Her gün böyle, Stephen," dedi adam.

Kadın ise içini çekti: "Evliliğimizin hikâyesi bu."

İkisine şöyle bir baktım ve aklımdan onların bir arada yaşayan iki yarım beyinli insan oldukları geçti. "Çocuğunuz var mı?" diye sordum.

"Evet. İki tane."

İnanamıyormuş gibi, "Sahi mi?" dedim. "Bunu nasıl başardınız?"

"'Bunu nasıl başardınız' da ne demek?"

"Çok sinerjik davranmışsınız," diye açıkladım. "Bir artı bir, genellikle ikiye eşittir. Ama siz 'bir artı bir'i dörde eşitlemişsiz. İşte bu sinerjidir. Bütün, parçalarının toplamından büyüktür. O halde, bunu nasıl yaptınız?"

Adam, "Nasıl yaptığımızı biliyorsun!" dedi.

"Farklılıklara değer vermiş olmalısınız!" diye vurguladım.

Farklılıklara Değer Vermek

Farklılıklara değer vermek, sinerjinin özüdür; insanlar arasındaki zihinsel, duygusal ve psikolojik farklılıklara değer vermenin anahtarı da, tüm insanların dünyayı, olduğu gibi değil, kendilerinin olduğu gibi gördüğünü kavramaktır.

Dünyayı olduğu gibi gördüğümü sanıyorsam, farklılıklara değer vermeyi neden isteyeyim? Niçin "raydan çıkmış" biriyle uğraşmayı göze alayım? Benim paradigmam, nesnel olmamdır; dünyayı olduğu gibi görürüm. Herkes önemsiz ayrıntılara saplanıp kalmışken, ben daha büyük resmi görürüm. İşte bu yüzden bana *süpervizör* (üst gözetmen) diyorlar; benim süper vizyonum var.

Paradigmam buysa, hiçbir zaman etkili bir biçimde karşılıklı bağlılığa sahip olmayı başaramam. Hatta etkili bir biçimde bağımsız bile olamam. Kendi koşullanmamın paradigmalarıyla sınırlı kalırım.

Gerçekten etkili olan kişi, kendi algısal sınırlılığını fark edip, diğer insanların yürekleri ve zihinleriyle etkileşim kurarak elde edilen zengin kaynakları takdir edecek kadar alçakgönüllü ve saygılıdır. Bu kişi farklılıklara değer verir, çünkü o farklılıklar, gerçeklik hakkındaki bilgisine, anlayışına katkıda bulunur. Kendi deneyimlerimizle baş başa kaldığımızda, sürekli veri eksikliğinin sıkıntısını çekeriz.

İki insanın anlaşamaması, ama ikisinin de haklı olması mantıklı mıdır? Mantıklı değil; *psikolojik*tir. Üstelik çok gerçektir. Siz genç kadını görürsünüz, bense yaşlı hanımı. İkimiz de aynı resme bakarız ve ikimiz de haklıyızdır. Aynı siyah çizgileri, aynı beyaz boşlukları görürüz. Ama onları farklı bir biçimde yorumlarız, çünkü farklı yorumlayacak şekilde koşullandırılmışız.

Algılarımız arasındaki farklılıklara, birbirimize değer vermediğimiz ve ikimizin de haklı olabileceği ihtimaline, yaşamın her zaman ikilikli bir "ya şu / ya bu" olmadığına, üçüncü alternatiflerin neredeyse her zaman bulunduğuna inanmıyorsak, o koşullanmanın sınırlarını hiçbir zaman aşamayız.

Benim tek görebildiğim yaşlı hanımdır. Ama sizin başka bir şey gördüğünüzü kavrarım. Ve size değer veririm. Algınıza değer veririm. Anlamak isterim.

Bu nedenle algılama farklılığımızın farkına vardığım zaman, "İyi!" derim. "Sen bunu farklı görüyorsun! Şimdi senin gördüğünü görebilmem için bana yardım et."

İki kişi aynı görüşe sahipse, birisi gereksiz olur. Benim gibi yaşlı hanımı gören biriyle iletişim kurmamın bana hiç yararı olmaz. Benimle aynı fikirde olan biriyle konuşmak, onunla iletişim kurmak istemem. Sizinle iletişim kurmak isterim, çünkü siz resmi farklı bir biçimde görüyorsunuz. Ben bu farklılığa değer veririm.

Bunu yaparken, sadece kendi farkındalığımı artırmakla kalmayıp, sizi onaylarım. Size psikolojik soluk aldırırım. Ayağımı frenden çeker, belirli bir tutumu savunmak için yatırmış olabileceğiniz negatif enerjiyi salıveririm. Sinerji için bir ortam yaratırım.

Farklılığa değer vermenin önemini eğitimci Dr. R.H.Reeves'in yazdığı, sıklıkla alıntılanan "Hayvan Okulu" adlı masal yakalamaktadır.

> "Hayvanlar vaktiyle 'Yeni Dünya'nın sorunlarını çözmek için kahramanca bir şeyler yapmaları gerektiğine karar vererek, bir okul açmışlar. Koşmak, tırmanmak, yüzmek ve uçmaktan oluşan bir etkinlik programı hazırlanmış. Yönetimi kolaylaştırmak için de, bütün hayvanlar bütün derslere katılıyormuş.
>
> Ördek, yüzmede çok ustaymış, hatta öğretmeninden de usta. Uçma dersinde de çok iyi notlar almış, ama koşmada çok beceriksizmiş. Koşmadan düşük not aldığı için, yüzmeyi bırakması ve derslerden sonra okulda kalıp koşma alıştırmaları yapması gerekiyormuş. Bunu perdeli ayakları fena halde yıpranıncaya kadar yapmış. Üstelik yüzmede ancak orta not alabilmiş. Ama okulda orta notlar kabul gördüğünden, duruma kendisinden başka üzülen olmamış.
>
> Tavşan, koşma dersinde ilk başlarda sınıf birincisiymiş, ama yüzmede durumunu telafi etmesi için çok çalışması gerektiğinden bunalım geçirmiş.
>
> Sincap, tırmanmada harikaymış, ama uçma dersinde öğretmeni onu ağaç tepesinden aşağı değil de, yerden yukarı uçmaya zorlayınca

hüsrana uğramış. Ayrıca kendisini aşırı zorladığı için kaslarına kramp girmeye başlamış ve tırmanmakta 'C', koşmada da 'D' almış.

Kartal, sorunlu bir çocukmuş ve sert bir biçimde disipline sokulması gerekiyormuş. Tırmanma dersinde diğer öğrencilerin hepsinden önce ağacın tepesine varıyormuş, ama bunu ille de kendi yöntemleriyle yapmak istiyormuş.

Yıl sonunda, son derece iyi yüzen, ayrıca koşabilen, tırmanabilen, biraz da uçabilen anormal bir yılan balığı, en yüksek not ortalamasını tutturmuş ve mezuniyet günü sınıf birincisi olarak veda konuşmasını o yapmış.

Çayır köpekleri, okul yönetimi programa yer kazma ve tünel açmayı almadığı için, ne okula gitmişler ne de vergi ödemeyi kabul etmişler. Çocuklarını porsuğun yanına çırak olarak vermişler. Daha sonra da yer sincapları ve dağ sıçanlarıyla birleşerek başarılı bir özel okul açmışlar.

Kuvvet Alanı Analizi

Karşılıklı bağlılığın olduğu bir durumda sinerji, gelişim ve değişimin aleyhine işleyen negatif kuvvetlerle başa çıkmakta özellikle güçlüdür.

Sosyolog Kurt Levin bir *"Kuvvet Alanı Analizi"* modeli geliştirdi ve herhangi bir mevcut performans veya varoluş düzeyini, yukarıya doğru hareketi teşvik eden itici kuvvetlerle, bunu önlemeye çalışan engelleyici kuvvetlerin arasındaki bir denge durumu olarak betimledi.

İtici kuvvetler genellikle pozitif, akla yakın, mantıklı, bilinçli ve ekonomiktir. Bunun karşısındaki engelleyici kuvvetler ise çoğu zaman negatif, duygusal, mantıksız, bilinçsiz ve sosyal/psikolojiktir. Her iki kuvvet dizisi de son derece gerçektir ve değişimle uğraşırken hesaba katılmaları gerekir.

Örneğin bir ailede, evin belirli bir "*iklim*"i vardır; pozitif ya da negatif etkileşimin, duyguların ya da kaygıların açıklanmasına duyulan güven ya da güvensizliğin, aile üyeleri arasındaki iletişime gösterilen saygı ya da saygısızlığın belirli bir düzeyi vardır.

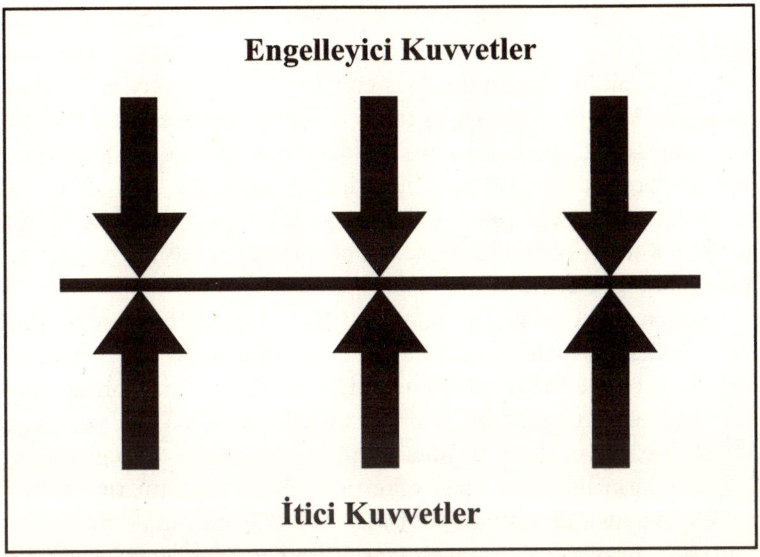

Bu düzeyi değiştirmeyi gerçekten isteyebilirsiniz. Daha pozitif, daha saygılı, daha açık ve güvenli bir iklim yaratmak isteyebilirsiniz. Bunu yapmak istemenizin mantıklı nedenleri, düzeyi yükseltici etki yapan itici kuvvetlerdir.

Ancak bu itici kuvvetleri artırmak yeterli değildir. Çabalarınıza engelleyici kuvvetler karşı koyar: Çocukların arasındaki rekabet ruhu, sizin ve eşinizin ilişkiye taşımış olduğunuz ev yaşamıyla ilgili farklı senaryolar, ailede gelişen alışkanlıklar, işiniz ya da zaman ve enerji harcamanıza neden olan diğer şeyler.

İtici kuvvetlerin artırılması bir süreliğine sonuç getirebilir. Ama engelleyici kuvvetler yerinde kaldığı sürece, gitgide zorlaşır. Bu, tıpkı bir yayı bastırmaya benzer. Ne kadar çok bastırırsanız, o kadar zorlanırsınız. Sonunda yayın kuvveti ansızın düzeyi eski haline getirir.

Bunun sonucunda oluşan bir aşağı bir yukarı hareket, ya da "yoyo" etkisi, birkaç denemeden sonra "insanlar işte böyle," ve "değişmek çok zor," diye düşünmenize neden olur.

Ancak işin içine sinerjiyi soktuğunuz zaman, 4. Alışkanlığın dürtüsünü, 5. Alışkanlığın becerisini ve 6. Alışkanlığın etkileşimini kullanarak, doğrudan doğruya engelleyici kuvvetlere etki yaparsınız. Bu kuvvetler hakkında rahatça konuşulabilecek bir atmosfer yaratabilirsiniz. Buzlarını eritir, gevşetir ve o engelleyici kuvvetleri itici kuvvetlere dönüştürecek içgörüleri yaratırsınız. İnsanların sorunla ilgilenmelerini, içine dalmalarını sağlarsınız. Böylece bunun kendi sorunları olduğunu hissedip, çözümün önemli bir parçası olma eğilimi gösterirler.

Bunun sonucunda yeni, ortak hedefler yaratılır ve bütün girişimde bir yükselme hareketi görülür; hem de çoğu kez kimsenin ummadığı bir biçimde. Bu hareketin içerdiği heyecan yeni bir kültür yaratır. Harekete katılanlar, birbirlerinin insanlık ağına takılıp, yeni, taze düşüncelerle, yeni yaratıcı alternatifler ve fırsatlarla güçlenirler.

İnsanların birbirine karşı öfkeli olduğu ve konumlarını savunmak için avukatlar tuttuğu görüşmelere birkaç kez katıldım. Bu pazarlıklar sorunu kızıştırmaktan başka işe yaramaz, çünkü yasal süreç kişiler arası iletişimi zayıflatır. Güven düzeyi öylesine düşüktür ki, taraflar sorunu mahkemeye götürmekten başka seçenekleri olmadığını düşünürler.

Bu tür durumlarda, "İki tarafı da gerçekten memnun edecek bir Kazan/Kazan çözümüyle ilgilenir misiniz?" diye sorarım.

Genellikle buna olumlu yanıt verirler. Ama birçoğu aslında bunun mümkün olmadığına inanır.

"Karşı tarafı razı edersem, birbirinizle gerçekten iletişim kurmaya başlar mısınız?"

Bu soruya da yine genellikle "evet" derler.

Neredeyse her olayda sonuçlar gerçekten şaşırtıcı olur. Aylardır hukuksal ve psikolojik açıdan boğuşulan sorunlar birkaç saat ya da birkaç gün içinde çözülür. Ayrıca bunlar bir mahkeme salonunda varılan uzlaştırıcı çözümler değil, iki tarafın da bağımsız olarak önerdiğinden daha iyi, sinerjik çözümlerdir. Çoğu durumda ilişki devam eder; hem de başlangıçta güven düzeyi çok düşük ve ilişkideki kopukluk onarılamayacak kadar derin göründüğü halde.

***

Geliştirme programlarımızdan birinde, yöneticilerden biri yıllardır müşterisi olan bir sanayici tarafından performans eksikliği nedeniyle dava edilen bir imalatçının durumunu anlattı. İki taraf da kesinlikle haklı olduğuna inanıyor ve karşı tarafın ahlak kurallarına aykırı davrandığını, tamamen güvenilmez olduğunu düşünüyordu.

5. Alışkanlığı uygulamaya başladıklarında iki şey açıklık kazandı. Birincisi, başlangıçtaki iletişim sorunları yanlış anlamaya yol açmış, sonra da suçlamalar ve karşı suçlamalar bunu şiddetlendirmişti. İkincisi, taraflar başlangıçta iyi niyetle davranmışlardı. Hukuki bir savaşın maliyeti ve zorlukları hoşlarına gitmemiş, ama başka çare de bulamamışlardı.

Bu iki şey açığa çıkar çıkmaz, 4., 5. ve 6. Alışkanlıkların ruhu duruma hâkim oldu. Sorun çabucak çözüldü ve ilişkinin gelişmesi sürdü.

Bir başka örnek olarak, çaresizce yardım arayan bir emlakçı bir sabah erkenden bana telefon etti. Ana para ve faiz ödeme takvimine uymadığı için, banka ipotekli bir arazisine el koymak istiyordu, o da bundan kaçınabilmek için bankaya dava açmıştı. Araziyi parselleyip satmak için ek krediye ihtiyacı vardı, eski borcunu ancak bu şekilde ödeyebilecekti. Banka ise ödemeler takvime uygun biçimde yapılmadıkça kredi vermeyi reddediyordu. Sermaye yetersizliğinin neden olduğu, malum tavuk ve yumurta sorunuydu bu.

Bu arada proje yarım kalmıştı. Sokakları yaban otları bürümüştü. İnşa edilmiş olan birkaç evin sahibi, mülklerinin değerinin düştüğünü görerek öfkeleniyordu. Kent belediyesi 'seçkin site' projesinin zamanında tamamlanmayacağından ve mahallenin çirkin bir görünüm alacağından endişeleniyordu. Banka ve emlakçı, daha şimdiden adli giderlere on binlerce dolar harcamışlardı ve davaya ancak birkaç ay sonra bakılabilecekti.

Bu emlakçı çaresiz durumda olduğu için 4., 5. ve 6. Alışkanlıkların ilkelerini denemeye isteksizce razı olup, daha da isteksiz olan bankacılarla bir toplantı düzenledi.

Toplantı, bankanın konferans salonlarından birinde, sabah 8.00'de başladı. Gerilim ve güvensizlik, elle tutulur gibiydi. Bankanın avukatı, yetkililere hiçbir şey söylememelerini tembih etmişti. Onlar sadece dinleyecek ve yalnız kendisi konuşacaktı. Avukat, bankanın mahkemedeki durumunu tehlikeye atacak herhangi bir şey olsun istemiyordu.

İlk bir buçuk saat boyunca 4., 5. ve 6. Alışkanlıkları öğrettim. 9.30'da karatahtaya gidip, daha önceki anlayışımıza dayalı olarak bankanın endişelerini yazdım. Başlangıçta bankacılar hiç seslerini çıkarmadılar. Ancak biz Kazan/Kazan amaçlarıyla iletişim kurup önce anlamaya çalıştıkça, gitgide açıldılar ve durumu açıklamaya başladılar.

Bankacılar anlaşıldıklarını hissederken, bütün hava değişti ve sorunun barışçıl yoldan çözülme olasılığı gözle görülür bir ivme, bir heyecan duygusu yarattı. Avukatın itirazlarına rağmen bankanın yetkilileri daha fazla açılıp, kişisel endişelerini bile dile getirdiler. "Biz buradan çıktığımız zaman genel müdürün söyleyeceği ilk söz, 'Paramızı aldık mı?' olacak. Ona ne cevap vereceğiz?"

Saat 11.00'de bankacılar hâlâ haklı olduklarına inanıyor, ama anlaşıldıklarını hissediyorlardı. Artık savunmacı ve işgüzar tutumlarından vazgeçmişlerdi. Bu noktada, emlakçının endişelerini dinlemeye hazırdılar. Onları da karatahtanın öbür tarafına yazdık. Bu, daha derin bir karşılıklı anlayışa yol açtı. Herkes başlangıçtaki bozuk iletişimin yanlış anlamaya ve gerçeklere uymayan beklentilere neden olduğunu; Kazan/Kazan ruhuyla sürdürülecek bir iletişimin ileride önemli sorunların çıkmasını engelleyebileceğini kavradı.

İki tarafın da hissettiği kronik ve şiddetli acının gerçek bir ilerleme duygusuyla birleşmesi, iletişimin sürmesini sağladı. Toplantının sona ermesi gereken öğle vaktinde herkes pozitif, yaratıcı ve sinerjikti. Konuşmayı sürdürmek istiyorlardı.

Emlakçının ilk önerisi bir Kazan/Kazan yaklaşımının başlangıcı olarak görüldü. Sinerji yaratacak şekilde daha da geliştirildi ve saat 12.45'te emlakçıyla iki banka yetkilisi, ellerindeki planı Ev Sahipleri Derneği'ne ve belediyeye sunmak üzere beraberce ayrıldılar. Durumu karmaşıklaştıran gelişmelere rağmen, hukuki savaştan vazgeçildi ve inşaat projesi devam edip başarıyla sonuçlandırıldı.

İnsanların hukuksal süreçlere başvurmamaları gerektiğini öne sürüyor değilim. Bazı durumlarda buna kesinlikle gerek vardır. Ama bence mahkeme ilk değil, son çare olmalı. Önlem alma anlayışıyla bile olsa, bu yola çok erken başvurulursa, korku ve hukuksal paradigma bazen sinerjik olmayan düşünce ve hareket süreçlerine yol açar.

BÜTÜN DOĞA SİNERJİKTİR

Ekoloji, temel anlamda doğadaki sinerjiyi betimleyen bir sözcüktür: Her şey diğer her şeyle ilişkilidir. Yaratıcı güçler, ilişki içinde doruğuna erişir; tıpkı Yedi Alışkanlık'taki gerçek gücün sadece alışkanlıkların kendilerinde değil, birbirleriyle olan ilişkilerinde de bulunması gibi.

Parçaların ilişkisi aynı zamanda, bir aile ya da kurum içinde sinerjik bir kültür yaratılmasını sağlayan güçtür. İlgi ne kadar içtense, sorunların analiz edilip çözülmesine katılım o kadar samimi, bireylerin açığa çıkan yaratıcılığı ve yarattıklarına karşı bağlılığı da o kadar büyük olur. Benim kanımca bu, Japonların işe yaklaşımlarındaki, dünya pazarını değiştiren gücün özüdür.

Sinerji işe yarar; doğru bir ilkedir. Önceki bütün alışkanlıkların en yüksek başarısıdır. Karşılıklı bağlılığın bulunduğu bir gerçeklikte etkili olmaktır. Ekip çalışması, ekip kurulması, diğer insanlarla birlik ve yaratıcılığın geliştirilmesidir.

Karşılıklı bağlılık olan bir etkileşimde başkalarının paradigmalarını ya da sinerjik sürecin kendisini denetleyemeseniz de, büyük miktarda bir sinerji Etki Alanınızın içindedir.

Kendi iç sinerjiniz tümüyle bu alanın içindedir. Doğanızın her iki yanına da –çözümleyici ve yaratıcı yanlarına– saygı gösterebilirsiniz. Aralarındaki farka değer verebilir ve bu farkı yaratıcılığın katalizörü olarak kullanabilirsiniz.

Çok düşmanca bir çevrede bile kendi içinizde sinerjik olabilirsiniz. Hakaretleri üstünüze almak zorunda değilsiniz. Negatif enerjiden kaçınabilirsiniz. Başkalarının iyi yanlarını arayabilir ve o iyi yanları, ne kadar farklı olursa olsun, kendi görüşlerinizi geliştirmek ve bakış açınızı genişletmek için kullanabilirsiniz.

Karşılıklı bağlılığın var olduğu durumlarda açık olmak, fikirlerinizi, duygularınızı ve deneyimlerinizi, başkalarını da açık olmaya teşvik edecek bir biçimde dile getirmek için cesaretinizden yararlanabilirsiniz.

Başkalarının farklılığına değer verebilirsiniz. Biri sizinle aynı fikirde olmadığı zaman, "Tamam! Sen bunu farklı görüyorsun," diyebilirsiniz. Bu fikirleri kabul etmek zorunda değilsiniz. Sadece onları onaylayıp anlamaya çalışabilirsiniz.

Yalnızca iki alternatif –sizinki ve "yanlış" olan– gördüğünüzde, sinerjik bir üçüncü alternatif arayabilirsiniz. Neredeyse her zaman bir üçüncü alternatif vardır ve Kazan/Kazan felsefesini uygulayıp gerçekten anlamaya çalışırsanız, ilgili herkes için daha iyi bir çözüm bulabilirsiniz.

Uygulama Önerileri

1. Tipik bir biçimde her şeyi sizden farklı gören birini düşünün. Bu farkların, üçüncü alternatif çözümlerine doğru birer basamak olarak kullanılmalarını sağlayacak yolları düşünün. Belki yeni bir proje ya da sorun konusunda onun fikrini alıp, duyabileceğiniz farklı görüşlere değer verebilirsiniz.
2. Sizi sinirlendiren insanların bir listesini yapın. Bu kişiler farklı görüşleri mi temsil ediyor? İçinizdeki güvenlik duygusu daha fazla olsaydı ve farklılığa değer verseydiniz, o görüşler sinerji yaratabilir miydi?
3. Daha fazla ekip çalışması ve sinerji gerektiren bir durum saptayın. Sinerjinin desteklenmesi için hangi koşulların mevcut olması gerekirdi? Bu koşulları yaratmak için ne yapabilirsiniz?
4. Birisiyle aranızda fikir ayrılığı ya da çatışma olduğu bir sonraki durumda, o kişinin tutumunun ardındaki kaygıları anlamaya çalışın. Bu kaygıları yaratıcı ve karşılıklı yarar sağlayacak bir biçimde ele alın.

6. Alışkanlık: Sinerji Yarat Üzerine Yeni İçgörüler

SEAN COVEY

Sergey yeni öğrencilere bahar yönlendirmesinde yardımcı olmakla görevlendirildiğinde, Stanford Üniversitesi'nde iki yıllık bilgisayar bilimi öğrenimi görüyordu. O sabah, Larry adındaki bir çocuğa kampusu göstermesi istenmişti.

Anında kanları kaynamadığı gibi, birbirlerini itici de bulmadılar. Neredeyse her konuda karşıt görüşteydiler – ama her konuda birbirlerine karşı çıkarken o kadar eğlenmişlerdi ki sonunda dost oldular.

Hem Sergey hem de Larry bilgisayarlardan hoşlansa da, ikisi birbirinin tam zıddıydı. Sergey bir eğlence adamıydı; Larry mahrem ve çekingendi. Sergey yerinde duramıyordu; Larry bir keresinde bin bir zahmetle LEGO tuğlalarıyla bir bilgisayar inşa etmişti.

Sonraları Larry'nin bitirme tezinin bir parçası olarak birlikte çalıştıklarında, internette arama yapmanın yeni bir yolunu denediler. O zamanlar, bilgisayara bir sözcük yazardınız ve internet o sözcüğün kaç kez ve nerede göründüğünü ortaya dökerdi.

Larry sözcükleri değil, bağlantıları aramanın ilginç olacağını düşünüyordu. Hesaplarına göre bir web sitesi başka web sitelerine ne kadar sık bağlanırsa, o kadar önemli olacaktı. Onun yaklaşımını kullanırsanız, arama sonuçları önem sırasına göre ekranınızda belirecekti.

Sergey ile Larry yeni programlarına "BackRub" adını verdiler, çünkü bağlantıların sayısını orijinal bir web sitesine doğru *geri* sayıyordu. Programı çalıştırmak için Larry'nin odasını o kadar çok sayıda ucuz bilgisayarla doldular ki üniversitenin bilgisayar ağı neredeyse çökecekti. Bu nedenle projelerini bir arkadaşın garajına taşıdılar.

Yıllar sonra şimdi, bir milyondan fazla kişi BackRub'ı kullanıyor – şimdiki adıyla Google, Larry Page ile Sergey Brin'in bir yurtta başlattıkları şirket.

Google'ı kuran iki üniversiteli delikanlı herhangi bir konuda nadiren anlaşırlardı. Hep aynı fikirde olsalar ne olurdu? Tamı tamına aynı yeteneklere sahip olsalar ne olurdu? İkisi de aynı –ya içedönük ya da dışadönük – olsa ne olurdu? Açıkça, dünyanın en büyük şirketlerinden birini kurmak için birbirlerinin güçlü yönlerine ihtiyaçları vardı. İkisi de bunu tek başına yapamazdı.

3'ÜNCÜ ALTERNATİFLERE İNANIN

Binlerce kuruluşla çalıştıktan sonra, FranklinCovey'de sinerjinin işe yaradığını öğrendik. Bu sadece güzel bir kuram ya da bir ideal değil. Hayat bir takım sporudur ve doğru tutum ve becerilerle, karmaşık sorunlara sinerjik çözümler bulabilirsiniz – her zaman değilse de çoğu zaman. 3'üncü Alternatifleri bulmak için, var olduklarına inanmanız gerekir. Birlikte çalışarak, ikimizin de düşündüğünden daha iyi bir çözüm bulabiliriz. Buna inanmazsanız –sinerjinin gerçekçi olmadığını, ya sizin yolunuzun ya da benimkinin geçerli olduğunu düşünürseniz– asla üstesinden gelemezsiniz.

3'üncü Alternatifler bulmanın temel yapı taşlarından biri, egonuzu bir kenara bırakıp en iyi çözümü bulmaya dahil olan herkesin ortak zekâsına ihtiyacınız olduğunu kabullenmektir. Her birey farklı biçimlerde akıllıdır ve herkes katkı sağlayabilir. Giderek, bilim bize zekânın ne kadar karmaşık bir şey olduğunu öğretiyor. Harvard Eğitim Fakültesi'nde ders veren psikolog Howard Garner, dokuz farklı zekâ türü olduğunu ileri sürüyor ve her bireyin bu özelliklerin birine ya da birkaçına sahip olduğunu belirtiyor:

1. Mekânsal: Kişinin hem büyük hem de küçük mekânlarda kendi ben'ini bulma yeteneği.
2. Dilsel: Yazılı ve sözlü kelimelerle uğraşma yeteneği.
3. Mantıksal-Matematiksel: Mantık, sayılar ve muhakeme ile başa çıkma yeteneği.
4. Kinestetik: Eşgüdüm, zamanlama duygusu, iyi refleksler, el çabukluğu.
5. Müzikal: Seslere, tonlara, ritimlere ve perdeye duyarlılık.

6. Kişiler arası: Başkalarının ruh halleri ve dürtülerine duyarlılık; işbirliği yapma, iyi geçinme ve "takım oyuncusu" olma yeteneği.
7. İçsel: Kendini yansıtma ve kendi hislerini çözme yeteneği.
8. Natüralist: Doğal dünyada hayvanlar, bitkiler, bulutlar ve diğer konfigürasyonlar arasında önemli ayrımlar yapma yeteneği.
9. Varoluşsal: Yaşama dair önemli soruları gündeme getirme ve yanıtlar arama eğilimi.[1]

3'üncü Alternatifler bulmanın bir başka yapı taşı da konuşmadır. Birbirimizle iletişim kurmayı öğrenmeliyiz. Mutlaka. Beyin fırtınası yapmalı, meseleleri enine boyuna konuşmalı, birbirimizle fikir alışverişi yapmalı ve tekrar tekrar çizim tahtasına dönmeliyiz. Wilbur ve Orville Wright, çok sayıda tartışma yapmadan ve birbirlerinin farklılıklarına değer vermeden uçağı yaratamazlardı. Ölümünden kısa bir süre önce Wilbur şu açıklamayı yapmıştı: "Yaşamlarımızda ulaştığımız hemen her şey aramızdaki konuşmaların, önerilerin ve tartışmaların sonucuydu."

Yerel TV istasyonlarında, haber ve satış bölümleri çoğunlukla çatışma içindedir. Televizyon istasyonunun bir anlaşmazlığa sağlıklı iletişim ve beyin fırtınası yoluyla nasıl bir 3'üncü Alternatif bulabildiğini benimle paylaşan meteorolog Travis Koshko'nun durumu da böyleydi.

> Yıllar boyunca, televizyon istasyonum yanlış sıcaklık tahminlerini özendiren "Üç Dereceli Garanti" yarışması yaptı. Ne zaman önceki günün tahminini üç derecenin üzerinde ıskalasam, segment sponsorundan gelen küçük bir ödül dağıtırdık.
>
> Yaklaşık on yıl sonra, yarışmanın bayatladığı açıklık kazandı: yarışmaya katılan izleyicilerin sayısı sürekli düşüyordu. Tahmini çok sık ıskalamıyor olmamız tahmin itibarımız açısından çok iyiydi, ama aynı zamanda hiçbir şeyi hediye etmediğimiz anlamına geliyordu. Yarışmaya katılan izleyicilerin sayısı en sonunda nereyse sıfıra indi ve görünüşe bakılırsa yarışma. sponsora maruz kalma ve izleyici ilgisi açısından

1) Gardner, Howard: *Çoklu Zekâ: Yeni Ufuklar*. Optimist Yayınları, 2013.

başarısızdı. Tüm segmenti iptal mi etsek diye düşündüm, ama müşteri temsilcimiz Josephine, istasyonun gelirini korumak için devam etmek istedi. Anlaşmazlık içindeydik ve bir değişime ihtiyacımız vardı.

O yüzden Josephine'e yeni bir fikir önerdim: neden yarışmayı bir "çekiliş" formatıyla yeniden yapılandırmıyorduk? Bir ikramiye –istasyon kanal sayımızla örtüşen 19 dolar– ile başlayacak ve tahmini üç derece içerisinde tutturduğumuz her gün, ikramiyeye 5 dolar daha ekleyecektik. Üç derecenin üzerinde yanıldığımızda bütün ikramiyeyi dağıtacaktık ve ardından ikramiye yine 19 dolardan başlayacaktı. Böylece bizim isabetli tahminde bulmamız ve insanların da ödül arttıkça yarışmaya katılması sürekli teşvik edilmiş olacaktı.

Farkına vardığım ilk şey Josephine'in etkime tamamen açık olması ve fikrimi gerçekten beğenmesi oldu. Daha sonra fikri, herkesin – onun, benim, sponsorun ve istasyonun– ihtiyaçlarını karşılayacak şekilde geliştirdik. Yarışmamızın büyük bir başarıya dönüşmesi uzun sürmedi. Katılanların sayısı hızla arttı. Bir noktada, üst üste 42 gün tahminlerimiz "doğru" çıktı, bu da o güne kadarki en büyük ikramiyeyi doğurdu. Sosyal medyada bir dolu uğultu yarattı ve pek çok kişi ikramiyeler hakkında konuşmak için iş çıkışında yolumu kesti. Sponsorumuz da yenilenen yarışmadan çok memnundu.

Yarışmanın bata çıka ilerlemesine izin verip değerli bir fırsatı kaçırmak kolay olurdu, ama Josephine ve ben yeni bir alternatif yaratmaya istekli olduğumuz için, işin içindeki herkes sonuçta kazançlı çıktı. Ben doğru tahmin yürüten bir meteorolog olarak itibarımı korudum, Josephine istasyonun gelirini artırdı, izleyicilerimiz de çok para kazandı.

Birbirini Tamamlayan Ekipler

Bir keresinde patronumdan yakındığımı, babamın da şöyle karşılık verdiğini hatırlıyorum: "Tıpkı senin gibi, mutlaka onun da zayıf yanları vardır. Duygusal yaşamını başka birinin zayıf yanları üzerine kurma. Aksine, onun güçlü yanlarını daha da geliştir ve zayıflıklarını telafi etmeye çalış. Onu tamamla."

Babam bunu bizzat uygulamaya koydu. Covey Liderlik Merkezi'ni kurduğunda, ilk başlarda CEO rolünü üstlenmişti. Çok kısa sürede şunu fark etti: "Bu işte iyi değilim. Ben bir öğretmenim."

Böylece yönetici liderlik becerileriyle, egosunu tehlikeye atmadan kendisini destekleyebilecek harika insanları işe aldı.

Ama babamın hayatındaki en mükemmel sinerji örneği kendisiyle annem arasındakiydi. Geçmişleri ve hayata yaklaşımları açısından birbirlerinden çok farklıydılar. Babamın annesi II. Dünya Savaşı sırasında her şeyi ardında bırakarak Almanya'dan göç etmişti. Babaannem yeni evinde Almanca konuşmaya kalkışmadı ve aksanını silmek için çok uğraştı. Annemin babası lise öğretmeni olduğundan, hep para sıkıntısı çekmişlerdi, babam ise daha müreffeh bir ortamda büyümüştü. Bu farklılıklar nedeniyle, tutumluluk bazen bir çekişme noktası oluyordu. Annem, "Çift katlı dondurma külahı mı alıyorsun? Bizim böyle bir paramız yok!" gibi şeyler söylerdi.

Yıllar geçtikçe babamın, annemin dünya görüşünü onayladığını ve bunun kendi görüşüyle çatışmak yerine onu tanımladığını gördüm. Bu ona, bireysel olarak düşündüklerinden daha iyi bir orta yol olduğunu ve iyi iletişim kurarlarsa oraya ulaşabileceklerini öğretti. Sanırım annem olmasaydı, babam sinerjiyi asla o kadar iyi anlayamazdı.

Babamın ünü arttıkça, ona dürüstçe geribildirimde bulunacak tek kişi annem oldu. Bir keresinde, Ken Blanchard ve başka önde gelen konuşmacılarla kalabalık bir izleyici kitlesi karşısında bir konuşma yaptı. Sonrasında, herkes babama iltifat etti, ama annem, "Bu senin en iyi konuşman değildi Stephen," dedi. "Çok ciddiydin ve çok fazla diyagram gösterdin. İnsanlar hikâye duymak istiyor. Neden sen de Ken gibi daha fazla hikâye anlatmıyorsun?" Annem hep babamı daha az karmaşık konuşması, daha fazla gülümsemesi ve daha kişisel olması için cesaretlendirirdi. Sonuçta babam onun geribildirimlerine herkesinkinden fazla değer vermeye başladı, çünkü olayları farklı görüyor ve olduğu gibi anlatıyordu.

MÜŞTERİLERLE SİNERJİ

Kişilerarası sinerjiye ek olarak, sanayiler, paydaşlar ve müşteriler arasında yaratıcı işbirliğinin çarpıcı örneklerini bulabiliriz. Ben şahsen LEGO'lara bayılırım ve LEGO Şirketi beni her zaman büyülemiştir. Dünyanın en güvenilir şirketlerinden biridir. Temel güçlü yanlarından biri de müşterilerle arasındaki sinerjidir.

1949'dan itibaren LEGO, sevilen LEGO tuğlalarını yaratıp hazır ambalajlı setler halinde (popüler *Yıldız Savaşları* koleksiyonu gibi) piyasaya sürdü. Birçok müşteri (çoğunluğu çocuk ruhlu yetişkinler) şirkete kendi setlerini tasarlayıp ihtiyaç duydukları parçaları internetten sipariş etmelerine izin vermeleri için yalvardı. 2005 yılında, bu talebe karşılık LEGO, onu mümkün kılmak için Lego Dijital Tasarımcı adlı bedelsiz bir yazılım ürünü yarattı.

Ardından ilginç şeyler olmaya başladı. Kullanıcılar da LEGO'nun bilgisayar sistemleri için yazılım üretip program kodunu gizlice yeniden yazdılar, böylece ihtiyaç duydukları yalnızca birkaç parçanın bulunduğu tuğla paletlerini sipariş etmektense, her bir paletin stokunu görebiliyor ve ihtiyaç duymadıkları tuğlalardan daha az alarak para tasarruf edebiliyorlardı. LEGO korsanlığı çabucak fark etti, ama bir şirketin bilançoları etkilendiğinde yapmasını bekleyeceğiniz şeyin aksine LEGO, bu müşterilerin yazılımı kendi ihtiyaçlarına uyarlamalarının değerini anladı. Ve müşterilerinin yazılımı böyle çabucak heklemesine şaşırmakla birlikte, onların yaptığı değişiklikleri benimsedi. En sadık hayranlarının ne istediklerini gördü ve elde etmelerine izin verdi, çünkü sonuçta bu LEGO'nun daha büyük planına uygundu. LEGO hayranlarının tasarımlarına sahip çıkacağını ve belki de LEGO'nun kullanabileceği fikirler bulacağını umuyordu ve öyle de oldu.

Sinerji anlayışıyla, LEGO geri adım attı ve önce anlamaya çalışıp görüş farklılıklarına değer vererek, bilgisayar korsanlarını dinledi. Limoni olabilecek durum da tatlı bir sinerjik düşünme gösterisine dönüştü.

Sinerjiye Ulaşmak

Sinerji öylesine ortaya çıkmaz. Oraya ulaşmanız gerekir. Nereden başlayacağınızı bilmiyorsunuz, şu basit beş aşamalı süreci izleyin:

1. Sorunu ya da fırsatı tanımla.
2. Onların yolu (önce ötekilerin fikirlerini anlamaya çalış).
3. Benim yolum (kendi fikirlerini paylaşarak anlamaya çalış).
4. Beyin fırtınası yap (yeni seçenekler ve fikirler yarat).
5. Ana yol (en iyi çözümü bul).

Bir çalışma arkadaşım ailesiyle Cumartesilerini nasıl kullanacakları konusunda sinerjiye nasıl ulaştığını paylaştı. Bu beş aşamanın hepsini nasıl izlediklerine bakın.

Cumartesi günleri birlikte vakit geçirip aile ilişkileri kurmak içindir. Cumartesilerin ne işe yaradığını sorsanız, kocamın söyleyeceği şey tam da buydu. Benim yanıtımsa çok farklı. Kendi düşünceme göre, "Cumartesi günleri evde temizlik ve projeler yapmak konusunda araya kapatmak, esas olarak da yapılacak işler listemi bitirmek içindir!" Çocuklar benim felsefemden hoşlanmıyordu. Neredeyse her Cumartesi kavga ediyorduk. Babaları evden çıkıp parka gitmek isterken, ben bahçedeki yabani otları ayıklamak istiyordum.

Bilin bakalım kim kazanıyordu? Her daim, baba.

Yani, hangi çocuk gerçekten bahçedeki otları ayıklamak ister ki? Benimkiler değil. İtiraf edeyim, bir proje üzerinde çalışmaya başladığımda biraz dar görüşlü oluyorum. Yeterli olanın yetmesine ve tamamlanmasına izin vermekte zorlanıyorum. Mutfağı temizlemeye başlarsam, ardından oturma odası, banyo, çalışma odası, merdivenler, çamaşır, yatak odaları vb. geliyor. Bir Cuma akşamı TV izlerken, sevgili kocamla (SG) aramda şu konuşma geçti:

SG: "Hey, yarın sabah ilk iş gidip dışarıda bir şeyler yapmaya ne dersin?"

Ben: "Yapılacak bir dolu ev işi var ve erkenden başlamamız lazım."

SG: "Yapılması gerekenlerin listesini çıkarsan, sonra da buna bir göz atsak nasıl olur?"

Ben: (Elimden geldiği kadar hızlıca listeyi çıkarıyor, hiçbir şeyi unutmamak için dua ediyorum! Sonra listeyi ona uzatıyorum).

SG: "Tamam, bunun yarısını birkaç saat içinde tamamlayabiliriz. Sence çocuklar gerçekten yardımları dokunacak kadar uzun bir süre dayanabilirler mi?"

Ben: "Hayır. Yeni bir plana ihtiyacımız var, değil mi?"

SG: "Evet, sabah hava daha serin olacağı için (not: yaşadığımız yerde yazın hava sıcaklığı 40 derecenin hayli üzerinde oluyor), biraz vakit ayırıp parka gitsek, birkaç gazlı içecek kapsak, sonra eve dönüp en önemli olduğunu düşündüğün işleri yapsak nasıl olur?"

Ben: "Bir deneyelim bakalım."

Böylece Cumartesi sabahı uyandık ve parka gitmek için hazırlandık. Çocuklar hava iyice ısınmadan gittiğimiz için çok sevinçliydiler. Tam bir saat boyunca oynadılar. Kocam ve ben parkta dolaştıktan sonra çocuklarla oynama fırsatını bile bulduk. Hava ısınmaya başladığı zaman hepimiz yorulmuştuk. Serinlemek için en sevdiğimiz içme yerinde mola verdik, sonra yapılması gereken işleri yapmak için eve gittik. Çocuklara "yapılacak işler" listesini gösterdiğimde, pek şikâyetçi olmadılar.

Kocam da ben de şimdi Sinerji Cumartesileri dediğimiz şeyle mutluyuz.

Sinerji sonuncu alışkanlık, önceki tüm alışkanlıkların doruk noktasıdır. Etkili yaşamanın ödülü ya da leziz meyvesidir. O yüzden gelecek sefer bir toplantıya girdiğinizde ve birisi size çok yanlış gelen bir şey söylediğinde, yüksek sesle, "Peki. Sen durumu farklı görüyorsun!" deyin.

Dördüncü Bölüm

YENİLENME

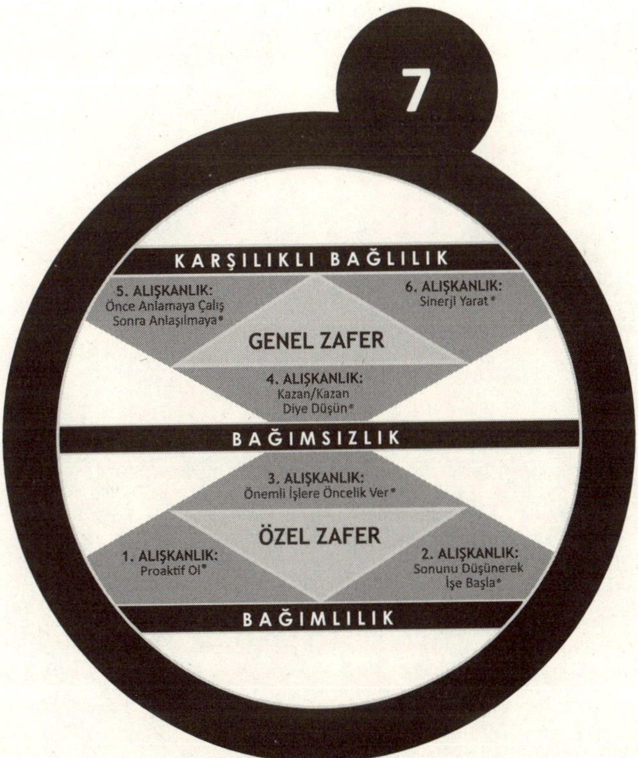

7. ALIŞKANLIK BALTAYI BİLE

KENDİNİ DENGELİ BİR BİÇİMDE YENİLEME İLKELERİ

Bazen küçük şeylerden
ne müthiş sonuçlar alındığını gördükçe...
İçimden, küçük şeyler olmadığını
düşünmek geliyor.

BRUCE BARTON

Diyelim ki koruda bir ağacı telaşla kesmeye çalışan biriyle karşılaşıyorsunuz.

"Ne yapıyorsun?" diye soruyorsunuz.

Adam sabırsızca, "Görmüyor musun?" diye yanıtlıyor. "Ağacı baltayla kesmeye çalışıyorum!"

"Bitkin görünüyorsun!" diye bağırıyorsunuz. "Bu işi ne zamandan beri yapıyorsun?"

Adam, "Beş saatten fazla oldu," diyor. "Çok yoruldum! Zor iş bu."

"İşe birkaç dakika ara verip baltayı bilesene!" diyorsunuz. "O zaman ağacı daha hızlı keseceğinden eminim."

Adam sözcüklerin üstüne basa basa: "Baltayı bileyecek zamanım yok," diyor. "Ağacı kesmekle meşgulüm!"

Yedinci Alışkanlık, baltayı bilemeye zaman ayırmaktır. Yedi Alışkanlık paradigmasındaki diğer alışkanlıkları çember içine alır, çünkü bu, ötekilerin tümünü mümkün kılan alışkanlıktır.

YENİLEMENİN DÖRT BOYUTU

Yedinci Alışkanlık, kişisel ÜY'dir. Sahip olduğunuz en büyük kaynağı –kendinizi– korumak ve geliştirmektir. Doğanızın dört boyutunu –fiziksel, ruhsal, zihinsel ve sosyal/duygusal– yenilemektir.

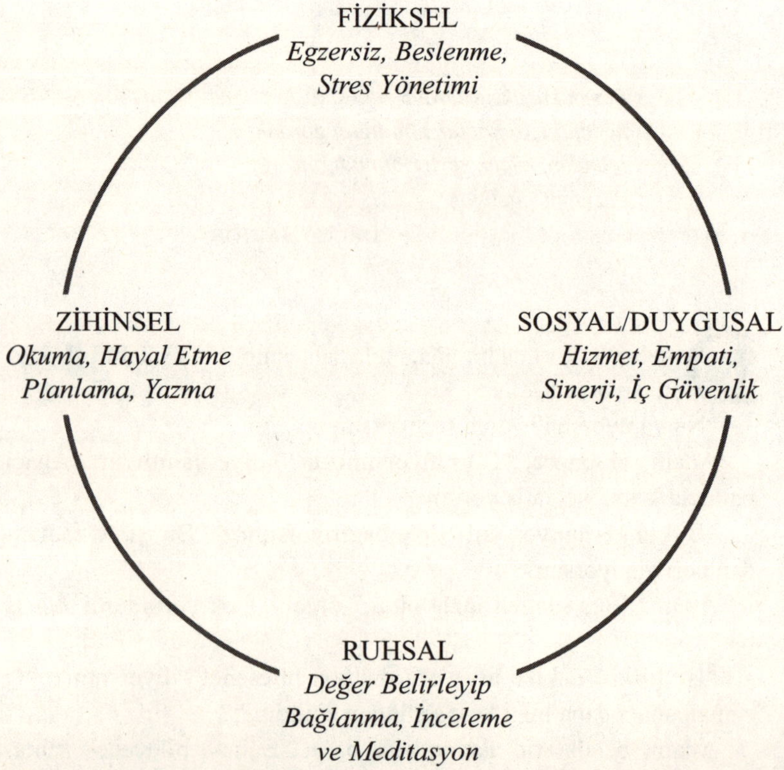

Kullanılan sözcükler farklı olsa da, çoğu yaşam felsefesi açıkça ya da üstü örtülü olarak bu dört boyutla ilgilenir. Felsefeci Herb Shepherd, sağlıklı bir biçimde dengelenmiş yaşamı dört değer çerçevesinde betimler: *Bakış açısı* (ruhsal), *özerklik* (zihinsel), *bağlılık* (sosyal) ve *nitelik* (fiziksel). Günümüzün koşucu gurularından George Sheehan dört rolü şöyle tanımlar: İyi bir hayvan olmak (fiziksel), iyi bir zanaatkâr olmak (zihinsel), iyi bir dost olmak (sosyal) ve bir aziz olmak (ruhsal). Sağlam motivasyon ve organizasyon kuramı, şu dört boyutu ya da motivasyonu kapsar: Ekonomik (fiziksel), insanlara nasıl davranıldığı (sosyal), insanların nasıl geliştirildiği ve kullanıldığı (zihinsel) ve kurumun verdiği hizmet, iş ve yaptığı katkı (ruhsal).

"Baltayı bilemek", temelde bu dört motivasyonun hepsini birden ifade etmek demektir. Doğamızın dört boyutunu da akıllıca ve dengeli biçimlerde düzenli ve tutarlı olarak kullanmamız anlamına gelir.

Bunu yapmak için proaktif olmamız gerekir. Baltayı bilemeye zaman ayırmak, kesinlikle bir II. Kare etkinliğidir ve II. Kare'de harekete geçilmelidir. I. Kare acil olduğu için üzerimizde etkindir, bize durmadan baskı yapar. Kişisel Ü/Y'ye, ikinci doğamız haline gelip sağlıklı bir alışkanlık oluncaya kadar baskı yapmamız gerekir. Etki Alanımızın merkezinde olduğu için de, bu işi bizim yerimize kimse yapamaz. Bunu kendimiz yapmak zorundayız.

Bu, yaşam boyu yapabileceğimiz en önemli yatırımdır; yaşamla başa çıkmak ve katkıda bulunmak için elimizdeki tek araç olan kendimize yaptığımız yatırımdır. Biz, kendi çalışmalarımızın aracıyız ve etkili olmak için de, baltayı bu dört biçimde bilemeye düzenli olarak zaman ayırmanın önemini kabul etmeliyiz.

Fiziksel Boyut

Fiziksel boyut, fiziksel bedenimizin etkili bir biçimde bakımıyla ilgilidir; doğru besin almak, yeteri kadar dinlenip gevşemek ve düzenli olarak egzersiz yapmak.

Egzersiz, II. Kare'nin güçlendirici etkinliklerinden biridir. Çoğumuz bunu, acil olmadığı için düzenli yapmayız ve yapmadığımız için de er ya da geç kendimizi I. Kare'de, ihmalimizin doğal sonucu olan sağlık sorunları ve krizlerle uğraşırken buluruz.

Çoğumuz egzersiz yapmak için yeterli zamanımız olmadığını düşünürüz. Ne kadar çarpıtılmış bir paradigma! Aslında bunu yapmayacak kadar zamanımız yoktur. Burada haftada üç-altı saat arası, ya da iki günde bir en az otuz dakikalık bir egzersizden söz ediyoruz. Haftanın geri kalan 162-165 saati üzerinde yapacağı etkinin inanılmaz yararlarını düşünürsek, bu süre hiç de fazla değildir.

Bunu yapmak için özel bir donanıma da gerek yoktur. Aletli jimnastik ya da tenis gibi biraz ustalık isteyen bir spor yapmak için bir korta ya da spor salonuna gitmek istiyorsanız, bu da ek bir fırsattır. Ama baltayı bilemek için şart değildir.

İyi bir çalışma programı, kendi evinizde uygulayabileceğiniz ve vücudunuza üç bakımdan yararlı olacak bir programdır: Dayanıklılık, esneklik ve güç.

Dayanıklılık, aerobik çalışmaları, kalp ve damar sisteminin verimliliği, yani kalbinizin bütün vücudunuza kan pompalama yeteneğiyle sağlanır.

Kalp bir kas olsa da, doğrudan çalıştırılamaz. Kalbe ancak geniş kas grupları, özellikle de bacak kasları yoluyla egzersiz yaptırılabilir. Hızlı yürüme, koşma, bisiklet, yüzme, kayak ve jogging egzersizlerinin yararlı olmasının nedeni de budur.

Kalp atışlarını dakikada en az yüze çıkarıp bunu otuz dakika sürdürebilirsiniz, formunuzu asgari düzeyde korumuş sayılırsınız.

İdeal olanı, kalp atışlarınızı azami nabzınızın yüzde altmışına kadar yükseltmeye çalışmanızdır. Bu, kalbinizin vücudunuza kan pompalamayı sürdürebileceği en yüksek hızdır. Genellikle azami kalp atışınız, yaşınızın 220'den çıkarılmasıyla bulunur. Örneğin, 40 yaşındaysanız, egzersiz yaparken kalp atışlarınızın dakikada 108 olmasını hedeflemeniz gerekir (220 - 40 = 180 x 0.6 = 108) "Antrenman etkisi"nin genellikle kişisel azami hızınızın yüzde 72'si ile 87'si arasında olduğu düşünülür.

Esneklik, gerinmeyle elde edilir. Uzmanların çoğu aerobik öncesinde ısınma, sonrasında da soğuma amaçlı gerinme hareketlerini önerirler. Öncesinde, daha yorucu çalışmalar için kaslar gevşetilip ısıtılır. Sonrasında ise, her tarafınızın tutulmasını engellemek için, biriken laktik asit dağıtılır.

Güç, kas direnç egzersizleriyle sağlanır. Basit jimnastik hareketleri, mekikler, barfiks ve ağırlıkla çalışmak gibi. Güç geliştirmeye vereceğiniz ağırlık, durumunuza bağlıdır. Ağır işte çalışıyor ya da spor etkinlikleriyle uğraşıyorsanız, artan gücünüz ustalaşmanızı sağlar. Genelde masa başında çalışıyorsanız ve yaşam tarzınız için fazla güç gerekmiyorsa, o zaman aerobik ve gerinme alıştırmalarına biraz kas çalıştırıcı hareketler eklemeniz yeterli olur.

Bir keresinde egzersiz fizyolojisi dalında doktora yapmış bir arkadaşımla bir spor salonuna gitmiştim. O, dikkatini gücünü artırmaya vermişti. Ağırlık kaldırırken kendisini izlememi istedi. Zamanı gelince benden ağırlığı almamı isteyecekti. Bana kesin bir tavırla, "Sakın ben söylemeden el atma," diye tembih etti.

Onu izledim, bekledim ve ağırlığı almaya hazırlandım. Ağırlık bir iniyor, bir çıkıyordu ve bu işin gitgide zorlaştığını görüyordum. Ama o devam ediyordu. Ağırlığı yukarı itmeye başlarken, "Bu kez başarılı olması olanaksız," diye düşünüyordum. Ama yine de kaldırıyordu. Sonra yavaşça aşağı indiriyor ve yeniden başlıyordu. Yukarı aşağı, yukarı aşağı.

Sonunda, gösterdiği çabayla gerilmiş yüz kaslarına ve derisinin altından fırlayacak gibi görünen damarlarına bakarak, "Göğsüne düşüp onu ezecek. Belki de ağırlığı almam daha doğru olur. Belki kontrolünü kaybetti ve ne yaptığını bilmiyor," diye düşündüm. Ama ağırlığı indirdi. Sonra tekrar başladı. Gözlerime inanamıyordum.

Sonunda bana ağırlığı almamı söylediği zaman, "Neden bu kadar uzun süre bekledin?" diye sordum.

"Çalışmanın neredeyse bütün yararı en sonda görülür, Stephen," diye yanıtladı. "Ben gücümü artırmaya çalışıyorum ve bu ancak, kas lifi çatlayıp, sinir lifi can acısını kaydedince olur. Doğa bu durumu fazlasıyla telafi eder ve 48 saat içerisinde lif daha da güçlenir."

Onun ne demek istediğini anlayabiliyordum. Duygusal kaslarda da aynı ilke geçerlidir; sabır gibi. Sabrınızın sınırını daha önce dayandığı noktayı aşıncaya kadar zorlarsanız, duygusal lif kopar. Doğa, bunu fazlasıyla telafi eder ve lif bir dahaki sefere daha da güçlü olur.

Arkadaşım kaslarını güçlendirmek istiyordu. Bunu nasıl yapacağını da biliyordu. Ama hepimizin etkili olmak için bu tür bir güç geliştirmesine gerek yoktur. "Acı yoksa, kazanç da yoktur" sözü bazı durumlarda geçerlidir, ama etkili bir egzersiz programının özü değildir.

Fiziksel boyutu yenilemenin özü baltayı bilemek; çalışma, uyum sağlama ve zevk alma kapasitemizi koruyup artıracak şekilde vücudumuzu düzenli olarak çalıştırmaktır.

Bir egzersiz programı hazırlarken akıllıca davranmamız da gerekir. Özellikle hiç bu tür çalışma yapmamış olanlarda, abartıya kaçma eğilimi vardır. Bu ise gereksiz acılara, incinmelere, hatta kalıcı hasara yol açabilir. En iyisi yavaş yavaş başlamaktır. Egzersiz programının, son araştırma bulguları, doktorunuzun tavsiyeleri ve vücudunuz hakkında kendi bildiklerinizle uyumlu olması gerekir.

Hiç egzersiz yapmadıysanız, vücudunuz rahatça yokuş aşağı giderken bu değişikliğe hiç kuşkusuz karşı koyacaktır. İlk başlarda bundan hoşlanmayacaksınız. Hatta belki de nefret edeceksiniz. Ama proaktif olun. Her şeye rağmen bunu yapın. Koşu yapmaya karar verdiğiniz sabah yağmur yağsa bile, yine de koşun. "Harika! Yağmur yağıyor! Yalnız vücudumu değil, i護rademi de geliştireceğim!"

Anlık bir çözüm değildir bu. Uzun vadede olağanüstü sonuçlar getirecek bir II. Kare etkinliğidir. Sürekli egzersiz yapan birine sorun. Yavaş yavaş kalbiniz ve solunum sisteminiz daha verimli çalışmaya başlarken, dinlenme sırasındaki kalp atışlarınız ağırlaşacak. Vücudunuzun daha zorlayıcı şeyler yapma yeteneğini artırırken, normal etkinlikler size daha rahat ve hoş gelecek. Öğleden sonra daha fazla enerjiniz olacak. Eskiden egzersiz yapmanızı engelleyen o "aşırı yorgunluk", yerini yaptığınız her şeye canlılık veren bir enerjiye bırakacak.

Belki de en büyük yararı, 1. Alışkanlık'taki proaktivite kaslarınızın gelişmesi olacak. Sizi egzersiz yapmaktan alıkoyan bütün güçlere tepki göstermek yerine, fiziksel sağlığın değerine dayalı olarak hareket ederken, kendinizle ilgili paradigmanız, kendinize verdiğiniz değer, özgüveniniz ve kişisel bütünlüğünüz kökünden etkilenecek.

Ruhsal Boyut

Ruhsal boyutun yenilenmesi yaşamınızda liderliği sağlar. Bu, 2. Alışkanlık'la yakından ilişkilidir.

Ruhsal boyut sizin özünüz, merkeziniz, değer sisteminize olan bağlılığınızdır. Hayatın çok özel, son derecede önemli bir alanıdır. Size ilham veren, yücelten, sizi tüm insanlığın kalıcı hakikatlerine bağlayan kaynaklardan yararlanır. İnsanlar bunu çok farklı biçimlerde yaparlar.

Ben, yenilenmeyi her gün kutsal metinler okuyarak meditasyon yapmakta bulurum, çünkü bunlar değer sistemimi temsil eder. Okuyup tefekküre dalarken yenilendiğimi, güçlendiğimi, merkezime odaklandığımı ve kendimi yeni hizmetlere adadığımı hissederim.

Büyük edebiyat yapıtlarına ya da müziğe dalmak, bazı kişilerde buna benzer bir ruh yenilenmesine yol açar. Bazıları ise bunu doğayla iletişim kurmakta bulur. Doğa, kendisini ona bırakan kişileri kutsar. Kentin gürültüsünden ve uyumsuzluğundan ayrılarak kendinizi doğanın uyum ve akışına bırakabildiğinizde, yenilenmiş olarak geri dönersiniz. Bir süre hiçbir şey sizi rahatsız etmez ve sarsmaz. Ama sonra dışarıdaki gürültü ve uyumsuzluk, yavaş yavaş iç huzurunuzu yeniden bozmaya başlar.

Arthur Gordon, "The Turn of the Tide" (Gel-git Dönümü) adlı kısa ve özel öyküsünde kendi ruhsal yenilenmesini bizimle paylaşarak, hayatının bir döneminde her şeyin ona nasıl bayat ve tatsız geldiğini anlatıyor. Hevesi sönmüş, yazma çabaları meyve vermez olmuştur. Durum her gün biraz daha kötüye gitmektedir.

Sonunda, bir doktordan yardım istemeye karar verir. Fiziksel bir sorun olmadığını gören doktor, ona talimatlarına bir gün boyunca uyup uyamayacağını sorar.

Gordon bunu yapabileceğini belirtince, doktor ertesi günü çocukken en mutlu olduğu yerde geçirmesini söyler. Yanına yiyecek alabilecek, ama kimseyle konuşmayacak, okumayacak, yazmayacak ya da radyo dinlemeyecektir. Sonra dört reçete yazar. Gordon'a bunları sırayla saat dokuz, on iki, on beş ve on sekizde açmasını söyler.

"Ciddi misiniz?" diye sorar Gordon.

"Faturamı aldığınız zaman şaka etmediğimi anlarsınız," diye yanıtlar doktor.

Böylece ertesi sabah, Gordon kumsala gider. İlk reçeteyi açar ve okur: "Dikkatle dinle." Doktorun deli olduğunu düşünür. Üç saat dinlemek mi? Ama doktorun talimatına uymayı kabul ettiği için dinler. Denizden ve kuşlardan gelen alışıldık sesleri duyar. Bir süre sonra, başlangıçta o kadar belirgin olmayan diğer sesleri de işitebilir. Dinlerken, denizin ona çocukken verdiği dersleri düşünmeye başlar; sabır, saygı, her şeyin karşılıklı bağlılığı. Sesleri –ve sessizliği– dinlemeye ve gitgide artan bir huzur duymaya başlar.

Öğle vakti ikinci reçeteyi açıp okur: "Geriye doğru uzanmaya çalış." "Neye uzanmak?" diye merak eder. Belki de çocukluğuna, belki de daha mutlu günlerin anılarına. Geçmişini, keyif dolu küçük anları düşünür. Onları tam olarak anımsamaya çalışır. Anımsarken de, içinde gitgide artan bir sıcaklık hisseder.

Saat üçte, üçüncü kâğıt parçasını açar. Şimdiye dek, reçetelere uyması kolay olmuştur. Ama bu seferki farklıdır: "Dürtülerini incele." İlk önce kendini savunmaya çalışır. İstediği şeyleri düşünür –başarı, şöhret, güvenlik– ve hepsine bir gerekçe bulur. Ama sonra bu dürtülerin yeterince iyi olmadığını, belki de durağan durumuna yanıtı burada bulacağını düşünür.

Dürtülerini derinlemesine gözden geçirir. Geçmişteki mutluluğunu düşünür ve sonunda yanıtı bulur.

Öyküsünde aynen şöyle diyor: "Kişinin dürtüleri yanlışsa, hiçbir şeyin doğru olamayacağını bir anda anladım. İster postacı, berber, sigortacı veya ev kadını olun, ister başka bir şeyle uğraşın, durum değişmez. Başkalarına hizmet ettiğinizi hissettiğiniz sürece işinizi iyi yaparsınız. Kendiniz dışında hiç kimseye yararlı olmuyorsanız, o kadar iyi yapamazsınız. Bu, yerçekimi kadar kaçınılmaz bir kuraldır."

Saat altı olduğunda, son talimatı yerine getirmesi uzun sürmez. "Endişelerini kuma yaz." Gordon yere diz çöküp kırık bir midye kabuğuyla birkaç sözcük yazar. Sonra dönüp uzaklaşır. Arkasına bakmaz; kabaran suların her yeri kaplayacağını bilmektedir.

Ruhsal yenilenme zaman ister. Ama bir II. Kare etkinliğidir. Bu nedenle onu ihmal edecek kadar zamanımız yoktur.

Büyük reformcu Martin Luther şöyle der: "Bugün yapmam gereken o kadar çok şey var ki, dizlerimin üstünde bir saat daha geçirmem gerekiyor." Onun için dua etmek mekanik bir görev değil, enerjilerini açığa çıkarıp çoğaltacak bir güç kaynağıydı.

Bir zamanlar birisi, ne tür baskılarla karşılaşırsa karşılaşsın her zaman müthiş bir esenlik ve huzur içinde olan Uzakdoğulu bir Zen ustasına, "Bu esenlik ve huzuru nasıl sürdürebiliyorsunuz?" diye sormuş. Usta, "Meditasyon yaptığım yerden hiçbir zaman ayrılmayarak," diye yanıtlamış. Sabahları erkenden meditasyon yapıyor ve o anların huzurunu gün boyu kalbinde ve zihninde taşıyormuş.

Fikir şudur: Yaşamımızın liderlik merkezinden güç almaya zaman ayırdığımızda, ki yaşam da sonuçta bundan ibarettir, bir şemsiye gibi her şeyin üzerine yayılır. Bizi yeniler, tazeler; özellikle de ona yeniden bağlanırsak.

Kişisel bir misyon bildirgesinin çok önemli olduğuna inanmamın nedeni de budur. Merkezimizi ve amacımızı derinlemesine anlarsak, onu sık sık gözden geçirebilir ve misyonumuza yeniden bağlanabiliriz. Her gün ruhumuzu yenilerken, günün olaylarını o değerlerle uyumlu olacak biçimde gözümüzün önünde canlandırır ve "yaşarız".

Ruhani lider David O.McKay'e göre, "Hayatın en büyük savaşları her gün ruhun sessiz odasında geçer." Oradaki çarpışmaları kazanırsanız, içeride çatışan meseleleri hallederseniz, amacınızın ne olduğunu bilmekten gelen bir huzur duyarsınız. İşbirliği anlayışıyla başkalarının iyilik ve refah düzeyini yükseltmeyi düşünerek diğer insanların başarılarına içtenlikle sevindiğiniz zaman, Genel Zaferlerin bunu doğal bir biçimde izlediğini görürsünüz.

Zihinsel Boyut

Zihinsel gelişimimizle çalışma disiplinimizin büyük bir bölümünü formel eğitim sağlar. Ama okulun dış disiplininden kurtulur kurtulmaz, çoğumuz zihnimizin körelmesine izin veririz. Artık ciddi kitapları okumaz, etkinlik alanımız dışındaki yeni konuları derinlemesine incelemeyiz. Analitik düşünmeyiz, yazmayız; en azından eleştirel bir biçimde ya da kendimizi açık, damıtılmış, kısa ve öz bir dille ifade etme yeteneğimizi sınayacak şekilde yazmayız. Onun yerine, zamanımızı televizyon seyrederek geçiririz.

Sürekli yapılan araştırmalar evlerin çoğunda televizyonun haftada otuz beş ile kırk beş saat arası açık olduğunu gösteriyor. Bu, pek çok kişinin iş yerinde çalışırken geçirdiği zamana eşit ve çocukların okulda geçirdikleri süreden uzundur. Televizyon, en güçlü sosyalleştirme aracı olduğundan, seyrederken onun aracılığıyla öğretilen bütün o değerlere maruz kalırız. Bu da bizi hiç farkına varmadan güçlü bir biçimde etkileyebilir.

Televizyon seyrederken sağduyulu davranmak için 3. Alışkanlığın etkili özyönetimi gereklidir. Bu, amacınıza ve değerlerinize en iyi hizmeti ve ifadeyi verecek olan bilgilendirici, esinleyici ve eğlendirici programları seçmenizi sağlar.

Bizim ailemizde televizyon seyretmek, günde ortalama bir saatten, haftada yedi saatle sınırlıdır. Bir aile toplantısı yaparak bu konudan söz ettik ve evlerde televizyon yüzünden neler olduğunu açıklayan verileri inceledik. Kimsenin kendini savunmaya ya da itiraza kalkışmadığı bir zamanda bunu ailece tartıştığımız için de, pembe dizi bağımlılığının ya da belirli bir programı sürekli seyretmenin bir tür hastalık olduğunu herkesin anlamaya başladığını gördük.

Televizyona, kaliteli eğitim ve eğlence programlarına minnet duyuyorum. Bu tür programlar hayatımızı zenginleştirebilir, hedeflerimizle amaçlarımıza anlamlı katkılarda bulunabilir. Ama zamanımızı ve zihnimizi boşa harcatmaktan başka bir şey yapmayan, izin verirsek bizi olumsuz etkileyen pek çok program da var. Beden gibi, televizyon da iyi bir hizmetkâr, ama kötü bir efendidir. 3. Alışkanlığı uygulayıp, misyonumuzu yerine getirmemizi sağlayacak kaynakları azami ölçüde kullanabilmek için kendimizi etkili bir biçimde yönetmemiz gerekir.

Eğitim –zihni sürekli olarak bileyen ve genişleten sürekli eğitim– zihnin yenilenmesi bakımından çok önemlidir. Bazen bu, okulun ya da sistemli çalışma programlarının dış disiplinini içerir. Ama çoğu zaman buna gerek yoktur. Proaktif insanlar kendilerini eğitmek için pek çok yol bulabilirler.

Zihni bir kenara çekilip kendi programını inceleyeceği şekilde eğitmek son derecede yararlıdır. Benim için liberal eğitimin tanımıdır bu: yaşamın programlarını, daha büyük sorular, amaçlar ve diğer paradigmalarla karşılaştırarak inceleme yeteneği. Bu tür eğitim olmadan yapılacak bir egzersiz, zihni daraltır ve kapatır; böylece o egzersizin altında yatan varsayımlar hiçbir zaman incelenmez. İşte bu nedenle, çok okuyup kendini büyük zihinlere açmanın paha biçilmez bir değeri vardır.

Zihni düzenli olarak bilgilendirip genişletmenin, iyi metinler okuma alışkanlığını edinmekten daha iyi bir yolu yoktur. Bu da güçlendirici bir II. Kare etkinliğidir. Bu sayede dünyadaki gelmiş geçmiş ya da şu anda var olan en iyi zihinlerin içine girebilirsiniz. İşe ayda bir kitap okumayı hedef alarak başlamanızı, sonra bunu iki haftada bir kitaba, sonra da haftada bir kitaba çıkarmanızı öneririm. "Okumayan kişi, okumayı bilmeyenden daha iyi durumda değildir."

Büyük yapıtlar, klasikler, otobiyografiler, *National Geographic* gibi kültürel bilincimizi artıran süreli yayınlar, çeşitli alanlardaki güncel metinler, paradigmalarımızı genişletir ve zihnimizdeki baltayı biler; özellikle de, okuyup önce anlamaya çalışırken 5. Alışkanlığı uyguladığımız takdirde. Bir yazarın ne demek istediğini iyice anlamadan erken yargılara varmak için kendi otobiyografimizi kullanırsak, okuma deneyiminin yararlarını sınırlamış oluruz.

Zihinsel baltayı bilemenin bir diğer güçlü yolu da yazmaktır. Düşüncelerimizi, deneyimlerimizi, içgörülerimizi ve öğrendiklerimizi kaydettiğimiz bir günlük, zihnin berraklığını, keskinliğini artırır ve bağlamı genişletir. Güzel mektuplar yazmak, olayların yüzeysel, sığ düzeyinde değil de, duygu ve düşüncelerin daha derinlerdeki düzeyinde iletişim kurmak, iyi düşünme, doğru akıl yürütme ve etkili bir biçimde anlaşılmayı sağlama yeteneğimizi de etkiler.

Düzenleme ve planlama, zihinsel yenilenmenin 2. ve 3. Alışkanlıklarla bağlantılı diğer yollarıdır. Sonunu düşünerek işe başlamak ve bu sona ulaşmak için zihnine çekidüzen verebilmektir. Sonu daha en başından görmek, bütün yolculuğu adımlar açısından değilse de, en azından ilkeler açısından anlamak için, zihninizin göz önünde canlandırma, hayal etme gücünü kullanmaktır.

Savaşların, generalin çadırında kazanıldığı söylenir. Baltayı ilk üç boyutta –fiziksel, ruhsal ve zihinsel– bilemeyi, "Günlük Özel Zafer" olarak tanımlıyorum. Sizi de bu basit alıştırmayı her gün bir saat yapmaya davet ediyorum. Yaşamınızın sonuna kadar günde bir saat yapın bunu.

Değer ve sonuçlar açısından, Günlük Özel Zafer'le kıyaslanabilecek bir saatlik hiçbir uğraş yoktur. Bu her kararı, her ilişkiyi etkileyecektir. Günün diğer saatlerinin niteliğini ve etkililiğini, hatta uykunuzun derinliğini ve rahatlığını da büyük ölçüde artıracaktır. Yaşamın zor sorunlarıyla başa çıkabilmeniz için uzun süreli fiziksel, ruhsal ve zihinsel güç sağlayacaktır.

Phillips Brooks'un sözleriyle:

> "İlerideki yıllarda bir gün, büyük bir baştan çıkarıcıyla boğuşacak ya da hayatınızın büyük kederiyle sarsılacaksınız. Ama gerçek mücadele şimdi, burada veriliyor... O müthiş keder ya da baştan çıkarıcıyla karşılaştığınız gün sefil bir mağlup mu, yoksa şanlı şerefli bir galip mi olacağınız *şimdi* kararlaştırılıyor. Karakter ancak, istikrarlı ve uzun bir süreç sonucunda oluşturulabilir."

Sosyal/Duygusal Boyut

Fiziksel, ruhsal ve zihinsel boyutlar, merkezlerinde kişisel vizyon, liderlik ve yöneticilik ilkeleri olan 1., 2. ve 3. Alışkanlıklarla yakından ilişkilidir. Sosyal/duygusal boyutun odak noktası ise, merkezinde kişiler arası liderlik, empatik iletişim ve yaratıcı işbirliği olan 4., 5. ve 6. Alışkanlıklardır.

Hayatımızın sosyal ve duygusal boyutları birbirine bağlıdır, çünkü duygusal yaşamımızın tek değilse de başlıca kaynağı, başkalarıyla olan ilişkilerimizdir.

Sosyal/Duygusal boyutun yenilenmesi, diğer boyutları yenilemenin gerektirdiği kadar zaman almaz. Bu yenilemeyi, başka insanlarla gündelik normal etkileşimlerimiz sırasında yapabiliriz. Ama kesinlikle egzersiz gerektirir. Birçoğumuz Özel Zafer düzeyine ulaşmadığı ve 4., 5. ve 6. Alışkanlık için gerekli olan Genel Zafer becerilerini bütün etkileşimlerde doğal olarak kullanacak kadar edinmediği için, kendimizi zorlamak durumunda kalabiliriz.

Diyelim ki siz, hayatımdaki çok önemli kişilerden birisiniz. Patronum, yardımcım, iş arkadaşım, dostum, komşum, eşim, çocuğum, akrabam –etkileşmek istediğim ya da gereksinim duyduğum biri– olabilirsiniz. Diyelim ki, iletişim kurmak, birlikte çalışmak, yaşamsal bir sorunu görüşmek, bir amaca erişmek ya da bir sorunu çözmek istiyoruz. Ama her şeyi farklı görüyoruz. Farklı gözlüklerle bakıyoruz. Siz genç hanımı görüyorsunuz, bense yaşlı olanı.

Bu nedenle 4. Alışkanlığı uygulayarak size gelip şöyle derim: "Olaya farklı biçimlerde yaklaştığımızı görüyorum. İkimizi de hoşnut edecek bir çözüm buluncaya kadar iletişim kurma fikrine ne dersin? Bunu yapmaya razı mısın?" Birçok kişi bu öneriyi kabul eder.

Sonra 5. Alışkanlığa geçerim. "İzin ver de önce seni dinleyeyim." Yanıtlamak niyetiyle değil, paradigmanızı iyice, derinlemesine anlayabilmek için empatiyle dinlerim. Görüşünüzü sizin kadar iyi açıklayabildiğim zaman, sizin de benimkini anlayabilmeniz için dikkatimi kendi görüşümü iletmeye veririm.

İkimizi de memnun edecek bir çözüm arama ve birbirimizin görüşünü derinlemesine anlama vaadimize bağlı kalarak, 6. Alışkanlığa geçeriz. Anlaşmazlıklarımıza, başlangıçta ikimizin de önerdiğinden daha iyi olacağını bildiğimiz üçüncü alternatif çözümleri üretmek için birlikte çalışırız.

4., 5. ve 6. Alışkanlıklar'da başarı, öncelikle düşünceye değil, duyguya dayalıdır. Kişisel güvenlik duygumuzla sıkı sıkıya bağlantılıdır.

Kişisel güvenliğimizin kaynağı kendi içimizdeyse, Genel Zafer alışkanlıklarını uygulayacak gücümüz var demektir. Düşünsel açıdan oldukça ileri düzeyde olmamıza rağmen duygusal güvenlikten yoksunsak, yaşamsal konularda farklı düşünen kişilerle 4., 5. ve 6. Alışkanlıkları uygulamamız çok tehlikeli olabilir.

Güvenlik duygusu nereden gelir? Başkalarının hakkımızda ne düşündüklerine ya da bize nasıl davrandıklarına bağlı değildir. Bize verilmiş olan senaryolarla, durumumuz ya da konumumuzla da ilgisi yoktur.

İçimizden gelir. Kendi zihnimizin ve yüreğimizin derinliklerindeki isabetli paradigmalara ve doğru ilkelere, içimizle dışımızın uyum halinde olmasına bağlıdır. Günlük alışkanlıklarımızın en derin değerlerimizi yansıttığı bütünlüklü bir yaşam sürmekten gelir.

Bence dürüst bir yaşam, kişisel değerin en temel kaynağıdır. Özgüvenin öncelikle bir zihin yapısı ve tavır meselesi olduğunu, kendi kendinize telkin yaparak zihinsel huzura kavuşabileceğinizi savunan popüler başarı edebiyatının görüşlerine katılmıyorum.

Zihinsel huzura ancak, yaşamınız doğru ilkeler ve değerlerle uyum içinde olursa kavuşursunuz. Bunun başka yolu yoktur.

Etkili bir karşılıklı bağlılık da güvenlik duygusu sağlar. Kazan/Kazan çözümlerinin var olduğunu, yaşamın her zaman "ya bu/ya da şu" meselesi olmadığını, hemen her zaman iki tarafa da yarar sağlayacak üçüncü alternatiflerin bulunduğunu bilmek güven verir. Kendi değer yargılarınızdan vazgeçmeksizin onların dışına çıkabileceğinizi ve bir başka insanı gerçekten, derinlemesine anlayabileceğinizi bilmek güven verir. Başkalarıyla içtenlikli, yaratıcı ve işbirliğine dayalı ilişkiler kurup, bu karşılıklı bağlılığın olduğu alışkanlık deneyimlerini gerçekten yaşamak güven verir.

Güvenlik duygusu hizmetten, başkalarına anlamlı bir yardımda bulunmaktan da gelir. Önemli kaynaklardan biri, işinizdir. Katkıda bulunduğunuzu, yaratıcı olduğunuzu ve gerçekten bir fark yarattığını görmenizdir. Bir diğer kaynak ise, adınızı açıklamadan yaptığınız, kimsenin bilmediği ve hiçbir zaman bilmeyeceği hizmettir. Önemli olan bilinmesi değil, başkalarının yaşamına değer vermektir. Hareket nedeniniz tanınmak değil, etkilemektir.

Victor Frankl, hayatımızın anlam ve amacını bulma ihtiyacına, kendi yaşantımızı aşarak içimizdeki en zengin enerji kaynaklarını kullanan bir şeye odaklanıyordu. Dr. Hans Selye, stresle ilgili görkemli araştırmasında esas olarak, uzun, sağlıklı ve mutlu bir yaşama katkıda bulunarak, insanı heyecanlandıran ve başkalarının yaşantısını katkılarıyla kutsayan anlamlı projelere sahip olarak ulaşılabileceğini söylüyordu. Ahlak anlayışı şuydu: "Komşunun sevgisini kazan!"

George Bernard Shaw'a göre,

> "Hayatta gerçek mutluluk budur; sizin yüce bir amaç olarak kabul ettiğiniz hedef uğruna kullanılmaktır. Hastalık ve acılarla dolu, dünyanın kendini sizi mutlu etmeye adamayacağından yakınan telaşlı, bencil, küçük bir ahmak değil, doğanın gücü olmaktır. Ben, hayatımın bütün topluma ait olduğu kanısındayım. Yaşadığım sürece toplum için elimden geleni yapmak, benim için bir ayrıcalıktır. Öldüğüm zaman tamamen kullanılıp tüketilmiş olmak istiyorum. Çünkü ne kadar çok çalışırsam, o kadar çok yaşarım. Hayattan, hayat adına zevk alıyorum. Hayat benim için yanıp sönüverecek bir mum değil, şu anda yükseltmem gereken bir çeşit meşaledir. Gelecekteki kuşaklara devretmeden önce de, bu meşalenin mümkün olduğu kadar parlak alevlerle yanmasını istiyorum."

N. Eldon Tanner de; "Hizmet, bu dünyada yaşama ayrıcalığı için ödediğimiz kiradır," diyor. Ve hizmet etmenin pek çok yolu vardır. Bir cemaate ya da hizmet kuruluşuna bağlı olsak da olmasak da, anlamlı hizmetlere fırsat sağlayan bir işte çalışsak da çalışmasak da, en azından her gün başka bir insana koşulsuz sevgi yatırımları yaparak hizmet edebiliriz.

BAŞKALARININ SENARYOSUNU YAZMAK

Birçok kişi, sosyal aynanın bir işlevidir. Senaryoları çevrelerindeki kişilerin fikirleri, algıları ve paradigmalarıyla yazılmıştır. Siz ve ben, karşılıklı bağlılığa sahip insanlar olarak, o sosyal aynanın bir parçası olduğumuzu kavramayı da içeren bir paradigmanın ürünleriyiz.

Başkalarına, aydınlık ve çarpıtılmamış görüntülerini yansıtmayı seçebiliriz. Proaktif yapılarını onaylayıp, onlara sorumlu insanlar gibi davranabiliriz. Senaryolarının ilke merkezli, değerlere dayanan, bağımsız ve yararlı bireyler olmalarını sağlayacak şekilde yazılmasına yardım edebiliriz. Bolluk Zihniyeti sayesinde, başkalarına olumlu bir görüntü yansıtmanın bizi küçültmeyeceğini de biliriz. Tersine, bizi büyütür; çünkü diğer proaktif insanlarla etkileşim fırsatlarını artırır.

Hayatınızda muhtemelen, kendinize inanmadığınız bir dönemde size inanan birileri olmuştur. Bu insanlar sizin senaryonuzu yazmışlardır. Bu, yaşantınızda bir değişikliğe yol açtı mı?

Ya siz başkalarına olumlu senaryolar yazsanız, ne olur? Sosyal ayna tarafından alt yola yönlendirildikleri sırada, onlara inanarak üst yolu seçmelerini sağlarsınız. Onları dinler ve empati gösterirsiniz. Onları sorumluluktan kurtarmaz, proaktif olmaları için teşvik edersiniz.

Man of La Mancha (Don Kişot) müzikalini biliyor olabilirsiniz. Bu bir sokak kadınıyla tanışan bir Ortaçağ şövalyesiyle ilgili güzel bir öyküdür. Kadının hayatındaki herkes, yaşam tarzına bakarak ona değer biçmektedir. Bu şair şövalye ise onda başka bir şey görür. Güzel ve hoş bir şey. Ayrıca erdemlerini de görür ve defalarca onaylar. Kadına yeni bir ad verir –Dulcinea– yeni bir paradigmayla ilişkili yeni bir ad.

Kadın önce bunu tümüyle reddeder. Eski senaryoları aşırı güçlüdür; şövalyeyi, hayalci bir kaçık gibi görür. Ama adam ısrarcıdır. Sürekli olarak koşulsuz sevgi yatırımı yapar ve bu, yavaş yavaş kadının senaryosuna sızar. Aşağılara inip, gerçek doğasına, potansiyeline ulaşır ve kadın sonunda karşılık vermeye başlar. Yavaş yavaş yaşam tarzını değiştirir. Buna inanır ve yeni paradigmasına göre davranır. İlk başlarda bu durum, hayatındaki herkesi dehşete düşürür.

Daha sonra kadın eski paradigmasına dönmeye başlarken, ölüm döşeğindeki şövalye onu yanına çağırıp, *The Impossible Dream* (Olmayacak Hayal) adlı o güzel şarkıyı söyler. Kadının gözlerinin içine bakarak, "Dulcinea olduğunu hiçbir zaman unutma," diye fısıldar.

Kendi kendini doğrulayan kehanetlerle ilgili klasik öykülerden biri de, İngiltere'de kazayla yanlış programlanan bir bilgisayarla ilgilidir. Akademik açıdan, bir sınıftaki "zeki" çocuklara "aptal" etiketini, bir diğer sınıftaki sözde aptal çocuklara da "zeki" etiketini basan bilgisayar raporu, yılın başında öğretmenlerin öğrencileri hakkındaki paradigmalarını yaratan birincil kıstas olur.

Yönetim beş buçuk ay sonra hatayı anlar. Kimseye bir şey söylemeden çocukları yeniden sınavdan geçirmeye karar verirler ve sonuçlar şaşırtıcı olur. "Zeki" çocukların IQ testi puanlarındaki düşüş dikkat çekicidir. Zihinsel açıdan sınırlı, işbirliğine yanaşmayan ve eğitilmesi güç çocuklar olarak görüldüklerinden, kendilerine o şekilde davranılmıştır. Öğretmenlerin paradigmaları kendi kendini doğrulayan bir kehanete dönüşmüştür.

Sözde "aptal" çocukların puanları ise yükselmiştir. Öğretmenler onlara zeki öğrenciler gibi davranmış; enerjileri, umutları, iyimserlikleri, heyecanları bu çocuklara yüksek bireysel beklentiler ve değer duygusunu yansıtmıştır.

Bu öğretmenlere yarı yılın ilk birkaç haftasında durumun nasıl olduğu sorulduğunda, "Her nedense yöntemlerimiz işe yaramadı, dolayısıyla hepsini değiştirmek zorunda kaldık." diye yanıtlamışlardı. Eldeki bilgi çocukların zeki olduklarını gösteriyordu. İşler yolunda gitmeyince, hatanın eğitim yöntemlerinde olduğuna karar vermiş ve yöntemler üzerinde çalışmışlardı. Proaktif olmuş, Etki Alanlarının içinde çaba harcamışlardı. Öğrencilerin görünüşteki yetersizliği, aslında öğretmenin esneksizliğinden başka bir şey değildi.

Başkalarına kendileri hakkında ne yansıtırız? Ve bu yansıtma onların yaşamını nasıl etkiler? Başkalarının Duygusal Banka Hesaplarına yapabileceğimiz yatırım o kadar çoktur ki. İnsanları görülmeyen potansiyelleri açısından ne kadar iyi görebilirsek, eşimize, çocuklarımıza, iş arkadaşlarımız ya da personelimize karşı belleğimiz yerine hayal gücümüzü o kadar iyi kullanabiliriz. Onlara etiket yapıştırmayı reddedebiliriz. Ne zaman bir araya gelsek, onları yepyeni bir biçimde "görebiliriz". Başkalarıyla tatmin edici, zenginleştiren ve üretken ilişkiler kurabilecek bağımsız ve başarılı insanlar olmalarına yardım edebiliriz.

Goethe'ye göre, "Bir insana olduğu gibi davranırsanız, olduğu gibi kalır. Bir insana olabileceği, olması gerektiği gibi davranırsanız, olabileceği ve olması gerektiği gibi olur."

Dengeli Yenilenme

Kendini yenileme süreci, doğamızın dört boyutunun her birinde –fiziksel, ruhsal, zihinsel ve sosyal/duygusal– dengeli bir yenilenmeyi içerir.

Yenilenme bütün boyutlarda önemli olsa da, ancak dört boyutun her biriyle akıllıca ve dengeli bir biçimde ilgilendiğimiz zaman, olması gerektiği kadar etkili olur. Bu alanlardan birinin ihmal edilmesi, diğerlerini olumsuz etkiler.

Ben bunun bireysel yaşamlar kadar kurumlarda da geçerli olduğunu öğrendim. Bir kurumda, fiziksel boyut ekonomik bakımdan ifade edilir. Zihinsel ya da psikolojik boyut, yeteneğin tanınması, geliştirilmesi ve kullanımıyla ilgilenir. Sosyal/duygusal boyut, insan ilişkileriyle, insanlara nasıl davranıldığıyla ilgilidir. Ruhsal boyut ise, anlamın amaç ya da katkı yoluyla ve kurumsal bütünlük aracılığıyla bulunmasıdır.

Bir kuruluş bu alanlardan birini ya da birkaçını ihmal ettiği zaman, bütün kurum olumsuz biçimde etkilenir. Olağanüstü, pozitif sinerjiyle sonuçlanabilecek yaratıcı enerjiler, tam tersine kuruma karşı savaşmak için kullanılır ve gelişimle üretkenliği engelleyen güçlere dönüşür.

Tek dürtüsü ekonomik –para kazanmak– olan kuruluşlar gördüm. Genellikle o hedefi ilan etmezler. Hatta bazen başka bir hedef duyurusu yaparlar. Ama aslında, içlerindeki tek istek para kazanmaktır.

Bunu ne zaman görsem, bölümler arası çekememezlikler, savunmacı ve koruyucu iletişim, politika yapma ve dolap çevirme gibi şeylere yol açan negatif sinerji yüklü bir kültürle de karşılaşırım. Para kazanmadan işi yürütemeyiz, ama para kazanmak bir kurumun varlığı için yeterli bir neden değildir. Yemek yemeden yaşayamayız, ama sırf yemek için de yaşamayız.

Yelpazenin diğer ucunda ise, neredeyse sadece sosyal/duygusal boyuta odaklanan kurumlar gördüm. Bunlar bir bakıma sosyal deneylerdir ve değer sistemlerinin ekonomik bir kıstası yoktur. Etkiliklerinin bir ölçüsü veya tartısı da yoktur, dolayısıyla her türlü verimlilikten yoksun kalır, sonuçta piyasada yaşama güçlerini yitirirler.

Dört boyuttan en fazla üçünü geliştirdiğine tanık olduğum kurumlar de gördüm. Hizmet kıstasları, ekonomik kıstasları, insan ilişkileri kıstasları iyi olabilir, ama insanların yeteneğini saptamak, geliştirmek, kullanmak ve tanımakla pek ilgilenmezler. Bu psikolojik güçler eksik kalınca, tarzları iyicil bir otokrasiye dönüşür. Bunun yol açtığı kültür de toplu direniş, düşmanca tavır koymalar, çok sayıda personel değişimi ve diğer derin, kronik kültürel sorunların farklı biçimlerini yansıtır.

Gerek kurumsal, gerekse bireysel etkililik, dört boyutun her birinin akıllıca ve dengeli bir biçimde geliştirilip yenilenmesini gerektirir. İhmal edilen herhangi bir boyut, negatif kuvvet alanı direncini yaratır. Bu da etkili olmaya ve gelişmeye karşı koyar. Misyon bildirgelerinde bu dört boyutun her birine hakkını veren kurumlar ve bireyler, dengeli yenilenme için güçlü bir temel oluştururlar.

Bu sürekli iyileşme süreci, Toplam Kalite Hareketi'nin işareti ve Japonların ekonomik yükselişinin anahtarıdır.

YENİLENMEDE SİNERJİ

Dengeli yenilenme, sinerjiye çok elverişlidir. Herhangi bir boyutta baltayı bilemek için yaptıklarınız, diğer boyutları da olumlu bir biçimde etkiler; çünkü bu boyutlar birbirleriyle son derece ilişkilidir. Fiziksel sağlığınız, zihinsel sağlığınızı etkiler; ruhsal gücünüz, sosyal/duygusal gücünüzü etkiler. Bir boyutta ilerleme kaydederken, aynı zamanda diğer boyutlardaki yeteneğinizi de artırırsınız.

Etkili İnsanların Yedi Alışkanlığı, bu boyutlar arasında optimum sinerji yaratır. Herhangi bir boyuttaki yenilenme, Yedi Alışkanlık'tan en azından birini uygulama yeteneğinizi artırır ve alışkanlıkların belirli bir sıralaması olsa da, bir alışkanlıktaki ilerleme, sinerjik bir biçimde diğerlerini uygulama yeteneğinizi de geliştirir.

Ne kadar proaktif olursanız, (1. Alışkanlık), hayatınızda kişisel liderliği (2. Alışkanlık) ve yöneticiliği (3. Alışkanlık) o kadar etkili bir biçimde uygulayabilirsiniz. Yaşamınızı ne kadar etkili bir biçimde yönetirseniz (3. Alışkanlık) II. Kare'deki yenilenme etkinliklerini o kadar artırabilirsiniz (7. Alışkanlık). Önce anlamaya ne kadar çalışırsanız (5. Alışkanlık), sinerjik Kazan/Kazan çözümlerine o kadar kolay ulaşabilirsiniz (4. ve 6. Alışkanlıklar). Bağımsızlığa yol açan alışkanlıklardan (1., 2. ve 3. Alışkanlıklar) herhangi birinde ne kadar ilerleme kaydederseniz, karşılıklı bağlılığın olduğu durumlarda o kadar etkili olursunuz (4., 5. ve 6. Alışkanlıklar). Yenilenme (7. Alışkanlık) ise, bütün alışkanlıkları yenileme sürecidir.

Fiziksel boyutunuzu yenilerken, kişisel vizyonunuzu (1. Alışkanlık), özbilinç ve özgür iradenizin, proaktivitenin, edilgin olmak yerine etkin olma, herhangi bir dürtüye karşı kendi tepkinizi seçme özgürlüğünüzün paradigmasını güçlendirirsiniz. Belki de bu, fiziksel egzersizin en önemli yararıdır. Günlük Özel Zaferlerden her biri, içinizdeki kişisel güvenlik hesabına yapılan bir yatırımdır.

Ruhsal boyutunuzu yenilerken, kişisel liderliğinizi güçlendirirsiniz (2. Alışkanlık). Sadece belleğinize değil, hayal gücünüz ve vicdanınıza da uyma yeteneğini artırırsınız. Benliğinizin en derinlerindeki paradigma ve değerleri iyice anlar, içinizde doğru ilkelerden oluşan bir merkez yaratır, hayattaki kendinize özgü misyonunuzu belirlersiniz. Doğru ilkelerle uyum içinde yaşamak ve kendi güç kaynağınızdan yararlanmak için yeni bir senaryo yazarsınız. Ruhsal yenilenme sırasında yarattığınız zengin özel yaşam, kişisel güvenlik hesabınıza olağanüstü yatırımlar yapar.

Zihinsel boyutunuzu yenilerken, kişisel yönetiminizi pekiştirirsiniz (3. Alışkanlık). Plan yaparken, zihninizi güçlendirici II. Kare etkinliklerini, öncelikli hedefleri ve zamanınızla enerjinizin kullanımını azamiye çıkaracak faaliyetleri kabullenmeye zorlayıp, etkinliklerinizi önceliklerinizin etrafında örgütleyerek uygulamaya geçersiniz. Eğitiminizi sürdürmekle ilgilenirken, bilgi temelinizi genişletip seçeneklerinizi artırırsınız. Ekonomik güvenliğinizin kaynağı işinizde değil; üretme gücünüzdedir. Düşünmek, öğrenmek, yaratmak ve uyum sağlamaktadır. Gerçek mali bağımsızlık budur; servete değil, servet yaratma gücüne sahip olmaktır. O güç, insanın içindedir.

Günlük Özel Zafer –her gün fiziksel, ruhsal ve zihinsel boyutların yenilenmesine en az bir saat ayırmak– Yedi Alışkanlığın geliştirilmesinde anahtar işlevi görür ve tümüyle Etki Alanınızın içindedir. Bu, alışkanlıkları yaşamınızla bütünleştirmek, ilke merkezli olmak için gereken, II. Kare'ye odaklanma süresidir.

Ayrıca Günlük Genel Zafer'in de temelini oluşturur. Sosyal/duygusal boyutta baltayı bilemeniz için gereken güvenlik duygunuzun kaynağınızdır. Karşılıklı bağlılığın olduğu durumlarda Etki Alanınıza odaklanmanız için size kişisel güç verir. Böylece başkalarına Bolluk Zihniyeti paradigmasından bakar, farklılıklarına gerçekten değer verir ve başarılarından mutlu olursunuz. Bu size, tam bir anlayış ve sinerjik Kazan/Kazan çözümleri için çalışmanız, karşılıklı bağlılığın olduğu bir gerçeklikte 4., 5. ve 6. Alışkanlıkları uygulamanız için gereken temeli sağlar.

YÜKSELEN SARMAL

Yenilenme; büyüme ve değişme, sürekli gelişme yönünde yükselen bir sarmalda ilerlememiz için bize güç veren ilke ve süreçtir.

O sarmalda anlamlı ve tutarlı bir ilerleme kaydetmek için, bu yükselme hareketini yönlendiren benzersiz insani yetiyle ilgili olarak, yenilenmenin başka bir yanını, *vicdan*ımızı da incelememiz gerekir. Madame de Staël'in dediği gibi: "Vicdanın sesi o kadar narindir ki, bastırılması çok kolaydır. Ama aynı zamanda öyle berraktır ki, onu başka bir şeyle karıştırmak imkânsızdır."

Vicdan, doğru ilkelere uyup uymadığımızı sezen ve bizi onların düzeyine yükselten doğal yetidir; tabii, bozulmamışsa, formundaysa.

Mükemmel bir sporcu için sinir ve kasların, bir bilgin için zihnin eğitilmesi ne kadar önemliyse, gerçekten proaktif, etkili bir kişi için de vicdanın eğitilmesi o kadar yaşamsal önem taşır. Ne var ki vicdanın eğitilip terbiye edilmesi, daha da fazla yoğunlaşmayı, daha dengeli bir disiplini ve dürüst yaşamın daha tutarlı bir biçimde sürdürülmesini gerektirir. Esinlendirici edebiyat yapıtlarıyla düzenli olarak beslenmeyi, soylu düşünceler geliştirmeyi ve hepsinden de önemlisi, vicdanın hafif sesine kulak vererek yaşamayı gerektirir.

Antrenman yapmamak ve abur cubur şeyler yemek bir sporcunun kondisyonunu nasıl mahvederse, müstehcen, kaba ya da pornografik şeyler de, daha yüksek duyarlılıklarımızı uyuşturan içsel bir çöküntüye yol açar. "Yanlış nedir, doğru nedir?" diye soran doğal ya da ilahi vicdanın yerine, "Acaba içyüzüm ortaya çıkacak mı?" diye düşünen sosyal vicdanı geçirir.

BM'nin eski genel sekreteri Dag Hammarskjold'un deyişiyle:

> Tümüyle hayvanlaşmadan, içinizdeki hayvanla oynayamazsınız. Doğruyu bulma hakkınızdan vazgeçmeden, yalanlarla oynayamazsınız. Zihinsel duyarlılığınızı kaybetmeden, zalimlikle oynayamazsınız. Bahçesinin düzenli olmasını isteyen kişi, yaban otlarına bir alan ayırmaz.

Özbilinç sahibi olur olmaz, yaşamımıza yön verecek hedefleri ve ilkeleri seçmemiz gerekir. Aksi halde boşluk doldurulur ve özbilincimizi yitirerek sadece hayatta kalıp üremek için yaşayan hayvanlara benzeriz. Varlıklarını bu düzeyde sürdüren kişiler yaşamıyor, "yaşatılıyor"dur. İçlerinde uyuklayan, geliştirilmemiş benzersiz yetilerin farkında bile olmadan, tepki veriyorlardır.

Bu yetileri geliştirmenin kestirme bir yolu da yoktur. Hasat yasası geçerlidir: "Ne ekersen, onu biçersin." Ne daha fazlasını, ne daha azını. Adaletin yasası değişmez. Doğru ilkelere ne kadar uyum sağlarsak, dünyanın nasıl işlediği konusundaki yargılarımız o kadar iyileşir ve paradigmalarımız –arazi haritalarımız– da o kadar doğru olur.

Ben, bu yükselen sarmalda büyüyüp gelişirken, vicdanımızı eğiterek ve ona itaat ederek yenilenme sürecinde çaba göstermemiz gerektiğine inanıyorum. Gitgide daha iyi eğitilen bir vicdan, kişisel özgürlük, güvenlik, bilgelik ve güç yolunda ilerlememizi sağlayacaktır.

Yükselen sarmalda ilerlemek, gitgide daha yüksek düzlemlerde *öğrenmemizi, bağlanmamızı* ve *yapmamızı* gerektirir. Bunlardan sadece birinin yeterli olduğunu düşünürsek, kendimizi aldatmış oluruz. İlerlemeyi sürdürmek için öğrenmemiz, bağlanmamız ve yapmamız gerekir. Öğren, bağlan ve yap; yine öğren, bağlan ve yap.

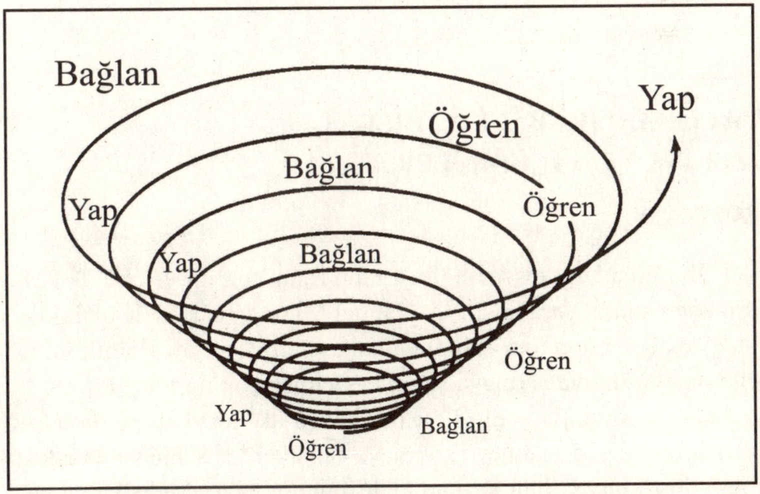

YÜKSELEN SARMAL

UYGULAMA ÖNERİLERİ

1. Fiziksel açıdan formda kalmanıza yardım edecek, yaşam tarzınıza uyacak ve size zevk verecek etkinliklerin bir listesini yapın.
2. Bu etkinliklerden birini seçin ve önünüzdeki hafta kişisel rol alanınızdaki bir hedef olarak belirleyin. Hafta sonunda performansınızı değerlendirin. Hedefinize ulaşamadıysanız, bunun nedeni onu gerçekten daha yüksek bir değer uğruna ikinci plana almanız mıydı? Yoksa değerlerinize bağlı kalarak davranmayı başaramadınız mı?
3. Ruhsal ve zihinsel boyutlarınız için de benzer bir yenilenme listesi yapın. Sosyal/Duygusal alanınızda iyileştirmek istediğiniz ilişkilerin listesini yapın, ya da Genel Zafer'in etkililiğinizi artıracağı belirli koşulları sıralayın. Her alanda bir maddeyi haftanın hedefi olarak belirleyin. Uygulamaya geçin ve değerlendirin.
4. Her hafta dört boyutta "baltayı bileyecek" belirli çalışmaları yazmaya, onları yapmaya ve performansınızla elde ettiğiniz sonuçları değerlendirmeye bağlı kalın.

7. ALIŞKANLIK: BALTAYI BİLE ÜZERİNE YENİ İÇGÖRÜLER

SEAN COVEY

Tüm zamanların ev sevdiğim oyunu Hamilton'dır ve onu ilk kez gördükten sonra, yaratıcısı Lin-Manuel Miranda hakkında olabildiğince çok şey öğrendim. Miranda baltayı bilemeseydi Hamilton'ın belki de asla ortaya çıkmayacağını keşfetmek çok ilgimi çekti.

2008'de Miranda yedi yıldır durmadan ilk müzikali *In the Heigts*'ı Broadway'de sahneye koymaya çalışıyordu. Sahneye ilk çıkışı için dört Tony Ödülü kazandıktan sonra, nihayet Meksika'da tatile zaman ayırdı. Bagajına plajda okunacak hafif bir kitap koydu:

Ron Chernow'ın *Alexander Hamilton*'ı – büyük oranda unutulmuş Kurucu Baba'nın kapsamlı biyografisi.[1]

"Beynim bir saniye dinlendiği anda, Hamilton içine girdi," diyordu Miranda, Arianna Huffington'la söyleşisinde. "Hayatta sahip olduğum en iyi fikrin –belki de hayat boyu sahip olacaklarımın en iyisinin– tatilde aklıma gelmiş olması tesadüf değil."[2]

O fikir tohumundan çıkan Hamilton, sonrasında rekor kırdı, kültürel bir fenomen oldu ve Miranda bir Pulitzer, bir Emmy, bir Grammy ve on bir Tony Ödülü kazandı!

Sanırım Miranda'nın aksine, Alexander Hamilton'ın yenilenme ilkesine katılmadığını ve bu yüzden bir bedel ödediğini söylemek doğru olur. Müzikalde, eşi Eliza "Take a Break" adlı şarkıda dinlenmesi için ona yalvarır, ama o reddeder. Arianna Huffington'a göre, tükenmişlik –özellikle de uyku yoksunluğu – Hamilton'ın başkanlık umutlarını yıkmış, evliliğini tehdit etmiş ve nihayetinde canını almıştır. "Hamilton... aşırı çalışması ve tükenmesi nedeniyle değil, bunlara rağmen başarılı oldu. Ve belki de Eliza'nın 'ara ver' tavsiyesini dinleseydi, kendini adadığı ulusu inşa etmek için daha fazla zamanı olurdu."[3]

Miranda'nın Hamilton hakkındaki uyarıcı öyküsünün aksine, ünlü başkanlık tarihçisi Doris Kearns Goodwin, Franklin Delano Roosevelt'in II. Dünya Savaşı'nın en kritik günlerinde on günlük bir balık avı gezisine çıktığını paylaştı. Ancak Roosevelt, Birleşik Devletler'in savaş sırasında müttefiklerine savaş malzemeleri kiralamasına olanak sağlayan can alıcı kiralama yasasını (Lend-Lease Act) o gezi sırasında akıl etmişti. "Işıklar kapanıp da Shakespeare oyunu başladığında, Lincoln savaşı unutup birkaç değerli saat boyunca

1) Hamilton History. Kaynak: https://www.linmanuel.com/hamilton.
2) Almendraia, A. (23 Haziran 2016). "Lin Manuel Miranda's Creator Idea Came To Him On Vacation." Kaynak: htttps://huffpost.com/entry/lin-manuel-miranda-says-its-no-accident-hamilton-inspiration-struck-on-vacation_n_57/6c13ee4b0b489bb0ca7c2.
3) Huffington A. (n.d.). "Alexander Hamilton: Father of Amerian Banking and American Burnout." Kaynak: https://www.linkedin.com/pulse/alexander-hamilton-father-american-banking-burnout-arianna-huffington.

zihnini temizleyebiliyordu." "Teddy Roosevelt de her öğleden sonra Beyaz Saray'da spor olarak kıran kırana bir tenis maçı, ya da Rock Creek Park'ın ormanlık tepelerine bir tırmanış, ya da bir boks veya güreş maçı yapardı.[4]

Kültür olarak, bu dersleri dikkate almadık. Tükenmişlik artıyor. Yalnızlık artıyor. İnsanların ekran karşısında geçirdiği zaman miktarı artıyor.

Günlük Özel Zaferi Kazan

Ben de bu tuzağa düşmüş, ama baltayı bilememeyi göze alamayacağımı öğrenmiştim. Hayatın çok meşgul bir zamanında, bir gün işten eve gelince eşimle kızımın, benden habersiz, mutfak masamız büyüklüğünde bir kafeste barınan üç ayaklı bir papağan aldıklarını keşfettim. Bu dev papağandan çıkan yeri göğü sarsan ciyaklamaları duyduktan sonra, kuşların dinozorlardan evrilmiş olduğu kuramına inanmaya başladım. O ilk gece, çığlıklar öylesine yüksekti ki komşularımızdan ikisi her şeyin yolunda olduğundan emin olmak için telefon etti! Hepimiz zaten yeterince meşguldük, ihtiyacımız olan son şey yeni bir ev hayvanıydı. "Neden bu konuyu benimle tartışmadın?" dedim öfkeyle. Bütün bunlar beni hazırlıksız yakalamıştı ve o gece eşim Rebecca'ya bazı yakışıksız şeyler söylerken buldum kendimi.

Ertesi sabah, yorgun ve baltayı bileyemeyecek kadar bitkin olduğum hissiyle uyandım, ama tam o sırada, kafamın arka tarafında babamın, *Benzin almaya zaman ayıramayacak kadar meşgul oldun mu hiç?* diyen sesini duydum. Bunun üzerine kalktım, aşağı indim ve yarım saat spor yaptım. Sonra okudum ve günümü planladım. Misyon bildirgemi ve kişisel hedeflerimi gözden geçirirken, vicdanım bana önceki gece kuş hakkında söylediğim kabaca şeyleri hatırlattı. İşe gitmek için hazırlandıktan sonra, eşimle oturup ondan özür

---

4) FranklinCovey, (16 Ekim 2018). "On Leadership with Scott Miller." Salt Lake City, UT.

diledim. Bunu yapmam iyi olmuştu; Rebbecca bunu açıkça belirtti. Sonuçta beni bağışladı ve kucaklayarak işe gönderdi.

Hazırlıklı ve yenilenmiş olarak işyerine vardım, bu hayati önem taşıyordu çünkü o gün içerisinde milyonlarca dolarlık birkaç önemli iş kararı almak zorundaydım. Neyse ki başarıyla üstesinden geldim ve akıllıca kararlar verdim. Bütün farkı o sabah Günlük Özel Zaferimi kazanmış olmam yarattı ve bu yalnızca bir saatimi almıştı. Merak ediyorsanız, birkaç gün sonra papağanı korsan görünümlü bir adama sattık.

Babam bu yenilenme alışkanlığına inanır ve onu uygulardı. Kitap ve dergi okurken egzersiz bisikletini sonsuza dek sürüyormuş gibi görünürdü. Sabahın erken saatlerinde öyle çok izlenim ve fikre kapılırdı ki, o zamanı kutsal sayardı. Çok çalışır, çok seyahat ederdi, ama hep dinlenme zamanlarını planlar ve özellikle de aile tatillerini Montana'daki kulübesinde geçirmeyi severdi. Oradayken, erkenden kalkıp uzun dağ bisikleti gezilerine çıkar, yol boyunca okumak ve düşünmek için molalar verirdi. Gençliğimden kalan silinmez izlenimlerden biri de onun bu sabah gezilerinden coşku ve takdirle dolu dönüp, "Bu sabah çok şahane bir fikir geldi aklıma!" gibi bir şey söylediğini görmekti. Enerjisi bulaşıcıydı.

Büyük ailenin taleplerine rağmen, erken kalkar erken yatardı. Hafta sonları ve aile toplantılarında, geri kalanlarımız sinemaya gider, hazır yiyecekler tüketir ve geç saatlere kadar oturup sohbet ederdik. Etrafa bakınıp, "Babam nerede?" derdik ve o çoktan yatmış olurdu. Diğer herkes uyurken o sabahın köründe kalkıp spor yapar, düşünür, okur, yazardı.

"Çocuklar, daha fazla okumalısınız. Ben haftada on kitap okuyorum," derdi. Biz de, "Hayır bu doğru değil. Sadece kitaplara göz gezdiriyorsun. Onları okumuyorsun. Bu sayılmaz," derdik.

Annemle yörede motosiklet gezilerine çıkıp uzun uzun konuşarak vakit geçirmeyi de severdi. Aslında, genel başarısının ve güçlü ilişkilerinin büyük bölümünün kaynağı, her gün kendini odaklama ve kendi Günlük Özel Zaferini kazanma alıştırmalarıydı.

Gerçek şu ki biz inanlar dört kısımdan oluşuruz –beden, kalp, zihin ve ruh– ve bunların dördü de birbirinden bağımsız ve sürekli beslenmeye muhtaçtır. Arabadaki dört lastik gibi, eğer bir lastiğin havası düşükse, dördü de dengesizleşir. Bitkin olduğunuzda (beden) sevgi göstermek zordur (kalp). Öte yandan, motive ve kendinizle uyumlu olduğunuzu hissettiğinizde (ruh), yargı gücünüz artar (zihin) ve başkalarına saygılı davranmakta zorlanmazsınız (kalp).

Baltayı Bilemek bir II. Kare etkinliği olduğundan –önemli ama acil değil– kendiliğinden olmaz. Siz harekete geçerek onu öncelikli hale getirmelisiniz. Ama tüm II. Kadran etkinlikleri gibi, baltayı bileyerek harcadığınız zaman ve enerjinin getirisi çok büyüktür. Kendinize zaman ayırdığınız için asla suçlu hissetmeyin. Uçaklarda size, kabin basıncı azalırsa başkalarına yardım etmeden önce kendi oksijen maskenizi takmanızı söylerler. Oksijensizlikten bilincinizi yitirirseniz üç yaşındaki çocuğunuza ya da en yakın dostunuza pek faydalı olamazsınız.

Teknolojine Hükmet, Onun Sana Hükmetmesine İzin Verme

Teknoloji zaman ve enerjimizi emer ve baltalarımızı insanların şimdiye kadar karşılaştığı diğer her şeyden daha fazla köreltir.

Yakınlarda çocuklarımın ortaokulunda gençlerin teknolojilerini yönetmelerine yardımcı olma konulu bir sunum izledim. Konferans salonu umutsuzca tavsiye arayan anne-babalarla öylesine tıklım tıklım doluydu ki koridorda oturmak zorunda kaldım. Sunucu, gençlerin haftada otuz beş saatlerini ekran karşısında geçirdiklerini, bunun da beyin bağlantılarını değiştirdiğini söyledi. Aşırı sosyal medyanın sıklıkla depresyon ve kaygıya yol açtığını, popüler sitelerden birçoğunun şiddet ve pornoyu teşvik ettiğini ve yırtıcılarla dolu olduğunu belirtti. Bu endişe vericiydi! Ana fikri şuydu: Siz evinizde teknolojinin nasıl kullanıldığını kontrol etmezseniz, o tehlikeli bir biçimde evinizin kontrolünü ele geçirir. Sunucu, çocuklarımızla teknolojinin kullanımı konusunda Kazan-Kazan Anlaşmasına benzer bir aile verileri sözleşmesi yaratmaya çalışmamız için bizi yüreklendirdi.

Böylece eşim ve ben evde yaşayan üç çocuğumuzla oturup, Covey Aile Teknolojisi Sözleşmesi adını verdiğimiz şey üzerinde çalıştık. Telefon tarifelerini bizim ödediğimizi onlara hatırlattıktan sonra, birçok konuda fikir birliğine vardık. Her akşam, telefonlar mutfaktaki grup prizde şarj edilecek ve kimsenin telefonunu yatağa almasına izin verilmeyecekti. Yemek sırasında ya da arabada aygıtlarını kullanmamayı istemeye istemeye kabul ettiler.

"Ama ben sıkıldım," diye yakındı oğlum.

"Sıkılmak beynine iyi gelir," diye yanıtladım. "Hem birbirinizle konuşmayı öğrenmelisiniz."

Sözleşmemize göre yaşamakta mükemmel olduğumuz söylenemez; kimi zaman çocuklarımızın telefonlarını yataklarında buluyoruz. Ancak genel anlamda, ailemiz sözleşmeye uydu ve bu da muazzam bir fark yarattı. Onu oluşturmadan önce, on bir yaşındaki oğlum Wyatt video oyunu bağımlısıydı. Bir noktada, üzerinde anlaştığımız saatlerle yetinemediği için, bağımlılığını bir anda bıraktırmak zorunda kaldık ve yoksunluk hissine kapıldı; kelimenin tam anlamıyla sendeliyordu. Ürkütücüydü, ama atlattı. Bir hafta sonra, "Bu video oyununu bıraktığımdan beri kendimi çok daha mutlu hissediyorum baba," diyerek bana teşekkür etti.

Bu tavsiye sadece çocuklar için değil, hepimiz için geçerli. Örneğin benim gece boyunca haberleri telefonumdan okuma tercihimle mücadele etmem gerekiyor. Evde teknolojiyi yönetmenin tek bir doğru yolu olmasa da, üzerinde anlaşılmış bir aile planına sahip olmamanın belaya davetiye çıkardığı kanısındayım. Çocuklarınız varsa, yenilenmemize ve zihinsel sağlığımıza karşı belki de bugüne kadar gördüğümüz en büyük tehditle başa çıkmak için bir çeşit aile verileri sözleşmesi oluşturmaya teşvik ediyorum sizi. Ekranlarımızın bizi tüketmesine izin vermeyelim. Eski Yunan deyişi "Hiçbir şeyde aşırıya kaçma", teknolojimiz dahil her şeyin kararında yapılması gerektiğine dair iyi bir hatırlatıcıdır.

Yaşlı bir oduncu bir keresinde şöyle demişti: "Bir ağacı kesip devirmem için bana altı saat verirseniz, ilk saati baltayı bileyerek geçiririm." Balta ya da testere, amaç aynı. Günümüz Bilgi İşçisi Çağı'nda birçok iş akıllıca kararlara ve iyi yargı gücüne bağlı. Mutluluğumuzun büyük bölümü ilişkilerimizin kalitesine bağlı. Spor yapmak, bir arkadaşla yemeğe çıkmak, kitap okumak, günlüğünüze yazmak, o konferansa katılmak, mola vermek için zamanınız olmadığını düşünebilirsiniz. Gerçekteyse, bunları yapmamak için zamanınız yoktur.

YİNE İÇTEN DIŞA

Hazreti İsa içten dışa doğru çalışır. Dünya dıştan içe doğru çalışır. Dünya insanları viranelerden çıkaracaktır. Hz. İsa viraneleri insanların içinden çıkarır, sonra onlar kendilerini viranelerden çıkarır. Dünya çevrelerini değiştirerek insanları şekillendirecektir. Hz. İsa insanları değiştirir, sonra onlar çevrelerini değiştirir. Dünya insan davranışlarına biçim verecektir, ama Hz. İsa insan doğasını değiştirebilir.

EZRA TAFT BENSON

Bu kitabın özüne ilişkin olduğunu düşündüğüm kişisel bir öykümü paylaşmak istiyorum sizinle. Okurken, içinde saklı olan ilkelerle bağlantı kurabileceğinizi umuyorum.

Yıllar önce ders verdiğim üniversiteden, yazmak istediğim için yıllık izin almıştım. Ailece tam bir yıl Hawai, Oahu adasının kuzey kıyısındaki Laie'de yaşadık.

Oraya yerleştikten kısa bir süre sonra hem üretken, hem de son derece hoş bir çalışma ve yaşama düzeni kurduk.

Sabahları erkenden kumsalda koştuktan sonra çocuklarımızdan ikisini şortla, yalın ayak okula gönderiyorduk. Ben de şeker kamışı tarlalarının yakınındaki ıssız bir binaya giderek, yazılarımı oradaki büromda yazıyordum. Bina çok sessiz, çok güzel ve çok sakindi; telefon, toplantılar, acil işler yoktu.

Bürom, bir üniversite kampusunun biraz ötesindeydi. Bir gün üniversite kütüphanesindeki kitap raflarının arasında dolaşırken ilgimi çeken bir kitapla karşılaştım. Açar açmaz gözlerim, o günden sonraki yaşamım üzerinde son derece etkili olan tek bir paragrafa takıldı.

Paragrafı defalarca okudum. İçerdiği ana fikir, etki ile tepki arasında bir boşluk ya da aralık bulunduğu; o boşluğu kullanma biçimimizin de gelişim ve mutluluğumuzun anahtarı olduğuydu.

Bu fikrin beni nasıl etkilediğini anlatmam çok zor. İnsanın kendi kaderini tayin edebileceği felsefesiyle yetiştirilmiş olmama rağmen, fikrin anlatılış biçimi –"etki ile tepki arasında bir boşluk"– yepyeni, adeta inanılmaz gücüyle beni çarptı. Neredeyse "ilk kez öğrenmek" gibi; içsel bir devrim, "zamanı gelmiş olan bir fikir" gibi bir şeydi bu.

Üzerinde tekrar tekrar düşündüm ve bu fikir kendi yaşam paradigmamı güçlü bir biçimde etkilemeye başladı. Sanki kendi katılımımın bir gözlemcisi olmuştum. O boşlukta durarak dışarıdaki uyarana bakmaya başladım. Tepkimi seçme –hatta o uyarana dönüşme, ya da en azından onu etkileme– hatta tersine çevirme konusundaki içsel özgürlüğümün zevkini çıkardım.

Bu olaydan kısa bir süre sonra ve kısmen bu "devrim yaratan" fikir sayesinde, Sandra'yla derin bir iletişim kurmaya başladık. Öğlene doğru onu alıp, kırmızı renkli eski bir Honda motosiklete bindiriyordum. Okul öncesi çağdaki iki çocuğumuzu da yanımıza alıyorduk. Biri Sandra'yla aramızda, diğeri de sol dizimde oturuyordu. Böylece büromun yakınındaki şeker kamışı tarlalarında dolaşıyorduk. Motosikleti ağır ağır sürerken, bir saat kadar sadece konuşuyorduk.

Çocuklar bu gezintileri iple çekiyor ve neredeyse hiç gürültü etmiyorlardı. Ender olarak başka bir taşıta rastlıyorduk. Motosiklet öyle sessizdi ki, karımla birbirimizi rahatça duyabiliyorduk. Genellikle ıssız bir kumsala gidiyorduk. Motosikleti orada bırakarak iki yüz metre kadar yürüyor ve kuytu bir yere çekilip, yemeğimizi orada yiyorduk.

Çocuklar bütün dikkatlerini kumsala ve adadan denize akan pınara verdiklerinden, Sandra'yla sözlerimiz kesilmeden konuşabiliyorduk. Tam bir yıl boyunca her gün ve günde en aşağı iki saat derin bir iletişim kurarak erişebildiğimiz anlayış ve güven düzeyini göz önüne getirmek için fazla hayal gücüne gerek yoktur herhalde.

Yılın başlarında her türlü ilginç konu hakkında konuştuk: İnsanlar, fikirler, olaylar, çocuklar, yazılarım, evdeki ailemiz, gelecekle ilgili planlarımız, vb. Ama yavaş yavaş iletişimimiz derinleşti ve daha çok iç dünyalarımızdan söz etmeye başladık: Yetiştirilme tarzımız, bize verilen senaryolar, duygularımız, kendimizle ilgili kuşkularımız. Bu konuşmalara daldığımız sırada bir gözlemci gibi hem onları ve hem de onların içinde kendimizi inceliyorduk. Etki ile tepki arasındaki boşluğu yeni ve ilginç biçimlerde kullanmaya başlamamız, nasıl programlanmış olduğumuzu ve o programların dünya hakkındaki görüşümüzü nasıl biçimlendirdiğini düşünmemize yol açıyordu.

İç dünyalarımıza giden heyecan verici bir serüven başlattık ve bunun dış dünyada gördüğümüz her şeyden daha heyecanlı, daha büyüleyici, daha çekici, keşif ve içgörülerle dolu olduğunu fark ettik.

Her şey her zaman "tatlı ve parlak" olmuyordu tabii. Arada bir birbirimizin damarına basıyor ve birtakım acı, rahatsız edici, kendimizi açığa vuran deneyimler yaşıyorduk; bizi birbirimize karşı son derece açık ve savunmaz hale getiren deneyimlerdi bunlar. Ancak yıllardır bu konuları deşmek istediğimizi fark ediyorduk. Daha derin, daha hassas sorunlara girip çıktıkça, yaralarımızın bir şekilde iyileştiğini hissediyorduk.

Başından itibaren birbirimizi destekleyip yardımcı olduğumuz, birbirimize cesaret verip empati gösterdiğimiz için de, bu içsel keşifleri besliyor ve kolaylaştırıyorduk.

Yavaş yavaş, dile getirilmeyen iki temel kural geliştirdik. Birincisi, "yoklama yok"tu. Savunmasız iç dünyamızın derin katmanlarını açarken birbirimizi sorguya çekmeyecek, sadece empati gösterecektik. Yoklama, saldırganca bir şeydi. Ayrıca fazlasıyla kontrol amaçlı ve mantıksaldı. Ürkütücü ve belirsiz olan, yeni ve zor bir arazide ilerliyorduk. Bu durum korku ve kuşku uyandırıyordu. Gitgide daha geniş alanlar keşfetmek istiyorduk, ama birbirimizin açılma anını seçme ihtiyacına karşı saygılıydık.

İkinci temel kural ise, deneyim acı vermeye başladığında, o gün için ara vermekti. Ertesi gün bıraktığımız yerden başlıyor, ya da paylaşmakta olan kişi kendini devam etmeye hazır hissedinceye kadar bekliyorduk. Havada kalan konuları ele almak istiyorduk. Ama zaman ve ortam buna elverişli olduğu ve kendi katılımımızı gözlemleyerek evliliğimizin içerisinde gelişmek bizi heyecanlandırdığı için, er ya da geç o askıda kalmış sorunları ele alıp, şu ya da bu biçimde sonuca bağlayacağımızı biliyorduk.

Bu tür iletişimin en zor ve sonuç olarak en verimli kısmı, benim savunmasızlığımla Sandra'nınkinin örtüştüğü an başladı. O zaman, öznel katılımımız sayesinde, etkiyle tepki arasındaki boşluğun kaybolduğunu fark ettik. Birkaç kötü duygu yüzeye çıktı. Ama derin arzumuz ve üstü örtülü anlaşmamız, kendimizi bıraktığımız yerden başlamaya hazırlamak ve çözene kadar o duygularla uğraşmaktı.

Bu zor anlardan biri, kişiliğimdeki temel bir eğilimle ilgiliydi. Babam son derecede içine kapanık bir insandı. Çok dikkatli, çok kontrollüydü. Annem ise, çok içten, açık sözlü, dost canlısıydı; hâlâ öyle. Kendimde her iki eğilim dizisini de görebiliyorum. Güvensizlik duyduğum zaman babam gibi içime kapanmaya yatkınım. Kendi içimde yaşıyor ve güvenli bir biçimde gözlemliyorum.

Sandra ise daha çok anneme benzer; sosyal yanı güçlü, içi dışı bir ve açık sözlüdür. Yıllar boyunca karşılaştığımız pek çok olayda, ben onun açık sözlülüğünün yersiz olduğunu düşünürdüm, Sandra ise içime kapanıklığımın hem diğer insanlara hem de kendime karşı işlevsiz olduğunu hissederdi, çünkü başkalarının duygularına karşı duyarsızlaşıyordum. O derin görüşmelerde, bütün bunlar ve daha pek çok şey açığa çıktı. Sandra'nın içgörülerine ve bilgeliğine; daha açık, verici, duyarlı, sosyal bir kişi olmam için bana yardım edişine değer vermeye başladım.

O zor zamanlardan bir diğeri de, Sandra'nın beni yıllardan beri rahatsız eden bir "saplantısı"yla ilgiliydi. Nedense karım *Frigidaire* marka beyaz eşyaya düşkündü ve ben bunu hiç anlayamıyordum. Sandra, başka bir marka almayı aklından bile geçirmezdi. Evlilik yaşamımıza yeni başladığımız ve bütçemizin pek kısıtlı olduğu günlerde bile, yetmiş beş kilometrelik yolu kat ederek *Frigidaire* marka beyaz eşyanın satıldığı "büyük kent"e gitmemiz için ısrar ederdi, çünkü bizim yaşadığımız küçük üniversite kasabasındaki bayilerde bu markayı bulmak imkânsızdı.

Bu beni çok rahatsız ederdi. Neyse ki konu sadece bir beyaz eşya alacağımız zaman gündeme gelirdi. Geldiği zaman da, şiddetli bir tepkiyi tetikleyen bir etkiye benzerdi. Bu tek sorun, bütün mantıksızca düşüncelerin bir simgesi gibi görünür ve içimde bir dizi olumsuz duygu uyandırırdı.

Genellikle o işlevsiz tavrıma bürünüp, içime kapanırdım. Sanırım bu olayla başa çıkmanın tek yolunun ilgilenmemek olduğunu düşünürdüm. Aksi takdirde kontrolü kaybedip söylenmemesi gereken şeyleri söyleyeceğimi hissederdim. Kontrolden çıkıp olumsuz bir şey söyledikten sonra, geri dönüp özür dilemek zorunda kaldığım zamanlar da olurdu.

Beni rahatsız eden, onun *Frigidaire*'den hoşlanması değil, *Frigidaire*'i savunmak için hiçbir dayanağı olmayan, son derecede mantıksız bulduğum ve savunulamayacağını düşündüğüm sözler söylemesiydi. Eğer tepkisinin mantıksız ve tamamen duygusal olduğunu kabul etseydi, sanırım buna katlanabilirdim. Ama kendisini haklı çıkarmaya çalışması beni sinirlendiriyordu.

Baharın başlarında bir gün, bu *Frigidaire* konusu açıldı. Önceki tüm konuşmalarımız bizi buna hazırlamıştı. Temel kurallar yerli yerine oturtulmuştu: Yoklama yapmayacak ve konuşma birimize ya da ikimize birden acı vermeye başladığı zaman sözü orada kesecektik.

Bu konuyu konuştuğumuz günü hiç unutmayacağım. O gün kumsala gitmedik. Belki de birbirimizin gözlerine bakmak istemediğimiz için, şeker kamışı tarlalarında dolaşmayı sürdürdük. Konunun geçmişi çok rahatsız ediciydi, bir sürü kötü duyguyu çağrıştırıyordu ve uzun zamandır gömülü kalmıştı. İlişkimizi koparacak kadar tehlikeli değildi, ama güzel bir birliktelik yaratmaya çalışırken, her türlü bölücü mesele önem kazanır.

Sandra'yla ben, bu etkileşim sayesinde öğrendiklerimiz karşısında büyülenmiş gibiydik. Gerçekten sinerjik bir durumdu. Sandra, bu sözde saplantısının nedenini ilk kez öğreniyordu sanki. Babasından söz etmeye başladı; kayınpederim yerel lisede yıllarca tarih öğretmenliği ve koçluk yapmış, iki yakasını bir araya getirmek için beyaz eşya işine de girmişti. Ekonomik bir durgunluk sırasında ciddi parasal sorunlarla karşılaşmıştı. O dönemde işini sürdürebilmesini sağlayan tek şey, *Frigidaire*'in ona kredi açması olmuştu.

Sandra'nın babasıyla olağandışı derin ve hoş bir ilişkisi vardı. Yorucu bir günün sonunda eve dönüp kanepeye uzanınca, Sandra ayaklarını ovarak kendisine şarkı söylüyordu. Yıllar boyunca hemen hemen her gün bu güzel saatlerin tadını çıkarmışlardı. Babası ona açılıp, işiyle ilgili kaygı ve korkularından söz ediyor ve bu çetin dönemi atlatabilmesi için *Frigidaire*'in kendisine kredi açmasına duyduğu derin minneti paylaşıyordu.

Baba-kız arasındaki bu iletişim, çok doğal bir ortamda kendiliğinden oluşmuştu. Böyle zamanlarda çok güçlü bir senaryo yazılır. İnsanın rahatladığı o saatlerde, kalkanlar indirilir; her türlü imge ve düşünce bilinçaltına işlenir. Belki de Sandra bütün bunları, o yıl her şeyin çok doğal bir biçimde ve kendiliğinden ortaya çıkabileceği güvenli iletişim aramızda kurulana kadar hatırlamamıştı bile.

Sandra artık kendisini de, *Frigidaire*'le ilgili duygularının kökenini de çok iyi anlıyordu. Ben de hem içgörü kazandım, hem de yepyeni bir saygı düzeyine eriştim. Sandra'nın beyaz eşyalardan değil, babasından ve sadakatten; babasının ihtiyaçlarına duyduğu sadakatten söz ettiğini anlamıştım.

O gün ikimizin de gözlerinin dolduğunu anımsıyorum; içgörülerden çok, birbirimize duyduğumuz saygının artmasından dolayı. Görünüşte önemsiz gelen şeylerin bile derin duygusal deneyimlere uzanan kökleri olduğunu keşfettik. Daha derin, daha nazik sorunları fark etmeden yüzeydeki önemsiz şeylerle ilgilenmek, bir başkasının yüreğindeki kutsal zemini ayak altına alıp çiğnemektir.

O aylar çok verimli oldu. İletişimimiz o kadar güçlendi ki, birbirimizin düşünceleri arasında hemen bağ kuruveriyorduk. Hawai'den ayrılırken bunu sürdürmeye karar verdik. Ondan sonraki uzun yıllar boyunca, sadece konuşmak için, Honda motosikletimizle ya da hava bozuksa arabayla gezintiye çıkmaya düzenli olarak devam ettik. Sevgiyi sürdürmenin anahtarının konuşmak, özellikle duygulardan söz etmek olduğuna inanıyoruz. Yolculuğa çıktığımda bile, her gün birkaç kez birbirimizle iletişim kurmaya çalışıyoruz. Bu, turu tamamlayıp temsil ettiği bütün mutluluklara, güvene ve değerlere erişimi sağlayan yuvaya dönmek gibi bir şey.

Thomas Wolfe yanılmış. Yuvaya yine dön*ebilirsiniz*; tabii yuvanız önemsenen bir ilişkiyi, değerli bir dostluğu temsil ediyorsa.

Kuşaklararası Yaşam

Sandra'yla o görkemli yılı yaşarken, etkiyle tepki arasındaki boşluğu akıllıca kullanıp, dört eşsiz insani yetiyi uygulayabilmemiz bizi içten dışa doğru güçlendirdi.

Dıştan içe yaklaşımı denemiştik. Birbirimizi seviyorduk. Tutum ve davranışlarımızı kontrol ederek, yararlı insani etkileşim tekniklerini uygulayarak anlaşmazlıklarımızı çözmeye çalışmıştık. Ama yara bantlarımız ve aspirinlerimiz artık işe yaramıyordu. Esas paradigmalarımızın düzeyinde çaba harcayıp iletişim kuruncaya dek, temeldeki kronik sorunlar olduğu yerde kalmıştı.

İçten dışa doğru çalışmaya başladığımız zaman, güvene ve açıklığa dayanan bir ilişki yaratıp, işlevsiz farklılıkları, dıştan içe doğru çalışmayla hiç mümkün olmayacak kadar kalıcı bir biçimde çözebildik. Çabamızın lezzetli meyveleri –zengin bir Kazan/Kazan ilişkisi, birbirimizi derinlemesine anlamamız ve harika bir sinerji– programlarımızı inceleyip senaryolarımızı yeniden yazarak ve yaşamımızı, birbirimizle derinden iletişim kurmak gibi önemli bir II. Kare etkinliğine zaman yaratacak şekilde yöneterek beslediğimiz köklerden gelişti.

Çabamız başka meyveler de verdi. Çok daha derin bir düzeyde, tıpkı anne-babalarımızın bizim yaşamımızı güçlü bir biçimde etkiledikleri gibi, bizim de çocuklarımızın yaşamını çoğu kez farkına bile varmadan etkileyip biçimlendirdiğimizi kavrayabildik. Kendi yaşamımızdaki senaryoların gücünü anladığımızdan, gelecek kuşaklara hem öğüt vererek hem de örnek olarak aktardığımız şeylerin doğru ilkelere dayanmasını sağlamak için elimizden geleni yapma isteğimizin yenilendiğini hissettik.

Bu kitapta, bize verilen ve proaktif olarak değiştirmek istediğimiz o senaryolara özellikle dikkat çektim. Ancak senaryolarımızı dikkatlice incelerken, çoğumuza güzel, olumlu senaryoların aktarıldığını, ama bizim değerlerini göremediğimizi anlamaya başlarız. Gerçek özbilinç, bu senaryoların yanı sıra, bizden önce yaşamış, bizi ilkelere dayalı bir yaşam tarzıyla yetiştirmiş olan, bize sadece ne olduğumuzu değil, ne olabileceğimizi de gösteren kişileri takdir etmemizi sağlar.

Çeşitli kuşaklardan oluşan bir ailenin üstün bir gücü vardır. Çocuklar, anne, baba, büyükanne, büyükbaba, halalar, teyzeler, amcalar, dayılar ve kuzenlerden oluşan, karşılıklı bağlılığın olduğu, etkili bir aile, insanların kim olduklarını, nereden geldiklerini ve neyi temsil ettiklerini anlamalarına güçlü bir biçimde katkıda bulunabilir.

Çocukların kendilerini "sülale"yle özdeşleştirebilmeleri, yurdun dört bir yanına dağılmış olsalar bile, pek çok kişinin onları tanıdığını ve ilgi gösterdiğini hissedebilmeleri harika bir şeydir. Bu, çocuklarınızı yetiştirirken çok yararlı olabilir. İçlerinden birisi zorlanıyorsa ve yaşamının o döneminde sizinle geçinemiyorsa, belki erkek ya da kız kardeşinize açılabilir ve bu kişi bir süreliğine anne ya da babanın vekili, bir akıl hocası ya da bir kahraman olabilir.

Torunlarına büyük bir ilgi gösteren büyükanne ve büyükbabalar, bu dünyanın en değerli insanlarındandır. O kadar harika bir pozitif sosyal ayna olabilirler ki! Annem de onlardan biri. Şimdi doksanına yakın olmasına rağmen, torunlarının her birine derin bir kişisel ilgi gösteriyor. Bize sevgi dolu mektuplar yazıyor. Geçen gün uçakta onun mektuplarından birini okurken gözlerim yaşardı. Onu bu gece arayabilirim, bana ne söyleyeceğini de biliyorum: "Stephen, seni ne çok sevdiğimi ve ne kadar harika bulduğumu bilmeni istiyorum." Bizi onaylamayı hiç durmadan sürdürüyor.

Çeşitli kuşaklardan oluşan güçlü bir aile en verimli, hoşnut edici ve doyurucu karşılıklı bağlılığın olduğu ilişkilerden biri olabilir. Pek çok kişi de bu ilişkinin önemini hisseder. Yıllar önce *Kökler* (*Roots*) filminin hepimizi nasıl büyülediğini hatırlayın. Hepimizin kökleri var ve her birimiz o köklerin izini sürme, atalarımızı saptama yeteneğine sahibiz.

Bunu yaparken en yüce ve en güçlü itki sadece kendimizi değil, *soyumuzun devamını,* bütün insan soyunun devamını düşünmektir. Birinin vaktiyle gözlemlediği gibi: "Çocuklarımıza bırakabileceğimiz iki kalıcı miras var: Biri kökler, diğeri ise kanatlar."

DEĞİŞTİRİCİ BİR İNSAN OLMAK

Çocuklarımıza ve başkalarına "kanatlar" vermenin bir anlamı da, bize aktarılan olumsuz senaryoları aşma özgürlüğünü tanıyarak onları güçlendirmektir. Ben bunun, dostum ve iş arkadaşım Dr. Terry Warner'ın deyişiyle, "değiştirici" bir insan olmak anlamına geldiğine inanıyorum. O senaryoları bir sonraki kuşağa aktarmak yerine, değiştirebiliriz. Bunu, süreç içinde çeşitli ilişkiler kuracak bir biçimde başarabiliriz.

Çocukken annenizle babanız size kötü davranmışlarsa, bu sizin de kendi çocuklarınıza kötü davranmanız gerektiği anlamına gelmez. Oysa bu senaryoya uymak eğiliminde olacağınızı gösteren pek çok kanıt var. Ancak proaktif olduğunuz için senaryoyu yeniden yazabilirsiniz. Çocuklarınıza kötü davranmamayı, onları onaylamayı, hepsine olumlu senaryolar vermeyi seçebilirsiniz.

Bunu kişisel misyon bildirgenize, yüreğinize ve zihninize yazabilirsiniz. Kendinizi, Günlük Özel Zaferinizde o misyon bildirgesiyle uyum içinde yaşarken hayal edebilirsiniz. Kendi anne ve babanızı sevmek ve bağışlamak için çaba gösterebilirsiniz ve eğer hâlâ yaşıyorlarsa onları anlamaya çalışarak olumlu bir ilişki kurabilirsiniz.

Kuşaklar boyunca ailenizde görülen bir eğilim sizde sona erebilir. Siz değiştirici bir insansınız. Geçmişle gelecek arasındaki bir bağsınız. Kendinizdeki değişiklik, ileride pek çok yaşamı etkileyebilir.

Yirminci yüzyılın güçlü değiştirici kişilerinden biri, Enver Sedat'tı. Mirasının bir bölümü olarak bize, değişimin doğasına ilişkin derin bir anlayış bıraktı. Sedat, Araplarla İsrailliler arasında "kuşku, korku, nefret ve yanlış anlamadan oluşan dev bir duvar" yaratmış olan bir geçmişle, gitgide artan çatışma ve tecridin kaçınılmaz göründüğü bir gelecek arasında durdu. Görüşme çabaları, formalitelerden prosedüre, önerilen anlaşma metnindeki anlamsız bir virgüle ya da noktaya kadar, her aşamada itirazla karşılandı.

Diğerleri gerginliği yaprakları keserek gidermeye çalışırken, Sedat, daha önce hapishanede yalnız bir hücredeyken yaşadığı merkeze odaklanma deneyiminden yararlandı ve kökler üzerinde kafa yordu. Bunu yaparken de milyonlarca insan için tarihin akışını değiştirdi.

Otobiyografisinde şöyle yazıyor:

> "İşte o zaman, adeta bilinçsizce, Kahire Merkez Hapishanesi'nin 54 numaralı hücresinde geliştirdiğim iç güçten –değiştirme yeteneği ya da kapasitesi de diyebileceğiniz bir güçten– yararlandım. Son derece karmaşık bir durumla karşı karşıya olduğumu görüyordum. Kendimi gerekli psikolojik ve entelektüel kapasiteyle kuşatmadıkça bunu değiştiremezdim. O kapalı yerde yaşamı ve insan doğasını incelemek bana şunu öğretmişti: Düşüncesinin ana dokusunu değiştiremeyen bir insan, asla gerçekliği değiştiremez, dolayısıyla da asla ilerleme kaydedemez."

Değişim –gerçek değişim– içten dışa doğrudur. Tutum ve davranışların yapraklarını kişilik etiğinin anlık çözümleriyle budamaktan gelmez. Köklere inmekle –düşüncemizin dokusuna, karakterimizi belirleyen ve dünyaya baktığımız merceği yaratan temel, esas paradigmalara erişmekle– gerçekleşir. Amiel'in dediği gibi:

> "Ahlaki gerçek düşünceyle kavranabilir. İnsanın bu konuda duyguları olabilir. İnsan kendini ona uymaya zorlayabilir. Ama ahlaki gerçek bütün bu yollardan nüfuz edilip sahip olunmasına rağmen, yine de bizden kaçabilir. Bilincimizden bile derinlerde benliğimiz –kendi özümüz, doğamız– vardır. Yalnızca bu son bölgeye girmiş, kendimiz haline gelmiş, kendiliğinden ve hem istençsiz hem de istençli, hem bilinçsiz hem de bilinçli hale gelmiş olan doğrular, tam anlamıyla bizim yaşamımızdır; yani, bunlar mal mülkten öte bir şeydir. Gerçek'le aramızdaki herhangi bir boşluğu ayırt edebildiğimiz sürece onun dışında kalırız. Yaşam düşüncesi, duygusu, arzusu ya da bilinci tam anlamıyla yaşam olmayabilir. O halde yaşamın hedefi, ilahileşmektir. Ancak o zaman gerçeğin kaybedilemeyecek bir biçimde bizim olduğunu söyle-

nebilir. Artık dışımızda değildir, bir anlamda içimizde de değildir, ama biz o oluruz, o da biz."

Kendimizle, sevdiklerimizle, dostlarımız ve iş arkadaşlarımızla *birliği* –bir bütün olmayı– sağlamak, Yedi Alışkanlığın en üstün, en iyi ve en nefis meyvesidir. Çoğumuz geçmişte zaman zaman bu hakiki birliğin meyvesini tatmışızdır, tıpkı ayrılığın acı ve yalnız meyvesini de tatmış olduğumuz gibi. Bu nedenle birliğin ne kadar değerli ve narin olduğunu biliriz.

Tam anlamıyla bütünlüklü bir karakter oluşturmanın ve böylesi birliği yaratan, sevgi ve hizmet dolu bir yaşam sürmenin kolay olmadığı bellidir. Geçici bir çözüm değildir bu.

Ama yine de mümkündür. Yaşamımıza merkez olarak doğru ilkeleri seçmek, başka merkezlerin yarattığı paradigmalardan kurtulmak ve değersiz alışkanlıkların rahat bölgelerinden çıkmak arzusuyla başlar.

Bazen hatalar yapar, kendimizi kötü hissederiz. Ama Günlük Özel Zafer'le işe başlar ve içten dışa doğru çalışırsak, kesinlikle sonuç alırız. Tohumu ekip, sabırla etrafındaki yaban otlarını ayıklayarak yetiştirirsek, gerçek büyümenin heyecanını hisseder ve sonunda uyumlu, etkili bir yaşamın hiçbir şeyle kıyaslanamayacak kadar nefis meyvelerini tadarız.

Burada yine Emerson'un sözlerini tekrarlayacağım: "Yapmakta ısrar ettiğimiz şey, gitgide kolaylaşır. İşin niteliği değiştiği için değil, o işi yapma yeteneğimiz arttığı için."

Yaşamımıza merkez olarak doğru ilkeleri seçip, yapmakla yapabilme yeteneğimizi artırmak arasında dengeli bir odak noktası yaratırsak, etkili, yararlı ve huzurlu yaşamlar yaratma gücünü elde etmiş oluruz ... hem kendimiz, hem de gelecek kuşaklar için.

Kişisel Bir Not

Bu kitabı bitirirken, doğru ilkelerin kaynağı olduğunu düşündüğüm şeylerle ilgili kendi inancımı sizlerle paylaşmak istiyorum. Bence doğru ilkeler, doğal yasalardır ve hepimizin Yaratıcısı olan Tanrı, hem bu ilkelerin hem de vicdanımızın kaynağıdır. İnsanların bu esinlenmiş vicdana uyarak yaşarlarsa, gelişerek doğalarının gereğini yerine getireceklerine inanıyorum; bunu yapmadıkları takdirde, hayvan düzleminden yukarı çıkamayacaklardır.

İnsan doğasının, yasalar ya da eğitim yoluyla erişilemeyecek yanları olduğuna, onlarla başa çıkmak için Tanrı'nın gücünün gerektiğine inanıyorum. Bence insanlar olarak, kendimizi mükkemmelleştiremeyiz. Doğru ilkelere uyum sağlarsak, doğamızdaki ilahi lütuflar açığa çıkarak, yaradılışımızın öngördüğü düzeye erişmemizi sağlayacaktır. Teilhard de Chardin'in dediği gibi, "Biz, ruhsal bir deneyim yaşayan insani varlıklar değiliz. İnsani bir deneyim yaşayan ruhsal varlıklarız."

Ben şahsen, bu kitapta sizinle paylaştığım şeylerin büyük bir kısmıyla mücadele ediyorum. Ama bu, zahmete değer ve doyurucu bir mücadele. Hayatıma anlam veriyor; sevmemi, hizmet etmemi ve yeniden denememi sağlıyor.

Bir kez daha, T.S. Eliot benim kişisel buluşumu ve inancımı çok güzel bir biçimde ifade ediyor: "Araştırmaktan vazgeçmemeliyiz. Bütün araştırmalarımızın sonu ise, başladığımız yere varmak ve o yeri ilk kez tanımak olacaktır."

YİNE İÇTEN DIŞA ÜZERİNE YENİ İÇGÖRÜLER

SEAN COVEY

Uçak havalandığında, bir uçuş planı vardır. Gelgelelim uçuş sırasında rüzgâr, yağmur, türbülans, hava trafiği, insan hatası ve diğer etkenler uçağı sürekli rotadan çıkarır. İşin anahtarı, pilotun aletlerini okuyarak durmadan küçük rota düzeltmeleri yapmasıdır. Sonuç olarak, uçak önünde sonunda varış noktasına ulaşır.

Siz de çoğumuz gibiyseniz, bu kitap sizi 7 Alışkanlığı deneyerek en iyi hayatınızı yaşamaya esinlendirmiştir. Bunu yaparken, sürekli uçuş planınızın dışına atılmış ve çoğu zaman rotadan çıkmış gibi hissedebilirsiniz. Ne olmuş yani? Cesaretinizi yitirmeyin. Sürekli planınıza dönüp küçük ayarlamalar yaparsanız, önünde sonunda varış noktanıza ulaşırsınız.

Bu kitapta hatırlanacak çok şey olduğundan, *7 Alışkanlık* atölyelerimizde üzerinde durduğumuz 21 Etkili Uygulama'yı paylaşmanın yardımcı olacağını düşündüm.

ÖZEL ZAFER

1. Alışkanlık

1. Durakla, ilkelere ve istenen sonuçlara dayalı olarak tepki ver.
2. Proaktif dil kullan.
3. Etki Alanı'na odaklan.
4. Bir Geçiş İnsanı Ol.

2. Alışkanlık

5. Harekete geçmeden önce sonuçları belirle.
6. Kişisel bir misyon bildirgesi oluştur ve ona göre yaşa.

3. Alışkanlık

7. Birincil önceliklerine odaklan
8. Önemsiz olanları ele.
9. Her haftayı planla.
10. Seçim anına sadık kal.

11. Başkalarıyla Duygusal Banka Hesabı'nı oluştur.

4. Alışkanlık
12. Bolluk Zihniyetine sahip ol.
13. Cesareti düşüncelilikle dengele.
14. Kendi kazançlarının yanında başkalarınınkileri de göz önüne al.
15. Kazan-Kazan Anlaşmaları Yarat.

5. Alışkanlık
16. Empatik Dinleme Alıştırmaları yap.
17. Saygıyla anlamaya çalış.

6. Alışkanlık
18. Farklılıklara Değer Ver.
19. 3'üncü Alternatifler Ara.

7. Alışkanlık
20. Günlük Özel Zafere ulaş.
21. Üretimle üretme yetisini dengede tut.

Bu yirmi bir uygulamanın altını çizen babamın çok önem verdiği üç temel kavram var.

Birincisi, sıralama önemlidir. 7 Alışkanlık bir İçten Dışa Yaklaşımdır. Dış zorlukları –güç bir patron, kişisel bir bağımlılık, büyük bir fırsat– ele alın ve içeriden kendinizle başlayın. Özel Zaferler Genel Zaferlerden önce kazanılmalıdır. Sırayı tersine çeviremezsiniz. Her türlü değişim sizinle başlar. Ne zaman düşünmeye başlasanız sorun *oralarda bir yerde* olur düşüncesi, sorunun ta kendisidir.

İkincisi, paradigmalar temeldir. Tutum ve davranışların yapraklarını keserek çok fazla zaman ve köklerine – temel paradigmalarımıza, ardından dünyayı gördüğümüz merceğe– saldırarak çok az zaman geçiriyoruz. Gerçek değişimi yaratmak için bu temel düzey üzerinde çalışmalısınız. Bizler üç hayat yaşarız: kamusal, özel ve gizli. Kamusal hayatımız başkalarıyla yaşayış ve davranış biçimimizdir. Özel hayatımız evde ve sevdiklerimizle yaşayış biçimimizdir. Gizli hayatımız ise kendimizden uzak durup düşüncelerimizi, dürtülerimizi ve temel paradigmalarımızı inceleyerek değiştirmeyi seçebildiğimiz yer olan kendi kafalarımızın içindeki hayatı temsil eder. Hayal gücümüzü ve vicdanımızı senaryomuzu yeniden yazma işine koşabileceğimiz, yaşamlarımız için farklı bir rota çizebileceğimiz ve Özel Zaferler kazanabileceğimiz yer burasıdır.

Üçüncüsü, sorumluluk bizde değil, ilkelerdedir. Ve paradigmalarımızla alışkanlıklarımızı sorumluluk, bolluk ve yenilenme gibi insan etkililiği ilkeleriyle ne kadar uyumlu hale getirirsek, uzun vadede o kadar mutlu ve başarılı oluruz. Kestirme yol yoktur.

7 Alışkanlık tam da evrensel ve ebedi ilkelere dayalı olduğu için hemen her duruma uygulanabilir. Evde ve işyerinde uygulanabilir. Bireylere ve kuruluşlara uygulanabilir. Evrensel çapta öylesine tanınır hale gelmiştir ki terimlerin birçoğu karikatürize edilmiş, hicvedilmiş, hatta bir sivilce ilacının adı olarak bile kullanılmıştır. İşte rastladığım sadece birkaç 7 Alışkanlık deyişi:

- Etkili Zombilerin 7 Alışkanlığı
- Aşırı Değer Verilen İnsanların 7 Alışkanlığı
- Acımasız İnsanların 7 Alışkanlığı
- Seni Daha Az Zeki Gösteren 7 Alışkanlık
- Tembel İnsanların 7 Alışkanlığı
- Etkili Ahmakların 7 Alışkanlığı
- Korkusuz İnsanların 7 Alışkanlığı
- Etkili Korsanların 7 Alışkanlığı

7 Alışkanlık engelli kişilere uygulandığı zaman mükemmel işe yarar. On iki yaşındayken travmatik bir beyin hasarına maruz kalmış olan arkadaşım Glenn Stucki, tam da bu konuda, *My Smile Is My Superpower: Raising Above a Disability Through Living the 7 Habits* (Gülümseyişim Benim Süper Gücümdür: 7 Alışkanlığı Yaşayarak Engelin Üstesinden Gelmek) adlı bir kitap yazdı. Burada, alışkanlıkların başkalarından gelen olumsuz algıları aşmasına ve kendi sesini bulmasına nasıl yardımcı olduğunu paylaşıyor.

7 Alışkanlık hapishanelerde başarıyla uygulandı. Özel bir Amerikan ıslahevinde verilen 7 Alışkanlık kursunu tamamladıktan sonra, mahkumlardan biri şunu paylaştı:

> Federal itham altındayım ve 95 yılım hapiste geçecek. Liseden mezun olup Fresno State'e devam ettim, ama destek ödeneğimi reddettiler ve çok öfkelendim. Olumsuz bir paradigma değişimi yaşadım. Birtakım ciddi anlamda kötü seçimler yaparak kaybedeceğim ya da kazanacağım hiçbir şey olmadığını hissettim. Her türlü bahanem vardı. Ama şimdi bunun bana bağlı olduğunu biliyorum. Paradigmam yeniden değişti, proaktif olmak, öğrenci, kardeş, oğul, profesyonel olarak rollerimde etkili olmak haline geldi. Bunun kefaretle ilgili olduğunu fark etmeden ıslahevinde 20 yıl geçirdiğimi anladım. Şimdi kendimi iyiliğe, özürlere, bağışlayıcılığa tabi tutuyorum. Yaptığım her şey sahici olmalı. Suçu hükümete ya da Hapishaneler Dairesine atmak beyhude bir çaba. Kaderimin kontrolünü yeniden ele aldım. 7 Alışkanlık işbirliğini, empatiyle dinlemeyi, proaktifliği, açık dolaysız hedefleri öğretiyor. Düşünce kalıplarımı yeniden yapılandırdı. Küçük şeyler yok. Bana kalırsa bu çok şey söylüyor. Utanç verici büyük şeyleri getiren küçük şeylerdi. Artık aileme öncelik veriyorum. 7 Alışkanlık sayesinde, eskiden olduğum gibi zavallı, bahanelerle mutlu olan kişi değilim artık.

7 Alışkanlığın binek atlarına zekice uygulandığını da gördüm. Birkaç yıl önce, kendi ailem dünyamızı sarsan bir felaket yaşadı. Depresyonla uzun bir mücadeleden sonra, tatlı kızımız Rachel sonuçta daha yirmi bir yaşındayken hayatını kaybetti. Eşim ve benim için bu öyle büyük bir şok oldu ki bir daha mutlu olur muyuz bilemedik. Üç yıl önce küçük oğlunu kaybetmiş olan bir arkadaşım evime geldi ve şöyle dedi: "Üç seçeneğin var. Ya bunun aileni mahvetmesine izin verirsin. Ya seni tanımlamasına izin verirsin. Ya da seni güçlendirmesine izin verirsin." Söyledikleri beni derinden etkiledi. Sonraki birkaç ay ve yıl boyunca eşim ve ben, proaktif seçim yapmak ve bu acının ailemizi güçlendirip bizi yakınlaştırmasına olanak tanımak için titizlikle mücadele ettik.

İyileşmemizin bir parçası olarak, ailemiz Rachel'in anısına Bridle Up Hope: The Rachel Covey Foundation adında kâr amacı gütmeyen bir vakıf kurdu. Rachel atları çok severdi ve vefat ettikten sonra, arkadaşlarının birçoğu bize Rachel'in onları dağlarda at sırtında gezilere çıkararak nasıl değiştirmiş olduğunu anlatmıştı, o yüzden Rachel'in geleneğini sürdürmek istedik. Bridle Up Hope'un misyonu, binicilik eğitimi aracılığıyla genç kadınlara umut, özgüven ve dayanıklılık aşılamak. Kaygı, depresyon, istismar ya da travmadan mustarip genç kadınlara hizmet ediyoruz. Benzersiz programımız üç öğeden oluşuyor: at binmeyi ve atlarla bağ kurmayı öğrenmek, ağılda hizmet etmek ve 7 Alışkanlık aracılığıyla yaşam becerileri geliştirmek. Sürpriz! 7 Alışkanlık programın her bölümüne entegre ediliyor ve genç kadınlar hayatta yollarını bulmak için ihtiyaç duydukları paradigma ve becerilerle donatılıyor.

7 Alışkanlığın binicilik destekli öğrenmeye nasıl entegre olduğunu görmek bizi çok şaşırttı. Örneğin atlar bize, birçok hayvan türünün de yapabileceği gibi, empati ve önce anlamaya çalışmak hakkında çok şey öğretebilir. Çok karanlık bir noktadayken bize gelmiş ve programla tam bir dönüşüm yaşamış genç bir kız olan Anna, şunu paylaştı:

> Bridle Up Hope'ta programa başladığınızda, umut ettiğiniz şeyi size hatırlatması için bir misyon bildirgesi yazarsınız. Ben, "İnsanlara bir şey emanet etmekte tereddüt etmeyin" diye yazmıştım. Hayatımın o noktasında, pek çok kişi beni yüzüstü bırakmıştı. Ancak atların ağılda sundukları istikrarın farkındaydım. Atlar hep oradadır, koşulsuz sevgi gösterirler. Özellikle zor bir günde, en sevdiğim atlardan biri olan Rockette'i görmeye geldim. Sarılmak için ilerledim ve at yaklaşarak bana sokuldu. Ağlamaya başladım, çünkü engellenmişliğimi seziyor ve benimle bağ kurarak teselli edebiliyordu. Atlar eşsizdir, çünkü yalan söyleyemez ve kelimelere gerek kalmadan ne hissettiğinizi anlayabilirler. Teselliye ihtiyacınız olduğunu anlayabilir ve duygularınıza tam olarak nasıl karşılık vereceklerini bilirler.

Ah, bir at kadar empatik olmak!

Bir mahalle projesi olarak başlayan şey büyüyerek bir vakfa dönüştü. Bugün amacımız, mevcut binicilik tesisleriyle ortaklık yoluyla küresel olarak bin adet Brindle Up Hope bölümü açmak, sonuç olarak da atların gücü ve alışkanlıkları sayesinde dünyanın dört bir yanındaki genç kadınlara umut aşılamak. (BridleUpHope.org adresinden daha fazla bilgi edinebilirsiniz.)

Herkesin başına zor şeyler gelebilir. 7 Alışkanlığın temelindeki ilkeler ailece zorlukların üstesinden gelmemize yardımcı oldu ve size de yardımcı olabilir.

Babam Stephen R. Covey'in bu kitabı yazmasının üzerinden otuz yıldan uzun bir süre geçti. O zamandan beri çok şey değişti, bazıları iyi yönde, bazıları kötü yönde. Ben çocuklarıma hep yaşamak için en iyi zamanın şimdi olduğunu söylüyorum. Benzin istasyonunda durup yol sormak yerine telefonunuzun GPS'iyle yönünüzü bulabilirsiniz. Dünyanın herhangi bir şehrine uçabilirsiniz. Kitaplar, bloglar, videolar ya da düzinelerce başka iletişim kanalları aracılığıyla tüm dünyada milyonlarca kişiye erişebilir ve onları etkileyebilirsiniz.

Öte yandan, zorluklar arttı. Kurumlarımızda güven düzeyi azalıyor. Depresyon ve kaygı küresel bir salgına dönüştü. Aile birimi yaralanıyor. Dünyanın büyük bir kısmı, psikolojik olarak ya da gerçek anlamda terör içinde yaşıyor.

Bireyler için, yaşamın temposu ışık hızında. 7/24 bağlantı halindeyiz. Sosyal medyada doyuma ulaştık. Ekranlar yönetimi ele geçirdi. Çok fazla bilgi, çok fazla seçenek var. Bu böyle devam edemez.

İşte bu nedenle 7 Alışkanlığa hiç olmadığı kadar ihtiyaç var. Onlar, üzerine daha iyi bir hayat inşa edebileceğiniz sağlam bir temel sağlıyor. Gittikçe daha da çılgınlaşan bir dünyanın ortasında denge sunuyor. 7 Alışkanlık insanlara yaşamlarını geri veriyor. Ruhsal yükümüze ya da geçmişimize rağmen, seçme gücüne sahip olduğumuzu hatırlatıyor bize. Heyecan verici amaçları gözümüzde canlandırıp peşine düşmemiz için bizi yüreklendiriyor. Kaliteli ilişkiler kurmak ve insanları bir araya getiren 3'üncü Alternatifler bulmak için gerekenin içimizde olduğunu bildiriyor.

Kapatırken, size huzur ve mutluluk diliyorum. Umarım bu kitap sizi birkaç paradigmanızı ve birkaç alışkanlığınızı değiştirmeye ikna etmiştir. Kötü alışkanlıklar girmesi kolay ama çıkması zor olan yataklara benzediği için, bu kolay bir iş değil. Ama yapabilirsiniz. "Yapacağım," dediğiniz anda, her şey değişir, İskoçyalı yazar ve dağcı W. H. Murray'den şu alıntının çok güzel belirttiği gibi:

> Kişi kendini adayana dek, tereddüt, geri çekilme olanağı, hep etkisizlik söz konusudur. Tüm inisiyatif (ve yaratım) edimleriyle ilgili tek bir temel hakikat var, ondan habersiz olmak sayısız fikri ve muhteşem planı öldürür: kişi kendini tamamen adadığı anda, İlahi Takdir de harekete geçer. Kişiye yardım etmek için, aksi takdirde meydana gelmeyecek her türlü şey gerçekleşir. Olaylar akışının tamamı karardan doğar, hiçbir insanın karşısına çıkacağını hayal edemeyeceği her türlü öngörülmemiş tesadüf, toplantı ve malzeme desteğini kişinin yararına sunar. Goethe'nin beyitlerinden birine derin bir saygı duymayı öğrendim:
>
> *Yapabildiğin ya da hayal edebildiğin her neyse, başla.*
> *Cesarette deha, güç ve büyü vardır!*

SONSÖZ: BANA SIKLIKLA SORULAN SORULAR

Doğruyu söylemek gerekirse, bu sonsözdeki bazı kişisel sorular beni her zaman mahcup etmiştir. Ama bana çok sık ve büyük bir ilgiyle soruldukları için, onları buraya almam gerektiğini düşündüm. Bu soru ve yanıtlardan birçoğu, *Living the 7 Habits / Yedi Alışkanlığı Yaşamak*'ta* da yer alıyor.

7 Alışkanlık 1989'da yayımlanmıştı. Sonraki yıllarda edindiğiniz pek çok deneyimden yola çıkarak neleri değiştirir, ekler ya da çıkarırdınız?

Hafife alarak yanıtlamıyorum, ama açıkçası hiçbir şeyi değiştirmezdim. Daha derinine inip daha geniş bir uygulama yapabilirdim, ama zaten sonradan çıkan bazı kitaplarda bunu yapma fırsatını buldum.

Örneğin, 250.000'den fazla kişinin, 3. Alışkanlığı, yani Önemli İşlere Öncelik Vermeyi en fazla ihmal edilen alışkanlık olarak gösterdikleri anlaşıldı. Bu nedenle, *Önemli İşlere Öncelik*** adlı kitap, 2. ve 3. Alışkanlıkların daha derinine indi, ama aynı zamanda diğer alışkanlıkların tümüne daha fazla içerik ve anlam kattı.

*Etkili Ailelerin 7 Alışkanlığı,**** 7 Alışkanlık çerçevesindeki düşünce tarzını sağlam, mutlu ve etkili ailelerin oluşturulmasında geçerli kıldı.

(*) Türkçe yayımlanmadı.
(**) Varlık Yayınları, İstanbul, 1998.
(***) Beyaz Yayınları, İstanbul, 1999.

Ayrıca, oğlum Sean, *7 Habits of Highly Effective Teans / Etkili Gençlerin 7 Alışkanlığı*'nda*, bu çerçeveyi ergenlerin kendilerine özgü ihtiyaçları, ilgi alanları ve mücadelelerine, görsel olarak çok çekici, eğlendirici ve öğretici bir biçimde uyguladı.

On binlerce insan da, 7 Alışkanlığı içselleştirerek kendi yaşamlarının yaratıcı gücü olmanın önemli etkisinden söz etmişti. Aralarından yetmiş altı kişi, *7 Alışkanlığı Yaşamak*'ta heyecan verici cesaret ve esinlenme öykülerinin ayrıntılarını paylaşarak, her türlü kişisel, ailevi ve kurumsal ortamda, içinde bulundukları koşullardan, kurum içindeki konumlarından, ya da önceki yaşam deneyimlerinden bağımsız olarak, ilkelerin dönüştürücü gücünü ortaya koydu.

Kitabın çıkmasından bu yana, 7 Alışkanlık hakkında neler öğrendiniz?

Pek çok şey öğrendim, ya da öğrendiklerimi pekiştirdim. Öğrendiğim on şeyden kısaca söz edeceğim.

1. İlkelerle değerler arasındaki farkı anlamanın önemi. İlkeler, bizim dışımızda olan ve sonuçta eylemlerimizin sonuçlarını kontrol eden doğal yasalardır. Değerler ise içsel ve özneldir; davranışlarımızın rehberi olarak en çok inandığımız şeyleri temsil ederler. Umarım ilkelere değer verir hale geliriz ve böylece şimdi istediğimiz sonuçları, gelecekte daha da iyi sonuçlar almamızı sağlayacak şekilde elde ederiz; ben etkili olmayı böyle tanımlıyorum. Herkesin değerleri vardır; hatta suç işleyen çetelerin bile. Değerler, insanların davranışlarını yönetir, ama o davranışların sonuçları ilkelerin idaresi altındadır. İlkeler bizden bağımsızdır. Onların farkında olmamızdan, onları kabullenmemizden, onlardan hoşlanmamızdan, onlara inanmamızdan ya da itaat etmemizden bağımsız bir işleyişleri vardır. Ben, alçakgönüllülüğün tüm erdemlerin anası olduğuna inanıyorum. Alçakgönüllülük, kontrolün bizim değil, ilkelerin elinde olduğunu, dolayısıyla da kendimizi ilkelere teslim etmemizi söyler. Gurur, kontrolün bizim elimizde olduğunu ve davranışlarımızı değerlerimiz yönettiği

(*) Türkçe yayımlanmadı.

için de, nasıl istersek öyle yaşayabileceğimizi söyler. Bunu yapabiliriz, ama davranışlarımızın sonuçları, değerlerimize değil, ilkelere bağlıdır. İşte bu yüzden *ilkelere değer vermeliyiz.*

2. Bu malzemeyle dünyanın dört bir yanında yaşadığımız deneyimler sayesinde, sonuçta temel ilkelerin *evrensel* doğasını görmeye başladım. Örnekler ve uygulamalar değişebilir, bunlar kültürlere özgüdür; ilkeler ise hep aynıdır. 7 Alışkanlık'ta yer alan ilkelerin, dünyadaki altı büyük dinin her birinde bulunduğunu gördüm ve o kültürlerde eğitim verirken, o dinlerin kutsal metinlerinden alıntılar yaptım. Bunu Ortadoğu, Hindistan, Asya, Avustralya ve Güney Pasifik, Güney Amerika, Avrupa, Kuzey Amerika, Afrika'da; ve Amerikan yerlileri ile diğer yerli halklar arasında da yaptım. Erkek ya da kadın, hepimiz benzer sorunlarla yüz yüzeyiz, benzer ihtiyaçlarımız var ve içsel olarak bu temel ilkeleri yansıtıyoruz. İçsel bir adalet ya da kazan/kazan duygusu var. Sorumluluk, amaç, dürüstlük, saygı, işbirliği, iletişim, yenilenme ilkelerinin içsel bir ahlaki duygusu var. Bunlar evrenseldir. Uygulamalar ise evrensel değil, duruma özeldir. Her kültür evrensel ilkeleri kendine özgü bir biçimde yorumlar.

3. Teknik olarak, bir kuruluşun alışkanlıkları yoktur; ama ben yine de 7 Alışkanlığın kurumsal sonuçlarını görebiliyordum. Kuruluş kültürünün, alışkanlıkları temsil eden normları ya da sosyal kuralları vardır. Bir kuruluşun yerleşik sistemleri, süreçleri ve uygulama yöntemleri de alışkanlıkları temsil eder. Aslında, son tahlilde, her türlü davranış kişiseldir. Çoğu zaman yapı ve sistemler, süreçler ve uygulamalarla ilgili yönetim tarafından alınan kararlar şeklindeki kolektif davranışın bir parçası olmasına karşın, davranış bireyseldir. Neredeyse her sektör ve meslekten binlerce kuruluşla çalıştık ve neredeyse hepsinde, 7 Alışkanlık'ta yer alan temel ilkelerin geçerli olduğunu ve etkililiği tanımladığını gözlemledik.

4. Herhangi bir alışkanlıkla başlayarak, 7 Alışkanlığın tümünü öğretebilirsiniz. Ayrıca bir alışkanlığı, diğer altısının öğrenilmesine

yol açacak şekilde de öğretebilirsiniz. Bu, bütünün bölümde, bölümün de bütünde saklı olduğu bir hologram gibidir.

5. 7 Alışkanlık içten dışa doğru bir yaklaşımı temsil ediyor olsa da, dışarıdaki zorlukla başlayıp daha sonra içten dışa yaklaşımı benimsediğinizde, en iyi randımanı alırsınız. Bir başka deyişle, bir ilişkide zorlanıyorsanız, sözgelimi bir iletişim ve güven kopukluğu yaşıyorsanız; bu durum, o zorluğu aşarak genel zaferi mümkün kılacak türdeki özel zaferi kazanmak için gerekli olan içten dışa yaklaşımın doğasını belirleyecektir. Çoğunlukla 1., 2. ve 3. Alışkanlıklardan önce 4., 5. ve 6. Alışkanlıkları öğretmemin nedeni de budur.

6. Karşılıklı bağımlılık, bağımsızlıktan on kat zordur. Karşı taraf kazan/kaybet zihniyetindeyken kazan/kazan diye düşünmek; içten içe anlaşılmak isterken önce anlamaya çalışmak; uzlaşmak çok daha kolayken daha iyi bir üçüncü seçenek aramak, daha da fazla zihinsel ve duygusal bağımsızlık gerektirir. Bir başka deyişle, başkalarıyla yaratıcı işbirliği içinde başarıyla çalışmak, çok büyük bir bağımsızlığı, içsel güvenliği ve kendine hakim olmayı gerektirir. Aksi takdirde, karşılıklı bağımlılık dediğimiz şey, karşı-bağımlılık, yani insanların bağımsızlıklarını öne sürmek için zıt davranmaları; ya da eş-bağımlılık, yani kişinin ihtiyaçlarını karşılamak ve kendi zaaflarını haklı çıkarmak için karşısındakinin zayıflığına kelimenin tam anlamıyla ihtiyaç duyması haline gelir.

7. İlk üç alışkanlığı "bir söz ver ve sözünü tut" deyimiyle özetleyebilirsiniz. Sonraki üç alışkanlığı ise "sorunun içine başkalarını da dahil et ve birlikte çözüme ulaş" deyimiyle özetleyebilirsiniz.

8. 7 Alışkanlık bir düzineden az kendine özgü sözcük ya da tümce içermesine karşın, yeni bir dili temsil eder. Bu yeni dil bir şifre, pek çok şey söylemenin kısa bir yolu haline gelir. Bir başkasına, "bu bankaya yatırılan mıydı, yoksa bankadan çekilen mi?", "bu reaktif mi, yoksa proaktif mi?", "bu sinerji mi yaratıyor, yoksa bir uzlaşma mı?", "bu kazan/kazan mı, kazan/kaybet mi, yok-

sa kaybet/kazan mı?", "bu önemli işlere mi, yoksa ikincil işlere mi öncelik verdiğimizi gösteriyor?", "bu aracı mı, yoksa sonunu mu düşünerek işe başladığımızı gösteriyor?" gibi sorular sorulduğunda, bu çok özel şifre sözcükleriyle simgelenen ilke ve kavramların derinlemesine anlaşıldığını gördüm. Bunun yarattığı bağlılık, kültürleri tümüyle dönüşüme uğratıyor.

9. Kişisel bütünlük, insanlarla, kurumlarla hatta aileyle değil, ilkelerle bütünleşmek, ya da ilke-merkezli olmaktır. Bu anlamda, kişisel bütünlük sadakatten daha yüksek bir değerdir. Ya da daha açık bir ifadeyle, sadakatin en yüksek şeklidir. İnsanların uğraştığı meselelerden çoğunun kökünde "bu popüler (kabul edilebilir, politik) mi, yoksa doğru mu?" sorusunun yattığını göreceksiniz. Bir kişiye ya da gruba sadık kalmayı, doğru olduğunu hissettiğimiz şeyi yapmaktan öncelikli hale getirdiğimizde, kişisel bütünlüğümüzü yitiririz. Geçici olarak beğeni toplayabilir ya da sadakat oluşturabiliriz, ama kişisel bütünlüğün yitirilmesi, alttan alta o ilişkilere de zarar verecektir. Bu, birisinin arkasından konuşmaya benzer. Başkası hakkında kötü şeyler söyleyerek geçici olarak bütünleştiğiniz kişi, farklı baskılar ve koşullar altında kendisi hakkında da kötü şeyler söyleyeceğinizi bilir. Bir anlamda, ilk üç alışkanlık kişisel bütünlüğü, sonraki üç alışkanlık da sadakati temsil eder; ama bunlar tamamen iç içe geçmiştir. Zaman içinde, kişisel bütünlük sadakat üretir. Onları tersine çevirip önce sadakat peşinde koşarsanız, kişisel bütünlüğü ihmal ederek ödün verdiğinizi görürsünüz. Güvenilmek, sevilmekten iyidir. Sonuçta, güven ve saygı zaten sevgiyi yaratacaktır.

10. 7 Alışkanlığı yaşamak, herkes için sürekli bir mücadeledir. Herkes zaman zaman yedi alışkanlığın her birinde ve bazen aynı anda yedisinde birden hata yapar. Anlaşılmaları çok kolay, ama tutarlı bir biçimde uygulanmaları zordur. Sağduyu gereğidirler, ama sağduyu gereği olan, her zaman herkesçe uygulanan şeyler değildir.

Kişisel olarak hangi alışkanlıkta zorlanıyorsunuz?

5. Alışkanlık. Gerçekten yorulduğum ve haklı olduğum kanısına çoktan vardığım zamanlarda, dinlemek istemiyorum. Hatta dinliyormuş gibi yapıyorum. Esasında, bahsettiğim şey dolayısıyla, yani anlamak değil, karşılık vermek amacıyla dinlediğim için suçluyum. Aslına bakılırsa, bir anlamda, neredeyse her gün 7 Alışkanlığın her biriyle mücadele halindeyim. Hiçbirini fethetmiş değilim. Onları daha çok, hiçbir zaman tam anlamıyla hakim olamadığımız ve olmaya yaklaştıkça, aslında kat edilecek ne çok yolumuz olduğunu daha iyi fark ettiğimiz yaşam ilkeleri olarak görüyorum. Bildikçe, bilmediğinizi daha iyi bilmeniz gibi.

Bu nedenle de üniversitedeki öğrencilerime çoğu kez notun yarısını sorularının, diğer yarısını da yanıtlarının niteliğine bakarak verirdim. Gerçek bilgi düzeyleri bu şekilde daha iyi ortaya çıkar.

Benzer biçimde, 7 Alışkanlık yükselen bir sarmalı temsil eder. Yüksek düzeydeki 1. Alışkanlık, alçak düzeydeki 1. Alışkanlıktan çok farklıdır. Başlangıç düzeyinde proaktif olmak, yalnızca etkiyle tepki arasındaki boşluğun farkına varmak olabilir. Bir sonraki düzeyde, misilleme yapmamak ya da ödeşmemek gibi bir seçimi gerektirebilir. Bir sonraki düzeyde, geribildirimde bulunmayı. Bir sonraki düzeyde, bağışlanmak istemeyi. Bir sonraki düzeyde, bağışlamayı. Bir sonraki düzeyde, anne-babayı bağışlamayı. Bir sonraki düzeyde, merhum anne-babayı bağışlamayı. Bir sonraki düzeyde, sadece gücenmemeyi.

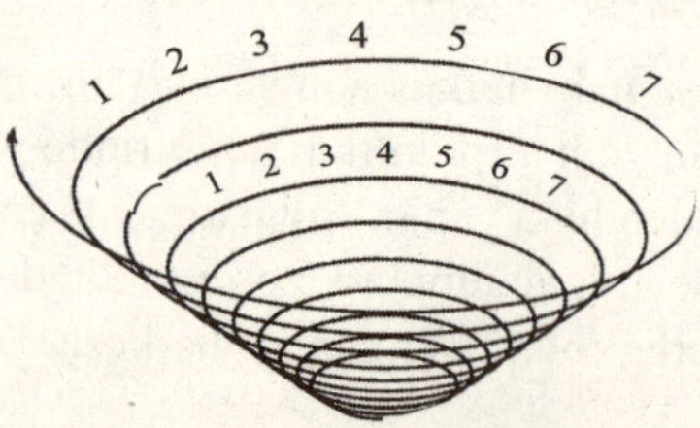

1-7

YÜKSELEN SARMAL

FranklinCovey Şirketi'nin başkan yardımcılığını sürdürüyorsunuz. FranklinCovey 7 Alışkanlığı yaşıyor mu?

Yaşamaya çalışıyoruz. Öğrettiğimiz şeyleri sürekli yaşamak, bizim en temel değerlerimizden biridir. Ama bunu mükemmel yaptığımız söylenemez. Herhangi bir işletme gibi, biz de değişen piyasa gerçekliklerinin yanı sıra, eski Covey Leadership Center (Covey Liderlik Merkezi) ve Franklin Quest'in iki farklı kültürünü bütünleştirmenin zorluklarını yaşıyoruz. Birleşme 1997 yılında gerçekleşti. İlkelerin uygulanması zaman, sabır ve sebat gerektirir ve başarımız aslında uzun vadede sınanacaktır. Şipşak çekilen fotoğraf doğru bir resim vermez.

Her uçak çoğu zaman rotasından çıkar, ama hemen uçuş planına dönüp yoluna devam eder. Eninde sonunda, hedefine ulaşır. Bu, bireyler, aileler, ya da kuruluşlar olarak hepimiz için geçerlidir. İşin anahtarı, "Sonunu Düşünmek" ve sürekli geribildirim ile sürekli rota ayarına ortak bir bağlılık göstermektir.

Neden yedi? Neden altı, sekiz, on ya da on beş değil? Yedinin kutsal yanı nedir?

Yedinin kutsal bir yanı yok; sadece üç özel zafer alışkanlığı (seçme özgürlüğü, tercih, eylem) üç genel zafer alışkanlığından (saygı, anlayış, yaratım) önce geliyor, sonra bir tanesi geride kalanları yeniliyor ve böylece yedi oluyor.

Bu soru sorulduğunda, her zaman şöyle demişimdir: Alışkanlık haline getirmek istediğiniz bir başka arzu edilir özellik varsa, onu uymaya çalıştığınız değerlerden biri olarak 2. Alışkanlığın altına yerleştirmeniz yeterli olacaktır. Bir başka deyişle, dakiklik alışkanlık haline getirmek istediğiniz arzu edilir bir özellikse, 2. Alışkanlığın değerlerinden biri olur. Böylece aklınıza ne gelirse gelsin, değer sisteminiz olan 2. Alışkanlığın altına yerleştirirsiniz. 1. Alışkanlık, bir değer sistemine sahip olabileceğiniz, kendi değer sisteminizi seçebileceğiniz fikrini içerir. 2. Alışkanlık, o tercih ya da değerlerinizden oluşur, 3. Alışkanlık da onlara uymaktır. Dolayısıyla bunlar çok temel, genel nitelikte ve birbirine bağlıdır.

7 Alışkanlığın yeni baskısı için bu sonsözü yazdığım sırada, *The 8th Habit: From Effectiveness to Greatness / 8'inci Alışkanlık: Bütünlüğe Doğru*[*] adlı yeni bir kitabı henüz tamamlamıştım. Buna 8. Alışkanlık adının verilmesi, bazı kişilere standart yanıtımdan bir sapma gibi görünebilir. Ama bu yeni kitabın açılış bölümünde söylediğim gibi, dünya *Etkili İnsanların 7 Alışkanlığı*'nın yayımlandığı 1989 yılından bu yana büyük ölçüde değişti. Kişisel yaşantımızda ve ilişkilerimizde, ailemizde, meslek yaşamımızda, çalıştığımız kuruluşlarda karşılaştığımız zorlukların boyutu da değişti. Aslında, birçok kişi Berlin Duvarı'nın çöküşüne tanık olduğumuz 1989 yılını, Bilgi Çağı'nın başlangıcı, yeni bir gerçekliğin doğuşu, son derece önemli, geniş çapta bir değişim – yani tam anlamıyla yeni bir çağ başlangıcı olarak gösteriyor.

7 ALIŞKANLIĞIN YENİ GERÇEKLİĞİ - 8. ALIŞKANLIK

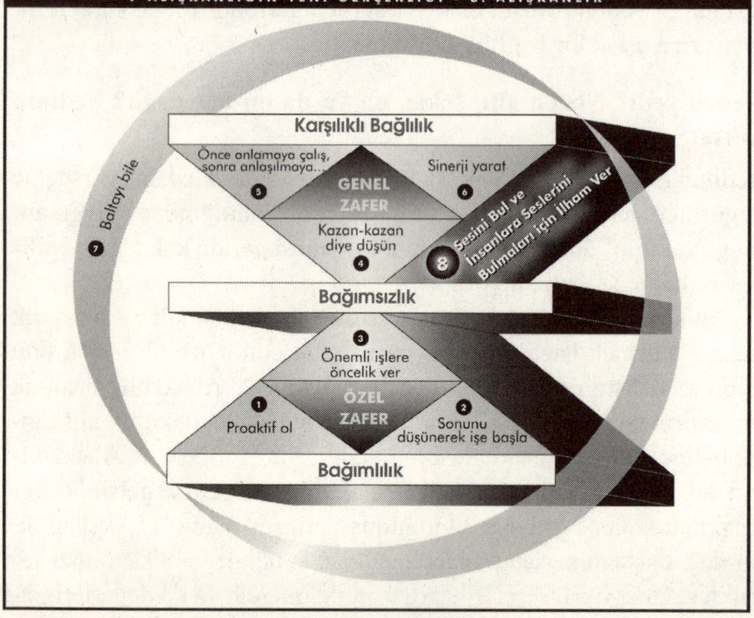

(*) Sistem Yayıncılık, İstanbul, 2005.

Bireyler ve kuruluşlar olarak etkili olmak, bugünün dünyasında bir seçenek değildir artık; sahaya çıkabilmenin bedelidir. Ama bu yeni gerçeklikte ayakta kalmak, başarmak, yenilik yapmak, mükemmelleşmek ve önder olmak, etkililiği temel alıp ötesine ulaşmayı gerektirecektir. Yeni çağın talebi ve ihtiyacı, *uygulama*dır. *Tutkuyla ideal olanı bulma, anlamlı bir katkıda bulunma ve bütünlüktür.* Bunlar farklı bir düzlem ya da *boyut*tadır. Tür olarak farklıdır – tıpkı *anlamlılığın,* başarıdan *derece* değil de *tür* açısından farklı olması gibi. İnsana özgü deha ve motivasyonun daha üst düzeylerine –buna *ses* de diyebiliriz– ulaşmak, yeni bir zihin yapısı, yeni beceriler, yeni araçlar… yeni bir alışkanlık gerektirir.

Demek ki Sekizinci Alışkanlığın amacı, Yedinciye –bir şekilde unutulmuş olan– bir başka alışkanlığın eklenmesi değildir. Amaç, 7 Alışkanlık'ta yeni Bilgi İşçisi Çağı'nın bu en önemli zorluğunu karşılayacak *üçüncü bir boyut*un gücünü görmek ve onu kullanmaktır.

Şöhret sizi nasıl etkiliyor?

Beni farklı biçimlerde etkiliyor. Ego açısından, koltuk kabartıcı. Öğreti açısından tevazu gerektiriyor, ama belirtmem gerekir ki, bu ilkelerden hiçbirini ben yaratmadım ve kesinlikle itibarı hak etmiyorum. Bunu alçakgönüllü görünmek arzusuyla söylüyor değilim. Buna –bizzat– inandığım için söylüyorum. Kendimi, çoğunuz gibi, hakikat ve anlayış arayan biri olarak görüyorum. Ben bir guru değilim; bana guru denmesinden hoşlanmıyorum. Hiçbir mürit istemiyorum. Sadece insanların vicdanlarına sadık kalarak yaşayacakları, kalplerinde zaten var olan ilkelere yönelik bir müritliği teşvik etmeye çalışıyorum.

Yeni baştan yapmanız gerekseydi, bir iş insanı olarak farklı bir biçimde yapacağınız tek şey ne olurdu?

Birlikte çalışacağım insanları daha stratejik, proaktif bir şekilde arar ve seçerdim. Acil işlere gömüldüğünüzde ve havada uçuşan binlerce balonunuz olduğunda, çözümlere sahipmiş gibi görünen kişileri kilit konumlara getirmek çok kolaydır. Genelde, geçmişlerine ve modellere derinlemesine bakılmaz, "gereken özen" gösterilmez; belirli rol ya da görevlerde uyulması gereken kıstasları dikkatle oluşturmak gibi bir eğilim de yoktur. Eminim ki işe alınacak insanlar stratejik biçimde, yani o anki baskılara dayalı olarak değil de, uzun vadeli ve proaktif biçimde düşünülerek seçilirse, bunun uzun vadede çok büyük getirileri olur. Bir zamanlar birisi, "Neyi cidden arzu ediyorsak, en kolay ona inanırız," demişti. Hem karaktere hem de yeterliliğe derinlemesine bakmanız gerekir, çünkü önünde sonunda, bu alanlardan birindeki kusurlar, kendini her iki alanda da gösterecektir. Eğitme ve geliştirme önemli olsa da, işe alınacak insanları aramanın ve seçmenin çok daha önemli olduğu kanısındayım.

Yeni baştan yapmanız gerekseydi, bir baba olarak farklı bir biçimde yapacağınız tek şey ne olurdu?

Bir baba olarak, keşke çocuklarımın her biriyle, yaşamlarının farklı evrelerinde yumuşak, gayri resmi kazan/kazan anlaşmalarının özenle oluşturulmasına daha fazla zaman harcamış olsaydım. İş ve yolculuklar nedeniyle çocuklarımı çoğu zaman şımarttım ve bedelini ödeyip esaslı, sağlam kazan/kazan anlaşmalarının daha tutarlı bir biçimde oluşturulmasına yeterli olacak ilişkileri kurmak yerine, kaybet/kazan'ları tercih ettim.

Teknoloji gelecekte iş dünyasını nasıl değiştirecek?

Stan Davis'in, "Altyapı değiştiğinde, her şey sarsılır," sözüne inanıyorum ve teknik altyapının, her şey için merkezi önem taşıdığını düşünüyorum. Bütün iyi ve kötü trendleri hızlandıracaktır. Ayrıca insani unsurun, tam da bu nedenlerle daha önemli hale geldiğine inanıyorum. Yüksek teknoloji yüksek temassız işlemez ve teknoloji ne kadar etkili olursa, o teknolojiyi kontrol eden insan etkeninin önemi o kadar artar; özellikle o teknolojinin kullanımındaki kıstaslara kültürel bir bağlılığın geliştirilmesi açısından.

7 Alışkanlığın bütün dünyada (diğer ülkeler/kültürler/kuşaklar/cinsiyetler arasında) popüler olması sizi şaşırttı mı?

Hem evet, hem hayır. Evet, çünkü kitabın dünya çapında bir olay olacağı ve içerdiği sözlerden birkaçının Amerikan dilinin bir parçası haline geleceği aklımdan bile geçmezdi. Hayır, çünkü malzeme 25 yıldan uzun bir süre içinde sınanmıştı ve öncelikle de benim icat etmediğim, dolayısıyla da üstünde hak talep etmediğim ilkelere dayalı olması nedeniyle işe yarayacağını biliyordum.

7 Alışkanlığı çok küçük yaştaki çocuklara öğretmeye nasıl başlardınız?

Sanırım, Albert Schweitzer'in çocuk yetiştirmekle ilgili üç temel kuralına uyardım: Birincisi, örnek ol; ikincisi, örnek ol; üçüncüsü, örnek ol. Ama o kadar ileri gitmezdim. Şöyle derdim: Birincisi, örnek ol; ikincisi, özenli ve onaylayıcı bir ilişki kur; ve üçüncüsü, alışkanlıkların altında yatan fikirleri çocukların dilinde öğret – 7 Alışkanlık hakkında temel bir anlayış ve sözcük dağarcığı edinmelerine yardım et ve onlara ilkeler aracılığıyla kendi deneyimlerini nasıl işleyeceklerini göster; yaşamlarında hangi belirli ilke ve alışkanlıkların örnek oluşturduğunu saptamalarına izin ver.

Patronumun (eşimin, çocuğumun, arkadaşımın, vb.) 7 Alışkanlığa gerçekten ihtiyacı var. Okumalarını sağlayabilmem için bana ne önerirsiniz?

İnsanlar, ne kadar önemsediğinizi bilinceye kadar, ne kadar bildiğinizi önemsemezler. Güvenilir bir karakter örneğine dayalı olan bir güven ve açıklık ilişkisi kurun, sonra da 7 Alışkanlığın size nasıl yardımcı olduğunu onlarla paylaşın. Sadece 7 Alışkanlığın hayatınızdaki rolünü görmelerini sağlayın. Sonra, uygun zamanda, onları bir eğitim programına davet edebilir, ya da hediye olarak kendi kitabınızı paylaşabilir veya yeri geldiğinde temel fikirlerden bazılarını öğretebilirsiniz.

Geçmişiniz nedir ve 7 Alışkanlığı yazma noktasına nasıl geldiniz?

Babamın izinden gidip aile işine gireceğime dair üstü örtülü bir anlaşma vardı. Ne var ki ben, iş dünyasının kendisinden çok liderlere ders verip onları eğitmekten zevk aldığımı fark ettim. Harvard İşletme Okulu'ndayken, kuruluşların insani yanıyla derinden ilgilenmeye başladım. Sonradan, Brigham Young Üniversitesi'nde işletme dersleri verdim, bir yandan da yıllarca danışmanlık yapıp insanları eğittim. O sıralarda, bir dizi ardışık ve dengeli ilke çerçevesinde, entegre liderlik ve yönetim geliştirme programlarına ilgi duymaya başladım. Bunlar sonunda 7 Alışkanlığa dönüştü ve daha sonra kuruluşlara uygularken, ilke-merkezli liderlik kavramı haline geldi. Üniversiteden ayrılıp, tam zamanlı olarak farklı kuruluşların yöneticilerini eğitme işine geçmeye karar verdim. Çok dikkatlice oluşturulmuş bir ders programını bir yıl uyguladıktan sonra, sıra bu malzemeyi dünyanın her yerindeki insanlara ulaştırmamızı sağlayacak bir işin geliştirilmesine geldi.

Başarının gerçek formülüne sahip olduğunu iddia eden insanlara yanıtınız nedir?

İki şey söylerdim. Birincisi, bahsettikleri şey ilkelere ya da doğal yasalara dayalıysa, onlardan öğrenmek ister ve kendilerine saygı duyarım. İkincisi, muhtemelen aynı temel ilkeleri ya da doğa yasalarını tanımlamakta farklı sözcükler kullanıyor olduğumuzu söylerdim.

Gerçekten kel misiniz, yoksa hız ve verimlilik uğruna kafanızı tıraş mı ediyorsunuz?

Hey, baksanıza, siz saçınızı kurutmakla meşgulken, ben dışarıda müşterilere hizmet veriyorum. Aslına bakılırsa, "Kel güzeldir," deyimini ilk kez duyduğumda, sevinçten tekmeler atarak karyolamın parmaklıklarını kırmışım!

Stephen R. Covey 16 Temmuz 2012'de, 79 yaşında, hâlâ yaklaşık on farklı yazım projesiyle meşgulken öldü. Geleneksel anlamda asla emekli olmayıp, sonuna kadar "kreşendo"da yaşadı. Düşüncelerinin etkisi tüm dünyada gitgide artan bir hızla yayılmayı sürdürerek okul çağındaki çocukların, yöneticilerin ve sıradan insanların yaşamlarını değiştirirken, biz de onun gibi, en iyi yapıtının hâlâ önünde olduğuna inanıyoruz.

BÜRODA BİR İKİNCİ KARE GÜNÜ

Aşağıdaki alıştırma ve analiz, bir II. Kare paradigmasının iş ortamındaki etkisini çok pratik bir düzeyde anlamanıza yardım etmek için hazırlandı.

Diyelim ki, büyük bir ilaç şirketinin pazarlama müdürüsünüz. Büroda sıradan bir güne başlamak üzeresiniz. O günün iş programına bakarken, yapılacak şeylerin her birinin ne kadar zaman alacağını saptıyorsunuz.

Önceliğe göre sıralanmamış olan listeniz şöyle:

1. Genel Müdürle öğle yemeği yemek istiyorsunuz (1-1,5 saat)
2. Size bir gün önce, önünüzdeki yıla ait medya bütçenizi hazırlamanız için talimat verilmiş. (2-3 gün)
3. "Gelen evrak" sepetiniz dolup, "Gidecek evrak" sepetine kayacak kadar taşmış. (1-1,5 saat)
4. Satış müdürüyle geçen ayki satışları konuşmanız gerekiyor; bürosu, koridorun dibinde (4 saat).
5. Sekreterinizin acil olduğunu söylediği birkaç mektup var (1 saat).
6. Masanıza yığılmış olan tıp dergilerine göz atmak istiyorsunuz (½ saat).
7. Gelecek ay yapılacak satış toplantısı için bir rapor hazırlamanız gerekiyor (2 saat).
8. Üretilen son parti "X" ürününün kalite kontrolünden geçmediğine dair söylentiler var.
9. Sağlık Bakanlığı ilaç tescil dairesinden biri, sizi "X" ürünü için aramış. Kendisini aramanızı istiyor. (½ saat).
10. Saat 14.00'te Yönetim Kurulu toplantısı var. Ama bunun neyle ilgili olduğunu bilmiyorsunuz (1 saat).

Şimdi birkaç dakika durun ve gününüzü etkili bir biçimde programlamak için 1., 2. ve 3. Alışkanlıklar'dan öğrendiklerinizi kullanın.

8.00 – 17.00 arası program

8	
9	
10	
11	
12	
13	
14	
15	
16	
17	

Sizden sadece bir günü planlamanızı isteyerek, dördüncü kuşak zaman yönetiminin temeli sayılan geniş hafta yelpazesini ortadan kaldırmış oldum. Ama dokuz saatlik bir sürede bile II. Kare'ye özgü, ilke merkezli bir paradigmanın gücünü görebileceksiniz.

Listedekilerden çoğunun aslında I. Kare etkinlikleri olduğu apaçık. 6. madde, yani tıp dergilerinin okunması dışında her şey görünüşte hem önemli, hem de acil.

Önceliğe göre sıralanmış değerler ve hedefleri kullanan bir üçüncü kuşak zaman yöneticisi olsaydınız, programlamayla ilgili kararlar vermek için bir dayanağınız olurdu. Her şeyi belki de A, B ya da C diye sınıflandırırdınız. Sonra da A, B, C'nin altındakilere 1, 2, 3, diye birer numara verirdiniz. Ayrıca, işin içindeki diğer insanların elverişliliği ve öğle yemeğine ayrılacak mantıklı süre gibi koşulları da göz önüne alırdınız. Sonunda, bütün bu etkenleri temel alarak, gününüzü programlardınız.

Bu alıştırmayı yapmış olan pek çok zaman yöneticisi, tam olarak tarif ettiğim şekilde davranıyor. Neyi ne zaman yapacaklarına karar veriyorlar. Yapılan ve açıkça tanımlanan varsayımlara dayanarak o günkü işleri tamamlıyor, ya da hiç olmazsa başlıyor, geri kalanları ise ertesi güne ya da başka bir zamana bırakıyorlar.

Örneğin, çoğu kişi sabah sekizle dokuz arasındaki süreyi, yönetim kurulu toplantısının gündemini tam olarak öğrenmek için harcayıp hazırlık yapacaklarını söylüyorlar; sonra öğleyin genel müdürle yemek yiyeceklerini, bakanlığın telefonuna yanıt vereceklerini; ardından satış müdürüyle birkaç saat konuşup, çok önemli ve acil mektuplarla ilgileneceklerini; bu arada kalite kontrolünden geçmediği anlaşılan son X ürünü partisiyle ilgili söylentileri araştıracaklarını belirtiyorlar. O sabahın geri kalan saatleri genel müdürle yenecek öğle yemeği ve/veya Yönetim Kurulu toplantısına hazırlanarak ya da "X" ürünüyle ilgili sorunlar neyse, onların çözülmesiyle ve geçen ayki satışlarla ilgilenerek geçiyor.

Öğleden sonra ise sözü edilen tamamlanmamış işler ve/veya diğer önemli ve acil yazışmalarla ilgileniliyor. "Gelen" sepetindeki evrak yığını biraz azaltılıp o gün çıkabilecek diğer önemli ve acil meselelerle uğraşılıyor.

Çoğu kişi, gelecek yılın medya bütçesi hazırlığı ile gelecek aya ait satış toplantısı için gerekli olan raporun, bu kadar çok I. Kare etkinliğini içermeyen bir başka güne ertelenebileceğini düşünüyor. Bunların her ikisinin de II. Kare etkinlikleri olduğu belli, çünkü uzun vadeli düşünme ve planlamayı gerektiriyor. Tıp dergileri yine bir kenara bırakılıyor, çünkü bunların da II. Kareyle ilgili olduğu ve yukarıda sözü edilen diğer iki II. Kare sorunu kadar önem taşımadığı çok açık.

Üçüncü kuşak zaman yöneticileri neyi ne zaman yapacakları konusunda farklılık gösterseler de, bu şekilde düşünüyorlar.

Siz bu konuları programlarken hangi yaklaşımı benimsediniz? Üçüncü kuşağınkine benzer bir yaklaşımı mı? Yoksa II. Kare, dördüncü kuşak yaklaşımını mı uyguladınız? (Bakınız: Zaman Yönetimi Matrisi, sayfa 200.)

II. Kare Yaklaşımı

Şimdi listedeki işleri II. Kare yaklaşımıyla inceleyelim. Mümkün olan tek senaryo budur. II. Kare paradigmasına uygun başka senaryolar da yaratılabilir, ama temsil ettiği düşünce türünü örnekleyen budur.

II. Kare yöneticisi olarak, Ü etkinliklerinden çoğunun I. Kare'de, ÜY etkinliklerinden çoğunun da II. Kare'de olduğunu kabul edersiniz. I. Kare'yi yönetilebilir duruma getirmenin tek yolunun, II. Kare'yi dikkate almak olduğunu bilirsiniz. Bunu ilk önce önlemler ve fırsatlar üzerinde çalışarak, III. ve IV. Karelere "hayır" deme cesaretini göstererek yaparsınız.

SAAT 14.00'TEKİ YÖNETİM KURULU TOPLANTISI. Öğleden sonra saat ikideki yönetim kurulu toplantısına katılacak yöneticiler için bir gündem olmadığını ya da toplantıya gidinceye kadar gündemi öğrenemeyeceğinizi farz edeceğiz. Bu ender görülen bir durum değildir. Sonuç olarak, yöneticiler hazırlıksız gelir ve "işi idareye çalışırlar." Bu tür toplantılar genellikle kötü düzenlenir ve birincil odak noktaları hem önemli hem de acil olan, çoğu kişinin bilgilendirilmediği I. Kare sorunlarıdır. Genellikle zaman kaybına neden olur, sonuçlar yetersizdir ve çoğu zaman kurul başkanının egosunu okşamak için düzenlenir.

Toplantıların çoğunda II. Kare konuları genellikle "diğer işler" diye sınıflandırılır. Parkinson Kuralı'na göre "iş büyüyüp, tamamlanmasına ayrılan süreyi doldurur"; dolayısıyla da çoğu kez konuların görüşülmesine zaman kalmaz. Zaman olsa bile, I. Kare insanları öylesine ezip hırpalar ki, kimsede onlarla ilgilenecek takat kalmaz.

II. Kare'ye, önce kendinizi gündeme aldırarak geçebilirsiniz. Yönetim Kurulu toplantılarının değerinin nasıl artırılacağı konusunda bir sunum yapabilirsiniz. Size yalnızca birkaç dakikalığına söz verilse bile, bir sonraki toplantıda söyleyeceklerinizi daha etraflıca dinlemelerini sağlayacak kadar ilgi uyandırmak için, sabah bir-iki saatinizi bu sunumun hazırlanmasına ayırabilirsiniz. Sunumda, her toplantının açıkça belirlenmiş bir hedefi ve tüm katılımcıların katkısıyla iyice düşünülerek hazırlanmış bir gündemi olmasının önemine odaklanırsınız. Nihai gündem yönetim kurulu başkanı tarafından belirlenecek ve ilk önce genellikle mekanik düşünmeyi gerektiren I. Kare sorunları yerine, daha çok yaratıcı düşünceyi gerektiren II. Kare sorunları üzerinde durulacaktır.

Bu sunumda ayrıca toplantının hemen ardından, verilen görevlerin ve rapor verme tarihlerinin belirtildiği tutanakların herkese gönderilmesinin önemini vurgularsınız. Sonra bu konular ilerideki uygun gündemlere yerleştirilecek ve gündemler, diğerlerinin tartışmaya hazırlanmana yeterince zaman bırakacak kadar erken gönderilecektir.

İşte, programdaki bir maddeye –saat 14.00'teki yönetim kurulu toplantısına– II. Kare açısından bakıldığı zaman yapılabilecek şey budur. Bunun için yüksek bir proaktivite düzeyi ve günün olaylarını sıraya dizmeniz gerektiği varsayımına meydan okuma cesareti gereklidir. Ayrıca, genellikle bir kurul toplantısında görülen kriz atmosferinden kaçınabilmek için ince düşünceli olmak da gerekir.

Listedeki diğer maddelerin hemen hepsine, II. Kare'ye özgü düşünce tarzıyla yaklaşılabilir. Belki Sağlık Bakanlığı'yla yapılacak görüşme bunun dışında tutulabilir.

BAKANLIK TELEFONUNA CEVAP. İlaç tescil dairesiyle olan ilişkinin niteliğine dayanarak, durumla gereğince ilgilenebilmek için görüşmeyi sabah saatlerinde yaparsınız. Bu görevi başkasına devretmek zor olabilir; çünkü karşınızda I. Kare kültürüne sahip olabilecek bir başka kurum ve herhangi bir temsilcinizin değil, sizin yanıt vermenizi isteyen bir birey vardır.

Yönetim kurulunun bir üyesi olarak kendi kuruluşunuzun kültürünü doğrudan etkilemeye çalışabilirsiniz, ama Etki Alanınız muhtemelen bakanlığın kültürünü etkileyecek kadar geniş değildir. Bu nedenle talebi yerine getirirsiniz. Telefon konuşması sırasında açığa çıkan sorun kalıcı ya da kronikse, o zaman ileride böyle sorunlar çıkmasını önlemek için buna II. Kare zihniyetiyle yaklaşabilirsiniz. Burada da yine, bakanlıkla aranızdaki ilişkinin niteliğini değiştirme ya da sorunlarla önleyici bir biçimde ilgilenme fırsatını yakalamak, büyük ölçüde proaktivite gerektirir.

GENEL MÜDÜRLE ÖĞLE YEMEĞİ. Genel müdürle yiyeceğiniz yemeği, uzun süreli II. Kare sorunlarını oldukça samimi bir havada görüşmek için ender bulunur bir fırsat olarak görüyor olabilirsiniz. Bu da yeterince hazırlanmak için sabah yarım ya da bir saatinizi alabilir, ya da iyi bir sosyal etkileşim yaşamaya ve belki de hiçbir plan yapmadan dikkatlice dinlemeye karar verebilirsiniz. Her iki olasılık da, genel müdürle ilişkinizi geliştirmek için iyi bir fırsat olabilir.

MEDYA BÜTÇESİNİ HAZIRLAMAK. İkinci maddeyle ilgili olarak, medya bütçesinin hazırlanmasıyla doğrudan ilgili olan iki-üç iş arkadaşınızı çağırıp, onlardan önerilerini "tamamlanmış bir kadro çalışması" halinde getirmelerini isteyebilirsiniz. (Belki o zaman bütçeyi onaylamak için sadece parafınız yeterli olur.) Ya da onlara iyi düşünülmüş iki-üç seçeneğin ana hatlarını hazırlamalarını söyleyerek, seçeneklerin sonuçlarını teker teker saptayıp içlerinden birini seçebilirsiniz. Bu, günün herhangi bir vaktinde yapılabilir ve istenilen sonuçları, izlenecek kuralları, kaynakları, sorumlulukları ve elde edilecek neticeleri incelemek tam bir saatinizi alabilir. Ama bu bir saatlik yatırımı yaparak, farklı bakış açılarına sahip olabilecek insanların en uygun düşüncelerini öğrenebilirsiniz. Daha önce denemediyseniz, bu yaklaşımın neleri içerdiği, "tamamlanmış bir kadro çalışmasının" ne anlama geldiği, farklılıkların etrafında nasıl sinerji yaratılacağı, alternatif seçeneklerin ve sonuçların nasıl saptanacağı konusunda onları eğitmek için daha fazla zaman harcamanız gerebilir.

"GELEN EVRAK" SEPETİ VE MEKTUPLAR. Gelen evrak sepetine hemen dalmak yerine, yarımla bir saat arası bir zaman ayırarak, sekreterinizi eğitmeye başlayabilirsiniz. Böylece, hem "gelen evrak" sepetiyle, hem de beşinci maddede belirtilen mektuplarla ilgilenmek için yavaş yavaş yetki kazanır. Bu eğitim programı birkaç hafta, hatta birkaç ay sürebilir. Sonunda sekreteriniz ya da asistanınız, yöntemlere değil, sonuçlara önem vermeyi öğrenir.

Sekreterinizi, bütün mektupları ve dolup taşan sepetteki evrakı inceleyecek, analiz edecek ve mümkün olduğu kadar çok sayıda belgeyle ilgilenecek şekilde eğitebilirsiniz. Sekreter, güvenilir biçimde üstesinden gelemeyeceği evrakı dikkatle ayırıp, önemlerine göre sıralayarak, üzerine bir öneri ya da işin sizi ilgilendirdiğine ilişkin bir not iliştirip size getirir. Böylece sekreteriniz ya da yönetim asistanınız, birkaç ay içerisinde evraklarla mektupların yüzde seksen-doksanıyla baş edecek duruma gelir. Çoğu zaman bunu sizden daha iyi başarır. Çünkü sizin zihniniz, I. Kare sorunlarına gömülü olmak yerine, II. Kare fırsatlarına odaklıdır.

SATIŞ MÜDÜRÜ VE GEÇEN AYIN SATIŞLARI. Dördüncü maddeye bir II. Kare yaklaşımı; satış müdürüyle olan bütün ilişkinizi ve performans anlaşmanızı, II. Kare yaklaşımının kullanılıp kullanılmadığını anlayabilmek için etraflıca düşünmektir. Alıştırmada, satış müdürüyle ne konuşmanız gerektiği belirtilmemiş; fakat bunun I. Kare sorunu olduğunu varsayarak, II. Kare yaklaşımından yararlanıp sorunun kronik niteliği üzerinde çalışabilir, ya da acil ihtiyacı karşılamak için I. Kare yaklaşımını benimseyebilirsiniz.

Sekreterinizi, meseleyi sizin katılımınız olmaksızın halledip, dikkatinizi sadece bilmeniz gereken şeylere çekmesi için eğitebilirsiniz. Bu, satış müdürünüz ve emrinizde çalışan kişilerle bazı II. Kare etkinliklerini içerebilir. Böylece onlara ana işlevinizin yönetmek değil, liderlik olduğunu öğretirsiniz. Onlar da sorunu sekreterinizle birlikte sizden daha iyi çözebileceklerini anlamaya başlayıp, II. Kare liderlik çalışmaları için sizi serbest bırakırlar.

Satış müdürünün, bağlantıyı sekreterinizin kurmasından alınabileceğini düşünüyorsanız, o zaman aranızdaki ilişkiyi güçlendirmeye başlarsınız. Böylece, sonunda ikinizin de daha yararlı olan II. Kare yaklaşımını benimsemesini sağlayacak şekilde satış müdürünün güvenini kazanırsınız.

BİRİKEN TIP DERGİLERİNİ OKUMAK. Tıp dergilerini okumak, ertelemek isteyebileceğiniz bir II. Kare etkinliğidir. Ancak uzun vadede profesyonel yeterlilik ve güvenilirliğiniz, bu literatürü yakından izlemenize bağlı olabilir. Bu nedenle, elemanlarınızla yapacağınız toplantıda bu konuyu gündeme alabilirsiniz. Tıp dergilerinin grup tarafından sistemli bir biçimde okunmasını önerebilirsiniz. Yardımcılarınız değişik dergileri inceleyip daha sonraki toplantılarda diğerlerine öğrendiklerinin özünü aktarabilirler. Ayrıca, diğerlerine herkesin okuyup anlaması gereken önemli makaleleri ve bölümleri verebilirler.

GELECEK AYKİ SATIŞ TOPLANTISINA HAZIRLIK. Yedinci maddeyle ilgili olası bir II. Kare yaklaşımı, yanınızda çalışanlardan küçük bir grup oluşturup, satış elemanlarının ihtiyaçlarını analiz etme görevini vermek olabilir. Bir hafta ya da on gün içerisinde belirli bir tarihte, tamamlanmış bir öneri getirmelerini istersiniz; böylece onu uyarlayıp, uygulanmasını sağlamak için yeterince zamanınız olur. Yardımcılarınızın, satış elemanlarının gerçek istek ve ihtiyaçlarını öğrenebilmek için her biriyle ayrı ayrı konuşmaları, ya da satış grubundan örnekleme yapmaları gerekebilir. Böylece satış toplantısının gündemi konuya uygun olur ve görüşme gününden çok daha önce gönderilerek, satış elemanlarının hazırlanıp içerikle gereğince ilgilenmeleri sağlanır.

Satış toplantısını kendiniz düzenlemek yerine, bu görevi farklı bakış açılarını ve değişik satış sorunlarını temsil eden küçük bir gruba devredebilirsiniz. Yapıcı ve yaratıcı bir etkileşim kurarak, size tamamlanmış bir öneri getirmelerine izin verin. Bu tür görevlere alışık değillerse, o toplantının bir bölümünde onları eğitebilir, bu yaklaşımı neden seçtiğinizi ve bunun onlar için de ne kadar yararlı olacağını anlatabilirsiniz. Bunu yaparken de, onlara uzun vadeli düşünmeyi, ortak çalışmanın tamamlanmasından ya da diğer istenilen sonuçlardan sorumlu olmayı, karşılıklı bağlılığa sahip olarak yaratıcı bir etkileşim kurmayı ve belirtilen süreler içerisinde kaliteli bir iş çıkarmayı öğretirsiniz.

"X" ÜRÜNÜ VE KALİTE KONTROLÜ. Şimdi kalite kontrolünden geçmeyen "X" ürünüyle ilgili sekizinci maddeye bakalım. II. Kare yaklaşımı, kronik ya da kalıcı bir boyutunun olup olmadığını görmek için sorunu incelemek olacaktır. Eğer varsa, bu kronik sorunun dikkatlice analiz edilmesi görevini diğerlerine devredebilirsiniz. Size bir öneri getirmelerini ya da elde ettikleri bulgulara göre hareke-te geçmelerini ve sonuçları size bildirmelerini isteyebilirsiniz.

Bürodaki bu II. Kare gününün net etkisi, zamanınızın büyük bir bölümünü görevleri devrederek, eğiterek, kurul toplantısı için bir konuşma hazırlayarak, bir telefon görüşmesi yaparak ve verimli bir öğle yemeği yiyerek geçiriyor olmanızdır. Uzun vadeli bir ÜY yaklaşımını benimsediğiniz için, büyük olasılıkla birkaç hafta ya da birkaç ay boyunca bu tür bir I. Kare programlama sorunuyla karşılaşmayacaksınız.

Analizi okurken, bunun idealist bir yaklaşım olduğunu düşünebilirsiniz. II. Kare yöneticilerinin hiç mi I. Kare'de çalışmadıklarını merak edebilirsiniz.

Bunun idealist bir yaklaşım olduğunu kabul ediyorum. Bu kitap, etkisiz insanların alışkanlıklarıyla değil; etkili insanların alışkanlıklarıyla ilgilidir ve etkili olmak, uğrunda çaba harcamaya değecek bir idealdir.

Elbette ki I. Kare'de zaman geçirmeniz gerekecektir. II. Kare'de yapılan en iyi planlar bile bazen uygulanamaz. Ancak I. Kare, küçültülerek daha iyi yönetilecek boyutlara indirilebilir. Böylece yalnız sağlığınızı değil, yargı yeteneğinizi de olumsuz etkileyen stresli bir kriz atmosferinde sürekli yaşamaktan kurtulursunuz.

Kuşkusuz bu, oldukça büyük bir sabır ve sebat gerektirir ve sorunların tümünde ya da çoğunda II. Kare yaklaşımını gösteremeyebilirsiniz. Ama birkaç konuda ilerleme kaydedip, kendinizde olduğu kadar, başkalarında da daha fazla II. Kare zihniyeti oluşmasına yardımcı olursanız, ileride performansın büyük ölçüde arttığını göreceksiniz.

Bir aile ya da küçük bir iş ortamında bu tür bir yetki devrinin mümkün olmayabileceğini de kabul ediyorum. Ama bu, Etki Alanınızın içinde II. Kare inisiyatifini kullanarak I. Kare krizlerinin boyutlarını küçültmenin ilginç ve yaratıcı yollarını üretecek olan II. Kare zihniyetini engellemez.

Covey Ailesi'nden Etkili Bir Babanın Anısına, Saygıyla

Babamızın "baltayı bileme" alışkanlığının en sonunda o gün Montana'da bir hayatı kurtardığı kuşku götürmez. Büyürken, onu sık sık "günlük özel zaferi kazanmak" adını verdiği şeyi sabah erkenden meditasyonla, kutsal kitap okumaları ve egzersizle yaptığını görürdük. O özel akşamüstü babamız plajda sakin sakin kitabını okuyup bir yandan da gölün güzel manzarasının tadını çıkarırken, birden "Yardım edin!" diye zayıf bir çığlık duyduk. Yaban yaşamını gözlemek için her zaman yanında taşıdığı dürbününü kullanarak, bir balıkçının gölde yüzen şişme botuna yakından baktı. Birisi umutsuzca kenara sımsıkı tutunmuş, buz gibi soğuk suya düşmek üzereydi.

Babamız çabucak Jet Ski'sine atlayıp bota ulaştı, orada zil zurna sarhoş bir adam buldu. Onu Jet Ski'sine çekti ve kıyıya geri getirdi. Sonra da yakınlardaki bir kamp alanında adamın ailesini aradı ve onlar da içkili oldukları için, adamın kaybolduğundan bile tamamen habersiz olduklarını gördü. Birkaç yıl sonra, kurtardığı adam öyküsünü büyük bir gruba anlatarak, bunun hayatında bir dönüm noktası olduğunu açıkladı. O gün kendisini kimin kurtardığından habersiz, birinin çığlığını duyup onu kurtarmış olmasından ötürü minnettardı.

Bu olay, yalnızca dokuz çocuk ve elli dört torundan oluşan kendi soyu için değil, *Etkili İnsanların 7 Alışkanlığı*'ndan esinlenerek sonsuza dek değişmiş olan çok sayıda insan için de bir tür "cankurtaran" olan babamız Stephen R. Covey'in simgesidir. O her zaman bu alışkanlıkları kendisinin icat etmediğini, bunların sorumluluk, karakter bütünlüğü, bolluk zihniyeti ve yenilenme gibi evrensel ilkelere ya da doğal yasalara dayandığını kabul etti. Ama aynı zamanda "sağduyunun her zaman yaygın bir uygulama olmadığına" da inanırdı. Bu nedenle, mesajını olabildiğince çok sayıda insana ulaştırmaya tüm hayatını adadı.

2012'nin Temmuz ayında vefatından sonra ailemiz, onun yaşam boyu süren "insan potansiyelini serbest bırakma" misyonunun kapsamıyla büyüklüğünün farkına vardı.

Dünyanın dört bir yanındaki insanlardan gelen binlerce e-posta, mektup, not, ziyaret ve telefonla bunalmıştık; hepsi de babamızın onlara da bir cankurtaran simidi atarak amaçsız bir hayat, bir şirkette etkisiz bir lider olmak, başarısız bir evlilik, bozuk bir ilişki ya da istismarcı bir yetiştirilme tarzını aşmak gibi şeylerden kurtardığına dair kendi kişisel öykülerini anlatmak istiyordu. Tekrar tekrar, babamızın bir kişiyi olumlarken, aynı zamanda hayata ilke-merkezli yaklaşımıyla, kelimenin tam anlamıyla milyonları esinlendirme konusunda benzersiz bir beceriye sahip olduğuna dair deneyimler duyduk.

Babamız "her dönemin adamı"ydı ve karakter bütünlüğüyle yaşadı. Yıllar boyunca, dünya liderlerini ve devlet başkanlarını eğitmek için pek çok fırsatı olmuştu ve bunu büyük bir ayrıcalık ve sorumluluk olarak görüyordu. Bir keresinde bir tartışma sırasında, gruptaki herkes o dönemin ABD başkanını eleştirirken, o fark edilir biçimde sessiz kaldı. Kavgaya neden katılmadığı sorulduğunda, "Bir gün onu etkileme şansına sahip olabilirim; bunu yaparsam, ikiyüzlü olmak istemem," diye yanıtladı. Birkaç ay sonra, aynı başkan babamızı çağırdı, *Etkili İnsanların 7 Alışkanlığı*'nı ikinci kez okumayı yeni bitirdiğini söyledi ve ona bu ilkeleri uygulamak konusunda kendisini kişisel olarak eğitip eğitemeyeceğini sordu. Yaşamının sonuna geldiğinde babamız, dördü ABD başkanı olmak üzere, otuz bir devlet başkanıyla görüşmüştü.

Babamız herhangi bir şeyi önce bizzat yaşamaya çalışmadan asla öğretmedi. Bu özellikle de, yayımlanmasından çok önce, yıllar boyunca araştırdığı ve geliştirdiği 7 Alışkanlık için geçerliydi. "Proaktif" olmak konusunda ustaydı ve büyürken sorunlarımız için bahaneler bulmamıza, koşullarımızı, arkadaşlarımızı ya da öğretmenimizi suçlamamıza asla izin verilmemesi biraz canımızı sıkardı. Bize öğretilen sadece "gerekeni yap" ya da "başka bir tepki seç" oldu. Neyse ki annemiz ara sıra mağdur olmamıza ve başkalarını suçlamamıza izin verirdi; babamıza karşı sağlıklı bir denge oluştururdu!

Babamızın “B ve İ”si (beceriklilik ve inisyatif) efsaneviydi. Bir keresinde inşaat yüzünden tıkanan trafikte uçağını kaçırma tehlikesiyle karşılaşmış. Daha fazla bekleyemeyeceğine karar verip, taksi şoförüne bulundukları şeridin hareket edebilmesi için trafiği yönlendirmek üzere taksiden çıkacağını, yolun ilerisinde kendini almasını söylemiş. Taksi şoförü şaşakalmış. “Bunu yapamazsınız,” demiş, babam da neşeyle “İzle de gör!” diye yanıtlamış. Çıkıp trafiği yönlendirmiş, böylece şerit yeniden hareket etmeye başlamış (şeritten gelen korna sesleri ve tezahüratlarla birlikte); taksi şoförü onu almış ve uçağına yetişmiş.

Ailemiz onu gösterişsiz ve takıntısı olmayan biri olarak tanırdı, çoğu zaman yabancılarla sohbet ederken tanınmamak için takma dişler ya da alâmeti farikası olan kel başını örtmek için acayip peruklar takardı. Bir keresinde golf oynarken sıkılıp bir arkadaşıyla müthiş bir su savaşına giriştiği için golf sahasını terketmesi istenmişti. Bir asansörde onunla birlikte sıkışıp kaldığımızda saniyeler içerisinde dönüp (kişisel alanını ihlal eden) diğer yolcularla yüzleşeceğini ve yüzünde kocaman bir gülümsemeyle, “Bu kısa toplantıyı neden düzenlediğimi merak ediyor olabilirsiniz!” deyip, sonra da kendi şakasına kahkahalarla güleceğini bilerek büzüşmüştük.

Başkalarının ne düşündüğünü umursamayı ve eğlenceyi seven kişiliğinin keyfini çıkarmayı öğrendik. Güç veren öğle uykularıyla ünlüydü. Sık sık, mağazalar, sinemalar, havaalanları, trenler, park bankolarının altı dahil, en olmadık yerlerde, küçük bir mekân ve zaman bulur bulmaz ceketini katlayıp göz maskesini takarak kendini yenilemek için küçük şekerlemeler yapardı. Coşkusu bulaşıcıydı ve bize “carpe diem” (günü yakala) zihniyetiyle yaşamayı ve sevdiği bir deyişle “hayatın iliğini emmeyi” öğretti.

Mesleki başarısı onu her zaman biraz şaşırtır ve utandırırdı, ününden etkilenmez, alçakgönüllülüğünü korurdu. Kendini sadece yaptığı büyük işin kaptanı olarak görür, her zaman başkalarına ve Tanrı’ya paye verirdi. Değerlerinden ve inancından asla utanmaz, hayatımızın merkezinde Tanrı varsa, diğer her şeyin yerli yerine oturacağına inanırdı. Uzun vadede, birey ya da örgüt olarak kalıcı başarıya giden tek yolun zamanı geçmeyen ilkelerle uyum içinde yaşamak olduğunu öğretti bize.

Babamız konuştuğu gibi davranmak ve öğütlerini uygulamak için gerçekten çok çaba harcar ve yetersiz kaldığında, "Oğlum, sana karşı öfkelendiğim için çok üzgünüm," ya da "Hayatım, düşüncesizlik ettim, hatamı telafi etmek için ne yapabilirim?" gibi şeyler söyleyerek özür dilerdi. İnsanlar bize sık sık onunla birlikte büyümenin nasıl bir şey olduğunu sorarlardı, sanki göründüğü kadar iyi olması mümkün değilmişçesine. Kesinlikle mükemmel olmamasına ve trafik tıkandığında ya da annemiz hazırlanırken sabırlı olmak gibi şeylerle mücadele etmesine rağmen, öğrettikleriyle yaşama biçimi arasında gözle görülür bir fark yoktu. Düşündüğünüz ve olacağını umduğunuz kişiydi. Belki de babamıza en büyük övgümüz şudur: toplum içinde yazar ve öğretmen olarak gösterdiği başarıyı, özel yaşamında koca ve baba olarak daha da çok gösterdi. Biz onu bu tutarlılığı için sevdik.

Babamızın herkesten çok ailesiyle zaman geçirmeyi tercih edeceğini hepimizin bilirdik, o da bunu zamanını yönetme ve "önemli şeylere öncelik verme" biçimiyle kanıtlardı. İşi gereği sık sık seyahat ettiği halde, bizim için gerçekten önemli olan bir doğum günü ya da basketbol maçı gibi şeyleri nadiren kaçırır, bazen iki yıl öncesinden plan yapardı. Baş başa buluşmalarla her birimizin "duygusal banka hesabı"na sürekli yatırım yapar ve "ilişkilerde küçük şeyler büyük şeylerdir"e model oluştururdu. Öğretici anlar konusunda ustaydı ve gerçek ilkeleri uğraştığımız her şeye uygulayarak bizi anlık hislerimize değil, değerlerimize dayalı kararlar vermeye teşvik ederdi. "Hayat bir kariyer değil, bir misyondur" düşüncesine örnek olur ve gerçek mutluluğu başkalarına hizmet ederek bulabileceğimizi öğretirdi.

Babamız, annemiz Sandra'yı çok severdi ve onunla kırk altı yıl boyunca kayda değer bir ilişkisi oldu. Haftada birkaç kez birbirleriyle bağlantı kurmayı adet edinmişlerdi; "sohbeti sürdürmeye" yetecek kadar yavaş sürdüğü Honda motosikletle geziye çıkar, bir yandan manzaranın tadını çıkarır ve sadece birlikte olurlardı. Kent dışına çıktığında bile günde iki-üç kez birbirlerini telefonla ararlardı. Politikadan harika kitaplara ve çocuk yetiştirmeye kadar akla gelebilecek her şeyi tartışırlardı ve babamız annemizin görüşüne her şeyden fazla değer verirdi. Babamız derin bir düşünürdü ve fazla teorik olmaya eğilimliydi. Annemiz ise mükemmel bir deneme tahtasıydı ve malzemesini basitleştirip pratikleştirmesine, "Aman Stephen, bu çok karmaşık. Neden bahsettiğini bile anlamaz kimse.

Basitleştir şunu ve daha fazla öykü anlat," diyerek yardım ederdi. Babamız bu geribildirimlere bayılırdı! Şimdi kendi çocuklarımızın kazan-kazan ilişkileri karşısında hayrete düşüyor ve birlikte bu kadar mutlu bir hayatın tadını nasıl çıkardıklarını düşünüyoruz.

Babamızın güzel bir liderlik tanımı vardı: *liderlik başkalarının değer ve potansiyelini kendilerine açıkça ileterek, bunları kendi içlerinde görmeleri için esin kaynağı olmaktır.* Babamızın vefatından hemen sonra, çok zor koşullar altında büyümüş olan bir adam, onun gerçekten nasıl biri olduğunu kapsayan şu mesajı iletti: "Ailenizin bilmesini isterim ki, otuz yıl önce benim için hazırladığı, başka şeyler arasında Tanrı'nın beni sevdiğini, üniversiteye gideceğimi ve bir gün kendime ait bir ailem olacağını da söylediği yirmi dakikalık bir olumlayıcı ses kaydını hâlâ saklıyorum. Son otuz yıl içinde bunu sürekli dinledim ve bende gördüğü her şeyi gerçekleştirdim. Ben o olmadan olduğum kişi değilim. Teşekkür ederim!"

Etkili İnsanların 7 Alışkanlığı'nın bu anlamlı yıldönümünde ve övgülerin, bu kitabın etkilediği milyonlarca hayatın ve binlerce kuruluşun ortasında, Stephen R. Covey ailesinin çocukları "çok etkili" bir aile babasını saygıyla anmak istiyor. Tıpkı yıllar önce boğulan bir adamı kurtardığı gibi, hayatının ve sözlerinin siz ve aileniz, ekibiniz ve çalıştığınız kuruluş, ayrıca sayısız başka insan ve dava için de, benzer bir cankurtaran olmayı sürdüreceğine güveniyoruz. Bugün kendimizi içinde bulduğumuz çalkantılı dünyada, 7 Alışkanlık'ın zamanı geçmeyen ilkelerinin daha önceki her şeyden daha geçerli olduğuna ve 7 Alışkanlık'ın mesajıyla etkisinin ancak şimdi başladığına inanıyoruz.

Böyle muhteşem bir babaya ve torunlarının sevdiği deyişle "Papa"ya her zaman minnet duyacağız. Onun mirası artık bizlerde ve olağanüstü ruhundan, dürüst yaşamlar sürme, katkıda bulunma, dünyada bir fark yaratma ve her birimizin içindeki yüceliğe doğru yükselme yönündeki esinlendirici öğretilerinden etkilenmiş olan herkeste yaşıyor.

İçtenlikle,
Stephen R. Covey'in çocukları:
Cynthia, Maria, Stephen, Sean,
David, Catherine, Çolleen,
Jenny ve Joshua

SORUN / FIRSAT DİZİNİ

İşteki İlişkiler

KURUMSAL ETKİLİLİK

YÖNETİMDE ETKİLİLİK